Tratado de Proteção da Diversidade

Tratado de Proteção da Diversidade

SEXUALIDADE, GÊNERO E DIREITO

2023

Tiago Pavinatto
Coordenador

ALMEDINA

TRATADO DE PROTEÇÃO DA DIVERSIDADE
SEXUALIDADE, GÊNERO E DIREITO

COORDENADOR: Tiago Pavinatto

DIRETOR ALMEDINA BRASIL: Rodrigo Mentz
EDITORA JURÍDICA: Manuella Santos de Castro
EDITOR DE DESENVOLVIMENTO: Aurélio Cesar Nogueira
ASSISTENTES EDITORIAIS: Larissa Nogueira e Letícia Gabriella Batista
ESTAGIÁRIA DE PRODUÇÃO: Laura Roberti

DIAGRAMAÇÃO: Almedina
DESIGN DE CAPA: FBA

ISBN: 9786556279398
Setembro, 2023

Dados Internacionais de Catalogação na Publicação (CIP)
(Câmara Brasileira do Livro, SP, Brasil)

Tratado de proteção da diversidade : sexualidade,
gênero e direito / coordenação Tiago
Pavinatto. -- São Paulo : Almedina, 2023.

Vários autores.
Bibliografia.
ISBN 978-65-5627-939-8

1. Diversidade sexual 2. Gênero e sexualidade
3. Identidade de gênero 4. LGBTI+ - Siglas –
Direitos I. Pavinatto, Tiago.

23-162775 CDU-347.628:613.885

Índices para catálogo sistemático:

1. LGBT : Direito civil 347.628:613.885
Aline Graziele Benitez - Bibliotecária - CRB-1/3129

Este livro segue as regras do novo Acordo Ortográfico da Língua Portuguesa (1990).

EDITORA: Almedina Brasil
Rua José Maria Lisboa, 860, Conj.131 e 132, Jardim Paulista | 01423-001 São Paulo | Brasil
www.almedina.com.br

SOBRE O COORDENADOR

Tiago Pavinatto
Advogado, jornalista, professor, Doutor, Mestre e Graduado pela Faculdade de Direito da USP – Largo São Francisco, Diretor Educacional do Instituto Roccasecca para o Conhecimento. Autor dos livros: *Estética da Estupidez*: a arte da guerra contra o senso comum (Edições 70, 2021) e *Declaração Universal dos Direitos da Pessoa Humana Fora do Armário* (Edições 70, 2022).

SOBRE OS AUTORES

Adriana Galvão Moura Abílio

Advogada, Especialista em Direito Empresarial – FGV, Mestre em Direito Constitucional pela Universidade de Ribeirão Preto – UNAERP. Doutora em Direito pela PUC-SP. Conselheira Seccional da OAB/SP, Presidente da Comissão da Diversidade Sexual da OAB/SP. Vice-Presidente e Membro da Comissão Especial da Diversidade Sexual do Conselho Federal da OAB (2010/2018), Diretora do Núcleo de Responsabilidade Social da FIESP/CIESP, Professora Universitária e de Cursos de Pós-Graduação, Autora de Livros e Artigos Jurídicos.

Alex Silva Oliveira

Doutorando em Direito Internacional na Faculdade de Direito da Universidade de Montreal. Mestre em Direito Internacional pela Faculdade de Direito da USP.

Alexandre Saadeh

Médico psiquiatra, psicodramatista. Doutor pelo Departamento de Psiquiatria da Faculdade de Medicina da Universidade de São Paulo. Médico Supervisor do Serviço de Psicoterapia do Instituto de Psiquiatria do Hospital das Clínicas da Faculdade de Medicina da Universidade de São Paulo. Coordenador do AMTIGOS (Ambulatório Transdisciplinar de Identidade de Gênero e Orientação Sexual do Instituto de Psiquiatria do Hospital das Clínicas da Faculdade de Medicina da Universidade de São Paulo). Professor Colaborador do Departamento de Psiquiatria da Faculdade de Medicina da Universidade de São Paulo; Professor Doutor do Curso de Psicologia da FaCHS-PUC-SP (Faculdade de Ciências Humanas e da Saúde da Pontifícia Universidade Católica de São Paulo), Membro da WPATH desde 2018. ORCID: 0000-0002-6591-8838.

Álvaro Villaça Azevedo
Doutor em Direito pela Faculdade de Direito da USP. Professor Titular de Direito Civil. Regente de Pós-Graduação e ex-Diretor da Faculdade de Direito da Universidade de São Paulo – USP, com os seguintes títulos na USP: de livre-docência e associado. Ex-Professor Titular de Direito Romano, de Direito Civil e ex-Diretor da Faculdade de Direito da Universidade Presbiteriana Mackenzie. Ex-Professor Titular de Direito Romano e ex-Diretor da Faculdade de Direito da Fundação Armando Álvares Penteado – FAAP. Outorga do Colar de Mérito do Tribunal de Justiça de São Paulo. Advogado e ex-Conselheiro Federal e Estadual da Ordem dos Advogados do Brasil, Advogado, Parecerista e Consultor Jurídico.

Aurora Bertassoni Schwinn
Bacharelanda em Direito no Centro de Ciências Jurídicas e Políticas da Universidade Federal do Estado do Rio de Janeiro (UNIRIO).

Cláudio Martins
Promotor de Justiça Militar.

Daniella Zagari
Mestre em Direito Processual Civil e Graduada pela Faculdade de Direito da Universidade de São Paulo. Advogada e sócia de Machado Meyer Advogados.

Davi Lago
Coordenador de pesquisa no Laboratório de Política, Comportamento e Mídia da Fundação São Paulo/PUC-SP. Mestre em Teoria do Direito e graduado em Direito pela PUC Minas.

Gilberto Bergstein
Doutor em Direito Civil pela Universidade de São Paulo. Especialista em Responsabilidade Civil pela Fundação Getúlio Vargas. Professor convidado da Faculdade de Medicina Albert Einstein, da Pós-Graduação da Faculdade de Medicina da UNIFESP. Advogado.

Gustavo Ferraz de Campos Monaco
Professor Titular de Direito Internacional Privado da Faculdade de Direito da Universidade de São Paulo. Professor Doutor da Faculdade de Direito da Universidade Presbiteriana Mackenzie. Presidente do Instituto Brasileiro de Direito Internacional Privado (IBDIPr). Consultor em São Paulo.

José Serra
Professor, economista, engenheiro civil e político brasileiro filiado ao Partido da Social Democracia Brasileira. Senador por São Paulo. Foi ministro das Relações Exteriores, da Saúde e do Planejamento durante os governos Fernando Henrique Cardoso e Michel Temer.

Luiz Edson Fachin
Ministro do Supremo Tribunal Federal. *Alma Mater*: Universidade Federal do Paraná (UFPR). Doutor e Mestre em Direito pela PUC-SP.

Luiz Fernando do Vale de Almeida Guilherme
Pós-doutor pela Universidade de Salamanca. Mestre e Doutor pela Pontifícia Universidade Católica. Professor no Instituto Presbiteriano Mackenzie. Advogado.

Manuella Santos de Castro
Doutora em Direito Civil pela USP – Largo São Francisco. Mestre em Direito Civil Comparado pela PUC-SP. Bacharel em Direito pela PUC-SP. Cursa Faculdade de História na USP. Editora Jurídica e Advogada.

Maria Berenice Dias
Advogada. Desembargadora aposentada do Tribunal de Justiça do Rio Grande do Sul. Fundadora e Vice-Presidente Nacional do IBDFAM. Presidente da Comissão de Direito Homoafetivo e Gênero do IBDFAM.

Nelcina C. de O. Tropardi
Doutora e Mestre em Direito Civil pela Faculdade de Direito da USP – Largo São Francisco. Advogada.

Paola Cantarini
Advogada. Professora universitária. Pós-graduado em direito constitucional, direitos humanos e direito internacional. Mestre e doutora em Direito

pela PUC-SP. Doutora em Filosofia do direito pela Universidade del Salento, Itália. Doutora em Filosofia pela PUC-SP. Pós-Doutora pela European Graduaste School (Saas-Fee, Suíça) pelo Centro de Estudos Sociais da Universidade de Coimbra (Portugal), pela Faculdade de Direito da USP e pelo Programa de Tecnologias da Inteligência e do Design Digital (PUCSP). Pesquisadora do Instituto de Estudos Avançados da USP e do departamento de filosofia da UNICAMP.

Paulo Borba Casella
Professor Titular de Direito Internacional Público da Faculdade de Direito da USP.

Pedro Hartung
Advogado. Pesquisador em Direitos da Criança e Diretor de Políticas e Direitos das Crianças do Instituto Alana. Doutor em Direito do Estado pela USP com doutorado sanduíche. Pesquisador Visitante no Child Advocacy Program pela Harvard Law School. Membro do grupo de trabalho da UNICEF sobre Governança de dados pessoais de crianças. Pesquisador visitante do Max-Planck-Institute de Direito Público de Heidelberg – Alemanha. Docente e membro do Painel Técnico do Curso de Liderança Executiva do NCPI/Harvard. Foi Conselheiro do Conanda – Conselho Nacional dos Direitos da Criança e do Adolescente (2012-2016) e professor da Faculdade de Relações Internacionais da FGV-SP.

Pedro Mendes da Silva
Advogado do Instituto Alana. Bacharel em Direito pela Faculdade de Direito da USP. Coordenador do Grupo de Estudos em Direito e Sexualidade (GEDS) e da Clínica de Direitos da Criança e do Adolescente (CDCRIA).

Polianna Pereira dos Santos
Mestra em Direito Político – UFMG. Especialista em Ciências Penais – IEC – PUC/MG. Bacharel em Direito pela Pontifícia Universidade Católica de Minas Gerais (PUC Minas). Assessora no Tribunal Superior Eleitoral. Presidenta da Associação Visibilidade Feminina. Coordenadora Acadêmica da Academia Brasileira de Direito Eleitoral e Político – ABRADEP.

Regis Fernandes de Oliveira
Professor Titular Aposentado da Faculdade de Direito da USP.

Renata Honório Ferreira Camargo Viana
Graduada, Mestre em Direito Comercial e Doutora em Direito Civil pela USP. Registradora Civil e Tabeliã de Notas de Bofete-SP.

Rodrigo Francisconi Costa Pardal
Mestre e Doutorando em Direito Penal pela PUC-SP. Professor de Direito Penal do Complexo Educacional Damásio.

Rui Geraldo Camargo Viana
Desembargador aposentado do Tribunal de Justiça de São Paulo. Professor Titular da USP. Advogado.

Teresa Ancona Lopez
Professora Titular Sênior da Faculdade de Direito da Universidade de São Paulo – Largo São Francisco. Advogada.

Tiago Pavinatto
Advogado, jornalista e professor. Doutor, Mestre e Graduado pela Faculdade de Direito da USP – Largo São Francisco. Diretor Educacional do Instituto Roccasecca para o Conhecimento. Autor dos livros. *Estética da Estupidez:* a arte da guerra contra o senso comum (Edições 70, 2021). *Declaração Universal dos Direitos da Pessoa Humana Fora do Armário* (Edições 70, 2022).

Willis Santiago Guerra Filho
Professor Titular do Centro de Ciências Jurídicas e Políticas da Universidade Federal do Estado do Rio de Janeiro (UNIRIO). Professor Permanente no Programa de Estudos Pós-Graduados em Direito da Pontifícia Universidade Católica de São Paulo (PUC-SP). Livre-Docente em Filosofia do Direito pela Universidade Federal do Ceará (UFC). Doutor em Direito pela Universidade de Bielefeld – Alemanha. Doutor e Pós-Doutor em Filosofia pelo IFCS-UFRJ. Doutor em Comunicação e Semiótica pela PUC-SP. Doutor em Psicologia Social/Psicologia Política pela PUC-SP.

APRESENTAÇÃO

Verba volant. Scripta manent.

Estamos no ano de 2023 e a juridicidade do dever de respeito à diversidade em matéria de sexualidade e gênero pessoais, contudo, não se encontra assentado em nenhum texto da vastíssima e exaustiva legislação brasileira. Aos olhos ignaros do positivista, assim, continuaria legítimo um "direito" de discriminar em virtude de preconceitos nessa matéria a despeito das decisões das Cortes superiores brasileiras, que, acertadamente, têm apresentado o Direito de forma sistêmica quanto ao tema – apesar da indisfarçável bipolaridade ou esquizofrenia positivista-sistêmica em quase todos os outros assuntos. De fato, no Brasil, o reconhecimento jurídico das *minorias sexuais* é obra quase que exclusiva do Poder Judiciário.

Mas a composição dos Tribunais, especialmente os Superiores, pode mudar ao sabor das ideologias políticas e, por tal motivo, importa recorrer ao velho brocardo: Palavras voam; a escrita permanece. Dele decorre o fundamento da obra que o leitor tem em mãos; quer dizer, mesmo que os nossos Tribunais, em eventual mudança radical na direção dos ventos que sopram e, assim, direcionam o barco do ordenamento jurídico nacional, desfaçam seus próprios feitos, este trabalho servirá como porto seguro, como registro de uma leitura holística e sistêmica do Direito nacional que, desde a sua Lei Maior, privilegia, homenageia e dá total passagem aos direitos e garantias fundamentais e universais da pessoa humana; uma leitura, aliás, realizada por destacados juristas capazes de fazerem frente a qualquer Magistrado de qualquer instância no quesito "saber jurídico".

Logo, para que a diversidade não seja discriminada em nenhum aspecto da vida humana, o livro foi dividido em eixos temáticos. De início, (*i*) as razões científicas que não podem ser contrariadas em qualquer Estado que se queira Democrático e de Direito; na sequência, (*ii*) as bases sociais que esse Estado jamais pode ignorar; bem como (*iii*) as bases filosóficas do pensamento jurídico democrático; e, a partir dessas premissas da realidade (do *ser*), sexualidade e gênero passam a ser analisados conforme os principais ramos do Direito, a saber: (*iv*) Direito do Estado; (*v*) Direito Tributário; (*vi*) Direito Penal; (*vii*) Direito do Trabalho; (*viii*) Direito da Criança e do Adolescente; (*ix*) Direito Notarial; (*x*) Direito Civil; (*xi*) Direito Internacional Privado; e, por fim, (*xii*) Direito Internacional Público.

Nestes tempos marcados pela contínua expressão do ódio de uma ressentida sociedade conectada e, simultaneamente, dividida em redes de indignação, convém registrar que a proteção da diversidade sexual, mesmo não reduzida expressamente em artigos de lei, é, em todas as vertentes de qualquer ordenamento jurídico democrático, regra fundamental incontornável, obrigatória, pétrea. Todo Estado membro das Nações Unidas, principalmente os que consignam, como o nosso, a defesa dos direitos humanos em suas constituições, será um Estado Democrático de Direito fajuto se não reconhecer, como faz o texto da Declaração Universal de 1948 no seu Preâmbulo, a dignidade inerente a todos os seres humanos, sem exceção, e os seus direitos iguais e inalienáveis (fundamento da liberdade, da justiça e da paz). O desprezo aos direitos de quem quer que seja e por qualquer razão que seja é característica exclusiva das tiranias; é caminho que leva aos atos de barbárie que revoltam a consciência da Humanidade.

De fato, falar em diversidade não é falar exclusivamente dos homossexuais, transexuais ou minorias, mas de todos os indivíduos da face da Terra. Viver a diversidade é direito fundamental da pessoa humana, pois, uma vez que viver significa se expressar, só vive dignamente aquele que não encontra barreiras para a expressão da sua personalidade, atributo que diviniza o ser humano e o torna titular de direitos fundamentais. Nenhuma expressão inofensiva da diversidade pode ser discriminada, de forma que, há muito, é anacrônico e antijurídico qualquer *senão* à diversidade sexual.

Portanto, falar em personalidade é falar, necessariamente, em diversidade. Negligenciada a personalidade, o indivíduo é sempre rebaixado à condição dos demais animais do reino e, sem direito a nada na natureza, escravo da *lei do mais forte*. Conta a mitologia védica que *Prajāpati*, o deus criador, criou todas as identidades e, por isso, não tinha uma identidade; e, por mais paradoxais que fossem, entre elas, as identidades que ele criou e entregou a cada pessoa, elas detêm sempre, todas elas, uma razão que, mesmo desconhecida (especialmente porque desconhecida), deve ser respeitada e reverenciada. O rigor desse argumento em nada se deteriora quando, no lugar de *Prajāpati*, colocamos Deus, Elohim, Javé, Alá, a Razão, o caldo primordial ou qualquer outra nomenclatura que sintetize uma hipótese científica para o fenômeno criador do Universo.

Agradeço a Editora Almedina pela corajosa e nobre iniciativa na pessoa da minha querida amiga e colega Dra. Manuella Santos de Castro, que muito me honrou com o convite prontamente aceito para coordenar a presente obra. Por fim, registro minha incomensurável gratidão a cada um dos Mestres que assinam este Tratado, seja pelo entusiasmo diante deste desafio seja pelo tempo disponibilizado em seus disputados cotidianos seja, é claro, pela costumeira qualidade e profundidade das suas contribuições.

TIAGO PAVINATTO

SUMÁRIO

PARTE 1
BASES CIENTÍFICAS DA DIVERSIDADE

1. HOMOSSEXUALIDADE E TRANSEXUALIDADE SOB A ÓTICA DA PSIQUIATRIA

Alexandre Saadeh

Abordar conceitos como orientação sexual, identidade de gênero, variações de gênero, novas orientações sexuais e incongruência de gênero, é explicitar conceitos complexos tratados nos mais diversos campos de conhecimento: medicina, antropologia, moda, saúde, sociologia, psicologia, direito, entre outras. Justamente por serem esses termos complexos e conectados entre si, as várias áreas de saber técnico e científico aventuram-se a explorá-los, sob a sua ótica, ligando-os à importância para o histórico da chamada diversidade humana e seus papéis relevantes para a sociedade atual.

No que se refere à medicina e, mais especificamente à psiquiatria, falar sobre homossexualidade e transexualidade é ampliar ainda mais o conhecimento, a empatia e a compreensão do indivíduo que está à frente do médico. Refere-se a vê-lo como um todo, inclusive em sua percepção subjetiva de pertencimento a determinada variação de sua sexualidade.

Sendo tanto as orientações sexuais, quanto as identidades de gênero, variações possíveis da expressão e do comportamento humano, coube, dentro das áreas médicas, à psiquiatria, os estudos dessas possibilidades diversas e suas implicações para o sujeito em questão, seus indicadores sociais e de saúde. A psiquiatria também passou a descrever o transitar de um indivíduo de uma orientação e identidade de gênero para outra, mudando e revisando seu olhar com o passar do tempo, com o desenvolvimento da ciência, de outras áreas médicas e de estudos de outras áreas do conhecimento.

O nascimento de uma pessoa e suas características físicas, biológicas, diferenciadas entre macho, fêmea ou intersexo, não contempla a grande gama de possibilidades que essa mesma pessoa pode se autodefinir para além de ser homem ou mulher e as maneiras como irá expressar sua masculinidade e feminilidade. É extremamente plural e diversa a possibilidade de expressões comportamentais sexuais ligadas à identidade de gênero e orientação sexual mesmo entre outras espécies de animais (Roughgarden, 2003).

Diversos mitos e religiões abordam essa questão de maneira recorrente e em diferentes culturas. O mito de Tirésias de Tebas conta que o personagem teria tido os dois gêneros por vontade dos deuses. O Mahabharata hindu relata a história de um rei que teria se transformado em mulher e se recusou ser transformado novamente em homem. Sacerdotes romanos do deus Átis emasculavam-se e vestiam-se de mulher. Em termos culturais, esse comportamento é encontrado da Sibéria à Patagônia, estando presente entre os indígenas norte-americanos (Berdache, Cocopa, Mojave, Navajo, etc.) e entre as castas dos Hijras e Jankhas na Índia (Saadeh, 2004).

Na História ocidental personagens que mudaram de gênero também são comuns e alguns só foram identificados após a sua morte, ao serem preparados para o funeral, sendo os maiores exemplos: Sporus, escravo de Nero, imperador romano; Heliogábalo, também imperador romano; Papa João VIII; Trótula, médica da Idade Média biologicamente masculina que se apresentava-se como mulher; Chevalier d'Eon, amante de Luis XV; Lorde Cornbury, primeiro governador colonial da Nova Inglaterra, e tantos outros (Green, 1998). Personagens com comportamento homossexual são ainda mais comuns: Alexandre o Grande, Platão, Sócrates, Imperador Adriano, Safo, Sarapias, etc. Até hoje a homossexualidade masculina ganha maior destaque e percepção social que a feminina. É no século XIX que o conceito de homossexualidade como conhecemos hoje se estabelece e onde o comportamento homossexual masculino e feminino ganha destaque.

Discutir orientação sexual, identidade de gênero, transexualidade e todos os conceitos relacionados a estes termos requer, portanto, olhar cuidadoso sobre especificidades como identidade, sexo, gênero e corpo, conceitos a serem abordados mais à frente deste capítulo. Aos profissionais da saúde de qualquer área, não é preciso buscar uma especialidade em saúde da população transexual, mas estar sensível a todas as particularidades e especificidades que envolvem a saúde dessa população, incluindo as vulnerabilidades, as demandas específicas e as particularidades do Sistema Único de Saúde brasileiro que envolvam essa temática.

Um estudo recente mostrou que atitudes dos próprios profissionais de saúde podem se tornar barreiras de acesso à saúde para as pessoas transexuais ou que de alguma maneira não se conformam com o sexo que lhes foi reconhecido ou o gênero designado ao seu nascimento, como por exemplo o desrespeito ao nome social, o desencorajamento à exploração da própria identidade de gênero, a recusa à realização de exame físico, atitudes discriminatórias e preconceituosas (Costa, 2016). É preciso informação para que se amplie o acesso à saúde, papel fundamental da medicina e da psiquiatria.

1. Conceitos gerais

De maneira geral, é preciso diferenciar sexo de identidade de gênero e orientação sexual. Robert Stoller, psicanalista importante no estudo da transexualidade na década de 60 separa sexo de gênero, atribuindo a sexo uma definição biológica e ao gênero uma definição sociopsicológica (Person, 1999).

Abaixo, algumas definições que facilitam a compreensão sobre o tema:

- Sexo biológico: definido por características anatômicas e fisiológicas: cromossomos, gônadas, genitália interna, genitália externa, hormônios e caracteres sexuais secundários. Identifica-se o sexo como sendo masculino (macho), feminino (fêmea) ou com desenvolvimento sexual diferente (intersexualidade).
- Identidade: pode ser entendida como o reconhecimento de um conjunto de características e traços particulares que caracterizam uma pessoa (nome, sexo, data de nascimento, reconhecimento social), assim como também a consciência que uma pessoa tem dela própria tornando-a única, porém com características comuns às de outras pessoas (Hall, 2015).
- Gênero: conceito sociocultural que estabelece comportamentos, adereços, acessórios e gostos para o indivíduo, sendo um espectro de possibilidade entre o masculino, passando pelo andrógino/ambíguo, até o feminino.

- Identidade de gênero: está vinculado com o entendimento de uma pessoa sobre o próprio sexo e gênero, ou seja, sua singularidade e especificidade associado a aspectos culturais, biológicos, seus desejos, escolhas e afetos (Teixeira, 2006). Trata-se de uma experiência profunda e individual, podendo ou não corresponder ao sexo reconhecido ao nascimento (WHO, 2016). Também passa por um espectro de possibilidades abarcando a noção de pertencimento ao gênero masculino, ao gênero feminino ou a outras possibilidades de gênero concordantes ou discordando com o binário masculino/feminino. Envolve uma interação complexa entre fatores biológicos como hormonais, epigenéticos, e de desenvolvimento cognitivo, fatores psicológicos, sociais, ambientais e culturais (Shumer, 2016).
- Papel de gênero ou Expressão de gênero: tudo o que uma pessoa diz e faz para indicar aos outros, ou a si mesmo, sua masculinidade, feminilidade, ambos ou nenhum, ou seja, a expressão social de sua identidade de gênero. isso inclui, mas não se restringe, ao desejo e resposta sexual. Papel de gênero é a expressão pública da identidade de gênero e identidade de gênero é a experiência pessoal e subjetiva do papel de gênero (Money, 1996).
- Orientação afetivo-sexual – está relacionada ao desejo sexual e/ou afetivo por pessoas do mesmo gênero (homossexualidade), do gênero oposto (heterossexualidade), por ambos os gêneros (bissexualidade), por ambos os gêneros incluindo as possibilidades não-binárias de gênero (panssexualidade) ou ausência de atração sexual e/ou afetiva (assexualidade).

Identidade de Gênero, expressão de gênero e orientação sexual são termos e possibilidades de vivências independentes entre si e a grande diversidade se dá justamente nas possibilidades de trânsito ao longo do desenvolvimento de uma pessoa entre essas três grandes variáveis.

Pode-se definir **transgênero** como um termo "guarda-chuva" de identidades, incluindo as identidades transexual, travesti, não-binária e outras que não se identificam (em algum grau) com o sexo reconhecido ao nascimento. Tal caracterização independe de a pessoa ter feito ou não tratamento hormonal, ou cirurgias de afirmação de gênero (também chamadas cirurgias de reconstrução sexual, de reconstrução genital, de redesignação de gênero, de confirmação de gênero ou de redesignação sexual). Mais à frente abordaremos os procedimentos aos quais pessoas transgênero podem se submeter visando adequar as suas características anatômicas à identidade de gênero desejada, em conformidade com a experiência e identidade de gênero do sujeito.

Nomeiam-se mulheres transexuais ou transgênero, pessoas que se identificam como mulheres, mas foram reconhecidas como pertencentes ao sexo masculino quando nasceram. Nomeiam-se homens transexuais ou homens trans, pessoas que se identificam como pertencentes ao gênero masculino, mas que foram reconhecidos como pertencentes ao sexo feminino quando nasceram.

O termo cisgênero refere-se aos indivíduos cuja identidade de gênero está em consonância com o sexo reconhecido ao nascimento.

As definições de transgênero e cisgênero, bem como outras possibilidades de variações de gênero, no espectro da diversidade identitária e comportamental da sexualidade humana são encontradas na **Tabela 1.**

Tabela 1 – Os diferentes termos e suas definições

Termo	Definição
Cisgênero	Indivíduo cuja identidade de gênero está em consonância com o sexo reconhecido ao nascimento (ligado ao sexo anatômico, genitália e características físicas) e com o seu comportamento e papel de gênero esperados.
Transgênero	Engloba termos como transexual, travesti, pessoa trans. A identidade de gênero e/ou seu papel de gênero (o que uma pessoa diz ou faz publicamente para expressar sua identidade de gênero) é diferente do sexo reconhecido ao seu nascimento. Pode ou não ter realizado hormonioterapia ou procedimentos cirúrgicos como a cirurgia de adequação genital.
Travesti	Usado no Brasil para identificar uma pessoa que nasceu com as características físicas do sexo masculino, mas se identifica com o gênero feminino. Vivenciam papéis de gênero femininos, mas não se reconhecem como homens ou como mulheres, mas como um gênero próprio travesti. Podem ou não recorrer a cirurgias plásticas ou hormonioterapia para adequarem seu corpo à sua identidade. É costumeiramente uma identidade de gênero feminina e deve ser referenciada sempre com pronomes femininos, a não ser que a pessoa opte pelo masculino.

Intersexo	Ou Desenvolvimento Sexual Diferente. Antes chamados de hermafroditas ou pseudo-hermafroditas, são homens ou mulheres que nasceram com alguma anomalia ou má formação na genitália masculina ou feminina e por vezes necessitam de hormonoterapia ou cirurgias durante seu desenvolvimento.
Não-binários / *Genderqueer*	Não se identificam com o gênero masculino ou com o gênero feminino ou transitam entre os gêneros.
Cross-dresser	É uma expressão de gênero. Gostam de usar roupas ou acessórios relativos ao gênero oposto ao do seu nascimento, na maioria das vezes não em tempo integral, e não há identificação pessoal com o gênero oposto. Pode estar associado ou não a situações de fetiche.
DragQueen	Pessoa que se veste ou usa acessórios como uma mulher estereotipada ou exagerada para shows e performances artísticas.
DragKing	Pessoa que se veste ou usa acessórios como um homem estereotipado ou exagerado para shows e performances artísticas.
Transformista	Termo muito popular na década de 80/90, referia-se a homens que se vestiam como mulheres para apresentações performáticas sem uma vivência integral ou identificação com o gênero feminino e sem relação com a obtenção de prazer sexual.

Uma expressão comumente usada no Brasil quando se fala em assuntos relacionados à diversidade sexual humana, ou relacionada às possibilidades de identidades transgênero, é o termo "ideologia de gênero". Vale lembrar, no entanto, que o termo "ideologia de gênero" não é científico ou técnico pertencente à área médica. Constitui-se a partir do momento em que passou a ser usado por teóricos sociais, religiosos e políticos em seus textos e declarações, principalmente na América Latina. Por isso, há dificuldade em se encontrar dados científicos que deem um embasamento ao termo, ou mesmo o impacto social que essa expressão tem nas diferentes sociedades, sendo a maioria dos artigos encontrados nas áreas das humanidades. A chamada ideologia de gênero é descrita como uma forma de imposição de teorias ligadas à diferença entre os gêneros, políticas LGBT ou assuntos ligados à diversidade sexual nos mais diversos âmbitos da sociedade. Entretanto, é possível compreender que as pessoas LGBTs estão lutando por respeito aos direitos humanos básicos como as pessoas heterossexuais e cisgênero já têm contemplados. Direitos básicos tais como o reconhecimento legal de seus laços familiares e proteção à integridade física e moral. É preciso compreender que todos podem crer no que acharem mais adequado à sua filosofia de vida, suas morais e seus costumes, e os direitos devem permitir essa diversidade. A linha que não se pode cruzar é aquela que separa as opiniões das discriminações (Miskolci, 2017; Gagliotti, 2019).

2. Diagnóstico em transexualidade

Utiliza-se a palavra diagnóstico nos assuntos tocantes relativos à identidade de gênero não no sentido de implicar uma patologia (chamada "patologização das identidades trans" pelos movimentos sociais). Em Junho de 2018 a Organização Mundial de Saúde anunciou publicamente a retirada da transexualidade da lista de transtornos mentais, próximo ao lançamento da 11a edição da Classificação Internacional de Doenças (CID-11) (WHO, 2018).

Em relação à homossexualidade, ela se inscreve nas definições higienistas e vitorianas do século XIX. Existia sofrimento na vivência homossexual da época, muito mais por ser considerada desde errônea até criminosa, passando por pecado e doença. Aliás como diagnóstico, era um período da história da Saúde e da Medicina em que as descobertas de causas (patógenos ou alterações de funcionamento) predominavam na sociedade e qualquer variação era vista como disfuncional e merecia abordagem médica e da saúde para ser corrigida. Muitos homossexuais buscavam consultórios para "corrigir" sua "doença". Tentou-se desde injeção de extratos testiculares animais, hormônios e substâncias, métodos punitivos, exercícios mentais, físicos e sexuais e NADA mudou o desejo homossexual das pessoas (hoje sabemos que os desejos não desaparecem; o comportamento sim pode ser controlado pela vontade). Com os movimentos sociais em prol das mulheres e da diversidade sexual, a partir dos anos 60 do século XX, o diagnóstico de Homossexualismo deixou de existir a partir dos anos 70 nos manuais psiquiátricos e médicos (Ceccarelli, 2002). Hoje não é, nem deve ser considerada doença ou patologia.

Um diagnóstico autoriza o profissional da saúde a realizar intervenções de cuidados em saúde, incluindo intervenções médicas como a assistência em saúde mental, terapia cruzada de hormônios sexuais e realização de cirurgias, além de proporcionar uma uniformização da linguagem para uso internacional, em levantamentos e pesquisas. Deve ser entendido, portanto, como uma qualificação e ferramenta médica frente ao que está sendo observado no âmbito da saúde física, mental e ambiental com um olhar também para as vulnerabilidades do indivíduo no meio em que está inserido, permitindo ao profissional ter um olhar amplo de cuidado àquela pessoa que busca acolhimento e orientação.

Hoje, em termos de critérios diagnósticos, há diversas referências importantes, sendo as mais utilizadas em estudos clínicos atuais e na prática clínica o DSM-5 da *American Psychiatric Association* (APA, 2013), a CID-10 da Organização Mundial de Saúde (OMS, 1993) e os *Standards of care for gender identity disorders*, sétima edição, da antiga The Harry Benjamin International Gender Dysphoria Association, e atual *World Professional Association for Transgender Health* (WPATH, 2012) (Tabela 2).

Os critérios diagnósticos da CID-10, apesar de ainda serem utilizados como sistema classificatório do Sistema Único de Saúde, foram recentemente revisados para o lançamento da CID-11, sendo a maior novidade a denominação Incongruência de Gênero no adulto e adolescência e Incongruência de Gênero na infância e a saída desses diagnósticos do capítulo de transtornos mentais, sendo alocados em um capítulo à parte relacionado à medicina sexual e de gênero (WHO, 2016).

Incongruência de gênero pode ser caracterizada por uma incongruência marcada e persistente entre a identidade de gênero vivenciada por um indivíduo e seu sexo reconhecido ao nascimento, podendo ou não estar associada a um sofrimento marcante (ou também chamada disforia de gênero). Desta forma, passa a se referir a qualquer pessoa que possui uma incongruência (de maior ou menor grau) com a identidade de gênero que lhe foi designada a partir do reconhecimento do sexo biológico. Pessoas transexuais, travestis, não-binárias e agêneras recebem esse diagnóstico para ter acesso ao sistema de saúde e receber cuidados específicos que demandarem (como cirurgias ou hormonização). Esta nomenclatura não se refere, portanto, a doença ou transtorno, mas sim, a mais uma condição da diversidade humana. Os critérios diagnósticos para Incongruência de Gênero de Adolescentes e Adultos são evidenciados na Tabela 3. Os critérios relacionados à Incongruência de Gênero na Infância são abordados em capítulo específico desta mesma obra.

Disforia de gênero é um diagnóstico do DSM 5 (Manual Diagnóstico e Estatístico de Transtornos Mentais – 5a versão) que se refere ao sofrimento que pode ocorrer em algumas pessoas, devido à incongruência de gênero (Tabela 4). Ou seja, uma pessoa transgênera pode apresentar ou não a disforia de gênero, a depender da ocorrência ou não de sofrimento, clinicamente significativo, e/ou prejuízo no funcionamento psicossocial. Disforia é uma palavra proveniente da palavra grega *dysphoros*, formada por dois radicais que juntos significam "dificuldade em suportar". Em um contexto psiquiátrico, ou mesmo em outras profissões ligadas à saúde mental, utilizamos disforia para definir um estado de incômodo ou não satisfação em relação a algo e que causa uma profunda perturbação mental e/ou física, com afetos de tristeza, raiva, sofrimento, angústia, culpa e irritação. Portanto, é preciso ficar claro que disforia de gênero é um diagnóstico, mas o termo disforia sozinho é um sintoma psiquiátrico, que pode estar presente em pessoas cisgêneras ou transgêneras, ou em transtornos psiquiátricos diversos como a disforia pré-menstrual, por exemplo. (Gagliotti, 2019).

Neste capítulo são utilizados os termos "incongruência de gênero" para se referir à não-identificação com o sexo reconhecido ao nascimento e "disforia de gênero" para o sofrimento e estresse significativos associados à não-identificação.

Quanto à Homossexualidade, não há intervenção a ser realizada e os homossexuais não buscam, hoje, a Medicina para "curar" algo que não é doença. Diferente em relação à população transexual, que busca a Medicina/Saúde para mudanças físicas fundamentais para seu bem-estar.

Tabela 2 - Transexualidade segundo a *WPATH - World Professional Association for Transgender Health (Standards of Care 7th editin; WPATH, 2012)*

Transexualidade em Standards of Care - WPATH
O maior propósito dos Padrões de Cuidados para Transexualidade é articular o consenso de organizações profissionais internacionais a respeito das características de manejo e tratamento psiquiátrico, psicológico, clínico e cirúrgico das identidades de gênero. Em termos diagnósticos há pouco a acrescentar, valorizando os critérios do DSM-IV-TR, DSM-5 e da CID-10. Ressalva que o termo "transgênero" não serve de diagnóstico, pois é usado sem a conotação psicopatológica. O sentido é, sobretudo, o de caracterizar pessoas com identidades de gênero diversas e ampliar o cuidado a cada pessoa de maneira individualizada, segundo as demandas em saúde de cada um.

Tabela 3 – Condições relacionadas à saúde sexual – Incongruência gênero pela CID-11

Diagnóstico	Descrição	Exclusões
INCONGRUÊNCIA DE GÊNERO DA ADOLESCÊNCIA OU ADULTOS (HA60)	A incongruência de gênero na adolescência e na idade adulta é caracterizada por uma incongruência acentuada e persistente entre o sexo expresso de um indivíduo e o sexo atribuído, conforme expresso por pelo menos dois dos seguintes: 1 – forte desgosto ou desconforto com as características sexuais primárias ou secundárias (em adolescentes, características sexuais secundárias antecipadas) devido à sua incongruência com o sexo expressado; 2 – forte desejo de se livrar de algumas ou de todas as características sexuais primárias e/ou secundárias (em adolescentes, características sexuais secundárias antecipadas) devido à sua incongruência com o sexo expressado; 3 – forte desejo de ter as características sexuais primárias e/ou secundárias do gênero expressado. O indivíduo experimenta um forte desejo de ser tratado (para viver e ser aceito) como uma pessoa do gênero expressado. A incongruência de gênero vivenciada deve ter estado continuamente presente por pelo menos vários meses. O diagnóstico não pode ser atribuído antes do início da puberdade.	Afecções parafílicas (6D30-6D3Z)

Fonte: CID-11 (WHO, 2018) – traduzido pelos autores

Tabela 4 – Critérios Diagnósticos DSM-5

Disforia de Gênero em adolescentes e adultos (DG) 302.6 – DSM-5
A – Uma diferença definida entre gênero experimentado/expresso e o gênero atribuído no nascimento, com pelo menos 6 meses de duração, manifestado por no mínimo 2 dos seguintes: 1. Incongruência acentuada entre gênero experimentado/expresso e as características sexuais primárias e/ou secundárias, ou em adolescentes as características secundárias previstas. 2. Forte desejo de livrar-se das características sexuais primárias e/ou secundárias em razão da diferença acentuada entre o gênero experimentado/expresso, em adolescentes jovens desejo de impedir o desenvolvimento das características sexuais secundárias previstas. 3. Forte desejo de possuir as características sexuais primárias e/ou secundárias do outro gênero. 4. Forte desejo de pertencer ao outro gênero ou algum gênero alternativo diferente do designado. 5. Forte desejo de ser tratado como do outro gênero ou algum gênero alternativo diferente do designado. 6. Forte convicção de ter sentimentos e reações típicos do outro gênero ou algum gênero alternativo diferente do designado. B – A condição está associada ao sofrimento clinicamente significativo ou prejuízo no funcionamento social, profissional ou em outras áreas importantes da vida do indivíduo. **Especificar se** Com um transtorno de desenvolvimento sexual **Especificar se** Pós-transição

Fonte: DSM-5 (APA, 2013)

3. Epidemiologia

De maneira geral, a incidência da transexualidade tende a permanecer a mesma, enquanto a prevalência revela uma variação muito grande desde os primeiros trabalhos a esse respeito até os mais recentes, variando de acordo com o país estudado ou até mesmo variando de acordo com a época dentro de um mesmo país. e em época estudada dentro de um mesmo país. Considera-se atualmente, sobretudo, que a razão entre mulheres transexuais e homens trans se mantém estável em 3:1 independentemente do país ou época (Bancroft, 2009).

É preciso um olhar crítico para os estudos que avaliam prevalência de transexualidade pois há estudos que levam em conta diferentes possibilidades de critérios diagnósticos, como os vistos anteriormente, e não há um padrão a ser seguido. O grupo de pessoas que solicita uma cirurgia de afirmação de gênero pode não preencher critérios para um diagnóstico de disforia de gênero, por exemplo.

A transexualidade é considerada em muitos estudos uma condição rara e há uma prevalência reportada com taxas que variam de 1:11.900 a 1:45.000 mulheres trans e 1:30.400 a 1:200.000 para homens trans (Coleman et al, 2012; WPATH, 2012; Cohen-Kettenis, 2010).

Pesquisas realizadas na Polônia e antiga Tchecoslováquia e Japão afirmam que diferentemente dos países ocidentais, os homens trans são mais comuns que as mulheres trans na Polônia e Japão, estando na proporção de 1:3,4, ou seja, uma mulher trans para 3,4 homens transexuais e de 1:5 na antiga Tchecoslováquia (Herman-Jeglinska, 2002; S. Terada et al, 2012).

Segundo um estudo de revisão, a prevalência de incongruência de gênero em adolescentes e jovens nos EUA com idades entre 12 e 29 anos foi de 0,17 a 1,3%. Outro estudo com pessoas que procuram acompanhamento em serviço de saúde encontrou uma prevalência de 6,8/100.000 para mulheres trans e 2,6/100.000 para homens trans em relação à população geral (Zucker, 2017).

Não há números exatos de prevalência de pessoas trans na sociedade brasileira ou do número absoluto de pessoas trans no Brasil. Alguns números são indicativos e nos dão uma dimensão, ainda subestimada do número de pessoas trans no país: sabe-se que, de acordo com Tribunal Superior Eleitoral, 6.280 eleitores e eleitoras trans votaram em 2018 como nome social registrado no Título de Eleitor, sendo que este foi o primeiro ano com esse direito. 288 pessoas trans esperavam por uma cirurgia de afirmação de gênero no SUS, e 253 estudantes solicitaram em 2018 a utilização do nome social no ENEM. Na Secretaria de Educação do Estado de São Paulo, 512 alunos e alunas solicitaram o respeito ao nome social no sistema de educação do estado, o maior do país.

O que temos percebido é um aumento significativo de pessoas nascidas no sexo feminino, que por volta da puberdade se "descobrem trans" e passam a se reconhecer como garotos trans e pedir intervenção hormonal e/ou cirúrgica, sem nada no passado que evidenciasse a incongruência de gênero. Essa é uma população que exige estudos e cuidados, pois as intervenções podem gerar iatrogenias (Littman, 2021).

4. Etiologia da incongruência de gênero e da homossexualidade

A última década presenciou uma intensa discussão a respeito das causas e fatores associados à identidade de gênero e à incongruência de gênero, com contribuições da psicologia, medicina, biologia, antropologia, filosofia e sociologia. Ainda que a questão permaneça desconhecida em sua integralidade, existem fortes evidências que apontam para uma origem multifatorial, com aspectos biológicos, socioambientais e psicológicos que se relacionam. Estudos relacionados à genética, neuroimagem com estrutura cerebral e interferência de hormônios intrauterinos no desenvolvimento cerebral do feto vêm fortalecendo a hipótese de uma matriz biológica no qual se desenvolve a identidade de gênero, posteriormente também associada a fatores psicológicos e ambientais. As origens da homossexualidade seguem as mesmas buscas, hipóteses e conclusões.

5. Diagnósticos diferenciais

Diagnósticos diferenciais de incongruência de gênero devem ser levados em conta. Não existem diagnósticos para homossexualidade e nem devem ser buscados. Deve-se lembrar que há quadros psicopatológicos que, em algum momento de sua instalação, podem apresentar características semelhantes às observadas nos critérios diagnósticos de incongruência de gênero. A elaboração e cuidado com os diagnósticos diferenciais visam evitar possíveis desfechos negativos e iatrogênicos no acompanhamento multidisciplinar em saúde, principalmente no que diz respeito às indicações para terapia cruzada de hormônios sexuais (ou hormonioterapia) e indicações cirúrgicas.

Entre os diagnósticos diferenciais mais comuns observados na prática clínica, destaca-se:

- o fetichismo em suas formas mais extremas e a autoginefilia, ou a excitação por sentir-se mulher e com atributos femininos;
- a homossexualidade homofóbica (ou a extrema dificuldade de aceitação de sua orientação sexual por parte de um indivíduo que então busca vivências no gênero oposto como mecanismo para lidar com tal angústia);
- sintomatologia psicótica com delírios ligados à identidade de gênero, observados na esquizofrenia e transtornos do humor psicóticos;

- transtornos do espectro autista, que em algum momento do desenvolvimento de sua sexualidade podem apresentar questionamentos ligados à identidade de gênero;
- transtornos de personalidade borderline grave;
- transtorno dismórfico corporal. (Gagliotti et al, 2018; Heylens et al, 2014).

6. Saúde mental e incongruência de gênero

Uma avaliação psiquiátrica e do estado de saúde mental de uma pessoa transexual é de extrema importância nos cuidados à saúde dessa população.

Muitas vezes o médico psiquiatra é o primeiro profissional buscado por uma pessoa trans ou que apresenta sentimentos de angústia e sofrimento que envolvem aspectos subjetivos de vida como a identificação ou não com o sexo reconhecido ao nascimento, os afetos relacionados ao próprio corpo e ao seu desenvolvimento e a possibilidade de comportamentos e procedimentos clínicos, estéticos e cirúrgicos que levem a uma transição social de gênero.

Cabe ao médico psiquiatra e à avaliação psiquiátrica garantir o correto encaminhamento dentro do fluxograma de atendimento, visando a integralidade da assistência à saúde incluindo o cuidado de possíveis co-ocorrências clínicas e psiquiátricas.

Especificamente na incongruência de gênero, é importante que durante a entrevista psiquiátrica se ressalte, durante o histórico, desde quando o indivíduo se percebe diferente em relação à sua identidade de gênero, de que maneira essa diferença se manifestava, como era o comportamento escolar (que banheiro utilizava, socialização, esportes, presença de agressões físicas ou morais, *bullying*, reações dos professores e colegas, desempenho e continuidade ou não dos estudos), a reação dos pais/familiares e as características da família de da criação, como foi o surgimento dos caracteres sexuais secundários na puberdade durante a adolescência e vestimentas utilizadas ao longo da vida.

Exploram-se temas importantes como a vivência ou não de maneira integral no gênero com o qual se identificam, os afetos e a subjetividade relacionados à experiência de viver no papel de gênero de desejado e a partir de quando passou a ter essa vivência integral. Explora-se também a escolha e a história do nome social e se já houve mudança legal em relação ao nome e gênero. Questiona-se também as possíveis vivências de rejeição, prostituição, uso de silicone injetável, faixa peitoral (popularmente conhecida como *binder*), prótese mamária ou prótese peniana. É importante esclarecer também o início do uso de hormônios, quais medicações e se com ou sem acompanhamento médico regular.

Em pessoas trans sexualmente ativas, explora-se o início da vida sexual e afetiva, características dos relacionamentos, experiências e as relações que a pessoa possui com o seu corpo e com seus órgãos sexuais. Frente às vulnerabilidades dessa população, conceito discutido posteriormente neste capítulo, é importante a discussão e rastreio clínico sobre infecções sexualmente transmissíveis (ISTs), mais particularmente o HIV.

Vulnerabilidade é a configuração de uma dinâmica de interdependências recíprocas que exprimem valores multidimensionais – biológicos, existenciais e sociais. Uma situação de vulnerabilidade restringe as capacidades relacionais de afirmação no mundo, incluídas as formas de agência social, gerando fragilização e, portanto, agravos à saúde (Oviedo et al 2015).

A população que apresenta algum grau de incongruência de gênero apresenta vulnerabilidades a alguns transtornos mentais nas mais diferentes faixas etárias, não pela transexualidade em si, mas pelos constantes episódios de discriminação, preconceito, exclusão social e violações de direitos a que estão sujeitos na sociedade brasileira. Transtornos mentais ocorrem entre aproximadamente 20% de homens e mulheres transexuais adultos e há índices de 70% de ideação suicida em algum momento da vida e 30% de automutilação (Hoshiai et al 2010).

Soma-se ao conceito de vulnerabilidade para essa população, o conceito de estresse de minorias. Ele pode ser compreendido a partir de três dimensões de preconceito: percebido, antecipado e internalizado. O preconceito percebido caracteriza o estresse explícito, as vivências estressoras do indivíduo pelo preconceito por sua condição de pertencer a um grupo minoritário. O preconceito antecipado é entendido como a antecipação de evento estressor no futuro, e o estresse é vivenciado através da expectativa de rejeição e recriminação, do estado de vigilância e das ações para esconder-se e proteger-se. O preconceito internalizado é o componente mais subjetivo, ocorre quando as atitudes e o preconceito do ambiente social são internalizados pela própria pessoa pertencente ao grupo minoritário, podendo ter efeitos negativos para o enfrentamento dos eventos estressores. (Chinazzo et al, 2020). O preconceito e violência sofridos pela população trans, chamados de transfobia, são um contexto importante para a compreensão de suas experiências em relação à depressão e ao risco de suicídio (Tebbe, 2016). Além dos estressores gerais da vida, a população trans também sofre com esses altos índices de discriminação e rejeição relacionados à sua identidade e/ou expressão de gênero. (Hendricks, 2012). O Brasil é conhecido mundialmente pela triste marca de ser o país onde mais ocorrem violações de direitos humanos contra a população trans, incluindo mortes e assassinatos e tal recorde tem repercussões diretas sobre a saúde mental dessa população.

Estudo recente com 378 pessoas trans do Brasil demonstrou que aproximadamente 67% apresentavam sintomatologia depressiva, 67% ideação suicida e 43% histórico de tentativas de suicídio, associando os três desfechos a preconceito internalizado e pouco apoio social (Chinazzo et al, 2020).

A prevalência de transtornos mentais relacionados ao abuso e dependência de substâncias lícitas e ilícitas chega a 75% de prevalência em estudos de 6 meses, e aproximadamente 20% para uso nocivo de álcool e maconha, 70% de dependência de tabaco e 40% de uso de cocaína (Gonzalez et al, 2017; Nuttbrock et al, 2014).

Dentro das abordagens em equipe visando promover a saúde mental de pessoas trans e a promoção de condições favoráveis de vida que levam a melhores desfechos em saúde mental, a presença de um profissional de assistência social na equipe é primordial. Cabe a este profissional a escuta qualificada e orientação quanto aos direitos dessa população e esclarecimentos acerca dos diversos dispositivos sociais já garantidos que visam o respeito à cidadania das identidades trans. Geralmente, é o profissional de assistência social o responsável pela articulação entre as redes disponíveis de saúde no território do paciente e os órgãos públicos disponíveis visando, mais uma vez, a garantia de direitos sociais básicos e direitos humanos.

Quanto à homossexualidade, a teoria do estresse de minorias ajuda a entender reações e reatividades frente ao posicionamento social ou de grupos em relação à homossexualidade ou comportamento homossexual, podendo levar à ansiedade, depressão, autolesões, tentativas de suicídio e mesmo suicídios (Chinazzo et al., 2020).

7. Abordagem da incongruência de gênero do adulto

O acompanhamento e assistência de transexuais inclui avaliação de equipe multidisciplinar que pode ser composta por médicos de diferentes especialidades (psiquiatras, clínicos, médicos de família, endocrinologistas e cirurgiões), psicólogos, assistentes sociais, fonoaudiólogos e advogados. Tal tratamento baseia-se em um tripé que envolve: psicoterapia, tratamento hormonal e a cirurgia de redesignação sexual, obedecendo as Portarias do Ministério da Saúde que instituem e regulamentam o Processo Transexualizador do SUS. A avaliação e os diagnósticos visam o cuidado, atenção e proteção a esses pacientes (Diário Oficial da União, 2008).

Em janeiro de 2020, o Conselho Federal de Medicina publicou a Resolução 2.265/2019 que revisou, ampliou e modificou as resoluções anteriores. Entre as maiores novidades, a norma do CFM esclarece que da equipe médica deverão fazer parte psiquiatra, endocrinologista, ginecologista, urologista e cirurgião plástico, sem prejuízo de outras especialidades médicas que atendam às necessidades de cada caso, além de outros profissionais da saúde necessários às demandas do indivíduo. Em situações em que o paciente tiver menos de 18 anos, será exigida a presença do pediatra na equipe, ampliando os cuidados a crianças e adolescentes transexuais e suas respectivas famílias (a ser abordado capítulo específico desta obra). A Resolução estabelece que o atendimento médico deve contar com anamnese, exame físico e psíquico completos, assim como com a identificação do paciente pelo seu nome social e de registro, incluindo sua identidade de gênero e sexo ao nascer. A depender da idade, as ações sugeridas deverão envolver pais ou responsáveis legais de crianças ou adolescentes. Para este grupo, a assistência deve estar articulada com escolas e com instituições de acolhimento. Estabeleceu também a possibilidade de início de terapia cruzada de hormônios sexuais a partir dos 16 anos e cirurgias para os indivíduos com mais de 18 anos. (CFM, 2020).

A avaliação psiquiátrica deve ter como alvo bons resultados futuros, entre eles: abordagem e diminuição do sofrimento físico e psíquico; prevenção, diagnóstico e tratamento de possíveis comorbidades clínicas e psiquiátricas; diferenciação da transexualidade de outros transtornos psiquiátricos que podem ter manifestações de gênero que não fazem parte do epifenômeno psicopatológico da transexualidade; orientação ao paciente e seus familiares quanto a todos os riscos e benefícios dos procedimentos médicos desejados; identificação de complicadores ou fatores de risco sociais e acompanhamento durante todo o processo transexualizador quando for o caso (Byne, 2012).

Há uma quantidade insuficiente de serviços especializados no acompanhamento de pessoas transexuais no Brasil, nos mais diferentes níveis de complexidade. Há tentativas atuais, muitas vezes através de mobilizações municipais, estaduais, pessoais ou universitárias de se instituir novos centros, bem como realizar treinamentos no âmbito dos serviços primários de saúde, visando a criação de mais portas de entrada à saúde para a população trans.

O Ambulatório Transdisciplinar de Identidade de Gênero e Orientação Sexual (AMTIGOS) do Instituto de Psiquiatria (IPq) do Hospital das Clínicas da Faculdade de Medicina da Universidade de São Paulo (HCFMUSP) é um dos ambulatórios pioneiros no Brasil e propõe, desde 2010, um serviço transdisciplinar voltado para o atendimento de adultos, crianças e adolescentes com incongruência/disforia de gênero e seus familiares. Dentre as abordagens realizadas com a população adulta no AMTIGOS estão os atendimentos clínico-psiquiátricos, psicoterápico (em grupo), fonoaudiológico, encaminhamentos endocrinológicos, encaminhamentos cirúrgicos, atendimento social e acompanhamento psicoterápico pós-cirurgias.

7.1. Psicoterapia

De acordo com o Conselho Federal de Medicina (CFM) e o Processo Transexualizador do SUS a psicoterapia deve ser instituída como modalidade assistencial em saúde fazendo parte dos acompanhamentos realizados pela equipe multidisciplinar e discutida em equipe após avaliações para ser integrada ao plano terapêutico individual da pessoa trans que procura um ambulatório especializado (Diário Oficial da União, 2008; CFM, 2020).

De acordo com os padrões de cuidados a pessoas trans estabelecidos pela WPATH, (WPATH, 2012) esperam-se dos pacientes durante o período de psicoterapia:

- Mulheres transexuais: avaliação de início de experiência de vida real no gênero desejado; alterações corporais como: retirada de pelos e aumento do cuidado pessoal, do guarda-roupa e da voz e subjetividades relacionadas a esses temas;

- Homens transexuais: avaliação de início de experiência de vida real no gênero desejado; mudanças corporais como uso de faixa peitoral, próteses penianas ou outros recursos similares e subjetividades relacionadas a esses temas;
- Homens e mulheres transexuais:
  - grupos de apoio, leituras didáticas, grupos de discussão online, etc.;
  - aceitação das fantasias pessoais, sejam homossexuais ou bissexuais, e dos comportamentos (orientação) diferentes dos desejos relativos à identidade de gênero e ao papel de gênero, compreendendo que a orientação sexual não interfere e sim complementa a identidade de gênero;
  - avaliação de compromissos familiares e profissionais assumidos;
  - integração das mudanças e expressões de gênero ao dia a dia;
  - identificação e incremento dos pontos destoantes e mais frágeis na adequação ao gênero pretendido, nas relações pessoais e de trabalho.

A psicoterapia também tem indicação e deve ocorrer no período pós-tratamento hormonal e pós-cirúrgico, onde novas questões, conflitos, dúvidas, fantasias, expectativas e frustrações podem aparecer.

Sendo assim, tem sua importância não colocando o foco na alteração do desejo de mudança de sexo, mas sim no que diz respeito à construção de escolhas e respostas mais assertivas frente às intervenções sobre o corpo, a discriminação e as pressões familiares e sociais, diminuindo assim o sofrimento psíquico e acompanhando de perto as mais diversas vulnerabilidades a que a população trans está sujeita, prevenindo eventuais desfechos negativos em saúde mental.

Auxilia também no esclarecimento sobre as indagações e fantasias criadas em relação aos procedimentos que já se submetem ou virão a se submeter (hormonais e cirúrgicos).

O tempo de permanência do indivíduo em psicoterapia do início ao fim do acompanhamento multidisciplinar deve ser avaliado individualmente pela equipe.

7.2. Terapia cruzada de hormônios sexuais

A terapia cruzada de hormônios sexuais, comumente conhecida como hormonioterapia, possibilita os indivíduos melhorarem sua qualidade de vida, diminuírem afetos negativos relacionados ao seu desenvolvimento corporal biológico e sintomas disfóricos, pois passam a se sentir e a ter características físicas do gênero desejado ao qual se identificam. É necessário que para isso o indivíduo demonstre conhecimento sobre a hormonioterapia através de termo de consentimento para compreender os limites, possibilidades, riscos e benefícios do tratamento.

São efeitos e modificações corporais da hormonioterapia:

- Homens transexuais tratados com testosterona: mudanças permanentes como voz mais grave, atrofia mamária, pelos faciais e corporais de padrão masculino e aumento de clitóris. Mudanças reversíveis como ganho de peso, aumento de libido e irritabilidade, redistribuição de gordura corporal com diminuição no quadril e de padrão masculino.
- Mulheres transexuais tratadas com estrógenos: mudanças irreversíveis como aumento das mamas. Mudanças reversíveis como diminuição de pelos corporais, redistribuição da gordura corporal no padrão feminino, pele mais macia, diminuição de tamanho e fertilidade testicular e ereções menos frequentes (Costa et al, 2014).

7.3. Cirurgias

Uma ou mais cirurgias podem ser requeridas por um paciente transexual que procura um serviço especializado. Procedimentos cirúrgicos visam adequar o corpo da pessoa à sua identidade de gênero, buscando acrescentar ou remover características marcantes de um determinado gênero.

A demanda, a vontade, a busca ou a realização ou não de um procedimento cirúrgico não define a identidade de gênero de uma pessoa, como vimos anteriormente. Por isso é preciso elencar durante a anamnese elaboração do plano terapêutico individual, se a pessoa busca ou não cirurgias. A partir dessa compreensão é possível o trabalho em equipe que possa garantir uma estabilidade na saúde física e psíquica, que permita a realização de uma cirurgia com desfechos favoráveis. A idealização dos procedimentos estéticos, a compreensão dos riscos, irreversibilidades e cuidados pré e pós-operatórios também são temas importantes a serem abordados com o paciente durante o acompanhamento em equipe.

Urologistas, ginecologistas, cirurgiões plásticos ou gerais devem ser parte integrante da equipe multidisciplinar que acompanha o paciente, devendo ter competências em reconstrução genital, serem suficientemente treinados e reconhecidamente hábeis.

Os procedimentos cirúrgicos são indicados fundamentalmente após o indivíduo ter vivenciado integralmente a experiência de viver no gênero desejado e após ter realizado o acompanhamento psicoterápico e o tratamento hormonal. A seleção dos pacientes para a cirurgia de transgenitalização deverá obedecer à avaliação da equipe multidisciplinar e após dois anos de acompanhamento conjunto.

Cabe ao cirurgião também a avaliação física em pacientes trans que tenham feito aplicações de silicone industrial em seus corpos feitas em clínicas clandestinas. Trata-se de prática já muito difundida há algumas décadas que, apesar de menos prevalente nas gerações mais novas, ainda causa problemas graves de saúde em pessoas transexuais como necroses em diversas partes do corpo, alterações de forma do corpo, inflamações e fenômenos tromboembólicos.

São procedimentos cirúrgicos a serem indicados, segundo a demanda do paciente:

- Homens transexuais: mastectomia ou mamoplastia masculinizadora, histerectomia, salpingooforectomia, vaginectomia, metoidioplastia, escrotoplastia, uretroplastia, implante de próteses testiculares e neofaloplastia. Adicionalmente podem ser realizadas lipoaspirações em quadris, coxas e nádegas.
- Mulheres transexuais: implante de próteses mamárias, orquiectomia, penectomia, vaginoplastia, clitorioplastia e labioplastia. Faz-se necessária a manutenção da enervação local para garantir a recuperação e funcionalidade da neovagina. Adicionalmente podem ser realizados outros procedimentos como condroplastia tireóidea, cirurgias de feminilização facial e de alteração de voz (associadas a treinamento vocal realizado com fonoaudiólogos especializados).

Conclusões

Nos últimos anos, com o advento da tecnologia, da rápida difusão de informação, com mais estudos em todas as áreas de conhecimento, associado à exposição da discussão acerca da temática transexual em todos os veículos de mídia, este assunto tornou-se mais corriqueiro e atingiu um maior número de pessoas que anteriormente não se identificavam ou não possuíam informações sobre algumas definições básicas da sigla LGBT+ (lésbicas, gays, bissexuais, transgêneros e outras possibilidades de orientações sexuais e identidades de gêneros).

Frente à vulnerabilidade da população transgênero e homossexual, associado ao estresse de minoria a que estão submetidas corriqueiramente, é preciso manter e ampliar o foco no escopo de trabalho da saúde, mais especificamente da saúde mental e da ciência relacionada a essas áreas, objetivando o acolhimento e acompanhamento ético, amplo e eficaz. Não apenas dentro do conhecido binômio saúde-doença, mas pensando no trabalho científico de formulações diagnósticas visando prevenção, inclusão, acesso à saúde e diminuição de sofrimento de todas essas populações.

A psiquiatria atual visa ser parte integrante da equipe multidisciplinar a acompanhar pessoas trans de maneira longitudinal em todas as etapas de vida e em todas as etapas de suas transições psíquicas, físicas e sociais. Homossexuais são acompanhados para reverter estresse, aumentar autoestima e fortalecer a noção de não doença e não estranheza em suas vivências e comportamentos.

Historicamente, não se apagam os erros ou métodos pouco científicos que já foram utilizados pela medicina, pela psicologia e pelas mais diversas áreas da Saúde que, um dia, contribuíram para o aumento da vulnerabilidade ou do sofrimento dessas populações. Entretanto, o aprendizado é considerado constante e é preciso manter-se no caminho da ciência, das evidências que surgiram até hoje na literatura mundial, da busca pelo maior conhecimento acompanhando as evoluções sociais, ampliando o acesso e mitigando o estigma e preconceitos ainda ligados à saúde mental.

Referências

American Psychiatric Association. Diagnostic and statistical manual of mental disorders: DSM-5. American Psychiatric Publishing; 2013

Bancroft J. Human sexuality and its problems. 3rd edition. New York (NY): Churchill Livingstone; 2009

Byne W, Bradley SJ, Coleman E, Eyler AE, Green R, Menvielle EJ, Meyer-Bahlburg HF, Pleak RR, Tompkins DA; American Psychiatric Association Task Force on Treatment of Gender Identity Disorder. Arch Sex Behav. 2012 Aug; 41(4): 759-96.

Ceccarelli, PR.; Sexualidade e preconceito. In.: Revista Latinoamericana de Psicopatologia Fundamental, III. São Paulo, set. 2002. Disponível em http://www.ceccarelli.psc.br/artigos/portugues/html/ sexualidade.htm. Acesso em 13/11/2021

Chinazzo. I.R, Lobato. M.I.R, Nardi, H.C, KOLLER, S. H., Saadeh, A, Costa, A. B.. Impacto do estresse de minoria em sintomas depressivos, ideação suicida e tentativa de suicídio em pessoas trans.. Cien Saude Colet [periódico na internet] (2020/Jan).

Cohen-Kettenis PT, Pfäfflin F. The DSM diagnostic criteria for gender identity disorder in adolescents and adults. Arch Sex Behav. 2010; 39(2): 499-513

Coleman E, Bockting W, Botzer M, Cohen-Kettenis P, DeCuypere G, Feldman J, et al. Standards of care for the health of transsexual, transgender and gender-nonconforming people, version 7. Int J Transgenderism. 2012; 13: 165-232.

Conselho Federal de Medicina. Resolução CFM nº 2.265/2019. Dispõe sobre o cuidado específico à pessoa com incongruência de gênero ou transgênero e revoga a Resolução CFM nº 1.955/2010. Brasil, 2020.

Costa, A. B., et al. Healthcare Needs of and Access Barriers for Brazilian Transgender and Gender Diverse People. J Immigr Minor Health. 2016 Nov 1

Costa EM, Mendonca BB. Clinical management of transsexual subjects. Arq Bras Endocrinol Metabol. 2014; 58(2): 188-196.

Gagliotti, DAM. O que é disforia de gênero?. "In": Saadeh, A. Como lidar com a disforia de genero (transexualidade). São Paulo-SP: Hogrefe; 2019.

Gagliotti, DAM. O que é ideologia de gênero?. "In": Saadeh, A. Como lidar com a disforia de genero (transexualidade). São Paulo-SP: Hogrefe; 2019. p. 36-37.

Gagliotti DAM, Saadeh A, Baptista V. Transexualidade e Transtorno Dismórfico Corporal. "In": Rocha MJAB, Cordas TA, Ferreira LM. Transtorno Dismórfico Corporal – a mente quem mente. São Paulo-SP: Hogrefe; 2018

Gonzalez CA, Gallego JD, Bockting WO. Demographic Characteristics, Components of Sexuality and Gender, and Minority Stress and Their Associations to Excessive Alcohol, Cannabis, and Illicit (Noncannabis) Drug Use Among a Large Sample of Transgender People in the United States. J Prim Prev. 2017 Aug; 38(4): 419-445

Green R. Mythological, historical and cross-cultural aspects of transsexualism. In: Denny D, editor. Current concepts in transgender identity. New York: Garland Publishing; 1998. p. 3-14

HALL, Stuart. A identidade cultural na pós-modernidade. Tradução Tomaz Tadeu da Silva e Guacira Lopes Louro. 12. ed. Rio de Janeiro: Lamparina, 2015

Hendricks, Testa RJ. A conceptual framework for clinical work with transgender and gender nonconforming clients: an adaptation of the Minority Stress Model. Prof Psychol Res Pr 2012; 43(5): 460-7

Herman-Jeglinska A, Grabowska A, Dulko S. Masculinity, feminility, and transsexualism. Arch Sex Behav. 2002; 31(6): 527-34.

Heylens G, Elaut E, Kreukels BP, Paap MC, Cerwenka S, Richter-Appelt H, Cohen-Kettenis PT, Haraldsen IR, De Cuypere G. Psychiatric characteristics in transsexual individuals: multicentre study in four European countries. The British Journal of Psychiatry. 2014 Feb; 204(2): 151-6.

Hoshiai M, Matsumoto Y, Sato T, Ohnishi M, Okabe N, Kishimoto Y, Terada S, Kuroda S. Psychiatric comorbidity among patients with gender identity disorder. Psychiatry Clin Neurosci. 2010 Oct; 64(5): 514-9

Littman, L. Individuals treated for gender dysphoria with medical and/or surgical transition who subsequently detransitioned: a survey of 100 detransitioners. Archives os Sexual Behavior. 2021 Oct;https://doi.org/10.1007/s10508-021-02163-w

Miskolci, R, Campana, M. "Ideologia de gênero": notas para a genealogia de um pânico moral contemporâneo. Sociedade e Estado [Internet]. 2017; 32(3): 725-747

Money J, Ehrhardt A. A. Man & woman, boy & girl. New Jersey: Jason Aronson Inc; 1996).

Nuttbrock L, Bockting W, Rosenblum A, Hwahng S, Mason M, Macri M, Becker J. Gender abuse, depressive symptoms, and substance use among transgender women: a 3-year prospective study. Am J Public Health. 2014 Nov; 104(11): 2199-206.

ONU Brasil. OMS retira a transexualidade da liste de doenças mentais. [publicação na web]; 2019 acesso em 25/05/2020. Disponível em https://nacoesunidas.org/oms-retira-a-transexualidade-da-lista-de-doencas-mentais/

Organização Mundial da Saúde (OMS). Classificação de transtornos mentais e de comportamento da CID-10. Porto Alegre: Artes Médicas; 1993

Oviedo, Rafael Antônio Malagón e Czeresnia, Dina. O conceito de vulnerabilidade e seu caráter biossocial. Interface – Comunicação, Saúde, Educação [online]. 2015, v. 19, n. 53

Person ES. The sexual century. New York: Yale University Press; 1999

Portaria nº 1.707/GM, de 18 de agosto de 2008. Institui, no âmbito do SUS, o Processo Transexualizador, a ser implantado nas unidades federadas, respeitadas as competências das três esferas de gestão. Diário Oficial da União, Brasília, DF, 19 de agosto de 2008(a)

Roughgarden J. A plea for diversity. Nature. 2003; 422: 368-9

S. Terada et al. School refusal by patients with gender identity disorder General Hospital Psychiatry 34 (2012) 299-303

Saadeh A. Transtorno de identidade sexual: um estudo psicopatológico de transexualismo masculino e feminino. 2004. Tese (Doutorado em Ciências) – Departamento de Psiquiatria da Faculdade de Medicina, Universidade de São Paulo, São Paulo, 2004.

Shumer DE, Nokoff NJ, Spack NP. Advances in the Care of Transgender Children and Adolescents. Adv Pediatr. 2016; 63(1): 79-102.

Tebbe EA, Moradi B. Suicide risk in trans populations: an application of Minority Stress Theory. J Couns Psychol 2016; 63(5): 520-33.

Teixeira MC. Mudar de sexo: uma prerrogativa transexualista. Psicol em Rev. 2006; 12: 66-79

World Health Organization, 2016. FAQ on Health and Sexual Diversity: An Introdution to Key Concepts. Disponível em: https://www.who.int/publications/i/item/WHO-FWC-GER-16.2 Acessado em 20/05/2020.

World Health Organization (WHO), 2016. FAQ on Health and Sexual Diversity: An Introdution to Key Concepts. Disponível em: https://www.who.int/publications/i/item/WHO-FWC-GER-16.2

World Professional Association for Transgender Health (WPATH) (2012). Standards of care for gender identity disorders (7th version).

Zucker KJ. Epidemiology of gender dysphoria and transgender identity. Sex Health. 2017; 14(5): 404-411

PARTE 2
DIVERSIDADE, SOCIEDADE E DIREITO

2. OS DIREITOS DA POPULAÇÃO LGBTI NO BRASIL

Maria Berenice Dias

O preconceito contra lésbicas, gays, bissexuais, transgêneros e intersexuais (LGBTI) existe desde que o mundo é mundo. Mas, ao menos a partir da chamada era cristã, há um injustificável repúdio a tais segmentos, o que, no entanto, não tem o condão de fazer estas pessoas desaparecerem.

Apesar do avanço de um assustador um conservadorismo, que se alastra globalmente, não adianta. A eclosão dos direitos humanos abriu as portas para que todos sejam aceitos e respeitados do jeito que são. Mais dia, menos dia. Mais ano, menos ano. Nem que se tenha de esperar um século, ou mais, a diversidade sexual vai ser aceita. Todos os que integram esta sigla – que não para de agregar mais segmentos – sairão sem medo do armário. Vão receber tutela jurídica e suas uniões afetivas serão reconhecidas como entidade familiar.

O Brasil era o país com maior número de católicos no mundo. A forte influência religiosa gerou normas de conduta muito conservadoras. A lei garantia direitos exclusivamente a quem vivia dentro do modelo oficial de família: a união entre um homem e uma mulher, formalizada pelo casamento. Somente seus integrantes tinham direitos. Nada era assegurado aos vínculos extramatrimoniais. Considerados como simples sociedades de fato, determinava-se apenas a divisão patrimonial, quando provada a efetiva participação do "sócio" na aquisição dos bens, considerados como "capital social". Filhos nascidos fora do casamento não podiam ser registrados pelo pai. Assim, durantes décadas, multidões de crianças e mulheres eram condenadas à invisibilidade pelo simples fato de viverem fora do modelo eleito pelo Estado. Relegadas à própria sorte, eram excluídas da proteção legal. Às claras, a forma mais perversa de punição.

Forma-se verdadeiro círculo vicioso. O legislador, para garantir sua reeleição, só aprova leis que não desagradam seu eleitorado. Na falta de lei, a tendência da justiça sempre foi não reconhecer direitos. Como se a omissão legal representasse o desejo da sociedade em não tutelar determinadas situações fáticas. Quando o verdadeiro motivo era – e ainda é – o temor de se comprometer com pautas que contemplem minorias alvo da intolerância social.

Diante deste panorama, na busca de uma justiça mais justa, mais rente à realidade da vida, há mais de 20 anos, comecei a proclamar que o juiz tem o dever de julgar. A falta de lei não significa ausência de direito. Até porque, é o que diz a Lei de Introdução às Normas do Direito Brasileiro.[1]

Mas como o novo assusta, os avanços são demorados. É difícil sair da zona de conforto. Estas resistências é que motivaram o nascimento do Instituto Brasileiro de Direito de Família (IBDFAM). Em 25 anos, com mais de 18 mil associados, provocou a mais profunda revolução no âmbito das relações familiares. Tanto no conceito da conjugalidade como da parentalidade. O casamento deixou de ser a única forma de constituição da família. Com isso foi necessário buscar outro parâmetro para conceituá-la, de forma a albergar outras estruturas de convívio merecedoras de tutela.

A identificação do afeto como elemento constitutivo da família, levou a inclusão da ética no seu conceito. Passou-se a falar na ética do afeto. Ou seja, a presença do vínculo de afetividade gera a responsabilização mútua dos seus membros. Com o alargamento conceitual, o “Direito de Família” passou a se chamar “Direito das Famílias”.

Os avanços doutrinários encorajaram magistrados mais sensíveis. Aqueles que têm dificuldade de conviver com injustiças começaram a garantir direitos mesmo diante do vácuo legislativo. Estas decisões de

[1] Lei 4.657/1942, art. 4º: Quando a lei for omissa, o juiz decidirá o caso de acordo com a analogia, os costumes e os princípios gerais de direito.

vanguarda, divulgadas em publicações especializadas, em redes sociais e nos meios de comunicação, auxiliaram os advogados a bater às portas do Poder Judiciário buscando o reconhecimento de direitos ainda que não previstos em lei.

Foi quando, no início deste século, escrevi a primeira obra, denunciando a omissão legal e a necessidade de as uniões de pessoas do mesmo sexo merecerem tutela como entidade familiar: "União homossexual, o preconceito e a Justiça". À medida que avanços começaram a ocorrer, a obra foi alterando de nome. Tanto que a 7ª edição é intitulada "Homoafetividade e os direitos LGBTI".

Com o intuito de retirar o ranço que carrega a expressão "homossexualidade", criei o neologismo "homoafetividade" para evidenciar que "uniões homoafetivas" são também relações de afeto, devendo ser reconhecidas como entidades familiares merecedoras de tutela. Enquanto desembargadora do Tribunal de Justiça do Rio Grande do Sul, com base nos princípios constitucionais da liberdade, igualdade e respeito à dignidade da pessoa, proferi as primeiras decisões, concedendo às uniões homoafetivas direitos no âmbito do Direito das Famílias e das Sucessões.

Como eram escassas ações judiciais que chegavam aos tribunais, resolvi me aposentar da magistratura e abrir o primeiro escritório de advocacia especializado em "Direito Homoafetivo". Assim, com letra maiúscula, por se tratar de um novo ramo do Direito.

Ao receber a carteira profissional de advogada, requeri à Ordem dos Advogados do Brasil (OAB) a criação de Comissões de Diversidade Sexual e Gênero, com a finalidade de qualificar os advogados para atuarem nestas demandas. Logrei aprovar a criação de Comissão Nacional, que presidi por 10 anos, período em que foram instaladas mais de 200 comissões país a fora.

A Comissão Nacional constituiu um grupo de juristas que, juntamente com os movimentos sociais, elaborou o Projeto do Estatuto da Diversidade Sexual e Gênero. Durante seis anos foram coletadas assinaturas e, ao chegar ao número de 100 mil, foi apresentado pela Ordem dos Advogados do Brasil (OAB) ao Senado Federal, por iniciativa popular (PLS 134/2018).[2]

[2] Texto no site: www.direitohomoafetivo.com.br

Havia também a necessidade de dar visibilidade aos avanços vagarosamente alcançados. Como inexiste um banco nacional de dados das decisões judiciais e é difícil o acesso aos processos que tramitam em segredo de justiça, criei um site em que estão disponibilizados os direitos garantidos à população LGBTI.[3] Para isso, foi precioso o apoio das Comissões da Diversidade Sexual e Gênero da OAB e do IBDFAM, que encaminham não só julgados, mas também os avanços obtidos em sede administrativa.

Certamente a primeira grande vitória foi obter o deslocamento da competência para o julgamento das ações versando sobre direito homoafetivo, das Varas Cíveis para as Varas de Família. O passo seguinte foi o reconhecimento de que as uniões de pessoas do mesmo sexo são uma entidade familiar e não uma sociedade de fato. A ausência de lei não intimidou juízes e tribunais. Invocando a analogia, aplicaram as regras da união estável: figura jurídica que define como família os relacionamentos extramatrimoniais. Não demorou a ser admitida a adoção de crianças por homossexuais, bem como a possibilidade de eles fazerem uso das técnicas de reprodução assistida. O reconhecimento da multiparentalidade autoriza que figure no registro de nascimento mais de um pai ou mais de uma mãe.

Consolidada a jurisprudência no âmbito dos tribunais estaduais, estes temas chegaram aos tribunais superiores. Em face do texto da Constituição da República que diz que a união estável é o relacionamento entre um homem e uma mulher,[4] em 2011, o Supremo Tribunal Federal (STF) reconheceu a inconstitucionalidade da exigência da distinção de sexo para o reconhecimento das uniões estáveis homoafetivas.[5] Esta emblemática decisão foi certificada pela Organização das Nações Unidas (ONU) como patrimônio documental da humanidade.

[3] www.direitohomoafetivo.com.br

[4] CR, art. 226, § 3º: Para efeito da proteção do Estado, é reconhecida a união estável entre o homem e a mulher como entidade familiar, devendo a lei facilitar sua conversão em casamento.

[5] STF, Ação Direta de Inconstitucionalidade (ADI) 4.277 e Arguição de Descumprimento de Preceito Fundamental (ADPF) 132, Relator Ministro Ayres Britto, julgado em 05/05/2011.

Logo em seguida o Superior Tribunal de Justiça (STJ) afirmou não inexistir óbices legais à celebração de casamento entre pessoas de mesmo sexo.[6]

Como alguns juízes resistiam em acolher a orientação firmada pela Corte Suprema, o Conselho Nacional de Justiça (CNJ) – órgão administrativo e fiscalizador da Justiça – proibiu as autoridades competentes de se recusarem a habilitar ou celebrar casamento civil entre pessoas do mesmo sexo.[7]

E foi assim que o Brasil se tornou o primeiro país do mundo a assegurar o casamento homoafetivo por decisão judicial, e não em virtude de lei. A Suprema Corte dos Estados Unidos acabou por copiar o modelo brasileiro.

Também os transgêneros acumularam várias conquistas. O direito ao uso do nome social – nome como a pessoa se identifica socialmente – foi autorizado por órgãos da administração pública, instituições de ensino e empresas privadas. Também foram editadas algumas leis estaduais e municipais garantindo igual direito. E acabou a justiça por assegurar o direito de os procedimentos de readequação genital e de adequação das características sexuais serem realizados pelo sistema público de saúde (SUS). Também foi admitida a alteração do nome e do sexo no registro civil, mesmo sem a realização de qualquer intervenção cirúrgica.

Finalmente, em 2018, por decisão vinculante do Supremo Tribunal Federal (STF), foi garantido aos transgêneros o direito à alteração do nome e da identidade de gênero em sede administrativa, diretamente no registro civil, por autodeclaração, sem a necessidade de se submeter à redesignação sexual ou hormonioterapia.[8]

Apesar da resistência inicial dos movimentos sociais, a inserção da letra "I" na sigla LGBT, que identifica as pessoas intersexo, provocou um resultado surpreendente. Acabou a invisibilidade dos intersexuais – que eram chamados de hermafroditas – pessoas que nascem com órgãos genitais ambíguos. Certamente, é o segmento mais vulnerável.

[6] STJ, RESP 1.183.378/RS, Relator Ministro Luis Felipe Salomão, julgado em 25/10/2011.

[7] CNJ, Resolução 175, de 14/05/2013.

[8] STF, Ação Direta de Inconstitucionalidade (ADI) 4.275 e Recurso Extraordinário (RE) 670.422, Rel. para o acórdão, Min. Luiz Edson Fachin, julgado em 15/08/2018.

Na ânsia de enquadrar todos no modelo sexual binário, crianças são vítimas de verdadeira mutilação. Com autorização do Conselho Federal de Medicina (CFM),[9] os médios realizam cirurgias de "adequação genital" nos bebês, sem qualquer respeito ao direito de eles, um dia, escolherem a própria identidade de gênero. Os pais são aconselhados a não revelar ao filho o "problema" que ele teve, o que gera um ambiente de silêncio e mentiras.

Os intersexuais passaram a procurar as Comissões da Diversidade Sexual da OAB e a denunciar estas práticas perversas. Para chamar a atenção das autoridades, coordeno a primeira publicação que aborda o tema: "Intersexo – aspectos jurídicos, internacionais, trabalhistas, registrais, médicos, psicológicos, sociais e culturais". O tema começou a despertar o interesse da sociedade, tanto que foi criada a Associação Brasileira de Pessoas Intersexo (ABRAI).

Além disso, a falta de lei tem outro efeito devastador e que gera números assustadores. O Brasil é o país em que mais se mata LGBTIs no mundo. A cada 19 horas alguém é morto por sua orientação sexual ou identidade de gênero.[10]

Em 2019, o Supremo Tribunal Federal[11] ao reconhecer a omissão do legislador em criminalizar a homofobia e a transfobia, determinou que tais condutas sejam punidas pela Lei do Racismo (Lei 7.716/1986), que prevê outros crimes de ódio: por discriminação ou preconceito por raça, cor, etnia, religião e procedência nacional. As penas são de um a cinco anos de prisão. O racismo é crime inafiançável e imprescritível (CR, art. 5º, XLII).

Há mais.

O Supremo Tribunal Federal (STF), no ano de 2020, reconheceu como inconstitucional a restrição de doação de sangue por homens gays e bissexuais.[12]

O ministro Gilmar Mendes, do Supremo Tribunal Federal (STF), determinou ao Ministério da Saúde que adote medidas para, que o SUS

[9] CFM, Resolução 1.664/2003.

[10] Dado do Grupo Gay da Bahia (GGB): www.grupogaydabahia.com.br.

[11] STF, Ação Declaratória de Inconstitucionalidade por Omissão 26 e Mandado de Injução 4.733,T. Pleno, Rel. Min. Celso de Melo.

[12] STF, Ação Direta de Inconstitucionalidade 5.543, T. Pleno, Rel. Min. Luiz Edson FAchin, j. 8/5/2020.

garanta o acesso a especialidades médicas à população transexual e travestis, respeitando a identidade de gênero com a qual o paciente se identifica.[13]

Este é o atual retrato do Brasil. Importantes avanços, mas ainda permeados de enormes resistências.

No entanto, o crescimento das igrejas evangélicas fundamentalistas arregimentou grande contingente de seguidores. Seus pastores começaram a se aproximar dos políticos, a financiar campanhas milionárias. Logo em seguida, passaram eles próprio a disputar cargos eletivos. Assim, a cada eleição tem aumentado o número da chamada bancada evangélica no parlamento brasileiro.

O atual Presidente da República é um militar, evangélico, com um discurso conservador e homofóbico. A favor da "família tradicional", faz manifestações raivosas contra os homossexuais, responsabilizando-os pela "degradação moral da sociedade".

Claramente se trata de uma reação ao neo-feminismo e ao movimento antirracismo. Cabe atentar que ocorreu a expansão dos grupos em defesa dos direitos LGBTQIA+. Cada vez mais organizados, com o uso das novas mídias digitais, atingiram uma capilaridade inédita e são artífices de muitas mudanças.

Ainda que os avanços sejam muitos – e significativos – é frágil a garantia de direitos assegurados exclusivamente pelo Poder Judiciário. A depender da mudança dos integrantes dos tribunais, a jurisprudência pode mudar. Daí a indispensabilidade da aprovação do Estatuto da Diversidade Sexual e Gênero.

Definitivamente, gays, lésbicas, bissexuais, transgêneros e intersexos "saíram do armário" e ganharam as ruas. Coloriram o Brasil com as cores do arco-íris.

E este é um caminho sem volta. Não só no Brasil, mas em todo o mundo.

[13] STF, Arguição de Descumprimento de Preceito Fundamental 787, Rel. Min. Gilmar Mendes, j. 29/06/2021.

3. DIVERSIDADE SEXUAL: UMA REFLEXÃO SOBRE PRECONCEITOS NAS COMUNIDADES LGBT E SOBRE A NECESSIDADE DE ENCAIXE COM ESTEREÓTIPOS

Luiz Fernando do Vale de Almeida Guilherme

Discutir acerca da temática da *diversidade sexual* exige reflexões que certamente estão distantes da profundidade própria de um pires. Há que se desprender de inúmeros preconceitos e que se estar aberto a raciocínios próprios do estudioso, ávido por crescimento pessoal ou por querer contribuir socialmente.

Adentrar nos debates sobre *diversidade sexual* demanda que se discuta parâmetros como *sexo; gênero; identidade de gênero* e *orientação sexual*, sendo, porém, que conversar acerca de tais temáticas representa apenas a margem de universo que deve ter as suas fronteiras invadidas para que se dialogue a respeito do próprio ser humano, com as suas evoluções e involuções; complexidades e, por que não, existencialismo.

Essas bases devem ser colocadas em xeque porque aqui se procurará – sem qualquer fertilização de verdades absolutas –, colocar em debate o próprio universo das comunidades LGBT's, que com as suas vicissitudes, avanços e sucessos em suas causas, parece também apresentar as suas contradições existenciais.

Para tanto se lançará mão de uma visão honesta, real; por vezes precipitada e equivocada, mas certamente zelosa em relação aos triunfos das comunidades defensoras de direitos de uma minoria que ainda carece de suporte e que tem o mais total respeito desses provocadores.

Outrossim, esse texto de reflexão em muito se apoiará nas percepções e nos "devaneios" (sem qualquer tom pejorativo) de estudiosos e pensadores.

1. Tratando de diversidade sexual, o que seriam *sexo; gênero; identidade de gênero* e *orientação sexual*?

O homem costuma ter a prática de reduzir e conceituar fenômenos como forma de melhor compreender o mundo. Trata-se de um afazer um tanto reducionista, que posiciona os elementos constituintes do mundo em "caixinhas". Sendo o mais justo ou não, o fato é que isso costuma facilitar interpretações. Daí se tem que a "definição" de algo representa uma verdade absoluta a respeito daquilo, não sendo passível de se fazer prova em contrário, pois que se percebe claramente desde onde se parte e até onde se chega, sendo assim tal vocábulo típico das ciências exatas. Depois há o "conceito" de algo – bastante próprio das ciências sociais – já que significa uma percepção de aceitação (mas não de certeza) de uma realidade. Por último há a "teoria", que nada mais é do que algo embasado segundo um fundamento, sendo aquela que apresenta o menor grau de certeza das três.

A relevância dessa explanação está no fato de que o ser humano – ainda bem – em dado momento se permitiu o debate e passou a derrubar dogmas arcaicos a respeito da sexualidade e de inúmeros temas a ela correlatos. Foram caindo preconceitos anacrônicos (com o perdão do pleonasmo) e foram sendo abertas portas para novos pensamentos dotados de grau de certeza mais justos e modernos, na forma de conceitos. Hoje, quando se fala sobre parâmetros de aceitação e de tolerância se tem cravado mais do que meras opiniões sobre certos assuntos, mas sim verdadeiros conceitos como, por exemplo, aqueles que tratam de *sexo, gênero, identidade de gênero* e *orientação sexual*. Porém, se esses são apenas o ponto de partida dessa reflexão, notadamente estão longe de ser o ponto de chegada.

Bem, sendo assim, *sexo* nada mais é do que um substantivo que representa características biológicas que diferenciam homens e mulheres, sendo usualmente determinado pelas genitálias. Mas o *gênero* já diz respeito a uma construção social atribuída ao sexo. Melhor dizendo, conforme ensina a pesquisadora Joan Scott, "*é um elemento constitutivo das relações sociais baseado nas diferenças percebidas entre os sexos, e o gênero é uma forma primária de dar significado às relações de poder*[1]". Caminhando na

[1] Scott, JOAN. Gender on the politics of history. New York. Columbia University Press, 1988, traduzido e publicado por Revista Educação e Realidade, Porto Alegre, 1995, p. 86. Disponível em: https://direito.mppr.mp.br/arquivos/File/SCOTTJoanGenero.pdf

mesma linha, Maria Eunice Figueiredo Guedes assegura que *gênero* é "uma forma de entender, visualizar e referir-se à organização social da relação entre os sexos"[2]. Isso é, o que se depura das percepções é que *gênero* diz respeito aos aspectos sociais atribuídos ao sexo. Ou seja, o *gênero* está vinculado a construções sociais e não a características naturais. Por isso muitas vezes se ouve que frases como cuidar da casa "cuidar da casa é coisa de mulher". Só que, como bem sinalizam Leticia Medeiros e Isabela Moraes,

> "o que está por trás de frases desse tipo é justamente a questão de gênero: se o que caracteriza "ser mulher" são simplesmente características biológicas e anatômicas, não haveria razão para alguém atribuir uma atividade especificamente às mulheres. Afinal, qual genitália uma pessoa tem não faz diferença na hora de limpar a casa. Isso demonstra que há algum sentido a mais atribuído a "ser mulher": algo que vai além do sexo biológico, e esse "algo além" é, justamente, o gênero"[3].

Agora, por *identidade de gênero* se tem a forma como a qual o indivíduo se situa e se enxerga como ser humano dentro do escopo da sexualidade. A partir disso se abrem ao menos três novas portas, merecendo destaque o *cisgênero*, o *transgênero* e *o não binário*. Indo mais a fundo, quer dizer que o indivíduo *cisgênero* é aquele que nasceu com características físicas e biológicas masculinas, por exemplo, e que de fato se enxerga como tal.

Já o indivíduo *transgênero*, consiste naquele que, como ilustração, nasceu com características físicas masculinas mas que se enxerga como mulher, sendo importante destacar que, diferentemente do que se apontava até poucos anos atrás, a *transgeneridade* não vem a ser um distúrbio mental e as tentativas de transformar essa percepção em patologia representa clara violação dos direitos humanos da pessoa humana.

[2] GUEDES, Maria Eunice Figueiredo. Gênero, o que é isso? In: RAMOS, Tayane Mariza Nascimento. Violência Doméstica entre Lésbicas e a Aplicabilidade da Lei Maria da Penha. 16º Congresso Brasileiro de Assistentes Sociais, Brasília, p. 4. Disponível em: file:///C:/Users/ap/OneDrive%20-%20AGLAW/downloads/1243-Article%20Text-2386-1-10-20200113.pdf

[3] MEDEIROS, Leticia; MORAES, Isabela. Gênero: você entende o que significa? Disponível em: https://www.politize.com.br/vamos-falar-sobre-genero/

Ainda sobre a identidade de gênero há o indivíduo *não binário*, que representa classificação caracterizadora da real mistura entre masculino e feminino, ou, simplesmente, a total indiferença entre ambos. Logo, os indivíduos *não-binários* sublimam os papéis sociais que são atribuídos aos *gêneros*, criando uma terceira identidade que foge por completo do padrão “homem-mulher”.

Essas três portas, quando abertas, ligam o visitante ao caminho que tem como destino a identidade de gênero, simbolizada na como a pessoa se enxerga e como ela se relaciona psicologicamente com as suas características geno e fenotípicas.

Por fim há a orientação sexual, que nada mais é do que a expressão da sexualidade e da afetividade de uma pessoa e por quem ela sente atração. Assim, uma pessoa que nasceu com características físicas e biológicas masculinas mas que se enxergue como mulher – formatando o *trânsgenero* – pode ter conexão afetiva e sexual por pessoa do mesmo sexo biológico a dela ou não, e igualmente pode ter atração por quem se enxergue como *cis-gênero*, *transgênero* ou *não-binário*.

Daí a importância de trazer à baila os conceitos da *identidade de gênero* e da *orientação sexual*, porque se a *identidade de gênero* é a forma como a qual uma pessoa, independentemente das suas características físicas e biológicas, se percebe; e se a *orientação sexual* é a expressão da afetividade de uma pessoa, ambos os conceitos contribuem para formar a diversidade sexual.

2. Universo lgbt: do mais profundo respeito às causas até os debates sobre certa incongruência

Feitas as considerações predecessoras, parece salutar – com o devido cuidado – confrontar algumas bases da sexualidade e da diversidade sexual evidenciadas pela comunidade LGBT com algumas posturas percebidas dentro da própria comunidade.

E é muito importante que o primeiro afazer a ser realizado nesse processo seja o de deixar claro o mais legítimo respeito às causas da comunidade, assim como os profundos avanços por elas obtidos no final do século XX e no início do atual, dados os embates e a coragem da comunidade. Isso precisa ser colocado como premissa – como pedra fundamental –, a fim de que se não se conseguir afastar na sua inteireza, ao menos se suavize uma eventual percepção mais precipitada e injusta, que entenda que uma reflexão nesses moldes esteja de algum modo negligenciando ou diminuindo os sucessos obtidos pela comunidade ao longo de tantas décadas.

Outrossim, há o claro cuidado para que não se imagine que a reflexão em apreço esteja, de algum modo, dotada de qualquer forma de preconceito que esteja tendente a crer que minorias tenham menores direitos e valores. É fundamental que se esclareça que todo pensamento (e eventualmente até a provocação) propostos têm unicamente o sentido de, mais adiante, se discutir o ser humano em sua inteireza, tendo como pano de fundo uma de suas muitas formas de expressão que é por meio da sexualidade e de sua identidade, inclusive trazendo à baila autor que é dos principais pensadores a respeito da sexualidade e, também, do próprio ser humano.

Estabelecido isso como verdade inicial, ora, alguns questionamentos ganham vida: há segregação dentro da comunidade LGBT? Haveria a possibilidade de se verificar exclusões e discriminações dentro de um universo essencialmente minoritário? O grupo dos bissexuais seriam mal vistos e excluídos dentro do próprio universo de lésbicas, gays e demais operadores da comunidade? Se sim, o que isso revelaria a respeito desses nichos? E o que isso diria sobre o ser humano, em última análise? O que se depuraria dos tantos conceitos e "caixinhas" a que os seres humanos criam e se colocam (ou a quem colocam/impõem)?

É possível nos desnudarmos de alguns raciocínios *a priori* refratários para podermos aceitar a reflexão honesta e que não queira machucar as conquistas tão justas ao longo do tempo? Se a resposta for afirmativa, é o momento da reflexão.

2.1. Os grupos que compõem o universo LGBT

As comunidades LGBT tem um histórico de luta e de defesa de causas que procuram trazer dignidade, respeito e proteção ao ser humano que tem como único "pecado" o fato de se enxergar de forma diversa daquela que a sociedade lhe impôs ou que sente afeto e desejo por pessoa diversa daquela que a sociedade igualmente lhe impôs.

A rigor, a sigla identificadora da comunidade (LGBT) representa a sua formação, composta inicialmente por pessoas lésbicas, gays, bissexuais, transexuais, travestis e transgêneros. No entanto, a comunidade teve variações e incorporou novas letras ao seu signo assim que a comunidade acolheu novas causas e proteções, transformando-se primeiro em LGBTQ (com a adição da letra Q para representar as pessoas que se identificam como *queer*). Depois, deu-se a a adição da letra I, para formar a sigla LGBTQI, uma vez que também ficaram representados os interessexuais). Mais adiante a comunidade assumiu a sigla LGBTQIA e depois foi alterada para a sigla LGBTQIAPN (para a proteção também dos assexuais, dos arromânticos primeiro; e, depois, dos pansexuais, polisexuais e não binários). Por fim a comunidade batizou o sinal "+" para formar a sigla atual (LGBTQIAP+), que também "procura representar quaisquer pessoas que não se sintam incluídas em nenhuma das outras identidades cobertas pelas iniciais da sigla"[4].

Mas uma das principais bandeiras históricas da comunidade LGBTQIAP+ (ou simplesmente LGBT) foi a discriminação de pessoas em razão da sua identidade de gênero ou de sua orientação sexual. Está no seio da comunidade a luta pela igualmente e a proteção da pessoa humana que simplesmente se percebe diferente daquele padrão burguês impositivo. Igualmente reflete um dos maiores dizeres do universo LGBT a proteção daquele que apenas sente atração e afeto de forma distinta dos modelos profetizados por religiões, organismos estatais e por sociedades dotadas de preconceitos espúrios.

2.2. Histórico de lutas e de conquistas louváveis

Em um contexto absolutamente distinto, em certa oportunidade Thomas Jefferson disse: "a árvore da vida deve ser regada de tempos em tempos com o sangue dos patriotas e tiranos". A ordem em questão é bradar um "basta!" para as agruras e os sofrimentos que perseguem determinado grupo, insuflando-o a combater o mal que o deturpa.

A comunidade LGBT por muito tempo foi (e ainda infelizmente é) perseguida das mais variadas formas. Casos de violência – física ou psicológica –; a não observação de direitos fizeram com que as pessoas se unissem e buscassem a formação de uma agenda mínima que dispusesse sobre, entre outros temas, a criminalização da LGBTfobia; o fim da criminalização da homossexualidade e das penas correlatas em diversas localidades do globo; o fim do tratamento das identidades trans como

[4] LGBT: o que é, história e muito mais. Disponível em: https://www.stoodi.com.br/blog/atualidades/movimento-lgbt-o-que-e/

patologias; o fim dos tratamentos de "cura gay"; o casamento civil igualitário; a permissão para que casais homoafetivos pudessem adotar; o respeito à laicidade do Estado e fim da influência religiosa nos processos políticos; e a representatividade da comunidade nos meios de comunicação.

Hoje essas pautas ganharam vida e tem forte impacto, mas tudo começou de forma mais evidente com a revolta de Stonewall, um marco que impulsionou o movimento LGBTI:

> "Essa revolta ocorreu em 28 de junho de 1969, no bairro de Greenwich, em Nova York. Numa noite como qualquer outra, no Stonewall Inn, um grupo de detetives da polícia invadiu o bar e repreendeu duramente as pessoas que ali estavam. Naquela época, quando a cena gay ainda não havia se tornado uma marca registrada nos Estados Unidos, os espaços em que a diversidade sexual era expressa estavam à sombra do mundo heteronormativo. Foi nesse contexto que aqueles presentes no boliche de Stonewall, naquela noite, disseram basta e responderam à repressão policial com revoltas e barricadas que duraram três dias. A partir desse momento, o movimento LGBTI saiu dos bastidores para se juntar à onda revolucionária dos anos.[5]"

Assim, é de suma importância que se aplaudam as décadas de vivência do movimento e que a sua força motriz seja de fato impulsionada e incentivada, mesmo que a comunidade apresente as suas contradições também. Afinal de contas, o movimento é antes de mais nada formado por pessoas, que naturalmente têm reconhecidas em si igualmente as suas particularidades e incongruências.

2.3. A exclusão dos bissexuais dentro da comunidade LGBT

Mas é essa mesma comunidade, com tantos triunfos e conceitos inspiradores, que dentro de si também eventualmente rechaça e discrimina, como no caso das pessoas que se dizem bissexuais. Como bem pondera Elizabeth Sarah Lewis,

[5] RAMOS, Tayane Mariza Nascimento. Violência Doméstica entre Lésbicas e a Aplicabilidade da Lei Maria da Penha. 16º Congresso Brasileiro de Assistentes Sociais, Brasília, p. 2. Disponível em: file:///C:/Users/ap/OneDrive%20-%20AGLAW/downloads/1243-Article%20Text-2386-1-10-20200113.pdf

"Apesar de serem teoricamente incluídas pela letra "B" na sigla LGBT, as performances identitárias bissexuais frequentemente são pouco aceitas pelos movimentos LGBT, vistas como "pouco sérias" e discriminadas por não se enquadrarem nas categorias binárias heterossexual/homossexual. Há igualmente um frequente policiamento das performances identitárias dos/as participantes dos movimentos LGBT que se identificam como gays e lésbicas, para que evitem expressões de desejo que supostamente "ameaçam" seu pertencimento à categoria homossexual, reforçando o binário heterossexual/homossexual e o apagamento das performances identitárias bissexuais e da diversidade sexual[6]".

Sucede que dentro do movimento LGBT há diversos grupos e subgrupos e neles é comum se perceber uma lógica homonormativa, que exige que as pessoas expressem afetividade e desejo sexual por pessoas do mesmo sexo/gênero, marginalizando aquelas pessoas que não se enquadrem nesse perfil.

O fato é que as categorias hetero e homossexuais têm se tornado dois grandes eixos e, em razão dessa ordem binária, aquele indivíduo que se classifique como bissexual tem sofrido segregação e discriminação dentro da própria comunidade. Isso inclusive contraria a autora Eve Sedgwick, que pondera sobre o tema e sustenta que "todas as categorias que usamos hoje em dia são inadequadas porque "a sexualidade se estende em tantas dimensões que não podem, de modo algum, ser bem descritas em termos do gênero do objeto escolhido"[7].

Novamente citando, a pesquisadora Elisabeth Sarah Lewis afirma que há normalmente três maneiras de se efetuar o policiamento e a discriminação contra a pessoa bissexual dentro da comunidade LGBT, a partir de um processo intitulado apagamento da bissexualidade:

a) **negação da bissexualidade:** A primeira forma de apagamento se dá a partir da *negação total da existência* da bissexualidade. A

[6] LEWIS, Elisabeth Sarah. Eu quero meu direito como bissexual": a marginalizaão discursiva da diversidade sexual dentro do movimento LGBT e propostas para fomentar a sua aceitação". III Simpósio Nacional Discurso, Identidade e Sociedade. Disponível em: https://www.iel.unicamp.br/sidis/anais/pdf/LEWIS_ELIZABETH_SARA.pdf

[7] SEDGWICK. Eve. Epistemology of closet. Berkeley: University of California Press, 1990.

percepção da pesquisadora é inclusive corroborada por Regina Fachinni, quando ela afirma que

> "a insistência em categorizar as pessoas que fazem performances identitárias bissexuais ou como heterossexuais ou como homossexuais vem do fato de a bissexualidade negar a fronteira que supostamente separa os/as "homossexuais" dos/as "heterossexuais" e colocar em questão "a própria noção de uma identidade homossexual que, para muitas pessoas, representa um modo de dar ordem às suas vidas[8]"

Desse modo, as performances identitárias bissexuais são notadas como ameaças à identidade coletiva homossexual que tem historicamente tido dificuldade de se legitimar perante a opinião pública, resultando, ao fim, na negação da bissexualidade.

b) **bissexualidade é uma fase:** Outro caminho é a alegação de que a bissexualidade seria uma fase. Isso se dá como forma de sugerir que se trataria de um mero momento de confusão mental do indivíduo, típica maneira de desmerecer ou de diminuir um sentimento de uma pessoa, sendo tal postura comparável, inclusive, ao discurso daquele que aponta o dedo e que nega, por exemplo, a homossexualidade em uma pessoa que manifesta sentimentos evidentemente homossexuais.
Comum notar que mesmo no universo LGBT as pessoas bissexuais se vêem impelidas a combater o preconceito da bissexualidade como uma fase ou um período de incerteza, devendo provar que a sua performance identitária é duradoura.

c) **classificação das pessoas como hétero ou homossexuais:** Igualmente se percebe um movimento forçoso para que a pessoa bissexual se assuma como hétero ou homossexual. As ideias de um

[8] FACHINNI, Regina. Entrecruzando diferenças: Mulheres e (homo)sexualidades na Cidade de São Paulo. In: LEWIS, Elisabeth Sarah. Eu quero meu direito como bissexual": a marginalizaão discursiva da diversidade sexual dentro do movimento LGBT e propostas para fomentar a sua aceitação". III Simpósio Nacional Discurso, Identidade e Sociedade. Disponível em: https://www.iel.unicamp.br/sidis/anais/pdf/LEWIS_ELIZABETH_SARA.pdf.

"retorno à heterossexualidade" ou de "tornar-se" lésbica estão vinculadas à noção da não-existência da bissexualidade, de modo que as pessoas seriam heterossexuais ou são homossexuais.

Ponto a ser claramente considerado é que os indivíduos que fazem performances identitárias bissexuais são invisibilizados porque são percebidos como homossexuais quando presentes em um enlace com um parceiro do mesmo sexo/gênero e como heterossexuais quando estão em um vínculo com uma parceira do sexo/gênero oposto. Dessa feita, parece que ele simplesmente flutua entre dois eixos sem, porém, ocupar um espaço entre ou além deles. Assim como acrescenta Elisabeth Sarah Lewis, opera-se um processo de adequação invisibilizador no qual

> "as semelhanças entre as pessoas que se identificam como bissexuais e as que se identificam como heterossexuais ou homossexuais são acrescentadas, dependendo do sexo/gênero do/a parceiro/a da pessoa que se identifica como bissexual, e as diferenças são ignoradas, causando a invisibilização e o apagamento da bissexualidade"[9].

Mas tão cruéis quanto o processo de apagamento do bissexual dentro do nicho LGBT é a caracterização do bissexual em um invólucro permeado por impressões pejorativas. Não são raras as afirmações que o indivíduo bissexual necessite de um homem e de uma mulher, forçando noções de infidelidade e de promiscuidade.

A percepção é por vezes reforçada a partir de uma lógica que mais particularizada entre as mulheres que se identificam como bissexuais. Nos estudos de Elisabeth Sarah Lewis ela aponta novamente para Fachinni, quando essa detalha o drama de mulheres na seguinte ordem:

> "as acusações dirigidas contra elas da parte de mulheres que se identificam como lésbicas são justificadas a partir de raciocínios em que o homem é visto como promíscuo e sujo. Desse modo, a mulher que mantém relações sexuais com homens – como se contaminada pela desqualificação moral que

[9] LEWIS, Elisabeth Sarah. Eu quero meu direito como bissexual": a marginalizaão discursiva da diversidade sexual dentro do movimento LGBT e propostas para fomentar a sua aceitação". III Simpósio Nacional Discurso, Identidade e Sociedade. Disponível em: https://www.iel.unicamp.br/sidis/anais/pdf/LEWIS_ELIZABETH_SARA.pdf

a eles se aplica – é apontada como fonte de riscos emocionais e de saúde e situada a partir de categorias como curiosa, não confiável e aventureira"[10].

Além disso, também são bastante usuais os depoimentos de pessoas bissexuais que são categorizadas de um modo que faz supor que elas somente se dariam por sexualmente felizes quando necessariamente vivenciando relação com homens e mulheres ao mesmo tempo ou, no mínimo, se em um dado período pudessem se relacionar com uma pessoa de um sexo e depois com outra do sexo oposto. Há exemplo de estudos (como aquele formulado pela Mestre Elisabeth Sarah Lewis) realizados dentro de comunidades LGBT com relatos de pessoas pertencentes a grupos como o Arco-Íris no Rio de Janeiro e o Gai Laços e Acasos que tratam de fenômeno que sustenta esse cenário de super sexualização. Tal processo naturalmente está distante de ser mostrar o mais feliz e naturalmente pode gerar tristeza nas pessoas que nutrem o sentimento e o desejo bissexuais.

3. Mas mesmo com a existência de tal preconceito, há caminhos para a comunidade debater o cenário e combater as discriminações? Uma das figuras mais nobres e disseminadoras de ideias progressistas e inspiradores se revela na pessoa de Paul B. Preciado, filósofo transexual que dedicou parte de sua vida a introjetar em seu corpo e em sua alma doses de testosterona a fim de alterar seu sexo, inaugurando e vivendo uma experiência a que ele nominou de travessia, sempre transcendendo as discussões mais "batidas" a respeito de gênero e a sua identidade.

Mas o mais revelador é que enquanto parte relevante dos debates presentes em comunidades LGBT's estão na tão almejada fluidez de sentidos, sensações e anseios, parece que Preciado poderia ser o mais vigoroso dos exemplos pois que as fundações da sua identidade; o seu gênero inominado, inominável, aparentemente masculino mas, na verdade, híbrido, utópico, diluído são o que lhe transformam em um ser tão único. Alguém que, na verdade, renunciou à fluidez para habitar um

[10] LEWIS, Elisabeth Sarah. Eu quero meu direito como bissexual": a marginalizaão discursiva da diversidade sexual dentro do movimento LGBT e propostas para fomentar a sua aceitação". III Simpósio Nacional Discurso, Identidade e Sociedade. Disponível em: https://www.iel.unicamp.br/sidis/anais/pdf/LEWIS_ELIZABETH_SARA.pdf.

corpo sempre na fronteira do género: alguém que se recusa se deixar cindir, sendo um dissidente do sistema sexo-género. Isso porque, ora, a rigor, "enquanto a academia discute a subversão, a opressão, e a futilidade do género, Preciado atropela a teoria com o seu próprio corpo, com a sua dissidência, de seringa em punho, cobaia de si mesmo"[11].

O caminho a que nos propomos é o afastamento da binariedade. Trata-se de rechaçar o "Fla x Flu" e as dicotomias maniqueístas reinantes. Como bem explica Emanuel Madalena,

> o próprio caminho trilhado pelo autor apenas confirmou que não há droga mais dura do que o essencialismo de gênero que endeusa as pequenas diferenças bio-físico-químicas que cavam um fosso entre duas metades da humanidade. Diferenças essas que foram progressivamente vincadas ao longo do tempo por inúmeras camadas de significados espúrios[12].

Vale dizer que até o século XVII a epistemologia sexual do modelo soberano era intitulada por aquilo que historiador Thomas Laqueur denominou de um "sistema de similaridades", de tal sorte que a anatomia sexual feminina foi estabelecida como uma variação frágil, interiorizada e degenerada do único sexo que possuía uma existência ontológica, o masculino. Assim, os ovários eram tidos como os testículos internos e a vagina seria um mero pênis invertido, que serviria apenas como um receptáculo para os órgãos sexuais masculinos. Logo, o homem seria vislumbrado como o modelo perfeito do humano enquanto a mulher seria o singelo elemento reprodutor.

Mais adiante, no século seguinte, Laqueur visualiza um novo regime sexopolítico e também visual, então chamado de "sistema de oposições". Por essa nova ordem, se antes a anatomia feminina apenas representava uma inversão ou uma interiorização do sexo masculino, a nova sistemática de fato representaria a percepção de uma anatomia única, autônoma, cujas funções responderiam uma própria lógica. Mas, de acordo com o historiador,

11 MADALENA, Emanuel. Paul B. Preciado e o sexo em Urano. Disponível em: https://ionline.sapo.pt/artigo/711696/paul-b-preciado-e-o-sexo-em-urano?seccao=Mais_i

12 MADALENA, Emanuel. Paul B. Preciado e o sexo em Urano. Disponível em: https://ionline.sapo.pt/artigo/711696/paul-b-preciado-e-o-sexo-em-urano?seccao=Mais_i

"a invenção do que poderia ser chamado de estética da diferença sexual (e racial) é necessária para estabelecer uma hierarquia político-anatômica entre os sexos (masculino e feminino) e as raças (...) A mudança que vai dar à luz o regime disciplinar começa com a gestão política da sífilis, o advento da diferença sexual, a repressão técnica da masturbação e a invenção das identidades sexuais"[13].

Reforçando essa mesma lógica, Preciado diz que:

"o auge dessas tecnologias rígidas e pesadas de produção da identidade sexual será alcançado em 1868 com a patologização da homossexualidade e a normatização burguesa da heterossexualidade. O corpo e seus produtos se tornarão propriedade do masculino/marido/pai e, por extensão, do Estado e de Deus. Nesse sistema de reconhecimento, qualquer divergência corporal da norma é considerada uma monstruosidade, uma violação das leis da natureza ou uma perversão, uma violação das leis morais. Da mesma forma que a diferença sexual é elevada a uma categoria não apenas natural, mas também transcendental, as diferenças entre homossexualidade e heterossexualidade aparecem como anatômicas e psicológicas[14]".

Daí o debate sob a lógica de Paul B. Preciado, a quem por vezes se aplaude e a quem por vezes se questiona e não se entende. Porque Preciado parece não se encaixar em nenhuma caixinha. Porque Paul B. Preciado parece simplesmente saber disso e não se importar, sublimando as discussões mundanas sobre isso. Preciado realizou a sua "travessia" porque seu corpo não lhe satisfazia, porque as fronteiras nele presentes não faziam sentido para ele. Ele queria orbitar em outra órbita e ao se perceber em algum momento transgênero e querer transmudar do sexo feminino ao masculino ele abriu uma porta que apresentou um conjunto de incertezas negras.

Ao fim, o que ele parece ter percebido foi que, acima da tudo, ele não era mais uma mulher, mas tampouco tinha se transformado em um

[13] LAQUEUR, Thomas. Making Sex: Body and Gender from Greeks to Freud, MA: Harvard University Press, 1992, p. 63 – 108. In: PRECIADO, Paul B. Testojunkie – sexo, drogas e biopolítica na era farmacopornográfica. Nº 1 edições, 2018, p. 81.

[14] PRECIADO, Paul B. Testojunkie – sexo, drogas e biopolítica na era farmacopornográfica. Nº 1 edições, 2018, p. 82.

homem. E que ele não era *cis* nem *trans* nem mesmo *não-binário*. Mas que ele estava permanentemente planando e transitando, sim, entre todos os gêneros, num estado de fluidez perene.

Assim, será que ele, Preciado, é que está certo e que o padrão institucionalizado é que está errado? Será que Preciado é que se sentiu perdido em algum momento e que, procurando incansavelmente o seu caminho, encontrou-se sem bússola ao fim e ao cabo? Será que haveria certo e errado? Será que o maniqueísmo que tanto consome o ser humano em busca de explicações faz sentido?

O recado que se extrai é a rejeição de todas as noções binárias e de todas as fronteiras, e até daquilo a que se intitula *subjetividade*, que "não é mais do que a cicatriz deixada pelo corte na multiplicidade do que podíamos ter sido. Sobre essa cicatriz assenta a propriedade, funda-se a família e lega-se a herança. Sobre essa cicatriz escreve-se o nome e afirma-se a identidade sexual".

O fato é que o salto em direção a água realizado pelo autor é próprio daquele que mergulha no âmago e que não se conforma com as premissas estabilizadas dentro da própria comunidade que outrora poderia abraçá-lo. Porque esse universo também apresenta as suas incongruências. Porque formado por ser humanos, cada qual com os seus filtros formadores não apenas de um indivíduo hetero, homo bissexual; ou cis, transgênero ou não binário, mas sim, antes de mais nada, um ser humano imperfeito em sua inteireza.

Conclusões

O que eu observo é que a sexualidade e a diversidade sexual nada mais representam senão do que um sinal do próprio tempo. A sexualidade e a diversidade sexual não são ilhas dentro da sociedade ocidental pós moderna com inclinações latentes a uma modernidade líquida. Se as relações em geral são marcadas pela efemeridade, pelo hedonismo; se o mundo é guiado pela necessidade contumaz de exibicionismo; se as pessoas necessitam tanto da aceitação do outro e têm tanto a necessidade de serem vistas e admiradas – enfim, se o mundo se exterioriza cada vez mais a partir de preceitos individualistas e etéreos, por que o universo da sexualidade e da diversidade seria diferente? Por que no mundo da sexualidade as pessoas iriam se despir dos comportamentos em todas as demais áreas de suas vidas, que as fizeram chegar onde estão e serem o que são, e dariam de ombros para outros preconceitos? Vê-se um discurso progressista e calcado na modernidade, supostamente moldado pela aceitação e pela diversidade, mas mesmo em grupos LGBT (e as suas *filiais*) há certo preconceito e segregação. Há forte policiamento e desmerecimento de agrupamentos que supostamente professam espírito que não coaduna com aquele da ideologia dominante. Isso se verifica por exemplo na clara discriminação das pessoas bissexuais dentro da comunidade LGBT, que dá de ombros e que desmerece o indivíduo que nutre atração e desejo sexuais por pessoas dos sexos masculinos e feminino ao mesmo tempo, sendo vistas como pouco sérias.

No fundo, o que o ser humano faz é reduzir as questões como mecanismo de melhor compreensão do fenômeno. Definir, conceituar e teorizar tem por premissa facilitar o entendimento de algo. E quando a pessoa ou qualquer entidade procura catalogar alguém ou um conjunto de atos ele procura fazer com que aquela pessoa ou com que aquelas atividades sejam mais bem compreendidas e, ainda, com que ambos, pessoas e conjunto de atos, tenham um "q" de pertencimento a algo. Ser catalogado e pertencer a um grupo acalenta e dá um sentido identitário ao indivíduo.

Mas, ao mesmo tempo, pertencer a um grupo pode representar automaticamente a exclusão de outros, fazendo com que cada qual tenha a sua causa e o seu carimbo de identificação moral.

Soa justo um grupo de indivíduos que se notabiliza por lutar contra exclusões históricas e deletérias defenestrar dentro de si um subgrupo que também faz parte das mesmas discriminações pelas quais aquele passou?

No fundo, parece que muitas pessoas que se enxergam como *cis gênero* e que do ponto de vista da orientação sexual sente atração pelo sexo oposto, não parecem perceber que ela dá voz dentro de si a um desejo sexual, assim aceitando e lutando pelo seu direito de não ser discriminada nem diminuída em razão dessa volúpia. Por outro lado, ela não pratica o mesmo movimento de aceitação de alguém que se enxerga igualmente *cis gênero*, mas que sente atração sexual por indivíduos dos dois sexos.

Isso é, o preconceito está enlatado na pessoa, que o rechaça quando aquele argumento lhe é contrário a seus interesses ou desejos mais inatos. Mas ele por vezes ganha vida quando contraria a sua narrativa racional que está desapegada de interesses pessoais nele embutidos.

Não à toa a percepção de que os melhores caminhos sejam aqueles que absorvam os ideais propostos por Paul B. Preciado. Filósofo este que a partir de sua profunda inquietação, doou a si mesmo para provocar as barreiras do mundo da sexualidade. Trouxe ao mundo o seu Manifesto Contrassexual, em que destacou que a contrassexualidade não seria uma criação de uma nova natureza, mas sim o fim da própria Natureza (com N maiúsculo) como ordem que legitima a sujeição de certos corpos a outros. Então, para o autor, a contrassexualidade consiste em uma "análise crítica da diferença de gênero e de sexo, produto do contrato social heterocentrado, cujas performatividades normativas foram inscritas nos corpos como verdades biológicas. (...) No âmbito do contrato contrassexual, os corpos se reconhecem a si mesmos não como homens ou mulheres, e sim como corpos falantes, e reconhecem ou outros corpos como falantes"[15].

Daí que se tem que o artigo 1º do Manifesto Contrassexual ser:

> *A sociedade contrassexual demanda que se apaguem as denominações "masculino" e "feminino" correspondentes às categorias biológicas (homem/mulher, macho/fêmea) da carteira de identidade, assim como de todos os formulários administrativos e legais de caráter social. Os códigos da masculinidade e da feminilidade se transformam em registros abertos à disposição dos corpos falantes no âmbito de contratos consensuais temporários"*[16].

Portanto, as noções acalentadoras que resultam detalham a necessidade de se defenestrar um sistema que categoriza e que entrincheira as pessoas em receptáculos reducionistas, que isola os indivíduos em seus agrupamentos e que, ao fim, propaga as distinções mais do que as similaridades.

Referências

GUEDES, Maria Eunice Figueiredo. Gênero, o que é isso? In: RAMOS, Tayane Mariza Nascimento. Violência Doméstica entre Lésbicas e a Aplicabilidade da Lei Maria da Penha. 16º Congresso Brasileiro de Assistentes Sociais, Brasília.

[15] PRECIADO, Paul B. Manifesto Contrassexual. São Paulo: Nº 1 edições, 2017, p. 21.

[16] PRECIADO, Paul B. Manifesto Contrassexual. São Paulo: Nº 1 edições, 2017, p. 35.

LEWIS, Elisabeth Sarah. Eu quero meu direito como bissexual": a marginalizaão discursiva da diversidade sexual dentro do movimento LGBT e propostas para fomentar a sua aceitação". III Simpósio Nacional Discurso, Identidade e Sociedade: https://www.iel.unicamp.br/sidis/anais/pdf/LEWIS_ELIZABETH_SARA.pdf

MEDEIROS, Leticia; MORAES, Isabela. Gênero: você entende o que significa?

MADALENA, Emanuel. Paul B. Preciado e o sexo em Urano. Disponível em: https://ionline.sapo.pt/artigo/711696/paul-b-preciado-e-o-sexo-em-urano?seccao=Mais_i.

PRECIADO, Paul B. Manifesto Contrassexual. São Paulo: Nº 1 edições, 2017

PRECIADO, Paul B. Testojunkie – sexo, drogas e biopolítica na era farmacopornográfica. Nº 1 edições, 2018.

SCOTT, Joan. Gender on the politics of history. New York. Columbia University Press, 1988, traduzido e publicado por Revista Educação e Realidade, Porto Alegre, 1995.

SEDGWICK. Eve. Epistemology of closet. Berkeley: University of California Press, 1990.

LGBT: o que é, história e muito mais. https://www.politize.com.br/vamos-falar-sobre-genero/.

PARTE 3
BASES DO PENSAMENTO JURÍDICO

4. GÊNERO, ERÓTICA E DIREITO

Willis Santiago Guerra Filho
Paola Cantarini
Aurora Bertassoni Schwinn

O gênero sempre foi visto como algo atrelado à natureza. Ele era um destino natural da diferenciação sexual entre homens e mulheres, não havendo outra possibilidade aparente. Contudo, há relatos de indivíduos à margem do sistema sexo/gênero binário desde a Idade Clássica, como, por exemplo, o imperador romano Heliogábalo. E já por isso é dos menos estudados dentre os que ocuparam tal posição.[1]

Heliogábalo, que governou entre 218 e 222, era visto como afeito a "exageradas extravagâncias bárbaras bem como forte carga de desvio dos padrões normativos de gênero e abuso de práticas sexuais".[2] Ele trajava vestimentas não romanas, negando-se a usar a característica toga, assim como abusava de maquiagens e dançava aos moldes bárbaros.[3] Heliogábalo cometia adultério com homens e "desejava ter a reputação de adúltero, já que desta maneira ele podia também imitar as mulheres mais lascivas" (DIÃO CÁSSIO, História Romana, LXXX, 15, 3-4). Tam-

[1] Cf. SILVA, Semíramis Corsi, *Identidade cultural e gênero no principado romano*: uma proposta de análise interseccional das representações do Imperador Heliogábalo (século III e.c.), Revista Phoînix, Rio de Janeiro: UFRJ, vol. 24, n. 2, 2018, p. 142 – 166. Id. ib., p. 145.

[2] Id. ib., p. 145.

[3] Cf. id. ib., para as informações que se seguem a respeito de Heliogábalo, com base em fontes romanas a ele contemporâneas.

bém desejava ser pego em flagrante por seu homem, que agia com violência, imitando a falta de controle típica das imagens femininas na literatura greco-romana. Além disso, Heliogábalo chegou a pedir a médicos que colocassem a vagina de uma mulher em seu corpo, oferecendo grandes somas em dinheiro a eles como pagamento.

Todos esses acontecimentos permitem-nos dizer que, de acordo com a terminologia atual, Heliogábalo seria uma mulher transsexual, com desejo de realizar a cirurgia de redesignação sexual.

E, talvez, não deveria ser chamada de "ele".

Heliogábalo é apenas um exemplo mais notório de pessoas desviantes do sistema sexo/gênero ao longo da História, já que teve o gênero masculino designado no nascimento, mas não se identificava com ele. Tal fato por si já contribui enormemente para demonstrar que a ideia do gênero como um destino natural da biologia é errônea.

Porém, o gênero ainda é visto como natural e atrelado à genitália ou aos cromossomos de um corpo por grande parte da população, levando a movimentos como a teoria da conspiração sobre ideologia de gênero ou a retirada de direitos LGBT (principalmente direitos de pessoas transexuais) já conquistados em diversas partes do globo. Assim, torna-se necessária uma análise do gênero e do sexo, das performances e identidades a que são atribuídos, além das construções discursivas que fazem o gênero ter seu significado mascarado.

Alguns questionamentos se mostram à tona ao analisarmos o sistema sexo/gênero na sociedade contemporânea ocidental, que serão objeto de elucidação deste artigo: O gênero seria uma parte da identidade do indivíduo ou uma forma de expressão? Ou melhor, o gênero é visto socialmente como identidade ou como performance? Apesar de o gênero ser falado como uma identidade imutável, como dizem até mesmo grupos de defesa dos direitos LGBT, ele, em seu conteúdo seria performativo, já que existe a associação de elementos socialmente e corporalmente femininos ao gênero feminino em um indivíduo, por exemplo, mesmo que o gênero ou sexo deste indivíduo não seja o feminino?

Retomemos Heliogábalo, sobre quem Antonin Artaud, em seu livro magistral a respeito dele, já na página inicial, adverte que "nasceu numa época em que toda a gente dormia com toda a gente e nunca se saberá onde nem por quem foi sua mãe realmente fecundada".[4] Melhor dizendo, retomemos o período romano, que antecede o que se pode considerar o início disso que irá culminar em um imperador como Heliogábalo.

Para tanto, examinaremos brevemente, no que se segue, como se produziu, por meio da poética, um modo de gozo erótico pela transgressão de formas jurídicas, nas elegias de Sexto Propércio.

1. O elegíaco propércio diante da repressão imperial

Lembremos que Propércio viveu entre 54 e 15 a.C., em Roma, portanto nos finais da República e começo do Império, tempos de Augusto e de Mecenas, que para promover a glória do Imperador financiava artistas, Propércio incluído, o qual teve como contemporâneos Catulo (87-57 a.C.), Horácio (65-8 a.C.), Ovídio (43 a.C. – 18 d.C.), Tibulo (54-19 a.C.) e Virgílio (70-19 a.C.), poetas do amor, que tomavam como modelos os antecessores gregos, entre os quais se praticava esta forma específica a ele dedicado, que é a elegia, a qual tinha como patronesse Safo de Lesbos e como patrono Calímaco.[5]

Mais em alguns deles, como já em Catulo e especialmente, depois, em Ovídio, Tibulo e Propércio, se afirmava uma vida dedicada ao amor erótico, e não importa tanto se com isso refletiam já práticas disseminadas na sociedade ou se as propunham, expressando uma postura de valorização da juventude com sua característica indefinição quanto à aparência e o móvel do impulso erótico, numa época em que o poder era concentrado por alguém que a ele foi alçada com apenas dezenove anos, no triunvirato que resultaria em seu triunfo como *pontifex maximus*, *pater patriae* e novo César, Augusto.[6]

Empenhado em repristinar costumes republicanos, mais decorosos, cerceando a liberdade maior que usufruíam os que pertenciam à aristocracia, inclusive as mulheres, o fato é que Augusto a partir de certo momento começa a promulgar leis moralizadoras, como a *Lex Iulia de adulteriis coercendis* (em 18 a.C.), proibindo o adultério, o que teria cau-

[4] ARTAUD, Antonin. *Heliogabalo* ou o Anarquista Coroado, trad. de Mário Cesariny, Lisboa: Assírio & Alvim, 1991, p. 13.

[5] Cf., de um modo geral, VEYNE, Paul. *Elegia erótica romana*: o amor, a poesia e o Ocidente, trad. Mariana Echalar, São Paulo: EDUNESP, 2015.

[6] Cf. PINOTTI, Paola. *L'elegia latina:* storia de uma forma poética, Roma: Carocci, 2002, pp. 69, 86 passim.

sado grande revolta ao primeiro dos poetas que vimos de referir, Ovídio, o qual vem a sofrer a pena de degredo, e pode ter sido a causa do arrefecimento do ardor poético de Propércio, como se nota em sua produção derradeira. Ora, proibir o adultério era como proibir o próprio amor, visto que por definição ele então estava excluído da relação conjugal, constituída no "triângulo do poder", formado pelo direito com a economia e a política, onde se encontrava segregada – o que nos indica o quanto já se pode ali colher da mentalidade moderna, ocidental, isolando uns dos outros os diversos aspectos da vida humana. Tais proibições, ao que parece, como soe acontecer, ao afrontarem tão diretamente o desejo, resultaram antes em reforço da licenciosidade, intensificada no Império, como uma espécie de corolário da *Pax Augusta*.[7]

2. A subversão poética da relação amorosa

Propércio vai então promover uma intensificação e direcionamento do desejo propugnando em sua poética o *servitium amoris*, a escravidão do amor, firmando um pacto (*foedus*) pelo qual dá sentido à sua vida ao entregar sua fidelidade à sua musa, Cíntia, sendo que fidelidade era algo próprio do contrato conjugal, expressão da submissão econômica, jurídica e política da esposa ao cônjuge varão, a quem *ela* devia este tipo de fidelidade, que não é de natureza propriamente sexual e, muito menos, afetiva, amorosa, excluído que estava tal sentimento para com e por parte de quem era antes um objeto na relação conjugal.

O poeta erige assim sua amada na condição de *domina*, que não é *mollis*, "doce e suave", apesar de ser mulher, mas sim *dura*, "cruel e inclemente",[8] voluntariosa, mas conquistável, por meio de uma militância poética, subvertendo assim, completamente, o ideal político e a prática jurídica dos romanos. Rompe, aí, radicalmente, com distinções estabelecidas, sobre a posição e função de um romano, *pater familias*, cidadão, livre, empenhado nos negócios privados e públicos acima de tudo, em busca de fama e riqueza, pois favorece a vida inerte, de *otium* para se dedicar aos anti-negócios da poesia e do amor.

[7] Neste sentido, ANDRÉ, Carlos Ascenso. *Caminhos do Amor em Roma*, Lisboa: Cotovia, 2006, pp. 41, 57 e 91.

[8] *Id. ib.*, pp. 251 e 263.

E isso se sujeitando a uma mulher, que ela sim era livre, apesar de eventualmente casada ou de *status* inferior, adotando para si uma *capitis deminutio* mais que máxima – pois o escravo o era de um senhor, não de uma senhora –, para assim descobrir o gozo de ser sujeito, mutável, gozando do e com direito, ao parodiá-lo, adotando as leis do amor ditadas pelo "direito" da amada. Propércio assume e sustenta sua posição ante os que o censuram e acusam de ser covarde na décima primeira elegia do seu terceiro livro, que se inicia com os seguintes versos:[9]

Quid mirare, meam si versat femina vitam
et trahit addictum sub sua iura virem, (...)

O que estão olhando, surpresos, por uma mulher ter me transformado a vida
e conduz "sob vara" com seu direito a um homem, (...).

Já na sétima elegia do seu segundo livro se refere Propércio a uma lei de Augusto que obrigava os jovens romanos a se casarem:[10]

Gauisa es certe sublatam, Cynthia, legem
qua quondam edicta flemus uterque diu,
ni nos divideret: quamvis diducere amantis
non queat invictos Iuppiter ipse duos.

Alegria, gozo, "gaudium", diz o poema, acomete Círtia, como a ele, pela revogação da lei, cuja promulgação antes os fez chorar, por lhes ameaçar com a separação, quando nem o próprio Júpiter poderia operar tal separação, para desgosto dos amantes. Evidencia-se aqui crítica à arbitrariedade do poder imperial, arvorando-se superior ao próprio Deus maior. E segue o poema:

"at magnus Caesar". sed magnus Caesar in armis:
devictae gentes nil in amore valent.

[9] *Propercio, Elegías, ed. bilingue de Francisco Moya e Antonio Ruiz de Elvira*, Madri: Cátedra, 2001, p. 454. A justamente premiada tradução de Guilherme Gontijo Flores é a seguinte: "Te espanta que uma moça me revire a vida / e arraste um homem sob as suas leis?". Cf. *Elegias de Sexto Propércio*, ed. bilíngue, Belo Horizonte: Autêntica, 2014, p. 225.
[10] *Id. ib.*, pp. 264 ss.

nam citius paterer caput hoc discedere collo
quam possem nuptae perdere more faces,
aut ego trasirem tua lumina clausa maritus,
respiciens udis prodita luminibus.[11]

César, então, é grande, mas é grande por força das armas, com as quais submete nações, mas isso nada vale no amor, e o poeta se diz pronto a ter a cabeça cortada, se tivesse de perder o seu fogo amoroso para se render a uma esposa, sendo forçado a passar diante da porta da amada com os olhos úmidos de lágrimas, por ser o marido de outra. Na estrofe seguinte, se diz disposto a se recusar a fornecer filhos para os triunfos marciais da pátria, preferindo ser ele o soldado no acampamento da amada, indo para a guerra somente se a levasse consigo, pois a glória que busca é a de ser dela o maior amante. E finaliza com os seguintes versos:

tu mihi sola places: placeam tibi, Cynthia, solus:
hic erit et patrio nomine pluris amor.

Só gosto de ti e só tu me dás prazer, Cíntia;
este amor vale mais do que ser pai.

E é justamente por não ser proprietário de sua amada, como o marido era da esposa, filhos, escravos e tudo o mais que constituía seu patrimônio, que o poeta poderá dela gozar e usufruir como dos bens que se tem apenas a posse, tornando-se possessivo, extremamente ciumento. Aliás, assim como ela também, apesar de, ao contrário dele, ser volúvel, pôr-se em circulação, livre que é, podendo até se entregar em troca de presentes, sem assim se ver reduzida à condição de mercadoria, como estariam as esposas e as prostitutas.

[11] Novamente, na tradução *Guilherme Gontijo Flores: "Ah! Cíntia, te alegrou a abolição da lei,/ cuja promulgação nos fez chorar!/ Não nos separaria – nem Júpiter pode/ afastar dois amantes que se adoram./ 'Mas grande é César!' Sim, grande é César na guerra:/ no Amor povos vencidos nada valem.// Antes me arranquem a cabeça do pescoço/ do que perder nas núpcias minha chama/ ou casado passar por teu umbral e ver-te/ traída com meus olhas rasos d'água".* Elegias de Sexto Propércio, cit., p. 105.

3. Profanação e ressignificação erótico-poética do direito

Eis-nos levados a nos confrontar com a origem jurídica do gozo, em contato com uma poética em que se goza com o severo direito romano, brincando com ele e, assim, desativando-o, ao dar-lhe um novo uso. Entende-se, assim, a proposta feita por Giorgio Agamben,[12] no sentido de que aos filósofos, como às crianças – e, de nossa parte, acrescentaríamos os poetas, enquanto psicanalistas como Winnicott e o próprio Freud aduziriam os assim chamados e antes deles tão mal compreendidos "loucos"[13] –, caberia a descoberta de novas dimensões para os usos comuns dos meios que se encontram a disposição para atingir certos fins – jurídicos, econômicos, políticos etc. –, tornando-os inúteis para tais finalidades, no mesmo gesto em que os utilizam para outras finalidades, mais diretamente prazerosas, como jogar,[14] ou fazer amor.

Que se conceba então o direito parte desse universo lúdico, criação do desejo humano, um modo de imaginar o real em descrições que façam sentido, como diria o antropólogo Cliford Geertz.[15] Ora, em um

[12] Cf. *Profanazioni*, Roma: Nottetempo, 2005, p. 87.

[13] No "Prefácio" que escreve para a obra *Probleme der Religionspsychologie*, de Th. Reik, Freud adverte que "doentes de um modo associal, por seu turno, fazem as mesmas tentativas de solucionar seus conflitos e dificuldades com suas necessidades prementes que em outros campos resultarão em poética, religião e filosofia, quando então elas são introduzidas por uns para a aceitação da maioria de maneira vinculante". No orig.: "Kranke in asozialer Weise doch dieselben Versuche zur Lösung ihrer Konflikte und Beschwichtigung ihrer drängenden Bedürfnisse unternehmen, die Dichtung, Religion und Philosophie heißen, wenn sie in einer für eine Mehrzahl verbindlichen Weise ausgeführt werden". FREUD, S. *Gesammelte Werke*, vol. XII (1917 – 1920), Frankfurt a. M.: Fischer, 1999, p. 325 s.

[14] *O Brincar e a Realidade*, trad.: José Octávio de Aguiar Abreu *et al.*, Rio de Janeiro: Imago, 1975, esp. a "Teoria da Ilusão-Desilusão", p. 28 s. e a "Teoria da Brincadeira", p. 70 ss., onde no contexto da discussão de sua mais notória contribuição à teoria psicanalítica, a saber, a noção de "objeto transicional", avança a proposta de uma zona transicional, em que, literalmente, se misturam a imaginação onírica e a percepção da realidade, sendo onde radica a capacidade criativa humana, enquanto capacidade de brincar com os elementos que lhe fornece a realidade para assim fazer um mundo em que possa se sentir à vontade, por ser seu – aí está a fonte da saúde psíquica, como também da diversas realizações humanas, desde a magia até a psicanálise, passando pelas artes, religiões e ciências...

[15] Citado em GUERRA FILHO, Willis Santiago. *Teoria da Ciência Jurídica*. 2ª. Ed. São Paulo: Saraiva, 2009, p. 238. Sobre o quanto segue, mais amplamente, *Id.*; CANTARINI, Paola. *Teoria Poética do Direito*, Rio de Janeiro: Lumen Juris, 2015; *Id. Teoria Erótica do Direito* (e do humano), Rio de Janeiro: Lumen Juris, 2017.

mundo concebido (nietzscheanamente) como sonho (de deidades que são o aspecto subjetivo do cosmo, entendido como uma *diacosmese*, uma epifania dessas diversas divindades em que cada uma a seu modo, de múltiplas formas, expressa o cosmo em sua totalidade, como nos explica em sua "*Mitologia*" o grande sábio luso-brasileiro Eudoro de Sousa) pode acontecer muito mais e com maior facilidade do que na realidade fixada por nossos hábitos, pois ele não só varia muito mais no tempo e no espaço reais, como também dispõe de um tempo e espaço próprios, a ponto de se poder vir a realizar uma cosmologia, filosófica, totalmente diversa daquela astronômica, que é como se pode conceber, por exemplo, os esforços da psicanálise.[16]

É certo que nisso a filosofia, assim como a ficção e, com anterioridade, o mito, seja na magia, seja na religião,[17] demonstra-se "constituinte de mundo" (*weltbildend*), mas se não é propriamente ficcional o modo de existência originário do mundo, a ser captado pela filosofia, e vazado nos moldes cunhados pelo Direito, qual seria o seu estatuto? A proposta que aqui se avança é a de que ele é da ordem do desejo, considerando-se a expressão como formulada utilizando o genitivo em sentido *subjectivus* e também *objectivus*, ou seja, como sendo o mundo ao mesmo tempo causa

[16] Disso se mostram perfeitamente conscientes aqueles estudiosos de psicanálise da vertente londrina, kleiniana, na qual se destacam autores como Bion e Winnicott. No Brasil, cf., v.g., SANDLER, Paulo Cesar. *A Apreensão da Realidade Psíquica*. Vol. VII, *Hegel e Klein: A tolerância de paradoxos*, Rio de Janeiro: Imago, 2003. Algo similar são os esforços de Roberto Mangabeira Unger, ainda que votados à cosmologia científica, notadamente em *The Self Awakened. Pragmatism Unbound*, Cambridge (Mass.)/Londres: Harvard University Press, 2007 (disponível em http://www.law.harvard.edu/faculty/unger/english/pdfs/pragmatism.pdf) e, mais recentemente, UNGER, Roberto Mangabeira; Lee Smolin. *The Singular Universe and the Reality of Time: A Proposal in Natural Philosophy*, Cambridge (UK): Cambridge University Press, 2014. Aliás, trata-se de A. que, iniciando na teoria do direito e da política, tendo publicado livros como os já aqui referidos anteriormente e também *Passion: An Essay on Personality*, New York: Free Press, 1986, dentre outros, incluindo o manuscrito, reconhecido por ele próprio como seminal para desenvolvimentos fundamentais de seu pensamento posterior, escrito em 1968, *Poetry and Vision* (disponível em http://www.law.harvard.edu/faculty/unger/english/pdfs/pv.pdf), demonstra rara disposição a percorrer, intelectual e praticamente, os diversos campos ou polígonos figurados no poliedro ora apresentado.

[17] Esta é a posição de SILVA, Vicente Ferreira da, em "*Para uma etnogonia filosófica*", *in*: Revista Brasileira de Filosofia, 1954. V. tb. Id., *Filosofia da Mitologia e da Religião, in: Obras Completas*, vol. I., São Paulo: Instituto Brasileiro de Filosofia, 1964, p. 299 ss.

e efeito, ou função, do desejo, do que é mais propriamente humano, e não da vontade ou de necessidades, que geram interesses, como defende o utilitarismo tecnicista hoje predominante. A relação estreita, co-originária, entre o direito e o desejo se mostra no modo como uma categoria originalmente jurídica como é a de gozo vem a ser associada a este último.

O gozo, então, seria mesmo, como a ele se refere em obra de último publicada Jean-Luc Nancy, quando ainda em vida, o que nos impulsiona a seguir produzindo formas renovadas, de amar, como na arte, mas podemos acrescentar também de saber, poder e crer, e não "porque nos falte algo, nem por uma necessidade compulsiva de repetição, mas sim porque o que em realidade se deseja é uma renovação do sentido *como tal.* De modo que o que expressa a arte é nosso desejo de ter sentido, ilimitadamente".[18] Em assim sendo, quando negligenciamos o contato com a arte ou com a dimensão erótica, tal como vem ocorrendo em uma sociedade como a que na modernidade vem se impondo mundialmente, em que predomina uma prescrição mercadológica de que se goze de qualquer jeito.[19] Em uma tal sociedade um outro arguto filósofo contemporâneo, em atividade na Alemanha, apesar de originário da Coréia, Byung-Chul Han, vislumbra uma "agonia de Eros", título dado a uma de suas mais instigantes obras.

4. O sujeito do direito como desejante e criador de mundos

Em assim sendo, importa frisar, a respeito da relação do direito com a arte, não se tratar de algo por assim dizer decorativo, quando então seria de se esperar dela, para quem se dedica ao estudo e prática do primeiro, algo assim como uma mera ilustração, pois na arte há para o direito uma contribuição imprescindível tanto para o seu melhor conhecimento como para sua prática, em que se co-(e)labora e co-opera na realização mesma dele no desempenho de sua tarefa ou função social: definir o sentido dos atos humanos (v. a conhecida definição kelseniana da norma jurídica como o sentido de um ato de vontade), de forma generalizadamente vinculante. Ora, tal sentido, ao contrário do que se costuma dar

[18] NANCY, Jean-Luc; VAN REETH, Adéle. *El Goce, trad. Mercedes Noriega Bosh,* Madri: Pasos Perdido, 2015, p. 39, grifos do A.

[19] Cf., em geral, CANTARINI, Paola. *Teoria Erótica do Direito,* cit.

a entender, não se encontra já objetiva e claramente fixado nas normas, como se percebe melhor naquelas que de último tanto tem mobilizado os interesses, assim teóricos como práticos no campo do direito, a saber, as normas que se apresentam na forma de princípios.

Sentido, na vida e para vida, é o que os humanos precisamos continuamente produzir, renovando a fonte donde brotam, revigorados, o vigor da vida humana, que são os valores. Com isso, revigoramo-nos ao revigorar nossas crenças, poderes, saberes, criações e amores, que a modernidade ocidental prima em manter formal e sacramentalmente separados, segregação essa que, vendo como em seu tempo fizeram Propércio e Heliogabalo, nos sentimos estimulados hoje a profanar, restituindo ao uso comum o gozo da vida.

Afinal, o sujeito com o qual nos identificamos e pelo qual somos identificados é o sujeito do saber, bem como um sujeito de poder e de direito, logo, da vontade de saber (Foucault), da vontade de poder (Nietzsche), que resulta em vontade de vontade (Heidegger), ou seja, simplesmente, um sujeito da vontade, assujeitado ao desejo, já revelado como o "desejo do (do desejo do) outro" (seguindo Kojevè, como o fez Lacan, já em Hegel, mas também em autores contemporâneos como René Girard), pois a vontade já implica um querer se impor aos outros e/ou ao mundo, inclusive através do direito e da afirmação de direitos, na busca de sermos reconhecidos para, assim, aliviar-se do peso de não ser, fixamente, algo, mas sim, alguém.

Ameaçada, assim, por exposta, se torna a ilusão fundamental, fundante, do eu individual, de que somos, o vazio que somos, por não sermos propriamente: somos uma ilusão de ser por apenas estarmos, existirmos, logo não somos realmente, já que ser é ser para sempre. E se somos – ou formos –, somos – ou seremos – nada. É esse nada, esse vazio interior, que nos horroriza, por mais que o evitemos, quando com ele nos deparamos, ao pensarmos com radicalidade nossa existência e verificamos o que somos: não-ser, mera existência. A primeira tentativa que fazemos para colmatar esse vazio, essa falta de ser, quando se ausenta "aquilo" que julgávamos ser – nossa mãe, onde "éramos" antes de nascer –, nos leva a falar. Adquirindo a linguagem, nos vem a ilusão fundamental: a do Eu. A ruptura se aprofunda, intensificando a ilusão, quando por influência do distanciamento entre a divindade e o mundo patrocinado pela religiosidade judaico-cristã, no polo humano, surge o eu encapsulado em si como fundamento de toda certeza, paradigmaticamente exemplificado na meditação cartesiana.

5. O ser faltante

Tudo o que fazemos, especialmente o que nos dá prazer – desde as coisas tidas como mais simples, como conversar, fazer amigos, jogar, namorar, até as mais sofisticadas, como a arte, a religião, o direito e a ciência, passando por aquelas estimuladas socialmente como a busca da glória, do poder, de dinheiro, até às condenáveis moralmente, tais como drogar-se, cometer crimes etc. – não passam de tentativas vãs de ocultarmos de nós mesmos nossa falta de ser, o constructo que somos ao nos fazermos, buscando preencher ou ornamentar o vazio fundamental que não só temos, mas podemos mesmo dizer em que somos quem somos, sem nos conformarmos em sermos pouco mais que nada. Com a arte, ornamentamos este vazio, disfarçando o horror que nos causa; com a religião, nós o evitamos, ao venerá-lo; com o direito, o afirmamos, para compartilhá-lo, obrigando-nos mutuamente; com a ciência, nós o negamos, negando, assim, a nós mesmos, do que resulta essa espécie tão eficaz de sociedade em sua capacidade destruidora, que é a nossa.

A normatividade nos força a optar pelo ser, quando não somos – ou somos não-ser –, e com isso, nos leva a sofrer ainda mais do que sofreríamos, se não seguíssemos norma nenhuma. O sofrimento de existir é considerado melhor do que o nada de não existir. Será que é mesmo? Mas se existindo já somos esse nada? O fato intransponível que a todo custo toda deontologia tenta escamotear, por não assumi-lo com todas as suas consequências, *é que nós não existimos sempre nem existiremos para sempre*. Sofremos nessa vida e, em grande parte por isso mesmo, também fazemos outros sofrerem, quando poderíamos muito bem usufruí-la, sofrer menos, pois ela será tanto melhor se não lhe adicionarmos o sofrimento extra de buscar um modo de ser, de obediência rígida a regras universal e eternamente válidas, almejando um estado de ser que nunca alcançaremos em vida, mas, quiçá, após a morte: o de ser para sempre. Eis a verdade fenomenal que temos diante de nós, sobre a qual silenciamos, e em razão desse silêncio, de não se falar nisso, não nos conscientizamos, propriamente, de nossa situação existencial em toda a sua precariedade – e beleza.

A vida, a vida nós a queremos infinita, e ela o é, mas não como queremos, pois a queremos infinita para *nós*. Bem, ela não o é, mas deveria realmente ser? Ela então não perderia o valor que tem, justamente por ser rara, precária, com um começo e um fim? Se fosse infinita, não teria fim, mas também não teria começo. Além disso, ela é indefinida, apesar de finita – ou, de um ponto de vista lógico, a rigor, *finível*. E mesmo assim, finita, enquanto a temos, ela não tem fim – então, para que a termos para sempre se a cada momento só teremos o que nos concede o momento? O medo do fim, que tanto nos assombra os humanos, não seria um medo de terminar sem, propriamente, começar a viver de modo mais plenamente humano?

A ilusão a respeito de nossa capacidade imensa de conquistar um poder sem fim baseada no saber adquirido sobre o "infinito em todas as direções" (Richard Feynman), como se pode apropriadamente qualificar a modernidade, com base em Martin Heidegger, esta época, ou melhor, ideologia (Louis Dumont), em que nos tornamos "escravos de nossa própria liberdade e poder".[20]

Daí a necessidade de que se preserve a nossa mortalidade, evitando que se cometa o que Jean Baudrillard chama de "crime perfeito": o assassinato da morte humana. Seria o que estamos em vias de realizar, este crime máximo e último? Isso porque "o crime perfeito é o de uma realização incondicional do mundo pela atualização de todos os dados, pela transformação de todos os nossos atos, de todos os acontecimentos em informação pura – em resumo: a solução final, a resolução antecipada do mundo por clonagem da realidade e extermínio do real pelo seu duplo".[21] Donde, para Heidegger, dentre os grandes malefícios da época em que vivemos estar a perda de uma preparação para a morte,[22] justamente o que em Sócrates se afirma como tarefa maior da filosofia, o que nos deixa em uma situação de quem, também, ainda não nasceu propriamente, do que resulta o tamanho receio que se tem de envelhecer e perder a vida que ainda não se obteve plenamente. Aqui podemos

[20] SCHUBACK, Marcia Sá Cavalcante. "*On Immensity*", *in*: BORNEMARK, Jonna; RUIN, Hans (eds.). *Phenomenology and Religion: new frontiers*, Södertörn Philosophical Studies, n. 8, Stockholm (Huddinge): Södertörns högskola, 2010, p. 244.

[21] *O crime perfeito*, trad.: Silvina Rodrigues Lopes, Lisboa: Relógio D'Água, 1996, p. 49.

[22] Cf. HONESKO, Vinícius Nicastro; BARBOSA, Jonnefer F. "Duas variações sobre *Amour*, de Michael Haneke", *in*: https://www.academia.edu/15427718/Duas_varia%C3%A7%C3%B5es_sobre_Amour_de_Michael_Haneke, 2015 (acesso em 06.09.2015).

identificar, com Márcia Sá Cavalcante Schuback,[23] uma grave dificuldade com a presença em nós do estranho, do outro de nós, como são os nossos mortos e não nascidos, no que teríamos uma faceta subjetiva do que bem antes da devastadora pandemia que se abateu sobre nós já vínhamos caracterizando como uma crise autoimunitária da sociedade mundial.[24]

Conclusões

Nesse contexto, encaminhando para a conclusão, vale lembrar análises de autores como Slavoj *Žižek*[25] e Jean-Claude Michéa,[26] no sentido de que nesse passo a nossa sociedade está se condenando a ver crimes em toda parte, por uma espécie de pulsão legiferante incontrolável, que no limite forneceria a cada indivíduo os direitos que lhe garantisse o gozo de suas mais próprias idiossincrasias – aí teríamos de dar razão ao Marquês de Sade, que durante a revolução em seu país, que o libertara da Bastilha, concitava em panfleto famoso, a seus concidadãos a "mais um esforço, se quiserdes ser republicanos", instituindo como lei fundamental universalmente válida a que permitisse a todos o gozo dos corpos uns dos outros como bem lhes aprouvesse – dando ensejo à célebre aproximação de Sade a Kant, por Lacan.[27] Anote-se, ainda em registro lacaniano, com Raúl Sciarreta,[28] comentando a parte do art. 27 da Decla-

[23] Cf. *Olho a olho*. Ensaios de longe, Rio de Janeiro: 7Letras, 2011, p. 86.

[24] Cf. GUERRA FILHO, Willis Santiago. *Immunological Theory of Law*, Saarbrücken: Lambert Academic Publ., 2014; *Id.*, "A Crise Autoimunitária da Nova Ordem Internacional" *in Poliética*. Revista de Ética e Filosofia Política, São Paulo, v. 2, n. 1, 2014, p. 7-25 (disponível em http://revistas.pucsp.br/PoliEtica)., CANTARINI, Paola. *Princípio da Proporcionalidade como Resposta à Crise Autoimunitária do Direito*, Rio de Janeiro, Lumen Juris, 2017.

[25] *Viver no Fim dos Tempos*, trad. Miguel Serras Pereira, Lisboa: Relógio D'Água, 2011, p. 64 ss.

[26] *L'Empire du moindre mal*, Paris: Climats, 2007, p. 145.

[27] Cf., a respeito, v.g., DAVID-MÉNARD, Monique. *As Construções do Universal: Psicanálise, Filosofia*, trad. Celso Pereira de Almeida, Rio de Janeiro: Companhia de Freud, 1998, esp. cap. III, p. 53 ss.; SAFATLE, Vladimir. "O ato para além da Lei: *Kant com Sade* como ponto de viragem no pensamento lacaniano", *in*: https://pt.scribd.com/doc/19133288, 2012 (acesso em 15.08.2015).

[28] *"Direitos humanos, direito ao gozo"*, *in*: RODRIGUEZ, Sergio Aldo e BERLINCK, Manoel Tosta (orgs.). *Psicanálise de Sintomas Sociais*, Claudia Berliner e Maira Firer Tanis (trads.), São Paulo: Escuta, 1988, p. 36 e seg.

ração Universal dos Direitos Humanos – que nos assegura a todos, dentre tantos outros, o direito de "gozar das artes e participar do progresso científico e dos benefícios que dele decorram" –, o seguinte: "Goza-se do corpo, do corpo do outro. Tenho a impressão de que quase todos os artigos da Declaração Universal dos Direitos Humanos estão implicando essa dimensão do corpo como experiência de gozo, e a experiência de gozo do corpo de outro é uma experiência de plenitude". Todo o discurso de grande atualidade sobre os "Direitos Humanos" se situa mais propriamente nos planos da ética e da política do que naquele estritamente jurídico, onde tais "direitos" se apresentam como "direitos fundamentais", que por sua vez não são apenas "direitos" dos cidadãos a um respeito pelo Estado de sua esfera de liberdade e também que lhes provenha de um mínimo de igualdade (ou equidade) entre si, pois tanto se afirmam perante outros particulares, individual ou coletivamente considerados, como também se apresentam como pautas objetivas de organização do Estado e parâmetro para balizamento de suas políticas. É, contudo, no sentido de uma dissolução nesses direitos humanos, universal e internacionalmente postulados sem que possam ser, do mesmo modo, universal e internacionalmente reconhecidos, que se dirigem os Direitos dos Estados-Nações e também direitos que nele estariam estabelecidos como fundamentais.

Ora, o que assim se perde é justamente a possibilidade de nos constituirmos como sujeitos não assujeitados, por compartilharmos a adesão à universalidade de uma Lei, que nos retira a individualidade natural, negando a diversidade de gênero e outras, em prol da subjetividade negadora dessa condição singular, supostamente em favor daquela propriamente humana. Daí termos de nos confrontar com a verdade fundamental de que toda normatividade é invenção coletiva, geral, e também, em certa medida, particular, individual, singular, feita para justificar a necessidade de preservar a vida, a nossa e a dos outros, mesmo sem que saibamos o porquê e se volte contra nossos desejos. Justifica-se assim a rejeição de toda ética universalista, tal como aquelas propugnadas na modernidade, em prol da ética de cada um, a ética individual e situacional, a ética da amizade e do cuidado de si, sobre a qual falou e escreveu o último Foucault.

Uma das reações a essa falta de sentido da vida é escrever a respeito, fazer literatura, sobretudo, modernamente, na forma do romance, reação de um ser humano individualizado, voltado para seu interior.[29] Uma outra reação é aquela exteriorizada em comportamento de – e em – grupos, cujos membros se identificam entre si por seguirem os mesmos imperativos, indicando o sentido de como devem agir para tornar a vida significativa, que então pode ser a de justificá-la pela negação de grupos constituídos diferentemente, em obediência a outros imperativos. Um confronto típico entre tais grupos é aquele que se dá entre os que continuam seguindo imperativos tradicionais, imemoriais – e que, em verdade, são mantidos pela preservação de uma memória coletiva –, com grupos que, justamente, perderam este sentido comunitário de vida, como são aqueles que se modernizam, em que se difunde a ilusão de poder encontra-la judicializando tal demanda, a exemplo do personagem d'O Processo de Kafka, compelido a saber o sentido da demanda absurda a ele dirigida, considerando-a jurídica. "Em termos de habitação humana num território", assevera Muniz Sodré,[30] "comunidade é igualmente a possibilidade que tem o indivíduo de pôr-se em disponibilidade para algo em comum, concretamente para a troca numa relação geral de cada um com todos os outros", lembrando ainda que esta vinculação, tal como se delineia na concepção etimológica latina, de *dies communicarius*, implica também aos mortos e imortais, deificados, enquanto formas de

[29] Aqui, vale recordar palavras de Gilles Deleuze, em sua última publicação na forma de livro *Crítica e Clínica*, São Paulo: 34, 1997, p. 13 ss.: "Não se escreve com as próprias neuroses. A neurose, a psicose não são passagens da vida, mas estados em que se cai quando o processo é interrompido, impedido, colmatado.(...) por isso o escritor, enquanto tal, não é doente, mas antes médico, médico de si próprio e do mundo. O mundo é o conjunto de sintomas cuja doença se confunde com o homem. A literatura aparece, então, como um empreendimento de saúde: (...) A saúde como literatura, como escrita, consiste em inventar um povo que falta. Compete à função fabuladora inventar um povo. (...) Embora remeta sempre a agentes singulares, a literatura é agenciamento coletivo de enunciação. (...) Fim último da literatura: pôr em evidência no delírio essa criação de uma saúde, ou essa invenção de um povo, isto é, uma possibilidade de vida. Escrever por este povo que falta... (...) 'Cada escritor é obrigado a fabricar para si sua língua...' (...) O escritor como vidente e ouvidor, finalidade da literatura: é a passagem da vida na linguagem que constitui as Ideias".

[30] "*Bios Midiático*: um novo sistema conceitual no campo da comunicação", *in*: MELO, José Marques de; GOBBI, Maria Cristina e SANTOS, Marli dos (orgs.). *Contribuições Brasileiras ao Pensamento Comunicacional Latino-Americano: Décio Pignatari, Muniz Sodré e Sérgio Capparelli*, São Bernardo do Campo: Cátedra UNESCO/UMESP, 2000, p. 71.

vida (no sentido grego do *bíos*, que se distingue da mera vida, a *zoé*, distinção esta, sabidamente, tão explorada na filosofia política contemporânea por Giorgio Agamben) com e a partir de quem se estabelece ou, mesmo, como suspeitamos, se institui, a comunicação, a comunidade e os que dela fazem(os) parte, participam.

O direito vai então disponibilizar aos que a ele se encontram sujeitos, e que em face dele se tornam sujeitos passíveis da aquisição de direitos e obrigações correlatas, meios de *produzir uma história*,[31] vinculante para os que nela tomarem parte, e vinculando-os a partir da obediência ao que se encontre previamente estabelecido pelo direito, enquanto apto a desempenhar a função no enredo que nele pretendam os envolvidos adotar, a fim de atingirem suas finalidades e propósitos, com respaldo jurídico. Dentre tais finalidades, no entanto, não se poderia incluir a solução de nossos problemas afetivos, demandando que se decida sobre como "administrarmos" as emoções e a vida em seus aspectos mais íntimos. Para tanto é que se haveria de promover uma revolução – ou direcionar neste sentido um nosso modo já em si revolucionário de viver, como nos parece sugerir Jean-Luc Nancy –[32], conjugando afetos e imaginação criativa na realização de novas formas de crer, querer, saber e poder em favor da plasticidade humana, bem expressa na variedade de gêneros como na diversidade sexual, para além de um binarismo simplista, mais próprio de máquinas computadorizadas, nada desejantes.

[31] Cf., nesse sentido, BRUNNER, Jerome. *La Fábrica de Historias*. Derecho, literatura, vida, México: Fondo de Cultura Económica, 2003.

[32] "Abrir a aporia não quer dizer hoje, não pode querer dizer fazer a revolução. Simplesmente porque a revolução, a ideia de revolução, de alguma maneira como nós a consideramos, é ela mesma uma ideia já dada, já disposta". NANCY, Jean-Luc. "Apertura dell'aporia", *in*: EYBEN, Piero (org.). *Pensamento intruso*: Jean-Luc Nancy & Jacques Derrida, Vinhedo: Horizonte, 2014, p. 19.

5. AMAR, VERBO TRANSITIVO

Regis Fernandes de Oliveira

Claro que não me ocuparei do verbo intransitivo que não necessita de complemento, como fez Mário de Andrade em delicioso livro. Intransitivo é o intransmissível, na linguagem comum. O que não se transmite ora é o reflexivo, o que se vê no espelho, o introspectivo. Não é esse o objeto do proposto pela editora Almedina e por seu interlocutor Dr. Tiago Pavinatto. Ao contrário, propõe-se uma discussão de frente dos problemas enfrentados por milhões de pessoas que vivem, até hoje, em mundo marginalizado pela sociedade.

A sociedade erigiu determinados modelos de comportamentos, todos calcados no homem. Outrora, era o império da força física. Na Antiguidade, sempre foi o homem a dirigir e alimentar guerras e se impunha por sua estrutura corporal.

A mulher era apresentada como objeto simbólico. Esperava-se apenas que fosse feminina e grácil, atenciosa e submissa e que correspondesse à expectativa masculina de subordinação sexual. Estavam-lhe destinadas tarefas subalternas, limpeza, cozinha e sexo. Bastava-se aí.

Os paradigmas erigidos pela dominação masculina afastavam-nas dos lugares públicos (ágora, assembleia e mercado) de que, por pudor e honra, deviam ficar afastadas.

Como diz Pierre Bourdieu,

> "a dominação masculina encontra, assim, reunidas todas as condições de seu pleno exercício. A primazia universalmente concedida aos homens se

afirma na objetividade de estruturas sociais e de atividades produtivas e reprodutivas, baseadas em uma divisão sexual do trabalho de produção e de reprodução biológica e social, que confere aos homens a melhor parte, bem como nos esquemas imanentes a todos os *habitus* moldados por tais condições, portanto objetivamente concordes, eles funcionam como matrizes das percepções, dos pensamentos e das ações de todos os membros da sociedade, como transcendentais históricos que sendo universalmente partilhados, impõem-se a cada agente como transcendentes" ("A dominação masculina", ed. Bertrand Brasil, 2010, Rio de Janeiro, pág. 45).

Desde os primórdios, portanto, o homem pautou o recorte social de acordo com seus interesses, sua força, estabelecendo hábitos de convivência que reservavam à mulher uma situação secundária. Portanto, a filiação passou a ser abençoada quando nascia um macho e desprezada quando nascia uma fêmea. O homem era sucessor, transmitiria o fogo sagrado de sua família. A mulher sequer poderia pisar no solo sagrado do lar (Fustel de Coulanges, "Cidade Antiga"). O instituto da adoção nasce dessa predisposição social. Quando o homem não tinha filhos, adotava alguém para que prosseguisse na adoração dos deuses e dos antepassados. A mulher não estava habilitada a tanto.

A força continua a prevalecer durante toda a Idade Média. Raros são os casos em que a mulher sucede ao rei ou imperador. Os filhos eram herdeiros bem-vindos. Tal concepção subsistiu até à idade moderna em que prevalece o masculino.

Isso leva a uma adulteração de raciocínio. A percepção que o ser humano passa a ter é que o mundo é dos homens, reservada à mulher uma cadeira de segunda classe. Tal afirmativa nos leva a uma série de consequências. O dote era uma espécie de recompensa para o homem que terá que sustentar a mulher. O patronímico era suportado pela mulher que não tinha escolha senão aceitá-lo. Não era sua opção (como passou a ser recentemente no Brasil) mas imposição. Os bens, originariamente, eram distribuídos em proporção maior ao homem, na hipótese de sucessão hereditária. Isso igualmente já foi alterado. Vê-se que estamos andando, embora lentamente em busca de igualdade desejada.

1. A igualdade

A igualdade jurídica e social é sempre desigual. Como disse Jean-Jacques Rousseau: "Concebo na espécie humana dois tipos de desigualdade: uma que chamo natural ou física, porque é estabelecida pela natureza e consiste na diferença das idades, da saúde, das forças do corpo e das qualidades do espírito ou da alma; a outra que podemos chamar desigualdade moral ou política, porque depende de uma espécie de convenção e é estabelecida, ou pelo menos autorizada, pelo consentimento dos homens ("Discurso sobre a origem os fundamentos da desigualdade entre os homens", ed. L & PM pocket, 2017, pág. 43).

A doutrina religiosa mesmo que queira não equipara todos a seus credos e princípios. Há uma desigualdade diria *natural,* em razão da idade, saúde, sanidade física ou mental e outra que chamaria de *institucional* que é estabelecida pelos homens. Decorre de inúmeras causas, cor da pele (etnia) e gênero. Ambas são seculares. O branco sempre se entendeu mais apto porque chegou primeiro aos mecanismos industriais e bélicos. Rejeitou e escravizou o negro. O homem se impôs por sua força física. Como dominava – o branco e o homem – a estrutura política acabou por dominar seus semelhantes.

Há, pois, embutido na sociedade o desequilíbrio pessoal e social. Retiradas as causas naturais, o ser humano cria diferenças por força de *debilidade.* Para não se mostrar frágil, institui barreiras para impedir aos outros que dele se aproximem ou se mostrem mais hábeis e capazes. Buscam sufocar as qualidades naturais dos outros através de pressões e de elaboração de leis artificiais (a escravatura, por exemplo).

As diferenças aparecem em diferentes épocas e períodos. Cada qual tem suas peculiaridades e se distanciam em razão da maior ou menor ferocidade com que o animal homem extroverte seu instinto.

Plauto, o grande comediante latino, disse que o homem é o lobo do homem, no que foi acompanhado e divulgada, a ideia, por Hobbes em seu notável Leviatã. Não era o lobo do homem apenas na antiguidade das tribos. Mesmo chamada a pacificação em que os homens deliberaram submeter-se a um ente superior para evitar a morte violenta, a guerra social prossegue e continua até os dias de hoje e não terá fim porque é do instinto humano.

Nesse passo, o sacrifício tinha o condão de apaziguar as violências e impedir a explosão dos conflitos (René Girard, "A violência e o sagrado", ed. Paz e Terra, 2ª ed., 1998, pág. 26). Não havia a justiça pública. Era exercida pela *vingança pessoal*. O problema prossegue até a momento em que, exauridos da morte violenta, resolvem adotar um *sistema impessoal de vingança*. Surge o Judiciário. Ao invés de impedir a vingança, é ela racionalizada pelo sistema dos homens. O Judiciário assume o monopólio da vingança. Como diz Girard, "o sistema judiciário e o sacrifício têm, portanto, a mesma função, mas o sistema judiciário é infinitamente mais eficaz" (ob. Cit., pág. 36).

A existência de órgão repressor não elimina as diferenças nem termina com as desigualdades, nem impede o prosseguimento dos preconceitos.

2. O preconceito

Estabelece o art. 5º de nossa Constituição que "todos são iguais perante a lei, sem distinção de qualquer natureza, garantindo-se aos brasileiros e aos estrangeiros residentes no País a inviolabilidade do direito á vida, à liberdade, à igualdade, á segurança e à propriedade". Mas, quanta distância existe entre o preceituado na lei como comportamento obrigatório e a realidade! Nem sempre a linguagem logra captar todos os fenômenos de ocorrência possível no mundo empírico.

A sociedade sacraliza os objetos que não quer enfrentar. A sacralidade significa retirar do mundo profano aquilo sobre que a sociedade não quer deliberar. Diz Agamben que consagrar (*sacrare)* "era o termo que designava a saída das coisas da esfera do direito humano, profanar, por sua vez, significava restituí-las ao livre uso dos homens" ("Profanações", ed. Boitempo, 2007, pág. 65).

O sagrado afasta dos homens o que é considerado como tal. Só deuses têm acesso a ele. No dizer de Agamben, no caso do *homo sacer* "uma pessoa é simplesmente posta para fora da jurisdição humana sem ultrapassar para a divina" ("Homo sacer – O poder soberano e a via nua I", ed. UFMG, 2ª ed., 2010, Belo Horizonte, pág. 83). Termina o autor ao afirmar que "a vida insacrificável e, todavia, é a vida sacra" (ob. Cit., pág. 84).

Tanto quanto o sagrado, o *diferente* é afastado da *sociedade*. É afastado, no dizer do autor, da jurisdição humana.

O preconceito nasce e permanece com o sentido de excluir o diferente de todo e qualquer acesso ao que denominaríamos de vida comum. Surgem códigos que significam o afastamento do que não seja "normal" para a estrutura dominante. Assim surgirão os problemas étnicos e de gênero. A "supremacia" do branco e do heterossexual surge com o predomínio de mitologema. É um modelo arquetípico.

O preconceito é o pré-juízo sobre alguma coisa. A sexualidade devia ser útil, ou seja, utilizada apenas para a procriação. Como anota Foucault, até o final do século XVIII havia três grandes códigos que a disciplinava: o direito canônico, a pastoral cristã e a lei civil. "Todos estavam centrados nas relações matrimoniais: o dever conjugal, a capacidade de desempenhá-lo, a forma pela qual era cumprido, as exigências e as violências que o acompanhavam, as carícias inúteis ou indevidas às quais servia de pretexto, sua fecundidade ou a maneira empregada para torná-lo estéril" (Michel Foucault, "história da sexualidade", vol. 1, ed. Graal, 20ª reimpressão, 1988, Rio de Janeiro, pág. 44). Fora das prescrições estabelecidas pela igreja o sexo era pecaminoso.

"Durante muito tempo os hermafroditas foram considerados criminosos, ou filhos do crime, já que sua disposição anatômica, seu próprio ser, embaraçava a lei que distinguia os sexos e prescrevia sua conjunção" (ob. Cit., pág. 45).

Desnecessário transcrever aqui toda a obra de Foucault. Verdadeira lição de como as coisas não funcionavam e ainda não funcionam no sentido da plena liberdade de cada qual.

O preconceito é uma das piores máculas que existe nas diversas sociedades. Tolda o entendimento. Prejudica a compreensão. Mistura situações que deveriam ser claras. Inibe as manifestações mais legítimas da sexualidade. Cria situações inusitadas. Impede o avanço das liberdades.

A demonização do sexo instituída pelo advento do cristianismo, a hipocrisia da igreja, a ridícula confissão, os pecaminosos sacerdotes e a visão egocêntrica de soluções patéticas dadas pelos religiosos de toda convicção envolveram em brumas soluções legítimas que libertariam a natureza de seus pudores.

A liberalização dos costumes começa, salvo outros pontos igualmente relevantes, com o *é proibido proibir*, com que a França (1968) se vê inibida de seguir com proibições esdrúxulas.

3. A despedida do calvário. O começo do mundo jurídico

Como disse anteriormente "o grande problema é que a sociedade está habituada a padrões culturais que lhe são impostos e ainda não está preparada para lidar com o diferente" (Regis Fernandes de Oliveira, "Homossexualidade – análises mitológica, religiosa, filosófica e jurídica, ed. RT, 2ª ed., 2013, pág. 25). Nesse texto faço análise de inúmeras situações sobre gênero.

Aos poucos as portas dos armários se abrem. O que era segredo passa a ser encarado como naturalidade. O que ocorria dentro de sigilo torna-se público. O medo de se assumir deixa de existir. Agressões são repudiadas. Chistes e piadinhas de mau gosto são rejeitadas. As mulheres são as primeiras a compreender o rechaço público de amores autênticos.

A rebelião se instaura pelos *diferentes* que não mais aceitam as imposições esdrúxulas de uma sociedade hipócrita. As tolices da dominação sexual começam a cair. Os tabus criados pelas comunidades começam a ser questionados.

Percebe-se que o calvário parece terminar, não pela morte do *bode expiatório*, mas pela redenção dos sacrificados.

Os mitos começam a ceder espaço para outros saberes. O homem começa a desvendar sai origem e a do universo. Percebe que os mitos são apenas significados de compreensão e começam a cair – o mundo dos homens se vê abalado. A erupção feminina e dos diferentes surge. Abrupta e forte. O sexo cede lugar ao gênero.

3.1. A mitologia mostra a naturalidade dos afetos

Aquiles e Pátroclus, Apolo e Jacinto, Laio e Crisipo, Zeus e Ganimedes na mitologia grega são exemplos de afetividade independentemente do sexo que ostentam. O épico de Gilgamesh nos mostra o próprio e Rinkidu em proximidade permitida.

Na Antiguidade a homossexualidade era conhecida por uranismo, provável aplicação da castração do pai original por seu filho Cronos. Na pesquisa que efetuei e consta do livro que menciono, os gregos eram bissexuais. Muitos mitos buscaram explicá-la. "O primeiro dizia que Orfeu, um dos seres da mitologia grega, acabou se apaixonando por adolescentes depois que sua mulher, Eurídice, morreu. Outra lenda afirma que a pederastia começou com o músico Tamiris, que foi seduzido pelo belo Jacinto. Este amava Apolo" ("Homossexualidade", pág. 47). A pesquisa deu-se em Thomas Bulfinch, "O livro da mitologia".

A atração sexual entre pessoas do mesmo sexo era normal na sociedade grega antiga. Não havia os tabus instituídos pelo cristianismo.

Em Roma, a mesma coisa. O "Satiricon" de Petrônio é bastante ilustrativo. Um homem maduro recolheu-se em casa rica não pelas acomodações, "mas pela maravilhosa beleza do filho do dono" (Petrônio, "Satiricon", ed. Martin Claret, 2002), pág. 110).

Como escrevi:

> "A pederastia não era um costume descentralizado da moral. Era hábito tão comum que grandes nomes daquela época, entre eles, filósofos, políticos, soldados ou poetas, mantiveram relações homossexuais ou abordaram o assunto em suas obras de maneira receptiva. O hábito mais usual referente à homossexualidade em Roma era o de senhores terem jovens rapazes, aos quais deviam ensinar os métodos do sexo. Tais jovens eram muitas vezes indicados pela própria família para tal função" ("Homossexualidade", pág. 45).

Vê-se que a homoafetividade nunca foi rejeitada pela sociedade greco-romana. As situações eram absolutamente normais, apenas recriminada depois de certa idade. Era comum que um aristocrata grego – erastes *(erastoi)* – se envolvesse com um adolescente do sexo masculino denominado eromenos *(eromeroi)*.

A rejeição ao apego homossexual apenas foi alimentada com o advento do cristianismo.

A sexualidade foi bem estudada no Relatório Kinsey. Episódios bíblicos que eram ressaltados como condenadores da homossexualidade passam a ter nova interpretação ("Homossexualidade", págs. 118/127).

Aos poucos as pessoas passam a encarar de forma natural as manifestações de gênero. Deixam de sobrepor os preconceitos sobre a compreensão racional ou mesmo afetiva dos sentimentos.

A formação religiosa anterior e a social que estava prenhe de preconceitos detinha todo e qualquer avanço no reconhecimento da intimidade.

A Constituição Federal dispõe que: "São invioláveis a intimidade, a vida privada, a honra e a imagem das pessoas, assegurado o direito a indenização pelo dano material ou moral decorrente de sua violação" (inciso X do art. 5º).

O dispositivo ampara a *intimidade* um dos bens mais sagrados da vida. Há diversos momentos na vida das pessoas. A personalidade se desenvolve em diversos sentidos e se manifesta em inúmeros lugares. Há a vida profissional, a de convívio com amigos, o relacionamento amoroso, a familiar, a política e a *íntima*. As demais são expostas. A vida pública e política é a que sofre constante devassamento. Está exposta às críticas de toda ordem, à fiscalização dos demais políticos, à exibição da mídia. Estreitando o conceito, temos o relacionamento com amigos, namoros. Restringe-se mais quando se fala da família. Por fim, há a vida na intimidade de nosso ser. Pode ser a dois, a três ou sozinho.

De qualquer forma, a intimidade é sagrada. Ninguém pode invadi-la impunemente, mesmo porque a Constituição consagra o direito à indenização.

Havia o círculo da *interdição*, passa-se ao da *censura* e daí ao da *permissão*.

A sociedade castradora das pulsões tem dias contados. Verifica-se que não se trata de problema legal, mas afetivo.

4. Trata-se de problema legal?

A homoafetividade era vista como problema legal. Não o é. O legislador e o homem público teimam em ver a homoafetividade como assunto que deva ser equacionado por lei.

O início da visualização foi de proibição. Era tabu a ser afastado dos olhares de todos. Não se podia falar sobre o assunto. Caso nele se tocasse era sempre com crítica, repugnância e rejeição. Era a depravação que não deveria ser admitida. A igreja, de todos as convicções, tratava o assunto como abominação. O réprobo deveria ser escorraçado do convívio com os "normais".

Quanta gente não sofreu brutalidades por ser *diferente?*

Quantos não foram violentados por terem nascido de forma não moldada pelos "deuses"?

Quantos não foram seviciados nas vias públicas por brutamontes ou por grupos de ignorantes?

Quantos não sofreram violência sexual em colégios, internatos, sacristias?

A lei apenas serve para reprimir os atentados, a brutalidade e a violência. Não serve para alterar a situação genética dos indivíduos.

Não há uma opção de ser *gay* ou não. Não é problema de escolha. A pessoa nasce assim. Muitos têm os órgãos genitais adaptados a seu gênero. Outros não. Nascem andróginos (serve bem como exemplo a estátua greco-romana exposta no Louvre).

Não é com lei que o problema se resolve. Antes de mais nada, a solução se encontra na compreensão dos pais, na adaptação dos amigos, na receptividade da família e na estrutura dos estabelecimentos de ensino que convivem com o assunto. Se unirmos a família, os amigos e as escolas, ter-se-á dado enorme passo.

Parte-se de saber que o problema não é legal, mas natural. A lei apenas serve de repressão a atos violentos que possam atingir tais pessoas. O modal deôntico *é proibido* bem funciona na contenção de atos não naturais.

Segundo passo que me parece importante, ao lado das providências socioafetivas é a exposição das situações e que se instaure o diálogo franco e aberto para compreensão das dificuldades que a pessoa enfrenta. Não há classe social, etnia ou gênero que esteja ausente do problema. Falo em problema porque tem dado margem a confronto. O problema são os outros, no precioso dizer de Sartre. Em verdade Sartre fala em "o inferno são os outros". Mas, adapta-se aqui a frase do famoso escritor e filósofo.

Quem vive em tal situação compreende-se. Deixa de se entender com os outros. Melhor dizendo, os outros não se entendem com o diferente, exatamente por causa das barreiras psicológicas e sociais erigidas ao longo dos séculos.

Em verdade, todos vivem o drama do *pertencimento*.

5. O pertencimento

Nós sempre pertencemos a algum ponto da sociedade. Normalmente, juntamo-nos com os que nos são próximos, por razões de riqueza, vizinhança, classe social, escola, desejos. Aos poucos aproximamo-nos daqueles que partilham das mesmas ideias e dos mesmos quereres.

No precioso dizer de Zygmunt Baumann:

> "tornamo-nos conscientes de que o 'pertencimento' e a 'identidade' não têm a solidez de uma rocha, não são garantidos para toda a vida, são bastante negociáveis e revogáveis, e de que as decisões que o próprio indivíduo toma, os caminhos que percorre, a maneira como age – e a determinação de se manter firme a tudo isso – são fatores cruciais tanto para o 'perten-

cimento' quanto para a 'identidade'" ("Identidade", ed. Zahar, Rio de Janeiro, 2005, pág. 17).

Ao longo do tempo isso nos dá a ideia de *pertencimento*, isto é, encontramo-nos entre aqueles com quem podemos partilhar ideias e sentimentos. Homens aproximam-se de homens e mulheres de mulheres. Aos poucos, amores e ódios os separam e fazem homens se unirem a mulheres. Mesmos gostos, futebol, tênis, vôlei ou outros esportes fazem proximidades. Bebidas atraem os que dela gostam e aos poucos se reúnem na beira de um bar. Outros em jogos intelectuais como xadrez. Alguns formam clubes e se associam. Enfim, cada qual busca sentir-se bem em algum lugar.

Enquanto houver resistência, os homoafetivos só se sentirão bem e seguros junto a outros. Buscam frequentar mesma boate, mesmo bar, mesmo restaurante. Procuram os seus iguais.

Isso os distancia, mas fazem com que se sintam bem. Muitas vezes buscam conforto em drogas.

Essa situação é que precisa ser alterada. Temos que nos conscientizar, nós, preconceituosos, de que a cor da pele, o gênero, a diferença devem ser tratados de forma natural e não de maneira repugnante. O que se percebe é que o defeito de fabricação e nosso e não dos outros. A fabricação deles é natural; nossa rejeição é artificial.

Precisamos, ainda, de bom tempo para perceber que os deslocados somos nós que criamos um mundo imaginário e afastamos dele os que buscam por afeto. Nada mais.

6. A homoafetividade é doença, é imoral ou natural?

Sempre se procurou rotular a homoafetividade. De início era uma doença e foi estudada como tal. Em 1990 a Organização Mundial de Saúde retirou-a da lista de doenças mentais.

O problema ficou circunscrito ao campo da ética.

Para alguns, especialmente os radicalmente cristãos e muçulmanos se vêm no direito de entendê-la como abominação. Buscam fundamento bíblico ou corânico para rejeitar a aceitação dos diferentes. Não há qualquer fundamento bíblico ou corânico que possa sustentar tal posição. Ademais, a Bíblia, como qualquer texto, sagrado ou não tem que ser interpretado e não simplesmente lido.

Assim, ainda hoje, os evangélicos mais radicais não aceitam o debate, rejeitam a aprovação de qualquer lei que ampare tais amores e repudiam quem saem em sua defesa.

No texto que publiquei, provado, aliás, por discussões que se travaram no Congresso Nacional sobre o assunto. Na época, eu era deputado federal e tive oportunidade de debater amplamente o tema. Tanto me debrucei sobre ele que acabei publicando um livro sobre o assunto. Fi-lo com base em pesquisa na mitologia, religião, filosofia e direito. Aprofundei-me no assunto. A pesquisa foi isenta e pude ter oportunidade de perceber como o tema vem recheado de preconceitos. Não se aceita uma discussão racional. Simplesmente, a maioria das pessoas acha "feio", "deturpado", "o homem que vira mulherzinha", o "veadinho", o "bicha", o "gay" e todas as mais palavras que possam identificar alguém que não está adequado a modelos previamente concebidos na sociedade feita pelo homem e pelo cristianismo.

Nem vale invocar a pedofilia praticada pela igreja católica que também já é apelar para a exceção e não a regra. Mas, é verdade que autoridades religiosas maiores acobertaram o "pecado" existente em seu seio.

No mesmo texto analisei o assunto à luz da biologia, psicologia, psicobiologia e psicanálise. Não há qualquer condenação plausível. Em todas as ciências as manifestações de gênero são aceitas como normais.

Conclusão óbvia é que há uma distinção necessária entre gênero e sexo. Este é biológico. Aquele, espiritual.

7. O "banquete" de platão e a explicação de aristófanes

É unânime que muito da nossa cultura e das nossas instituições veio da Grécia Antiga. Aristófanes foi um teatrólogo e crítico satírico. Escreveu peças notáveis ("As vespas", "Pluto") e foi chamado a participar de uma discussão que versava sobre o amor.

Alguns dos presentes ao banquete foram chamados a expor suas versões sobre o que era o amor. Depois de algumas versões, a palavra veio a Aristófanes que apresentou o poder do amor, frequentemente olvidado. Explicou que os seres humanos, na origem não eram apenas de dois tipos, mas havia o *andrógino*. Sua forma era redonda: dois rostos, quatro braços, quatro pernas, quatro orelhas e duas genitálias. Eram dotados de extraordinária força. Rebelaram-se e tentaram chegar ao Olimpo, morada dos deuses. Zeus aborreceu-se e mandou que os seres fossem cortados ao meio. Efetuou-se sua separação. Alguns eram completamente masculinos; outros completamente femininos e outros possuíam os dois sexos.

Como foram cortados ao meio, cada parte ficou com saudade da outra, no desejo de se reintegrarem. Daí resulta que "cada um de nós não passa de *uma metade que combina de um ser humano inteiro*" (é a fala de Aristófanes no texto). Daí a notável conclusão:

> "Todos os homens que são secções daquele tipo composto que no início foi chamado de andrógino são aficionados a mulheres; a maioria de nossos adúlteros descende desse tipo, como igualmente descendem dele as mulheres aficionadas de homens e as adúlteras. Todas as mulheres que constituem secções de mulheres não experimentam atração por homens: são, pelo contrário, atraídas por mulheres, as lésbicas provindo desse classe. Homens que constituem secções de homens se voltam para homens, e enquanto são rapazes comportam-se como sendo parcelas do masculino fazendo amizade com homens e tendo prazer em se deitarem com eles e serem abraçados por homens" (Platão, "Diálogos", ed. Edipro, vol. V, 2010, pág. 61).

A versão dada por Aristófanes deu margem à cara metade, à procura do ser desejado. É que quando do corte dos seres redondos, havia os que eram homens dos dois lados e mulheres dos dois lados e muitos tinham sexos diferentes. Aqueles que eram absolutamente viris e se viram separados ficam à procura eterna da metade que lhes falta ou lhes foi tirada.

A busca pela sua metade faltante, por sua alma gêmea. É isso o que nos explica o comediógrafo. Sem rebuços, sem preconceitos e analisando a realidade da vida e da naturalidade dos gêneros.

Há outras explicações no texto platônico, mas a que mais aplausos recebe é a versão de Aristófanes. Assim, seja pela natureza, seja pela providência divina, a homoafetividade recebe ampla justificativa.

8. Os amores

Platão no *Banquete* (203, b a e), uma de suas obras-primas, relata, pela boca de Diotima que conversa com Sócrates o nascimento de Eros que foi resultado do relacionamento de Penia (penúria, pobreza) com Poros, personificação divina do meio para se conseguir algo. Ambos foram a uma festa na qual Penia não foi admitida. Viu que Poros estava embriagado e deixou-se com ele. Daí nasceu Eros. Este vive sempre atrás de coisas belas (204 d). Na sequência, Diotima indaga a Sócrates qual é o desejo contido no amor do amante de boas coisas? (204 d). Sócrates responde: "Que venham a ser suas".

Em suma, "o amor deseja que o bem lhe pertença para sempre" (206 a). Como isso não é possível, dada a volubilidade das coisas, o amor significa o desejo de ter o ser amado para si. Logo, o amor significa carência, frustração de desejos, é o desejo na falta. O amor é um *demônio* diz Diotima. Se o amor é querer o que se ama, é egoísta. Nesse passo, o amor é destrutivo, porque aprisiona.

Há diversos tipos de amor. É concupiscência (*eros*), quando destinado a satisfazer instintos. É paixão quando chega a eflúvios imediatos e passageiros. Há o amor de comiseração, fundado na solidariedade. Há o amor transcendente de adoração ao divino (*agapé*). Há o amor de renúncia que envolve sacrifício. Há o amor-amizade (*philia*) que se consagra à convivência contínua.

Por ter nascido da penúria, o amor é sofredor e penitente.

Em verdade, o amor é sempre puro, seja ele que forma tenha. Esvai-se com o tempo que amortece todos os sentimentos.

O amor homoafetivo tem todas essas etapas ou paralaxes que queiramos imaginar. Há paixão que se encontra à primeira vista e cresce instantaneamente. Há o lúbrico. O divino. O amor amizade. Todos os tipos que pudermos imaginar.

Ocorre que ele é tão natural como o amor heteroafetivo. É a mesma coisa. Não muda. Apenas o concupiscente tem variações.

André Comte-Sponville escreveu longamente sobre o amor em seus diversos aspectos ("Pequeno tratado de grandes virtudes", ed. Martins Fontes, 2007, págs. 241/312). Ali se vê a citação dos mais diversos autores. Traz um rol de transcrições, mencionando inúmeros autores que escreveram sobre o assunto.

Mencionemos apenas dois, da língua portuguesa, poetas que versaram o amor. Camões dia que "amor é fogo que arde sem se ver, é ferida que dói e não se sente; é um contentamento descontente, é dor que desatina sem doer" (primeira estrofe de um soneto). Gonçalves Dias tem o mesmo sentimento e o retrata em versos maravilhosos: "Se se morre de amor! – Não, não se morre, quando é fascinação que nos surpreende", mas quando se quer "Arder por afogá-la em mil abraços: isso é amor, e desse amor se morre".

Pode-se morrer de amor. Não do amor infantil nem do ciumento. Este pode levar o amante à loucura e levá-lo a matar o ser amado. Isso não é amor. É cegueira. É descontrole de sentimento. É o pecado da posse. É o amor possessivo. É crime.

Amar é respeitar o parceiro/a, tratá-la(lo) com dignidade. Saber o momento da separação que pode acontecer e é comum. Amores são como folhas que de robustas passam a secas. No entanto, em qualquer hipótese impõe respeito recíproco.

Quando os parceiros(as) estão conscientes disso, cessa o amor, mas não cessa o respeito e a admiração pelo período em que estiveram juntos. O relacionamento é sempre complicado, porque são dois seres que se unem com objetivos comuns que podem desaparecer ao longo do tempo. Cessa a parceria, a conspiração conjunta, a comunhão de interesses, mas não pode cessar o carinho e a lembrança do tempo vivido. Cessa o conluio, mas não se extinguem os sentimentos vividos em conjunto. O passado acompanha o presente, no dizer de Bergson.

9. A homoafetividade e suas consequências no Brasil

Caminhamos para reciprocidade de respeito. O mundo deixa de pertencer ao macho e ao heterossexual já não é mais o dono do mundo. Felizmente, este não se sedimenta em ideias e sentimentos. O espaço que era apenas do homem passa a ser disputado pela mulher. Ela se consolida como ser econômico e busca sua subsistência no mercado. Emancipa-se. Busca seus próprios interesses e passa a usar seu corpo não mais em função ou em benefício do parceiro, mas como lhe aprouver.

Coloca as mãos no peito do homem e se impõe como ser humano. Busca seu espaço e passa a ocupar os que antes eram exclusivamente masculinos. O homem resiste e negaceia, mas não vê como impedir os avanços femininos. Ela se revolta domo Lilith da mitologia religiosa que quis ocupar posição diferente na relação sexual. Sem conseguir, revoltou-se com o criador, saiu do paraíso e foi atrás de sua posição.

O ser humano que não se enquadra no seu corpo e aspira o relacionamento com parceiro do mesmo sexo vê-se amesquinhado, perseguido, enxovalhado pelos que o rodeiam. Outrora, fechava-se em sofrimento incrível. Isolava-se de todos e passava a viver miseravelmente. A história nos dá exemplos inúmeros. Hoje, já não precisa se esconder. Já não precisa passar por humilhações nem ser espezinhado. Ao contrário, ergue sua cerviz e se firma como alguém tão desejoso como todos os demais.

É que a sociedade apenas vê a situação como meramente sexual e o impinge de depravado. O problema é muito mais delicado e sensível do que pensa a maioria das pessoas. Desconhece os sentimentos que existem dentro de cada um. Estas não querem impor nada. Apenas exigem e postulam o respeito por suas querências. O que há de desonroso em impor sua natureza aos que lhe são contra?

Querem simplesmente o direito de amar alguém. Quem? Não importa. Quem elegerem como objeto de seu amor. E amar em sua inteireza. Não apenas a dedicação afetiva e espiritual. Mas, sentir a pele do parceiro (a) independentemente de culpa. Esta lhe foi imposta pela religião e pela sociedade. Mas, ele (ela) pode manter-se estreitamente ligado (a) à religião, pregando o mesmo credo e adorando os mesmos deuses. Da mesma forma quer viver em sociedade sem culpa e sem desvãos esconderijos.

9.1. A felicidade

Epicuro foi quem primeiro tratou do assunto. Em sua *Carta a Meneceu* diz: "Quando dizemos, então, que o prazer é um fim, não nos referimos aos prazeres dos dissolutos e àqueles que residem em algum tipo de desfrute – como creem alguns por ignorar, desconhecer ou mesmo interpretar mal – e sim ao não ter dor em relação ao corpo, nem perturbação no que diz respeito à alma. Não são, pois, bebidas e festins constantes, nem o desfrute de garotos ou mulheres, nem tampouco de peixes ou de tantas outras iguarias que as mesas opulentas oferecem aquilo que torna a vida doce, mas a reflexão sóbria que pergunta pelas causas de toda escolha e recusa e que se livra das opiniões, fonte dos maiores temores que tomam conta das almas" (Epicuro, "Cartas & Máximas principais", clássicos Penguin Companhia, Cia. das Letras, 2021, págs. 88/89).

Decorrente do amor é a busca da felicidade. Maurício Pagotto Marsola em livro rotulado "A felicidade" (ed. Martins Fontes, 2015, pág. 57) analisa o diálogo platônico *Górgias*. Nele, Cálicles diz que "quem quiser viver bem deve deixar crescer à vontade suas paixões sem as controlar e, por maiores que elas sejam, deverá ser capaz de as satisfazer graças à sua coragem e inteligência, dando-lhes tudo aquilo que desejarem". Identifica o justo, belo e com o conceito de útil. Este vinculado ao prazer (de *hedonê* – hedonismo).

A felicidade pode estar no útil. Mas nem sempre. Marsola faz outras indagações e afirma que "a felicidade estaria limitada por algo que nos supera amplamente, maior do que nosso poder de deliberação e que o limita por algo que suplanta nossa visão" (ob. Cit., pág. 93).

A *eudaimonia* grega não se limita ao prazer físico. Na ética kantiana a felicidade não é o bem supremo, e não pode se reduzir ao cálculo hedonista.

A felicidade não pode ser um conceito que se aplique a quaisquer situações. Ao contrário, ela depende do momento e da pessoa. O mundo é feito de encontros. A todo instante, a cada segundo meu corpo entra em contato com o mundo e com os outros. Eu os toco e eles me atingem. Dependendo do encontro aumento ou diminuo meu interior. Cresce ou diminui minha alegria. Se o encontrou é ruim e me atinge de forma negativa, eu me entristeço. De forma contrário, se o encontro é bom, alegro-me.

O ser humano muda incessantemente. Bergson a isso chama de duração (Henri Bergson, "A evolução criadora", ed. Martins Fontes, 2005, pág. 5). "A duração é o progresso contínuo do passado que rói o porvir e que incha ao avançar". Nesse passo, a memória nos segue sem parar.

Pode-se dizer, então, que não há a felicidade como conceito abstrato, mas há momentos de felicidade. Tudo depende de como somos tocados pelo mundo e como é nosso encontro com ele e com os outros.

É o ser humano que pede passagem.

10. A homoafetividade perante o direito

Estabelece a Constituição Federal que "todos são iguais perante a lei" (art. 5º). Ademais, "homens e mulheres são iguais em direitos e obrigações, nos termos desta Constituição" (inciso I do art. 5º). O problema surge com o parágrafo 3º do art. 226 ao prescrever: "Para efeito de proteção do Estado, é reconhecida a união estável entre homem e mulher como entidade familiar, devendo a lei facilitar sua conversão em casamento".

Com base em tais dispositivos entende-se que o casamento só se opera entre homem e mulher, o mesmo acontecendo com a união estável.

Em memorável voto proferido no Supremo Tribunal Federal, o Ministro Ayres Brito consagrou: "Proibição de discriminação das pessoas em razão do sexo, seja no plano da dicotomia homem/mulher (gênero), seja no plano da orientação sexual de cada qual deles. A proibição do preconceito como capítulo do constitucionalismo fraternal" (ADPFG 132/RJ). Segue a decisão: "Tratamento constitucional da instituição da família. Reconhecimento de que a Constituição Federal não empresta ao substantivo 'família' nenhum significado ortodoxo ou da própria técnica jurídica. A família como categoria sócio-cultural e princípio espiritual. Direito subjetivo de constituir família. Interpretação não reducionista".

O Supremo Tribunal Federal termina por reconhecer que a normação constitucional referida a homem e mulher apenas para especial proteção desta última. Daí se concluiu que nada impede, por força da interpretação do art. 1723 do Código Civil que se reconheça a união estável entre pessoas do mesmo sexo, que se compreende como família.

O Conselho Nacional de Justiça decidiu, na mesma esteira, que descabe ao serventuário de justiça recusar o registro e celebração do casamento homossexual quando realizado sob o direito brasileiro. Assim sendo, consumou-se, em nosso direito, não apenas a união estável entre dois adultos, como também o casamento entre pessoas do mesmo sexo.

Basicamente, prevaleceu o amor na composição das uniões. Daí se afirmar que "os homossexuais, por tal razão, têm direito de receber a igual proteção tanto das leis quanto do sistema político-jurídico instituído pela Constituição da República, mostrando-se arbitrário e inaceitável qualquer estatuto que puna, que exclua, que discrimine, que fomente a intolerância, que estimule o desrespeito e que desiguale as pessoas em razão de sua orientação sexual" (RE 477.554, Agr./MG, rel. min. Celso de Mello, em 16/08/2011).

No mesmo voto o Ministro Celso de Mello prossegue afirmando a dimensão constitucional do afeto como um dos fundamentos da família. Entendeu também que o que valia era o reconhecimento da felicidade. Sua busca constante assenta-se nos postulados básicos do direito.

Consuma-se, assim, o reconhecimento de que o homossexual e os integrantes do grupo LGTBQIA+ são pessoas humanas. É difícil acreditar nisso? Para muitos recheados de preconceitos, religiosidade deturpada e outras fraudes podem até duvidar de tal afirmação, mas já de há muito é superado o tempo de todos os ódios, como do machismo (mundo dos homens), da xenofobia, da homofobia, do anti-semitismo.

Só que as demandas não terminam por aqui. Sub-repticiamente os ódios ressurgem dos mais inimagináveis lugares e situações. Quando parece que cada um vai viver sua vida, ele quer viver a do outro para desgraçá-lo. É o ciúme que não encontra limites. É a inveja que busca destruir a felicidade. É o rancor do malsucedido que não pode ver a glória do outro.

Infelizmente, os rancores não se acalmam. São vulcões incontidos. São seres humanos perniciosos que a todo instante cedem aos sinais demoníacos. É o ser fraco. É o instinto do rebanho que não pode ver o sucesso alheio.

Ocorre que o Judiciário, bem interpretando a Constituição Federal, captou os sentimentos que a embasa, ou seja, solidariedade, felicidade, afeto, todos nobres que a sustentam. No vértice está insculpida a felicidade como estrela guia.

11. O amor transitivo

Como se viu, o amor não é vivido de forma introspectiva nem meramente reflexiva à frente do espelho de Machado de Assis. Ao contrário, o amor é para ser vivido a dois, a três ou em grupo. Vive-se em família, tida como ápice da felicidade.

A felicidade, como disse, é buscada e vivida a cada instante. Em capítulo constante do livro "Homossexualidade" escrevi "a busca da felicidade é permanente e não pode ser obstada por preconceitos nem pelo ódio. Este sentimento mesquinho e pequeno (homofobia) não pode impedir que as pessoas vivam com base no amor. Com quem? Com quem quiserem" (pág. 236).

Prossegui: "Em suma, há o direito dos homossexuais de se situarem na sociedade e sentirem-se a ela integrados. Não podem ser excluídos como se fossem sub pessoas ou seres que deveriam viver em guetos, em antros, em enxovias, nos desvãos da sociedade. Como entes humanos têm o absoluto direito de viverem como quiserem, respeitando, evidentemente, determinados comportamentos de convivência" (ob. Cit., pág. 237).

Continuo: "É inaceitável que no século XXI a orientação sexual possa ser determinante para qualificar ou desqualificar um cidadão. Os novos vínculos interpessoais e os novos modelos de entidade familiar exigem aprofundadas reflexões e considerações livres do preconceito" (pág. 241).

Enfim, "a vida foi-nos dada para que a vivamos com alegria" (ob. Cit., pág. 243). Finalizo: "a busca pela felicidade há de ser o instinto maior do ser humano" (idem, ibidem).

Vê-se, pois que o amor é um ato positivo de solidariedade, de carinho, de união. Nada pode ser mais insuportável que o ódio.

O amor não é praticado sozinho. Como seres humanos vivemos em sociedade e com ela estamos permanentemente em contato. O relacionamento é parte do ser humano que não vive isolado. "Nenhum homem é uma ilha, sozinho em si mesmo" disse John Donne. Por consequência, o homem é ser interativo e relacional.

Em questões de amor ocorre o mesmo. Os sentimentos explodem a cada instante. Alguns ou pode-se dizer a maioria se aproxima e parte para a conquista heterossexual, sua formatação biológica. Mas, isso não esgota as escolhas afetivas. Há mulheres que se apaixonam por outras e homens por outros, igualmente de forma natural. Alguns preferem expandir sua sexualidade (não seu sexo) em manifestações artísticas sem limites. Muitos quebram protocolos, formalidades e rituais conformadores de uma sociedade que impõe regras. Descumprem-nas e buscam viver suas próprias vidas.

É importante ressaltar que cada qual é um ser humano. Deve viver em toda sua potencialidade, na expansão do que Spinoza rotulou de *conatus*, isto é, a manifestação mais profunda da vida e sua subsistência.

As conquistas sociais se fazem paulatinamente. Como disse Antonio Machado, o grande poeta espanhol: "caminante, hay que caminar; el camiño se hace al andar". Abrir os caminhos, solidificá-los no rol das conquistas da humanidade. Impor-se perante a sociedade. Consumar as conquistas que não são mais. Não se muda uma coletividade recheada de preconceitos de forma pacífica.

Daí é importante que cada um tenha seu ser amado, à imagem das bolinhas de Aristófanes. A busca incessante pelo ser amado, por sua alma gêmea. Tenha que gênero tiver. Pouco importa. O que vale é o amor.

Este é transitivo.

6. A CONCEPÇÃO TETRADIMENSIONAL DE IGUALDADE SUBSTANTIVA: CONTRIBUTO AOS ESTUDOS EM DIREITO E SEXUALIDADE

Davi Lago

A reflexão jurídico-política sobre direito e sexualidade mobiliza invariavelmente a noção de igualdade[1]. Contudo, o que se quer dizer com "igualdade" em sociedades plurais e complexas? Ainda no período clássico, o postulado aristotélico de que a igualdade consiste em tratar igualmente os iguais e desigualmente os desiguais deu forma e densidade filosófica à simples intuição da igualdade. De certa indistinção da própria noção de legalidade – já que as características de abstração e generalidade da lei têm um caráter universal – a igualdade evoluiu gradualmente para um conceito jurídico autônomo, significando mais do que mera indiferenciação jurídica entre indivíduos. No direito moderno firmaram-se as concepções de igualdade formal e igualdade material, também chamada de igualdade substantiva. A ideia básica nesta classificação é simples: não basta apenas uma equivalência jurídico-formal entre as pessoas, mas a efetivação de direitos que possibilitem uma aproximação concreta do ideal da igualdade. Especialmente da última metade do século 20 às primeiras décadas do século 21 o debate jusfi-

[1] Cf. MERIN, Yuval. *Equality for Same-Sex Couples The Legal Recognition of Gay Partnerships in Europe and the United States.* Chicago: The University of Chicago Press, 2002; BEDI, Sonu. *Beyond Race, Sex, and Sexual Orientation: Legal Equality Without Identity.* Cambridge: Cambridge University Press, 2013; HOY, Aaron (ed). *The Social Science of Same-Sex Marriage LGBT People and Their Relationships in the Era of Marriage Equality.* New York: Routledge, 2022; LEE, Man Yee Karen. *Equality, Dignity, and Same-Sex Marriage A Rights Disagreement in Democratic Societies.* Leiden & Boston: Martinus Nijhoff Publishers, 2010.

losófico ampliou leque teórico-conceitual para o sentido da igualdade. Neste contexto, destaca-se a concepção tetradimensional de igualdade substantiva proposta por Sandra Fredman na obra *Discrimination Law* (2011), que procura sintetizar as correntes teóricas contemporâneas em um conceito único e complementar. Assim, o objetivo deste breve ensaio é introduzir a concepção de igualdade conforme Fredman e explicar porque ela pode ser uma ferramenta adequada para pensar direito e sexualidade em sociedades plurais e complexas. Para isso, iremos (i) aclarar primeiramente a pertinência e relevância desta análise conceitual para a teoria do direito; em seguida iremos (ii) apresentar o conceito de Fredman propriamente dito; para finalmente (iii) esboçarmos uma análise preliminar do conceito com alguns apontamentos.

1. Teoria do direito e conceito de igualdade

A análise conceitual da igualdade substantiva é um exercício de teoria do direito[2]. Tal estudo vale-se necessariamente de uma reflexão teórica e filosófica do direito que visa evitar vagueza, imprecisão e obscuridade, mas também exerce papel relevante na sua aplicação prática. É válido ressaltar que o exame conceitual alcança ainda a função sistemática da teoria do direito. Por meio desta função é possível verificar que o direito forma um sistema com atributos lógicos e peculiares que indicam unidade, coerência e completude. O objeto analítico específico, isto é, a igualdade substantiva, mostra-se especialmente relevante por causa da natureza vazia e relacional do conceito de igualdade e sua elevação à dogma jurídico-axiológico nas democracias constitucionais.

O discurso jurídico não é um discurso descontextualizado, mas um discurso que se produz em relação contínua com a estrutura social. Assim, a linguagem jurídica, diferentemente de outras linguagens técnicas, apresenta uma instabilidade semântica inerente e permanente por estar diretamente ligada à linguagem geral. É imprescindível, portanto, o contínuo reexame analítico dos conceitos/definições jurídicas[3]. Ocorre

[2] Conforme Carlos Camillo, a teoria do direito "*tem por escopo estudar a estrutura lógico-formal dos sistemas jurídicos e, apropriadamente, os conceitos fundamentais do Direito*" (CAMILLO, Carlos. *Manual da teoria geral do direito.* São Paulo: Almedina, 2019, p.176).

[3] O étimo latino *definitio* é relacionado com fim (*fine*), sugerindo, assim, a ideia de um fechamento, de uma delimitação. Patrick Charaudeau e Dominique Maingueneau afirmam que a noção de definição "*já ocupava um lugar central na teoria semântica de Aristóteles e interessa*

que a *igualdade*, enquanto conceito jurídico-filosófico, apresenta não apenas a instabilidade semântica comum aos termos jurídicos, mas desafios específicos por representar uma relação simbólica dinâmica, isto é, a estrutura conceitual de igualdade aponta para uma relação dinâmica. Em outras palavras: a noção de igualdade não é abstratamente apreensível independentemente de uma relação, seja ela fática ou discursiva[4]. Peter Westen (1982) afirma que a ideia de igualdade é vazia de conteúdo e necessita incorporar valores externos para que faça sentido[5].

Conforme afirma Robert Alexy, "*a igualdade – tanto quanto a desigualdade – entre indivíduos e situações é sempre uma igualdade – ou uma desigualdade – em relação a determinadas características*"[6]. Alexy afirma que juízos de igualdade que constatam uma igualdade em relação a determinadas características, são juízos acerca de relações triádicas: *a* é igual a *b* em relação à característica *E* (ou às características $E_{1,} E_{2,} ... E_{n}$). Essa modalidade de juízo expressa juízos sobre uma igualdade relativa apenas a algumas e não a todas as características do par a ser comparado.

aos filósofos, aos lexicógrafos bem como aos locutores anônimos, pois a definição tem a função de guiar o destinatário na sua busca pelo sentido" (CHARAUDEAU; MAINGUENEAU, 2014, p.145). Especialmente após a reviravolta linguística (*linguistic turn*) do pensamento filosófico no século 20, se questiona a significação ou o sentido das expressões linguísticas (análise da linguagem). A linguagem é instância intransponível da expressividade do mundo, conforme afirma Manfredo A. de Oliveira: "*a linguagem é o espaço de expressividade do mundo, a instância de articulação de sua intelegibilidade*" (OLIVEIRA, 2015, p.13).

[4] Essa ideia de que a igualdade configura um postulado formal remonta às suas primeiras elaborações filosóficas sistemáticas como, por exemplo, em Aristóteles. Tércio Sampaio Ferraz Júnior afirma que "*a igualdade e a desigualdade, na teoria aristotélica, são fixadas de uma perspectiva que não pode lograr-se a partir dela mesma [...] A igualdade não é um dado da experiência, pois a percepção das coisas e dos homens, ao contrário, nos dá conta de sua profunda desigualdade. Inversamente, a igualdade não passa de uma abstração a partir de uma desigualdade dada*" (FERRAZ JR, 2003, p.205).

[5] P. Westen argumenta no ensaio "*The Empty Idea of Equality*" (1982) que o vazio de conteúdo da noção de igualdade é uma das principais razões pelas quais o princípio da igualdade é tão longevo no Ocidente. Segundo Westen, ao se identificar quais são os valores externos que preenchem o conteúdo da igualdade, o conceito de igualdade se torna supérfluo e a retórica da igualdade deve ser abandonada. Westen desenvolve uma crítica da retórica da igualdade na obra "*Speaking of Equality: An Analysis of the Rethorical Force of 'Equality' in Moral and Legal Discourse*" (Princeton Legacy Library, 1990).

[6] ALEXY, Robert. *Teoria dos direitos fundamentais*. Trad. da 5ª ed. alemã. São Paulo: Malheiros, 2008, p.399.

Segundo Alexy, os juízos são verdadeiros se tanto a quanto b tiverem a característica E (ou as características $E_{1,} E_{2,} ... E_{n}$) – e o mesmo vale para juízos de desigualdade. Assim, conforme André Berten afirma, "*a igualdade é uma exigência normativa e não uma descrição de fato. Isso significa que a definição deve ser, sem cessar, elaborada e reelaborada*"[7]. Essa amplitude da abertura formal do conceito de igualdade exige, portanto, uma explicitação de seus critérios e conteúdo. Daí a importância salutar de um conceito de igualdade substantiva bem delimitado, estruturado e clarificado juridicamente.

Outro aspecto que demonstra a relevância da análise conceitual da igualdade substantiva é a posição de dogma jurídico-político que a ideia de igualdade ocupa no ordenamento jurídico moderno. A noção de que todos os homens são iguais independentemente de gênero, origem, idade etc. tem bases muito antigas e, segundo Jürgen Habermas, sua afirmação na Europa ocorreu "*no percurso de uma apropriação filosófica de motivos e figuras de pensamento da tradição judaico-cristã*"[8]. A ideia recebeu formulação em termos jurídico-políticos modernos na era das grandes revoluções liberais, mais precisamente com a *Virginia Bill of Rights* de 12 de junho de 1776[9]. Desde então, o postulado de que "todos são iguais perante a lei" foi reproduzido em praticamente todos os textos constitucionais relevantes como a Declaração de Independência dos Estados Unidos (1776) e a Declaração dos Direitos do Homem e do Cidadão (1789), tendo uma ênfase renovada após a 2ª Guerra Mundial e a Declaração Universal dos Direitos Humanos (1948)[10]. De acordo com Alexy (2008) a igualdade é no direito hodierno uma norma de direito fundamental, assumindo características de princípio e regra. Con-

[7] BERTEN, André. *Filosofia política*. São Paulo: Paulus, 200, p.173.

[8] HABERMAS, Jürgen. *Sobre a Constituição da Europa*. São Paulo: Unesp, 2012, p.26. Neste mesmo sentido Robert A. Dahl: "*no curso da história, em especial na Europa e nos países de língua inglesa, a ideia de igualdade intrínseca derivou boa parte de sua força da doutrina comum ao Judaísmo e ao Cristianismo (e também compartilhada pelo Islã) de que somos todos, igualmente, filhos ou criaturas de Deus*" (DAHL, Robert A. *A democracia e seus críticos*. São Paulo: WMF Martins Fontes, 2012, p.131).

[9] "*That all men are by nature equaly free and independent, and have and have certain inherent rights*" Cf. TABORDA, 1998, p.243.

[10] No preâmbulo e no Artigo 1º da Declaração aprovada na Assembleia Geral das Nações Unidas.

forme Paulo Hamilton Siqueira Jr. afirma, "*o tratamento equânime dos destinatários da norma legal é de tamanha importância, que o sistema jurídico elevou o mesmo à categoria de princípio, sendo assim designado como princípio de igualdade*"[11].

É adequado ressaltar o caráter axiológico do princípio da igualdade no sistema jurídico moderno: não apenas como princípio informativo de todo o ordenamento, mas como uma escolha da comunidade jurídico-política. Ao ser assumida como princípio estruturante do direito, a igualdade é afirmada também, ao menos em algum grau, como valor político[12]. Robert A. Dahl afirmou que "*mesmo quando o raciocínio moral pretende se manter independente de suas origens religiosas, como tem sido comum acontecer nos últimos séculos, a ideia de igualdade intrínseca ainda é pressuposta*"[13]. Deste modo, Dahl assevera que a generalidade da premissa da igualdade intrínseca na argumentação moral sistemática pode ser explicada por, ao menos, duas formas: primeiro, pois é uma norma tão profundamente arraigada em todas as culturas ocidentais que não podemos rejeitá-la sem negar nossa herança; mas em segundo, pela dificuldade em se apresentar uma justificativa racional para qualquer alternativa a ela. Segundo Dahl,

> "certamente a ideia de igualdade intrínseca pode ser rejeitada sem autocontradição. Mas, com efeito, rejeitá-la equivale a afirmar que algumas pessoas devem ser consideradas e tratadas como intrinsecamente privilegiadas independentemente de quaisquer contribuições sociais que possam fazer. Justificar tal asserção é uma tarefa monumental que, pelo que me consta, ninguém conseguiu realizar ainda"[14].

Desse modo, o direito moderno assume a igualdade como um dogma jurídico, político e axiológico. Afinal, foi contra todo um sistema fun-

[11] SIQUEIRA JR, Paulo Hamilton. *Teoria do direito.* 5ª ed. São Paulo: Saraiva, 2019, p.392.

[12] A tese de Lucas Cardoso Petroni, "*A moralidade da igualdade*" (2017) afirma que em todas as teorias políticas igualitárias a igualdade é um valor intrínseco de um ponto de vista moral – diferentemente das teorias anti-igualitárias e das teorias que encampam uma visão instrumental da igualdade. Contudo é necessário se ter em vista que não existe um consenso sobre o melhor modo de conceber o próprio valor da igualdade.

[13] DAHL, 2012, p.131.

[14] DAHL, 2012, pp.132-133.

damentado na hereditariedade e nas desigualdades de estatuto ligadas ao nascimento que irromperam as revoluções liberais. Conforme afirmam Jean Rivero e Hugues Moutouh, "*a noção de privilégio (ou seja, etimologicamente, de lei privada, própria somente a alguns) é banida: 'a lei deve ser a mesma para todos*'"[15]. Depois das experiências totalitárias do século 20, conforme afirma Celso Lafer, a afirmação da equidade e unidade do gênero humano é, ainda, uma "*explícita recusa do racismo*"[16]. A centralidade do princípio da igualdade do direito moderno é, portanto, outra razão que demonstra a relevância do exame conceitual da igualdade substantiva conforme proposto por Fredman – que passamos a apresentar.

2. O conceito tetradimensional de igualdade substantiva

Em sua obra *Discrimination Law* (2011) Sandra Fredman apresenta importante contributo à teoria do direito, ao formular um conceito tetradimensional de igualdade substantiva. De acordo com Fredman, a ideia de igualdade substantiva não pode ser capturada por um único princípio seja a igualdade de resultados, seja a igualdade de oportunidades, seja a igualdade de dignidade: "*a igualdade deve ser vista como um conceito multidimensional buscando quatro objetivos que se sobrepõe*"[17]. Assim, o conceito de igualdade substantiva em Fredman comporta quatro dimensões, cada qual almeja alcançar um objetivo: (i) a *dimensão redistributiva* visa quebrar o ciclo de desvantagens associadas ao status ou aos grupos externos; (ii) a *dimensão de reconhecimento* visa promover o respeito pela dignidade e pelo valor corrigindo, assim, o estima, a estereotipagem, a humilhação e a violência devida à associação a um grupo de identidade; (iii) a *dimensão transformadora* visa alcançar mudanças estruturais que desbloqueiem as condições que promovem desigualdades; e (iv) a *dimensão participativa* visa facilitar a participação plena na sociedade, tanto social quanto politicamente.

[15] RIVERO, Jean; MOUTOUH, Hugues. *Liberdades públicas*. São Paulo: Martins Fontes, 2006, p.64.

[16] LAFER, Celso. *A reconstrução histórica dos direitos humanos: um diálogo com o pensamento de Hannah Arendt*. São Paulo: Companhia das Letras, 2015, p.255.

[17] FREDMAN, Sandra. *Discrimination Law*. 2 ed. Oxford: Oxford University Press, 2011, p.25.

2.1 A dimensão redistributiva

Fredman aponta em sua obra critérios de discriminação como gênero, raça, deficiência, orientação sexual, religião e crença, idade e nacionalidade. Segundo Fredman, não é tanto o status do indivíduo ou a identidade do grupo que é o problema, mas as consequências prejudiciais associadas a esse status – grupos que enfrentam, por exemplo, taxas mais altas de desemprego e exclusão social. Assim, em vez de tratar todos igualmente, independentemente do status, a igualdade substantiva se concentra no grupo que sofreu desvantagem. O abandono da neutralidade torna possível, segundo Fredman, conciliar a ação afirmativa com a meta da igualdade: embora aparentemente viole o princípio da igualdade de tratamento, a ação afirmativa promove a igualdade substantiva tomando medidas para corrigir as desvantagens. Fredman ressalta que o desafio jurídico é especificar a natureza da desvantagem e que também não se deve resumir a redistribuição de bens materiais: é necessário remover restrições que as estruturas de poder impõem aos indivíduos de determinado status. Isso é importante porque tratar igualmente indivíduos que possuem, na prática, diferentes restrições, é replicar e perpetuar uma série de desvantagens. Assim, conforme Fredman, "*a dimensão redistributiva da igualdade visa corrigir as desvantagens, removendo obstáculos às escolhas genuínas*"[18].

2.2 A dimensão de reconhecimento

Fredman afirma que a dimensão da redistribuição é insuficiente para a realização da igualdade substantiva pois não cobre os estigmas, a estereotipagem, a humilhação e a violência com base em gênero, raça, deficiência, **orientação sexual**, idade, religião e crença que ocorrem na prática. Portanto, é necessário integrar à noção de igualdade substantiva a dimensão de reconhecimento: deve-se promover o respeito pela igual dignidade e valor de todos. Segundo Fredman, essa é a dimensão que diz respeito à nossa humanidade básica. A igualdade atribui a todos indivíduos uma dignidade devida à sua própria humanidade, e não por algum mérito, racionalidade, cidadania ou pertencimento a um grupo particular. Fredman afirma que nenhum indivíduo deve ser humilhado ou degradado através do racismo, sexismo ou outra forma de violência

[18] FREDMAN, 2011, p.27.

baseado em seu status. O conceito de "reconhecimento" é, então, incorporado na teoria: reconhecimento é sobre a mutualidade de estima entre todas as pessoas.

2.3 A dimensão transformadora

De acordo com Fredman, que o terceiro objetivo de uma definição de igualdade substantiva é respeitar e acomodar as diferenças. Não basta remover o prejuízo e não a diferença em si. Fredman argumenta que as estruturas sociais existentes devem ser alteradas para acomodar a diferença, em vez de exigir que os membros de grupos exteriores estejam em conformidade com a norma dominante. Desse modo, "*a igualdade substantiva é potencialmente transformadora*"[19]. Ela exemplifica esta dimensão com a estrutura do mercado de trabalho que não admite uma mãe com filhos pequenos em posto de trabalho. Fredman pontua que os cuidados infantis estão fora do mercado de trabalho: a igualdade substantiva objetiva mudar essas instituições. Segundo Fredman há duas ordens de desafios nesta dimensão: a primeira é pragmática: quanto se deve esperar para que os empregadores ou Estado acomodem as diferenças e arquem com os custos das mudanças. O segundo desafio é teórico: até que ponto é irracional ou errado acomodar diferenças ou tolerar culturas minoritárias? Para Fredman, esta é uma das vantagens do conceito multidimensional de igualdade: a dimensão transformadora deve coexistir com a dimensão do reconhecimento. Portanto, as práticas de qualquer grupo, minoritário ou majoritário, que comprometam a dignidade básica dos indivíduos não pode ser aceitável na acomodação das diferenças.

2.4 A dimensão participativa

Por fim, Fredman afirma que a discriminação passada bloqueou o caminho para a participação política de minorias particulares. Portanto, é um dos objetivos da igualdade substantiva abrir caminhos para uma maior participação futura dos grupos prejudicados. Fredman ressalta que não está em questão apenas a participação política, mas também a participação social, a importância do grupo na vida da comunidade. A coesão social é preferível pois se todos participam da sociedade é menos provável que haja afastamento sistemático das regas e leis sociais.

[19] FREDMAN, 2011, p.30.

3. Análise preliminar

Dentro dos limites meramente introdutórios do presente trabalho, passamos agora a uma avaliação preliminar do conceito de Fredman acima exposto com três apontamentos: o primeiro relacionado às premissas do conceito; o segundo identificando as teorias recepcionadas no conteúdo do conceito; e o terceiro relacionado com a contribuição pragmática do conceito para a doutrina jusfilosófica.

3.1. Premissas

Em primeiro lugar, a consideração sobre as premissas de Fredman ao elaborar seu conceito. A autora não apresenta uma justificativa teórica para sua conceituação plural, apesar de explicar incidentalmente, com pequenas indicações no corpo da explanação, as possíveis vantagens de sua conceituação multidimensional. Não há qualquer exposição teórica sobre a metodologia utilizada. A obra *Discrimination Law*, como um todo, tem um caráter narrativo (especialmente jurisprudencial) e especulativo. Fredman desenvolve um levantamento panorâmico dos debates históricos sobre a igualdade no capítulo introdutório da obra. É no contexto das demandas sociopolíticas pela igualdade substantiva que Fredman insere sua proposta conceitual. Deste modo, o conceito de Fredman sintetiza diferentes reinvindicações por igualdade (como dignidade intrínseca, reconhecimento, igualdade de oportunidades e igualdade e resultados). Todas essas demandas estão em consonância com a chamada "segunda expansão retórica dos direitos" conforme explanado por William A. Edmundson:

> "estamos vivendo, atualmente, o [...] segundo período de expansão retórica dos direitos, o qual começou logo após a Segunda Guerra Mundial, com a Declaração Universal dos Direitos Humanos, em 1948. Não sabemos se esse período terminará, e quando, ou mesmo se já terminou. Ao longo da última década do século 20, houve um crescimento significativo da preocupação com a possibilidade de que o 'diálogo sobre os direitos' tivesse se tornado algo incontrolável, estivesse se enfraquecendo ou fosse algo obscuro, equivocado ou dispensável"[20].

[20] EDMUNDSON, William A. *Uma introdução aos direitos*. São Paulo: Martins Fontes, 2006, p. 20.

Fredman desenvolve integralmente seu conceito neste novo cenário visando superar o vazio ou a incompletude dos conceitos formais de igualdade. O contexto da reflexão jurídica nos fins do século 20 já não admitia noções relacionadas aos direitos fundamentais meramente formais. Fernanda Frizzo Bragato e Bianca Adamatti afirmam que

> "ao introduzir a preocupação com a discriminação o Direito Internacional dos Direitos Humanos abandonou a postura de neutralidade quanto à condição social, econômica, política e cultural dos seres humanos, para admitir que certos indivíduos e grupos encontram-se em situação de vulnerabilidade e desigualdade que reclama uma profunda revisão de conceitos jurídicos tradicionais atualmente insustentáveis"[21].

3.2. Teorias recepcionadas

Neste contexto é válido pontuar, em segundo lugar, as teorias recepcionadas nominalmente por Fredman no conteúdo de seu conceito multidimensional. Ou seja, embora não apresente um marco teórico para a noção formal de "conceito multidimensional", Fredman menciona explicitamente e implicitamente algumas teorias no conteúdo de seu conceito. Além da recepção da teoria da dignidade intrínseca da pessoa humana, base comum dos direitos fundamentais, Fredman menciona a "*teoria das capacidades de Amartya Sen e Martha Nussbaum*"[22] como uma das teorias sobre a qual desenvolveu seus próprios *insights*; a teoria pró-judicialização (*representation-reinforcing*) conforme apresentada por John Hart Ely na Suprema Corte americana; e os diversos efeitos da "teoria do reconhecimento" produto dos debates entre seu proponente Axel Honneth seus críticos como Nancy Fraser.

3.3. Pragmática jurídica

Por fim, em terceiro e último lugar, é importante ressaltar o aspecto pragmático jurídico do conceito tetradimensional de igualdade substantiva proposto por Fredman. A pragmática se ocupa das expressões do direito e suas relações com os que as enunciam (emissoras) e aquelas a que são dirigidas (receptores da linguagem jurídica). Deste modo,

[21] BRAGATO, Fernanda Frizzo; ADAMATTI, Bianca. Igualdade, não discriminação e direitos humanos in: *Revista de Informação Legislativa*, Ano 51, No.204 (out/dez 2014), p.91.

[22] FREDMAN, 2011, p.27.

em face do caráter prático da ciência do direito, o conceito de Fredman se estabelece como referencial teórico-doutrinário. Conforme afirma Robert Alexy, a ciência do direito é "*uma disciplina integradora e multidimensional*"[23]. A linguagem jurídica, dogmática ou doutrinária, não pode prescindir de clareza conceitual, ausência de contradição e coerência. Alexy afirma que "*os inúmeros problemas sistemático-conceituais dos direitos fundamentais demonstram o importante papel da dimensão analítica no âmbito de uma ciência prática dos direitos fundamentais que pretenda cumprir sua tarefa de maneira racional*"[24].

Conclusões

Buscamos apresentar uma introdução ao conceito tetradimensional de igualdade substantiva proposto por Sandra Fredman na obra *Discrimination Law* (2011) como ferramenta conceitual relevante para os estudos sobre direito e sexualidade. Os conceitos jurídicos apesar de comportarem sua especificidade, ocorrem intraculturalmente, isto é, com base em experiências discursivas gerais da realidade social. Vimos que isto acarreta uma inerente instabilidade semântica nos conceitos jurídicos. Porém, ao adentrarmos no estudo do conceito de Fredman, ainda que de modo propedêutico, pudemos compreender a semântica renovada do princípio jurídico da igualdade na teoria do direito contemporâneo.

Referências

ALEXY, Robert. *Teoria dos direitos fundamentais.* Trad. da 5ª ed. alemã. São Paulo: Malheiros, 2008.

BEDI, Sonu. *Beyond Race, Sex, and Sexual Orientation: Legal Equality Without Identity.* Cambridge: Cambridge University Press, 2013.

BERTEN, André. *Filosofia política.* São Paulo: Paulus, 2004.

BRAGATO, Fernanda Frizzo; ADAMATTI, Bianca. Igualdade, não discriminação e direitos humanos in: *Revista de Informação Legislativa,* Ano 51, No.204 (out/dez 2014), pp.91-108.

CAMILLO, Carlos. *Manual da teoria geral do direito.* São Paulo: Almedina, 2019.

CHARAUDEAU, Patrick; MAINGUENEAU, Dominique. *Dicionário de análise do discurso.* 3ª ed. São Paulo: Contexto, 2014.

[23] ALEXY, 2008, p.37.

[24] ALEXY, 2008, p.38

DAHL, Robert A. *A democracia e seus críticos.* São Paulo: WMF Martins Fontes, 2012

EDMUNDSON, William A. *Uma introdução aos direitos.* São Paulo: Martins Fontes, 2006.

FERRAZ JR, Tércio Sampaio. *Estudos de filosofia do direito: reflexões sobre o poder, a liberdade, a justiça e o direito.* 2ª ed. São Paulo: Atlas, 2003.

FREDMAN, Sandra. *Discrimination Law.* 2 ed. Oxford: Oxford University Press, 2011.

FREDMAN, Sandra. Enfrentando o futuro: igualdade substantiva sob os holofotes in: *Revita da AJURIS* Vol. 40, No. 130 (Jun 2013), pp.443-482.

HABERMAS, Jürgen. *Sobre a Constituição da Europa.* São Paulo: Unesp, 2012.

HOY, Aaron (ed). *The Social Science of Same-Sex Marriage LGBT People and Their Relationships in the Era of Marriage Equality.* New York: Routledge, 2022.

LAFER, Celso. *A reconstrução histórica dos direitos humanos: um diálogo com o pensamento de Hannah Arendt.* São Paulo: Companhia das Letras, 2015.

LEE, Man Yee Karen. *Equality, Dignity, and Same-Sex Marriage A Rights Disagreement in Democratic Societies.* Leiden & Boston: Martinus Nijhoff Publishers, 2010.

MERIN, Yuval. *Equality for Same-Sex Couples The Legal Recognition of Gay Partnerships in Europe and the United States.* Chicago: The University of Chicago Press, 2002.

OLIVEIRA, Manfredo A. de. *Reviravolta linguístico-pragmática na filosofia contemporânea.* 4ª ed. São Paulo: Loyola, 2015.

PETRONI, Lucas Cardoso. *A moralidade da igualdade.* Tese de Doutorado. Faculdade de Filosofia, Letras e Ciências Humanas da Universidade de São Paulo, 2017.

RIVERO, Jean; MOUTOUH, Hugues. *Liberdades públicas.* São Paulo: Martins Fontes, 2006.

SIQUEIRA JR, Paulo Hamilton. *Teoria do direito.* 5ª ed. São Paulo: Saraiva, 2019.

TABORDA, Maren Guimarães. O princípio da igualdade em perspectiva histórica: conteúdo, alcance e direções in: *Revista de Direito Administrativo,* Vol.211 (Jan/Mar 1998), pp.241-269.

WESTEN, Peter. *Speaking of Equality: An Analysis of the Rethorical Force of 'Equality' in Moral and Legal Discourse.* Princeton: Princeton Legacy Library, 1990.

WESTEN, Peter. The Empty Idea of Equality in: *Harvard Law Review,* Vol. 95, No.3 (Jan, 1982), pp. 537-596.

PARTE 4
DIREITOS FUNDAMENTAIS, CONSTITUIÇÃO E ADMINISTRAÇÃO PÚBLICA

7. DEMOCRACIA, DIREITOS POLÍTICOS E DIVERSIDADE: A GARANTIA NO PLANO CONCRETO DOS DIREITOS POLÍTICOS E FUNDAMENTAIS

Luiz Edson Fachin
Polianna Pereira dos Santos

Em termos exclusivamente acadêmicos, apresenta-se aqui uma proposta de reflexão a respeito da relação que se trava entre, de um lado, a garantia dos direitos políticos e fundamentais de forma não excludente e, de outro, a maior qualidade da democracia. O ponto de partida (que recolhe diálogos e textos) é a concepção de democracia nas sociedades complexas. Para os fins desse texto, é necessário apreender a pluralidade da vida em sociedade e, nessa pluralidade, perquirir o papel do princípio da igualdade e da adoção de instrumentos para o aperfeiçoamento e verticalização das instituições democráticas.

Toma-se como *background* do contexto histórico-social a expansão da democracia no pós-guerra; enfocado, por alguns, como o evento político mais importante do século XX. Pode-se dizer que, em alguma medida, tal expansão decorre exatamente da própria Segunda Grande Guerra, reconhecida como um dos marcos mais importantes da história da humanidade (MOISÉS, 2008). Haure-se, do reconhecimento da pessoa como sujeito de dignidade (SÁ; NAVER, 2011, p. 52-56), produto direto do fim do conflito, ventos de esperança, do ponto de vista democrático, que se pode relacionar, na ambiência jurídica, ao desenvolvimento das 'gerações' de direitos humanos, numa perspectiva globalizada[1], bem como da reivindicação da liberdade e do autogoverno.

[1] Em suma, trata-se da *busca de formação de consciência e de iguais liberdades fundamentais.*

A questão da expansão da democracia, desde os eventos históricos antes referidos, da primeira metade do século XX, é acompanhada pela preocupação com a compreensão do que vem a ser democracia, com a qualidade desta e com a importância da extensão de seus benefícios de forma mais igualitária (SANTOS, 2017, P. 33). Esse garimpo envolve, dentre os benefícios da expansão democrática – ainda que de forma irregular – sublinhar o reconhecimento do primado da lei e da extensão de direitos de cidadania. Deles se busca captar os limites e as possibilidades, para compreensão da democracia e da cidadania nos dias correntes.

A premissa é direta: cumpre relembrar que, entre as razões apontadas por Robert Dahl para reconhecer a democracia como regime preferível[2], encontra-se o fato de ser este o único no qual se assegura a liberdade geral dos cidadãos, bem como se garantem os direitos fundamentais (DAHL, 2001, p. 73-74).

Os direitos fundamentais são, afinal, ao lado da independência, da imparcialidade, da integridade e da igualdade de tratamento, os elementos que garantem a confiança nas instituições, valores todos essenciais à uma democracia.

É imperioso, pois, reconhecer que a participação política do povo eleitor está presente, ao menos na escolha de seus representantes, ainda que se considere um conceito minimalista-procedimentalista de democracia. O eleitor participa, portanto, da competição entre os líderes para sancionar uns – os não escolhidos – e para promover outros – os selecionados mediante voto, eleitos ou reeleitos (MARIA, 2010, p. 32-33). Não é possível, à luz de um olhar plural e múltiplo, ignorar a reflexão sobre a definição de quem seja o eleitor – substantivo flexionado aqui não por acaso no masculino. A identificação da pessoa cidadã e a adoção de ferramentas aptas a viabilizar sua participação política e eleitoral, de modo a garantir, no plano concreto, a proteção de direitos fundamentais é, certamente, elemento chave para discussão sobre a qualidade da democracia.

É importante ressaltar, ademais, que há uma relação técnica inerente aos arranjos institucionais para que uma democracia funcione, se não perfeitamente, ao menos de modo funcional. Nesse ponto, as nor-

[2] Atribui-se a Winston Churchill a afirmação de que *a democracia seria a pior forma de governo, à exceção de todas as outras formas que já foram tentadas.*

mas jurídicas são essenciais, para promover essa adequada correlação no Estado Democrático de Direito, preocupação ainda mais premente em tempos de erosão democrática.

Nesse diálogo, o presente estudo se propõe a apresentar a relação entre a garantia, no plano concreto, dos direitos políticos e fundamentais, e a maior qualidade da democracia. Para tanto, apresenta-se inicialmente uma problematização sobre concepção de democracia em sociedades complexas e a pluralidade que lhes é ínsita e sua relação com o princípio da igualdade e a adoção de instrumentos para o aperfeiçoamento e aprofundamento das instituições democráticas.

Passa-se, então, à uma digressão histórica acerca dos direitos fundamentais, analisando-se a correlação entre direitos políticos e direitos civis, bem como a problematização sobre a perspectiva universal dos Direitos Humanos, para pontuar a existência de relação estreita entre os direitos fundamentais e a democracia.

A melhor compreensão sobre os direitos fundamentais no Brasil demanda análise sobre a Constituição da República, o princípio da igualdade, a epistemologia e a hermenêutica. Nesse influxo, as categorias de identidade normativa são apresentadas para pontuar a necessidade de repensar a concepção de cidadania sob a qual se construiu o processo histórico democrático, que é utilizado como base na interpretação jurídica.

Assim, ainda no tema da igualdade, convida-se ao debate sobre o papel do direito e sua hermenêutica, no contexto de diversidade que é característico a uma sociedade democrática. Por fim, ao propor uma análise sobre a garantia no plano concreto dos direitos fundamentais, realiza-se exame de julgados emanados do Supremo Tribunal Federal e normativa prolatada pelo Tribunal Superior Eleitoral, que envolvem direitos fundamentais relacionados à população LGBTQIA+. Nesse influxo, a reflexão detém-se com especial atenção, na ambiência eleitoral, na Resolução do Cadastro de Eleitores, do TSE, que contou com o processo de escuta ativa qualificada como ferramenta de participação política de grupos minorizados[3].

[3] Opta-se, aqui, pela nomenclatura "grupos minorizados" no lugar do vocábulo "minorias", na linha de intelecção proposta por Richard Santos, que obtempera, em seu livro "Maioria Minorizada: um dispositivo analítico de racialidade", de 2020, que as relações

1. Democracia e direitos políticos

A promulgação da Constituição de 1988 representa verdadeira conquista, mediante a garantia jurídica de uma sociedade que se pretende verdadeiramente livre, justa e solidária, possível somente após arrostar, com superação, a base escravagista, desigual e desumana.

Embora formalmente democrática, contudo, a sociedade brasileira precisa ainda superar alguns obstáculos para o alcance do vocábulo, em perspectiva material, a todos os cidadãos. Iris Marion Young problematiza, nesse influxo, a pretensão de "teorizar a democracia como um processo de comunicação que visa chegar a decisões" que não seria condizente com a "necessidade de conceitualizar a democracia descentralizada das grandes sociedades de massa" (YOUNG, 2006, p. 140).

Somente as concepções de democracia que sejam viáveis em sociedades complexas como as contemporâneas podem capturar a dimensão dos problemas que temos de enfrentar. É justamente para evidenciar essa compreensão que Young se vale da teoria democrática de Robert Dahl, para quem a democracia é um vir a ser em constante construção, um ideal. O autor emprega, inclusive, o vocábulo "poliarquia" para se referir ao modelo mais próximo possível do ideal democrático[4] (DAHL, 2001, p. 83-94).

Ao assinalar as razões para a democracia ser o regime preferível, Dahl aponta a igualdade política, lembrando que os indivíduos, nesse modelo, são capazes de definir o que é bom para eles, e isso é o que os qualifica para tomar decisões políticas. Assim, e em complementação, demonstra que a democracia tende a capacitar as pessoas para, em havendo condições de liberdade, participação e igualdade, explorar suas capacidades e poder aplicar suas escolhas. Dahl reivindica que os participantes do sistema político assumam a parcela correspondente de responsabilidade que lhes cabe, cenário que somente será possível de alcançar mediante participação política e cidadã (DAHL, 2001, p. 83-94).

sociais constituídas em nossa sociedade fazem com que a população negra, apesar de numericamente representar uma maioria, seja percebida como minoria.

[4] Dahl sugere que democracia seja tratada como um sistema hipotético, e aponta três condições mínimas e fundamentais, embora não suficientes, para a existência da democracia, entre as quais, "receber por parte do governo igualdade de trato: é dizer, o governo não deve fazer discriminação alguma por causa do conteúdo ou da origem de tais preferências" (DAHL, 1989, p. 14).

É possível encontrar, portanto, o fundamento central para a opção pela democracia, dentre os demais regimes, exatamente no princípio da igualdade política. E nesse princípio reside tal fundamento não apenas em razão do direito de escolher quem governa, mas também pelo direito, que é de todos, de poder ser escolhido e de participar na tomada de decisões que afetam a si mesmo e a toda a sociedade. Todavia, é preciso atentar para o fato de que a mera existência de eleições *per se* não assegura o respeito ao princípio democrático.

O grau de *inclusividade* do sistema político, nesses termos, é uma condição fundamental de consolidação desse mesmo sistema político. Em outras palavras, é a extensão com que os direitos civis e políticos são garantidos a todos os cidadãos, sem exceção, que assegura a capacidade de inclusão do sistema.

Uma sociedade verdadeiramente democrática, plural em sua diversidade, garante acesso aos direitos fundamentais e participação nas instituições públicas. Tais garantias são meios especialmente efetivos de influenciar as regras eleitorais e as políticas públicas do Estado, de modo que parece inegável que a participação equitativa das pessoas seja uma condição mínima para a eficácia das instituições democráticas e da própria democracia representativa. Como afirmou Amia Srinivasan, uma política verdadeiramente inclusiva é uma política desconfortável e, por vezes, insegura[5].

O acesso aos direitos políticos, "prerrogativas inerentes à cidadania, que disciplinam as diversas manifestações da soberania popular" (GRESTA; SANTOS, 2016, p. 321), é, portanto, o primeiro passo para a promoção do exercício igualitário da cidadania. Viabilizar a aquisição dos direitos políticos e seu exercício de forma não discriminatória, bem como o respeito às existências plurais que compõem a sociedade consubstanciam, portanto, deveres fundamentais das instituições democráticas.

Além disso, vale sublinhar a importância da adoção de instrumentos para o aperfeiçoamento e verticalização das instituições democráticas, o que pode ocorrer, por exemplo, a partir da adoção de "experimentos participativos e deliberativos", que possuem "o potencial de ativar a

[5] SRINIVASAN, Amia. O Direito ao sexo: feminismo no século XXI. São Paulo: Todavia, 2021, p. 11.

competição política, a responsividade e a igualdade – dimensões essenciais a qualquer avaliação da qualidade da democracia" (POGREBINSCHI; VENTURA, 2017, p. 16).

Nesse contexto, deve-se compreender a responsividade como "a conexão entre a decisão do representante e o interesse do representado" (MARIA, 2010, p. 34). A responsividade, portanto, mede-se "com base em medidas atitudinais de satisfação dos cidadãos com a democracia e de sua confiança nas instituições representativas" (POGREBINSCHI; VENTURA, 2017, p. 15). É exatamente essa a razão pela qual a adoção de mecanismos participativos tem repercussão direta sobre a medida da responsividade e impacto na qualidade da democracia (POGREBINSCHI; VENTURA, 2017).

Pode-se citar como exemplo de mecanismo de responsividade a adoção de processos de escuta ativa, em suas mais variadas formas. Tais ferramentas, com efeito, têm potencial de impactar positivamente, tanto o acesso, como o exercício de direitos fundamentais. Ao longo do presente estudo, explanaremos esses impactos, a partir de experiências práticas levadas a efeito no âmbito do Tribunal Superior Eleitoral, que demonstram como se pode influenciar, mediante processos de deliberação e escuta cidadã, na qualidade da democracia.

2. Direitos humanos e direitos fundamentais – alguns apontamentos

Assentados os pressupostos iniciais a respeito da democracia, é preciso refletir sobre a categoria dos direitos políticos. Trata-se de espécies de direitos humanos e fundamentais, reconhecidos na obra de Paulo Bonavides como direitos de primeira geração (ou dimensão), ao lado dos direitos civis (BONAVIDES, 2009, p. 563).

Ambas as categorias se aproximam em sua relação com a liberdade. No entanto, ao contrário dos direitos civis, assegurados a todos em suas relações privadas, os direitos políticos são destinados aos sujeitos considerados aptos a participar da vida pública (CANOTILHO, 2003, p. 388-389). Interessa aqui, nesta proposta de reflexão, definir quem são esses sujeitos aptos ao voto e se eles dispõem da garantia de acesso a esse direito de forma igualitária. Saber quem são esses sujeitos e se tais direitos lhes são garantidos é essencial para assegurar a democracia no contexto pós-moderno.

Não se ignora que a gramática dos direitos humanos tem sido objeto de disputa por projetos de sociedade diversos. Há, por conseguinte, leituras várias que podem nos levar tanto ao universalismo, quanto ao relativismo cultural. Ambas concepções admitem críticas e problematizações. Pensamento e divergência, afinal, não se privam. Enquanto uma leitura universalista propõe uma certa unicidade de sentidos e de previsões, ignorando "evidências incontestáveis da diversidade de visões de mundo e sistema de valores" (SEGATO, 2006, p. 211), uma teoria relativista corre o risco de encobrir e legitimar atos violentos, crítica que em geral vem acompanhada de exemplos extremos.

Os direitos, assim como são hoje compreendidos, são produto de uma construção da modernidade, ligada ao pensamento de que não se pode dispor de uma mínima esfera de proteção, que assegure valores e interesses fundamentais de uma sociedade. A ordem pública, afinal, pode limitar a autonomia dos interesses privados, sob a vigilância das garantias fundamentais.

Nesse contexto, reconhecem-se como documentos históricos, marcantes do surgimento dos Direitos Humanos, aqueles produzidos na França e nos Estados Unidos. É preciso, porém, estar atento ao contexto de que tais documentos são produtos de suas circunstâncias, codificados que foram na conjuntura do etnocentrismo colonial e na classificação racial universal. Esses documentos devem, portanto, ser lidos e compreendidos dentro da perspectiva histórica de sua produção, que soma, ao sentimento de empatia, apresentado por Lynn Hunt[6], o sentimento de superioridade que a *branquitude* social, representada pelos colonizadores e conquistadores europeus, possui em relação aos dominados, representados pelos colonizados e conquistados, índios e negros (QUIJANO, 2005, p. 117-118;120).

Essa universalidade, presente na afirmação inicial dos direitos humanos, é uma universalidade produzida no Ocidente e, como tal, sob suas

6 Lynn Hunt nos apresenta uma perspectiva histórica do surgimento dos Direitos Humanos com raiz na segunda metade do séc. XVIII, relacionada à "percepção da separação e do autocontrole dos corpos individuais, junto com a possibilidade de empatia com os outros" (HUNT, 2009, p. 29). Segundo a autora, o sentimento de empatia despertado pela leitura dos romances epistolares torna possível, dentre outras formas de desenvolvimento da habilidade de identificação social, concepções políticas e sociais novas. Assim, pontua, "os novos tipos de leitura (e de visão e de audição) criaram novas experiências individuais (empatia) que, por sua vez tornaram possíveis novos conceitos sociais e políticos (os direitos humanos) (HUNT, 2009, p. 32).

perspectivas. Restringe-se, portanto, aos seus iguais, que não são todos, e que não são necessariamente vistos com a mesma humanidade.

Uma das críticas à concepção universal dos direitos humanos, ou mesmo de suas pretensões universalizantes, reside no monolitismo dessa leitura. A crítica é desenvolvida no pensamento de Boaventura de Sousa Santos (2013), caracterizando, inclusive, uma das ilusões sobre essa categoria[7], tanto no que concerne à ambivalência dos termos utilizados – direitos do homem e direitos do cidadão, que caracterizam coletividades distintas –, quanto na tensão entre os direitos individuais e coletivos (SANTOS, 2013, p. 20-22).

Hélio Gallardo (2014) afirma que o tratamento formalmente igual conferido a sujeitos em situações de grande desigualdade socioeconômica implica em institucionalizar a injustiça social. Nessa esteira, Adilson José Moreira pondera que "normas e práticas sociais moralmente neutras podem ter um impacto desproporcional entre grupos sociais" (2020, p. 97).

Essa perspectiva universal, deslocada para a nossa realidade sociocultural, remete à revisão da premissa jurídica da igualdade de todos diante da lei, e mesmo do princípio da igualdade. Sua compreensão "sem a devida contextualização pode reproduzir processos de estratificação social" (MOREIRA, 2016, p. 1584). Sob essa ótica, a salvaguarda dos direitos humanos e fundamentais demanda uma revisão da estrutura normativa e hermenêutica para seu reconhecimento e realização.

Os direitos fundamentais, refletindo os direitos humanos positivados no ordenamento jurídico brasileiro, possuem força normativa que exsurge da supremacia constitucional, e seu caráter de fundamentalidade é decorrência do fato de serem "base axiológica da ordem jurídica", e, portanto, "referência interpretativa para suas normas". Há, assim, relação estreita entre os direitos fundamentais e a democracia, "porque essa não pode funcionar sem o reconhecimento deles como arcabouço da ordem jurídica e política" (MOREIRA, 2016, p. 1580).

Sem embargo de alguns pontos em aberto, no diálogo aqui proposto entre democracia, direitos políticos e diversidade, as tentativas de resposta que adiante seguirão iluminam-se pela perspectiva que se abre, a

[7] Ver, também, PIOVESAN, Flávia. Direitos humanos e justiça internacional. São Paulo: Saraiva, 2007.

partir da Constituição e do princípio da igualdade, com incremento da responsividade das instituições públicas.

3. A constituição cidadã e o princípio da igualdade

A Constituição da República de 1988 marcou a transição democrática no Brasil e a institucionalização dos direitos humanos (PIOVESAN, 2012, p. 55), inaugurando uma nova dogmática. O texto constitucional tem por marco inicial definir, entre os fundamentos da República Federativa do Brasil, constituída em Estado Democrático de Direito, a cidadania e a dignidade da pessoa humana. Além disso, elenca, dentre seus objetivos, afastar qualquer forma de discriminação.

A compreensão da Constituição enquanto processo histórico, mas também jurídico e político, permite nela ver *palavras viajantes,* na expressão de José Joaquim Gomes Canotilho[8], porquanto busca razões, no passado, regula o presente e pavimenta os caminhos para o futuro.

A Constituição de 1988 incorporou e aprofundou a diretriz constante na Declaração Universal dos Direitos Humanos, de 1948, que prevê, em seu artigo primeiro, que "Todos os seres humanos nascem livres e iguais em dignidade e direitos". O texto da Carta Cidadã dispõe, a seu turno, que "todo o poder emana do povo" (art. 1º, parágrafo único), "Todos são iguais perante a lei, sem distinção de qualquer natureza" (art. 5º, *caput*), "homens e mulheres são iguais em direitos e obrigações" (art. 5º, inciso I).

Cabe observar que, embora a Constituição da República apresente como fundamentos do Estado Democrático de Direito a cidadania e a dignidade da pessoa humana (art. 1º, II e III), como objetivo fundamental da República Federativa "promover o bem de todos, sem preconceitos de origem, raça, sexo, cor, idade e quaisquer outras formas de discriminação" (art. 3º, IV), e assegure a igualdade de todos perante a lei, fazendo constar, de forma explícita, que "homens e mulheres são iguais em direitos e obrigações, nos termos desta Constituição" (art. 5º, I), nossa legislação ainda adota a flexão de gênero masculino como 'neutro' na linguagem.

[8] CANOTILHO, Jose J. Gomes. Direito constitucional. Coimbra: Livraria Almedina, 1991 p. 12.

Verifica-se que o conhecimento produzido a partir de uma epistemologia que se pretende neutra, nessa mesma linha, é predominante nas instituições políticas, jurídicas e de poder em geral. As leituras dos conceitos de cidadania, democracia e igualdade emanadas destas instituições reproduzem, forma genérica, a concepção das elites dominantes.

Nesse contexto, é notório o movimento de releitura e de problematização de temas diversos, a partir de metodologias plurais e inclusivas, como as feministas. Almeja-se, assim, revisar abordagens conceituais mediante as quais se produz o conhecimento científico, para, desse modo, expor e afastar uma produção de conhecimento essencialmente androcêntrica (KETZER, 2017), com impactos profundos na construção de mundo e na concepção de cidadania e de democracia.

Patrícia Ketzer, nessa esteira, demonstra que os conceitos centrais que pautaram as discussões sobre o conhecimento e a ciência foram construídos com base em estereótipos de gênero (KETZER, 2017, p. 98), e aduz, citando Helen Longino, que esses conceitos servem a uma dupla função, epistemológica e política (LONGINO, 2012, p. 511).

Sobre o ponto, é possível recorrer às lições de Karl Popper, segundo as quais "nossa linguagem está impregnada de teorias: não existem enunciados de pura observação". (POPPER, 2007, p. 31.). É o que identificamos na perspectiva da linguagem que utiliza o 'neutro masculino', e que Suzan Moller Okin anuncia (e denuncia) da produção científica dos teóricos políticos, ao utilizar os termos masculinos de referência – "ele" e "homem" para se referirem, de fato, "sobre chefes de família masculinos" (OKIN, 2008, p. 309).

Nos processos históricos de construção democrática, foram adotadas perspectivas de gênero binárias e díspares para homens e mulheres na construção da cidadania e nas instituições democráticas do Estado, processo marcado pela divisão sexual do trabalho (LISBOA, 2016, p. 24). Essa disparidade de tratamento, que privilegia o masculino em detrimento do feminino, impacta o reconhecimento desses indivíduos como sujeitos de direito.

A diversidade de tratamentos referida reflete a visão binária dos papéis masculino e feminino, pautada no dimorfismo sexual, e na compreensão da "heterossexualidade como relação compulsória entre as pessoas" (SILVA, 2018, p. 29). Flávio Firmino e Patrícia Porchat explicam que, segundo Butler, "as estruturas jurídicas contemporâneas engessam categorias de identidade nos termos da coerência exigida pela matriz heterossexual" (FIRMINO; PORCHAT, 2017, p. 52), termo que designa a "[...] grade de inteligibilidade cultural por meio da qual os corpos, gêneros e desejos são naturalizados" (BUTLER, 2003, p. 216).

Urge problematizar, na construção democrática, a dominação de um gênero pelo outro, questionando-se o padrão colonial moderno e binário. Resulta, como efeito deletério dessa dominação, o fato de que qualquer alteridade constitui um problema, o que só deixa de ocorrer quando "peneirado pela grade equalizadora, neutralizadora de particularidades, de idiossincrasias" (SEGATO, 2012, p. 122). A diversidade democrática, plural por essência, não convive bem com a supressão das particularidades, contudo.

Emerge, dessa problematização, o debate acerca do conceito de "sujeito cidadão universal", apresentado por Rita Laura Segato, ou seja, aquele "que formulou a regra da cidadania à sua imagem e semelhança", e que surge a partir do "primeiro processo bélico e imediatamente ideológico que instalou a episteme colonial e moderna"[9].

O "sujeito cidadão universal" é, portanto, na percepção da modernidade clássica construída especialmente na Europa continental, "homem, é branco, é *pater familiae* (...), é proprietário, e é letrado". Essa concepção universalizante dificulta e muitas vezes impede o exercício da capacidade cidadã daqueles que não se equiparam ao modelo de sujeito (SEGATO, 2012. p. 112; 123).

A reflexão sobre essa imagem generalizada de quem seria esse "sujeito cidadão universal" neutro, portanto, é atual e urgente. Sem esse aporte, não é possível compreender o que, de fato, constitui nossa cidadania. Afinal, a neutralidade (que aqui não se confunde com o emprego da linguagem neutra) não deve ser usada como instrumento de exclu-

[9] A autora questiona a noção de "neutro universal" – ou sujeito cidadão universal –, e explicita que "Só adquirem politicidade e são dotados/as de capacidade política, no mundo da modernidade, os sujeitos – individuais e coletivos – e questões que possam, de alguma forma, processar-se, reconverter-se, transpor-se ou reformular-se de forma que possam se apresentar ou ser enunciados em termos universais, no espaço "neutro" do sujeito republicano, onde supostamente fala o sujeito cidadão universal. Tudo o que sobra nesse processo, o que não pode converter-se ou equiparar-se dentro dessa grade equalizadora, é resto". (SEGATO, 2012, p. 122/123).

são[10]. A ocupação dos espaços, notadamente os de poder e de tomada de decisão, é obstaculizada por diversas vias e formas para as pessoas que não se enquadram no padrão pretensamente universal de cidadania.

Roberta Maia Gresta propõe a concepção de "cidadania como instituição constitucional fundamental" (GRESTA, 2019, p. 149), nivelada com o Estado (GRESTA, 2019, p. 294). Tal conceito não se confunde com a ideia vulgar de cidadania, relacionada à "concessão de um lugar na dimensão patrimonial da comunidade – cidade (*ci-datus*) – que o torna mero habitante do espaço público civilizado e, não, o próprio civil".

O alerta-crítico da autora sobre esse 'cidadão' na sociedade civil é essencial para a análise que se propõe a partir da estrutura desigual sobre a qual surge a imagem do cidadão. Esse pretenso 'sujeito cidadão universal', afinal, é "instrumentalizado, eis que adotado para celebrar e reproduzir os modos de vida civilizados, ainda que nunca possa destes usufruir integralmente". (GRESTA, 2019, p. 295).

Desse modo, é necessário e oportuno repensar a concepção de cidadania sob a qual se construiu o processo histórico democrático e que é utilizado como base nas interpretações jurídicas na leitura da Constituição da República que, não por acaso, é cognominada Constituição Cidadã.

Nesse cenário, ganha relevância o debate acerca da chamada "linguagem neutra", ou, ainda, "linguagem inclusiva", que visa combater preconceitos linguísticos. A adoção desta gramática inclusiva almeja retirar vieses (obliquidades que atravessam o discurso e a ação na esfera pública e nos costumes privados) que costumam subordinar um gênero em relação a outro. Esta prática tem sido frequente.

Imperioso, também, referir que a linguagem inclusiva revela elemento essencial da dignidade das pessoas, de modo que consubstancia um discurso que, conforme já assentou a jurisprudência da Corte Interamericana de Direitos Humanos[11], é especialmente protegido.

[10] Segundo Adilson José Moreira, "a noção de neutralidade racial no âmbito cultural e político" mascara a realidade desigual que é "fruto da permanência de estereótipos culturais que legitimam práticas excludentes em diversas esferas da vida social" (MOREIRA, Adilson José, 2016, p. 1567).

[11] Corte I.D.H., Caso López Álvarez vs. Honduras. Sentença de 1º de fevereiro de 2006. Série C, N° 141. § 169

Reconhecer que a linguagem que usamos, portadora, sem dúvida, da memória cultural cuja tradição e legado não se nega, concorre para a efetivação de direitos é passo importante na reflexão acerca da igualdade, que se pretende plural em sua diversidade.

4. Igualdade e diversidade

As tensões entre liberdade e igualdade compõem necessariamente o debate sobre a diversidade. Afinal, como ensina Dahl, o exercício igualitário da cidadania passa, necessariamente, pela existência de condições efetivas que assegurem a influência de todos os membros adultos da sociedade, em sua diversidade, no processo de tomada de decisões que os afetam (DAHL, 2001, p. 49-50). Como referimos, a ordem pública, sob a forma das regras jurídicas, pode liminar a autonomia, desde que sob a inescapável vigilância das garantias fundamentais.

Assegurar o exercício igualitário da cidadania, portanto, não é o mesmo que partir da afirmação apriorística de que todos são iguais em direitos e deveres. Vale retomar a lição de José Ricardo Cunha e Bethania Assy segundo a qual "a linguagem hábil a revelar a ideia de direito expressa também algo de não humano" (ASSY; CUNHA, 2019, p. 3), em uma obliteração do sujeito, uma espécie de apagamento. Os autores se referem ainda ao conceito de sujeito de direito[12], que "é aquela pessoa que o ordenamento jurídico considera apta a exercer uma faculdade conferida por uma norma jurídica ou a ser submetido a um imperativo legal ou dever jurídico" (ASSY; CUNHA, 2019, p. 3).

É possível, na linha de intelecção proposta, depreender que a Constituição da República, em alguma medida, ao estabelecer que todos são iguais perante a lei, realiza essa obliteração do sujeito. Afinal, da mesma forma que o texto fundamental assegura que o direito à igualdade é exigível, não há garantia de que esteja a todas as pessoas assegurado, ao menos não da mesma forma. O caminho para concretizar, portanto, essa igualdade, pode significar estabelecer diferenças.

[12] José Ricardo Cunha e Bethania Assy apresentam o conceito de sujeito de direito como exemplo da "metafísica do sujeito onde o ser humano concreto é substituído por uma representação funcional que permite o desempenho esperado da máquina jurídica" (ASSY; CUNHA, 2019, p. 3).

Como afirma Álvaro Ricardo de Souza Cruz, por vezes "distinguir ou separar é necessário e indispensável para a garantia do próprio princípio da isonomia, isto é, para que a noção de igualdade atenda às exigências do princípio da dignidade humana e da produção discursiva (...) do Direito" (CRUZ, 2009, p. 15-16).

A reserva legal de cotas para a candidatura de mulheres é um exemplo de política pública que coloca em prática essa distinção, que deve ser lida como indispensável para a garantia, em si mesma, do princípio da isonomia.

Por outro lado, situações há em que a lei não estabelece distinções, mas a sua interpretação explicita a visão ideológica de mundo pela perspectiva da normalidade, criada a partir da visão do "sujeito cidadão universal". A união estável e o casamento homoafetivos são exemplos dessa hipótese, na medida em que, no Brasil, durante muito tempo, não eram admitidos pelo ordenamento jurídico. Essa vedação se amparava na leitura tradicional de família, formada por um homem e uma mulher cisgêneros.

Simone Schuck da Silva, citando Franz Neumann, pondera que, sob um contexto de diversidade, "qualquer naturalização do próprio conceito de direito ou de qualquer conceito no seu interior serviria apenas à manutenção do poder e de um determinado projeto de direito e de Estado, além de impedir a incorporação de novas demandas sociais" (SILVA, 2018, p. 59).

Uma leitura democrática dos direitos políticos, calcada na diversidade que se pretende plural e inclusiva, não pode prescindir da incorporação destas novas demandas, sejam elas maior participação feminina na política ou novas formas de família, sempre com vistas à concretização dos direitos fundamentais.

5. A garantia no plano concreto dos direitos fundamentais

As reflexões aqui ofertadas (num horizonte de um perscrutar acadêmico) partem da expansão democrática vivenciada no século XX, após a Segunda Guerra, para uma compreensão de cidadania e de direitos políticos enquanto direitos humanos e fundamentais, que deságua na leitura necessária e atual da diversidade, passando pela linguagem. Instituições públicas coerentes com essa perspectiva, na ambiência do Estado Democrático de Direito, asseguram a concretude das garantias fundamentais.

Nesse influxo, é possível encontrar, entre decisões recentes do Supremo Tribunal Federal, exemplos do que José Adilson Moreira identifica como outra função dos direitos fundamentais, que atuam como "estratégias anti-hegemônicas, ao possibilitar a desconstrução de normas e discursos jurídicos responsáveis pela criação e preservação de identidades normativas[13]" (MOREIRA, 2016, p. 1599).

Um dos exemplos reside no julgamento das ações sobre tratamento isonômico para uniões estáveis homoafetivas em face das uniões estáveis heterossexuais (ADPF 132/RJ e ADI 4277/DF, julgadas em conjunto em 2011), já referido. Pode-se também citar as ações que buscavam tratamento igualitário das pessoas em relações homoafetivas enquanto seguradas de sistema previdenciário (RE 687432 AgR/MG e RE 607562 AgR/PE, acórdão de 2012 e RE 477554 AgR/MG, acórdão de 2011).

Nestes julgados, o STF pontuou ser imperiosa a "interpretação não reducionista do conceito de família", explicitando que a Constituição da República de 1988 "ao utilizar-se da expressão 'família', não limita sua formação a casais heteroafetivos nem a formalidade cartorária, celebração civil ou liturgia religiosa" (ADPF 132/RJ e ADI 4277/DF).

O julgamento da ADPF 132 e da ADI 4277, realizado de forma conjunta, contou com a colaboração de representantes de diversas associações da sociedade civil, na qualidade de *amici curiae*[14].

A ampla participação de representantes dos grupos populacionais diretamente afetados pelo julgamento em questão é exemplo de como o direito pode ser reconhecido como "campo de disputa para as lutas

[13] Podemos relacionar o que José Adilson Moreira chama, no contexto atual, de 'identidade normativa', com o conceito de "sujeito cidadão universal", apresentado por Rita Laura Segato.

[14] Conectas Direitos Humanos; EDH – Escritório de Direitos Humanos do Estado de Minas Gerais; GBH – Grupo Gay Da Bahia; ANIS – Instituto De Bioética, Direitos Humanos e Gênero; Grupo de Estudos em Direito Internacional da Universidade Federal de Minas Gerais - GEDIUFMG; Centro De Referência de Gays, Lésbicas, Bissexuais, Travestis, Transexuais e Transgêneros do Estado de Minas Gerais – Centro de Referência GLBTT; Centro de Luta pela Livre Orientação Sexual - Cellos; Associação de Travestis e Transexuais de Minas Gerais - ASSTRAV; Grupo Arco-Íris de Conscientização Homossexual; Associação Brasileira de Gays, Lésbicas, Bissexuais, Travestis e Transexuais – ABGLT; Instituto Brasileiro de Direito de Família – IBDFAM; Sociedade Brasileira de Direito Público – SBDP; Associação de Incentivo à Educação e Saúde do Estado de São Paulo; Conferência Nacional dos Bispos do Brasil – CNBB e Associação Eduardo Banks.

sociais" (SILVA, 2018, p. 13), já que ele, "não repousando apenas nas suas normas, mas tendo outras dimensões, vai exigir da Dogmática Jurídica uma reformulação constante dos seus próprios conceitos" (FERRAZ JÚNIOR, 2015, p. 78).

No julgamento do recurso que tratava do acesso igualitário a direitos previdenciários por pessoas em relações homoafetivas, o STF explicitou também que o quanto disposto no Código Civil sobre a união estável entre o homem e a mulher "não obsta que a união de pessoas do mesmo sexo possa ser reconhecida como entidade familiar apta a merecer proteção estatal", e que esse reconhecimento deve ocorrer "segundo as mesmas regras e com idênticas consequências da união estável heteroafetiva" (RE 607562 AgR/PE).

Foi, ademais, na esteira da decisão do STF tomada no julgamento da ADPF 132 e da ADI 4277, que o Conselho Nacional de Justiça expediu a Resolução n.º 175/2013, que veda aos cartórios a recusa de habilitação, celebração de casamento civil ou de conversão de união estável em casamento entre pessoas de mesmo sexo.

O STF também teve uma atuação marcante no julgamento da ADI 4275 e do RE 670.422, em 2018, sobre o registro de nome e de prenome por pessoas transexuais. Naquela oportunidade, o Tribunal registrou que o "direito à igualdade sem discriminações abrange a identidade ou expressão de gênero" e a "identidade de gênero é manifestação da própria personalidade da pessoa humana e, como tal, cabe ao Estado apenas o papel de reconhecê-la, nunca de constituí-la" (ADI 4275), assegurando aos transexuais, que assim o desejarem, independentemente da cirurgia de transgenitalização, o direito à substituição de prenome e sexo no registro civil. Também nesse caso houve participação significativa de representantes[15] da sociedade civil organizada, na qualidade de *amici curiae*.[16]

[15] Instituto Brasileiro de Direito de Família - IBDFAM; Grupo de Advogados pela Diversidade Sexual - GADVS ADV; Associação Brasileira de Gays, Lésbicas e Transgêneros - ABGLT; Grupo Dignidade - Pela Cidadania de Gays, Lésbicas e Transgêneros; Laboratório Integrado em Diversidade Sexual e de Gênero, Políticas e Direitos - LIDIS; Centro Latino-americano em Sexualidade e Direitos Humanos - CLAM; Conselho Federal de Psicologia.

[16] Ver, a respeito do tema da participação democrática em julgamentos da Suprema Corte, por todos, GODOY, Miguel Gualano de. Devolver a Constituição ao Povo crítica à supremacia judicial e diálogos institucionais, Belo Horizonte: Fórum, 2017.

O Tribunal Superior Eleitoral, nessa mesma linha, regulamentou a inclusão do nome social e respectiva identidade de gênero no cadastro de eleitores por pessoa travesti ou transexual, por meio da Resolução TSE nº. 23562, de 22 de março de 2018. Essa resolução decorreu da resposta dada pelo Tribunal à Consulta Nº 0604054-58, formulada pela senadora Fátima Bezerra, cuja questão jurídica remetia à interpretação da expressão "cada sexo", mencionada no artigo 10, parágrafo 3º, da Lei das Eleições (Lei nº 9.504/97).

O Tribunal concluiu que a expressão utilizada no dispositivo legal "refere-se ao gênero, e não ao sexo biológico, de forma que tanto os homens como as mulheres transexuais e travestis podem ser contabilizados nas respectivas cotas de candidaturas masculina ou feminina" (Consulta Nº 0604054-58/2018).

Além disso, o TSE publicou a Resolução nº. 23659, de 26 de outubro de 2021, sobre a gestão do cadastro eleitoral e os serviços eleitorais correlatos, em que considera o compromisso do Tribunal de ampliar o exercício da cidadania por parte de grupos socialmente vulneráveis e minorizados e apresenta entre suas diretrizes, a "preservação e facilitação do exercício da cidadania por pessoas ainda não alcançadas pela inclusão digital" e a "expansão e especialização dos serviços eleitorais com vistas ao adequado atendimento a pessoas com deficiência e grupos socialmente vulneráveis e minorizados".

Para a elaboração dessa norma, o TSE instituiu um grupo de trabalho, por meio da Portaria Conjunta n.º 1, de 22 de fevereiro de 2021, com composição diversa e a partir de metodologia transversal, que incluiu um processo de escuta qualificada de grupos *vulnerabilizados*. Essa ferramenta permitiu melhor conhecimento das barreiras enfrentadas por grupos *minorizados*, bem como a identificação de alternativas viáveis para a solução. Tais mecanismos de participação foram empregados não apenas neste grupo de trabalho, como também no grupo instituído para a sistematização das normas eleitorais, fase 2, composto nos termos das Portarias-TSE n.º 609/2020 e 879/2020.

Entre as atividades realizadas, o Subgrupo de Trabalho População LGBTQIA+, do Eixo VII, designado para promover o desenvolvimento e o aprofundamento dos estudos e debates a partir de suas experiências e reivindicações, realizou audiências para promover a escuta de movimentos e organizações representativas da população LGBTQIA+, com a participação de duas das principais organizações nacionais atuantes no Brasil: a Associação Brasileira de Lésbicas, Gays, Bissexuais, Travestis, Transexuais e Intersexos (ABGLT) e a Aliança Nacional LGBTI+.

Nessa ambiência, propôs-se, como objetivo geral da investigação, delinear propostas de políticas públicas fundamentadas, para promover o aumento da participação política dos grupos historicamente discriminados no processo eleitoral brasileiro, com enfoque especial na população LGBTQIA+.

Adotou-se perspectiva histórico-crítica que permitiu elencar pautas que incluíram o rigor no respeito às terminologias e bases fundamentais das categorias identidade de gênero, orientação sexual, gênero e sexo na formulação de normativas. Previu-se, também, treinamento adequado das pessoas que atuam como mesárias e no atendimento da Justiça Eleitoral, visando evitar episódios de preconceito, anteriormente identificados pelas entidades.

O resultado identificado na normativa que resultou destes esforços foi a adoção, no cadastro eleitoral, das perspectivas de constitucionalização, inclusão e desburocratização, com a previsão de ações com potencial de assegurar a garantia, no plano concreto, de direitos fundamentais.

Importante exemplo pode ser encontrado na Resolução n. 23659/2021, que previu, além do reconhecimento como "direito fundamental da pessoa transgênera, preservados os dados do registro civil, fazer constar do Cadastro Eleitoral seu nome social e sua identidade de gênero" (art. 16), a vedação da exigência de "certificado de quitação militar da mulher transgênera ainda que, até 31 de dezembro do ano que completou 19 anos, seu registro civil indique o gênero masculino" (art. 35, §6º).

Além disso, consta a alteração do campo filiação, no requerimento de alistamento eleitoral (RAE), para conter "quatro campos para identificação de genitores, sendo dois identificados como "mãe" e dois como "pai", de modo a que possam ser incluídas pessoas do mesmo gênero e acolhida a realidade das famílias mono ou pluriparentais" (art. 42, VII). Os campos do RAE referentes ao gênero (masculino ou feminino), e à identidade de gênero, "com as opções mínimas "cisgênero", "transgênero" e "prefere não informar"", serão preenchidos conforme a autodeclaração da pessoa requerente (art. 42, §1º).

A Resolução foi redigida com utilização de linguagem não sexista e antirracista, contemplando a utilização de linguagem não discriminatória e acessível a pessoa que esteja sendo atendida (art. 7º, caput) e a necessidade de realização de ações de capacitação (art. 7º, p.ú.).

A normativa emanada do TSE corporifica, mediante olhar atento às demandas e necessidades específicas dos grupos *minorizados*, garantias e direitos fundamentais no plano concreto. Possibilita, assim, verdadeira participação democrática, igualitária, cidadã e inclusiva, em exemplo de instituição que, ao adotar estratégia anti-hegemônica, constrói discurso jurídico inclusivo, responsável pela criação e preservação de identidades normativas.

Conclusões

Na gama complexa das sociedades hipermodernas, não é possível falar em democracia, no contexto dos dias correntes, sem reconhecer a diversidade presente nessas mesmas sociedades. Reside, no reconhecimento dessa diversidade, a preocupação e também a possibilidade de assegurar a participação democrática da população, plural em sua diversidade, afastando barreiras e óbices que podem dificultar ou mesmo impedir a integração dos grupos minorizados.

Saber quem são as pessoas para as quais o ordenamento jurídico assegura a cidadania é essencial no processo que envolve o reconhecimento dos direitos políticos como direitos fundamentais, tal como garante a Constituição da República.

Nesse influxo, afastar a pretensa noção de sujeito cidadão universal 'neutro' consiste no primeiro passo para identificar a necessidade de adoção de iniciativas que contribuam para a promoção do princípio da igualdade, em perspectiva que não se resume à mera formalidade.

Reduzir a leitura desses direitos e garantias a uma perspectiva monolítica pode causar o efeito reprovável de prejudicar aqueles que não se enquadrem no perfil do "sujeito cidadão universal", que também é molde para a formação de uma "identidade normativa".

Para garantir, no plano concreto, os direitos e garantias fundamentais, torna-se essencial reconhecer as diversas realidades que compõem a nossa sociedade, diversa e plural, bem como escutar ativamente as demandas da população. A adoção de ferramentas de participação para aproximação com a sociedade civil, instituições e academia é essencial para que questões jurídicas, políticas, filosóficas e sociais possam ser tratadas com a profundidade, a interseccionalidade e a transversalidade necessárias, de modo a assegurar a responsividade, imprescindível para o aumento da qualidade da democracia.

Nesse influxo, as instituições públicas, incluindo, com especial ênfase, o Poder Judiciário, devem exercer suas tarefas com respeito aos compromissos internacionais assumidos pela República Federativa do Brasil, de modo a propiciar eficácia aos direitos humanos e fundamentais. O tratado "*Transformando Nosso Mundo: Agenda 2030 para o Desenvolvimento Sustentável*", mais conhecido como Agenda Global ou simplesmente Agenda 2030, tem inegável relevância para consecução de tais objetivos.

A Agenda 2030 tem raízes no Pacto Global, documento datado do ano 2000, que conclamou a sociedade, por meio das pessoas e empresas, a adequarem suas atividades aos 10 princípios estabelecidos nas áreas de Direitos Humanos, Trabalho, Meio Ambiente e Anticorrupção.

Herdeira do Pacto Global, a Agenda 2030 dá a ele continuidade, estabelecendo plano consistente em 17 Objetivos de Desenvolvimento Sustentável, subdivididos em 169 metas, a serem atingidos até o ano de 2030. Trata-se, portanto, de um relevante *aggionarmento* normativo e institucional.

A compreensão de cooperação internacional que se revela indispensável para atingimento dos ODS é aquela, como ensina Flavia Piovesan, concebida não como mera caridade ou generosidade, mas como solidariedade, no marco do princípio de responsabilidades compartilhadas (*shared responsabilities*) na ordem global[17].

Não por acaso, a Resolução-CNJ nº 325/2020, que apresenta a estratégia nacional para o período 2021-2026 aponta, entre os macrodesafios do Poder Judiciário, "garantir no plano concreto os Direitos e Garantias Fundamentais (CF, art. 5º), buscando-se assegurar o direito à vida, à liberdade, à igualdade, à segurança e à propriedade, bem como atenuar as desigualdades sociais, garantir os direitos de minorias e a inclusão e acessibilidade a todos".

Quando a comunidade é chamada a apresentar suas percepções e demandas, as instituições mudam a perspectiva do diálogo

[17] PIOVESAN, Flavia. *Temas de Direitos Humanos*. São Paulo: Saraiva, 2016, p. 196.

sobre as pessoas para o diálogo *entre* as pessoas, e da própria instituição *com* as pessoas, sobretudo com grupos que acabam por não possuir grande visibilidade institucional na estrutura burocrática do Estado brasileiro.

A adoção e ampliação de canais por meio dos quais cidadãos e cidadãs possam indicar suas demandas e preferências permite que se exerça a habilidade da democracia de transformar as preferências dos cidadãos em políticas, citando a definição de Powell sobre *responsividade* (POWELL, 2004, p.91). Não se trata de um ponto de chegada, é uma travessia, repleta de controvérsia e disputas de sentidos. Ao julgador, os limites e as possibilidades da legalidade constitucional.

A garantia desses direitos, e o próprio acesso às ferramentas mínimas para a participação cidadã, eleitoral e, sobretudo, democrática, como revelam os exemplos da jurisprudência do STF e da atuação normativa do TSE referidos no presente estudo, são essenciais para o reconhecimento de uma sociedade como democrática, plural e inclusiva.

Referências

ASSY, Bethania; CUNHA, José Ricardo. Teoria do Direito e o Sujeito da Injustiça Social–Direito e Emancipação. Rio de Janeiro: Lumen Juris, 2019.

BONAVIDES, Paulo. Curso de Direito Constitucional. São Paulo: Malheiros, 2009.

BRASIL. Ministério da Justiça. Conselho Nacional de Justiça. Resolução 175, de 14 de maio de 2013. Dispõe sobre a habilitação, celebração de casamento civil, ou de conversão de união estável em casamento, entre pessoas de mesmo sexo. Disponível em: (https://atos.cnj.jus.br/atos/detalhar/1754). Acesso em: 15.11.2021.

BUTLER, J. Problemas de gênero: feminismo e subversão da identidade. Tradução de Renato Aguiar. Rio de janeiro: Civilização Brasileira, 2003

CANOTILHO, José Joaquim Gomes. Direito constitucional e teoria da constituição. 7. ed. São Paulo: Saraiva, 2003.

CANOTILHO, Jose J. Gomes. Direito constitucional. Coimbra: Livraria Almedina, 1991.

DAHL, Robert Alan. Sobre a democracia. Trad. Beatriz Sidou. Brasília: Editora Universidade de Brasília, 2001

D'AGOSTINO, Rosanne. Entenda o casamento gay em cartório. G1 – Política. 2013. Disponível em: <http://g1.globo.com/politica/noticia/2013/05/entenda-o-casamento-gay-em-cartorio.html>. Acesso em: 15.11.2021

FERRAZ JÚNIOR, Tércio Sampaio. Função social da dogmática jurídica. 2. Ed. São Paulo: Atlas, 2015.

FIRMINO, Flávio Henrique; PORCHAT, Patricia. Feminismo, identidade e gênero em Judith Butler: apontamentos a partir de "problemas de gênero". DOXA: Revista Brasileira de Psicologia e Educação, v. 19, n. 1, p. 51-61, 2017.

GALLARDO, Hélio. Teoria Crítica: matriz e possibilidade de direitos humanos. São Paulo: Editora UNESP, 2014.

GRESTA, Roberta Maia; SANTOS, Polianna Pereira. Direitos políticos como direitos da sociedade: crítica ao aprisionamento semântico dos direitos políticos1. Anuario de Derecho Constitucional Latinoamericano, v. 22, 2016.

GRESTA, Roberta Maia. Teoria do processo eleitoral democrático: a formação dos mandatos a partir da perspectiva da cidadania. Tese (Doutorado) – Faculdade de Direito da Universidade Federal de Minas Gerais. Belo Horizonte. 2019.

GODOY, Miguel Gualano de. Devolver a Constituição ao Povo crítica à supremacia judicial e diálogos institucionais, Belo Horizonte: Fórum, 2017.

HUNT, Lynn. A invenção dos direitos humanos: uma história. Editora Companhia das Letras, 2009.

KETZER, Patricia. Como pensar uma Epistemologia Feminista? Surgimento, repercussões e problematizações. 2017.

LISBOA, Teresa Kleba. Democracia de Gênero: é possível um pacto entre as mulheres?. Revista Feminismos, v. 4, n. 1, 2016

LONGINO, H. Epistemologia Feminista. In: GRECO, J.; SOSA, E. Compêndio de Epistemologia. Tradutores Alessandra Siedschlag Fernandes e Rogério Bettoni. São Paulo: Loyola, 2012.

MARIA, João Francisco Araújo. Desenho institucional e accountability: pressupostos normativos da teoria minimalista. *Rev. Sociol. Polit.* [online], v.18, n. 35, p. 27-40, 2010. Disponível em: <http://www.scielo.br/pdf/rsocp/v18n35/v18n35a03.pdf>. Acesso em: 8 jun. 2016.

MOISÉS, José Álvaro. Cultura política, instituições e democracia: lições da experiência brasileira. Revista Brasileira de Ciências Sociais [online]. 2008, v. 23, n. 66, pp. 11-43. Disponível em: <https://doi.org/10.1590/S0102-69092008000100002>. Acesso em: 28.06.2021.

MOREIRA, Adilson José. Tratado de Direito Antidiscriminatório (volume 1). São Paulo: Contracorrente, 2020.

MOREIRA, Adilson José. Direitos fundamentais como estratégias anti-hegemônicas: um estudo sobre a multidimensionalidade de opressões. Revista Quaestio Iuris, v. 9, n. 3, p. 1559-1599, 2016.

OKIN, Susan Moller. Gênero, o público e o privado. Tradução: Flávia Biroli. In Revista Estudos Feministas, v. 16, n. 2, p. 305-332, 2008.

PIOVESAN, Flávia. Direitos humanos e justiça internacional: um estudo comparativo dos sistemas regionais europeu, interamericano e africano. 3ª ed. rev., ampl. e atual. São Paulo: Saraiva, 2012.

PIOVESAN, Flávia. Direitos humanos e justiça internacional. São Paulo: Saraiva, 2007.

PIOVESAN, Flavia. *Temas de Direitos Humanos.* São Paulo: Saraiva, 2016.

POGREBINSCHI, Thamy; VENTURA, Tiago. Mais participação, maior responsividade? As conferências nacionais de políticas públicas e a qualidade da democracia no Brasil. Dados, v. 60, p. 7-43, 2017.

POPPER, Karl Raymond Sir. A lógica da pesquisa científica. São Paulo: Cultrix, 2007.

POWELL, G. Bingham. (2004), "The Chain of Responsiveness". Journal of Democracy, vol. 15, no 4, pp. 91-105

QUIJANO, Anibal. Colonialidade do poder, Eurocentrismo e América Latina. In: A colonialidade do saber: eurocentrismo e ciências sociais. Perspectivas latino-americanas. Buenos Aires, Clacso, 2005.

SÁ, Maria de Fátima Freire; NAVES, Bruno Torquato De Oliveira. *Manual de Biodireito.* 2. ed. Belo Horizonte: Del Rey, 2011.

SANTOS, Boaventura de Sousa. Human Rights: A Fragile Hegemony. In: CRÉPEAU, François; SHEPPARD, Colleen. Human Rights and Diverse Societies: Challenges and Possibilities. Newcastle: Cambridge Scholars Publishing, 2013, p. 17-25.

SANTOS, Polianna Pereira dos. Voto e qualidade da democracia. As distorções do sistema proporcional brasileiro. Belo Horizonte: Editora D'Plácido, 2017.

SANTOS, Richard. Maioria minorizada: um dispositivo da racialidade. Rio de Janeiro: Telha, 2020

SEGATO, Rita Laura. Antropologia e direitos humanos: alteridade e ética no movimento de expansão dos direitos universais. Mana, v. 12, p. 207-236, 2006.

SEGATO, Rita Laura. Gênero e colonialidade: em busca de chaves de leitura e de um vocabulário estratégico descolonial. E-cadernos CES, n. 18, 2012.

SILVA, Simone Schuck da. Fora da norma?: conflitos dogmáticos nas demandas por retificação de nome e sexo no registro civil. 2018.

SOUZA CRUZ, Álvaro Ricardo. O direito à diferença: as ações afirmativas como mecanismo de inclusão social de mulheres, negros, homossexuais e pessoas portadoras de deficiência. Belo Horizonte: Arraes Editores, 2009.

SRINIVASAN, Amia. O Direito ao sexo: feminismo no século XXI. São Paulo: Todavia, 2021.

YOUNG, Iris Marion. Representação política, identidade e minorias. Lua Nova [online]. 2006.

8. O IDENTITARISMO COMO LUTA APARENTE POR LIBERDADE E DIVERSIDADE: O CASO DO CRIME DE RACISMO NO BRASIL

Tiago Pavinatto

Perguntada "o que é a oração?", Santa Teresa do Menino Jesus responde, ternamente, que "é um impulso do coração, é o olhar simples lançado ao céu, é um grito de gratidão e amor, seja no meio da tribulação seja no meio da alegria"[1].

É exatamente esse o sentido desta introdução: uma forte expressão da nossa gratidão pelo Magistério do Professor Celso Lafer que, há quase duas décadas no terceiro ano de graduação nas Arcadas, incutiu em nós o lema que, prodigamente relembrado nas suas aulas de Filosofia do Direito, tornou-se a bússola de nossa carreira jurídica em todas as suas frentes. "Parar para pensar" tornou-se a regra de ouro de toda a nossa *economia jurídica*; mandamento que, afrouxada a nossa religiosidade com o passar dos anos, para nós se firmou como o primeiro e mais importante, anterior inclusive ao mosaico "amar a Deus sobre todas as coisas", pois sentimos necessário, para tanto, *parar para pensar* se estamos, de fato, cumprindo-o a contento, genuinamente, com responsabilidade ética.

Parar para pensar quer dizer, resumidamente, *parar para pensar o significado das coisas*. Ensina-nos o Professor Lafer que, por ser um ato questionador e problematizador, o *parar para pensar* exerce um efeito liberador

[1] SAINTE THÉRÈSE DE L'ENFANT-JÉSUS. *Histoire d'une âme*: manuscrits autobiographiques. Paris: Cerf/DDB, 1996, p. 390. (Manuscrit C, 25r, tradução nossa)

sobre a faculdade do juízo, esta que é, de acordo com Hannah Arendt, a mais política das atividades mentais do homem[2].

Infelizmente, nem todo profissional do Direito teve a oportunidade de conviver, em sala de aula, com o Professor Lafer. Infelizmente, *parar para pensar* é ação cada vez mais esquecida – ou depreciada – em nossos dias, muito em razão da moderna sociedade formatada em *redes de indignação e esperança*[3], na gentil denominação de Manuel Castells – redes que, lamentavelmente, corromperam-se pela violência de *legioni di imbecilli* em redes de indignação, ressentimento e ódio, que promovem, segundo Umberto Eco, "o idiota da vila em detentor da verdade"[4].

Mas a nossa gratidão ao Professor Lafer ultrapassa esse ensinamento que nos impede de comungar com os desprezam a melhor filosofia. Ela se inicia dois anos antes, ou seja, quando somente admirávamos o jurista-filósofo por suas obras e prestígio: em 2003, nosso primeiro ano na Faculdade de Direito – um ambiente conservador e pouco receptivo a um sujeito como o nosso calouro (um rapaz latino-americano sem dinheiro no banco, sem parentes importantes e vindo do interior) –, o Professor Lafer ensinava a todo o país que o fato de pertencermos, todos nós, a uma só espécie, a uma só raça, a raça humana, em nada prejudica o *direito à diversidade*[5] dos indivíduos e dos grupos. Essa lição, que escreveu um novo capítulo no tratamento jurídico do *racismo* no Brasil, embora

[2] LAFER, Celso. *A reconstrução dos Direitos Humanos: um diálogo com o pensamento de Hannah Arendt.* São Paulo: Companhia das Letras, 1988, p. 376.

[3] CASTELLS, Manuel. *Networks of outrage and hope*: social movements in the internet age. 2. ed. Cambrige: Polity Press, 2015.

[4] Em 10 de junho 2015, profetizando o fato de que a *internet* promove "lo scemo del villaggio a detentore della verità", disse Umberto Eco: "I *social media* danno diritto di parola a legioni di imbecilli che prima parlavano solo al bar dopo un bicchiere di vino, senza danneggiare la collettività." (Traduzimos: "As redes sociais dão direito de palavra a legiões de imbecis que, antes, falavam apenas no bar depois de um copo de vinho sem prejudicar a comunidade." – disponível em: <https://www.huffingtonpost.it/2015/06/11/umberto-eco--internet-parola-agli-imbecilli_n_7559082.html>, acesso em 22 jul. 2021)

[5] Cf. LAFER, Celso. Parecer – O caso Ellwanger: anti-semitismo como crime da prática do racismo. STF, HC 82424/RS. *Revista de Informação Legislativa. Brasília.* a. 1. n. 162, abr./jun/2004, p. 61-62: "Diz o art. 1 – 1 da Declaração da UNESCO que todos os seres humanos pertencem a uma única espécie, o que não exclui, como afirma o inciso II do artigo 1, o direito à diversidade de indivíduos e grupos. No seu artigo 2 – 1, a Declaração afirma que quaisquer teorias que contemplem a reivindicação de que grupos raciais ou étnicos são

destinada a um caso concreto de antissemitismo[6], foi fundamental para que pudéssemos seguir adiante sem medo de assumir nossa sexualidade. Sem que o Professor Lafer soubesse – nem podia imaginar –, incentivou-nos, *par ricochet*, ao respeito próprio e à autenticidade, sem os quais não há dignidade.

Referida lição se encontra no seu histórico parecer oferecido, há 18 anos, nos autos do *Caso Ellwanger* perante o Supremo Tribunal Federal, caso cuja denúncia completa, nesta oportunidade, 30 anos. Assim, esta nossa oração, sinal de gratidão e respeito, também toma forma peticionária, pois roga a Deus que a doutrina firmada pelo Professor Lafer nesse caso – sem deixar de lado a sua insistente advertência de Mestre: "parar para pensar" – desça como fogo e tome os profissionais do Direito (mas, inversamente ao Pentecostes, que os deixe todos falando a mesma língua); afinal, além de ultrajante em termos jurídicos, o esquecimento dos contornos do tema debatido no mencionado caso – inclusive pelos próprios Ministros do STF ao julgarem, 16 anos depois, em 2019, o tema da *criminalização da homofobia*[7] – tem sido fonte de contínua insegurança jurídica, bem como brecha para injustiças e desumanidades.

A análise conjunta desses dois julgamentos (antissemitismo em 2003 e homofobia em 2019) através das lições, aplicadas no primeiro deles, do Professor Lafer deixa claro que o Direito está para a Justiça assim como o ordenamento está para o sistema; de modo que, se existem ou são possibilitadas normas injustas, o ordenamento, longe do ideal sistemático, não passa de estratagema.

1. O racismo é qualquer prática de discriminação

Um dos "objetivos fundamentais da República Federativa do Brasil" é "promover o bem de todos, sem preconceitos de origem, raça, sexo, cor, idade e quaisquer outras formas de discriminação". Assim dispõe o artigo 3º, IV, da Constituição Federal de 1988 – que, ademais, estabelece como princípio das relações internacionais brasileiras o repúdio ao

inerentemente superiores ou inferiores não têm fundamento científico e são contrárias aos princípios morais e éticos da humanidade."

6 STF, HC 82424-RS, Rel. Min. Moreira Alves, j. 17.09.2003.

7 STF em julgamento conjunto da ADO 26, Rel. Min. Celso de Melo, e do MI 4733, Rel. Min. Edson Fachin, mai-jun. 2019.

racismo no inciso VIII do seu artigo 4º. O documento também consagra de forma pétrea, entre os direitos e garantias fundamentais, o princípio da igualdade e o comando da não discriminação no *caput* do seu festejado artigo 5º ("Todos são iguais perante a lei, sem distinção de qualquer natureza"), bem como condena toda forma de tratamento desumano ou degradante – predicados inevitáveis a qualquer prática discriminatória – em seu inciso III e torna, no X, invioláveis a honra e a imagem de todas as pessoas – direitos da personalidade fatidicamente lesados de todo sujeito discriminado. Não bastasse, o inciso XLI do mesmo artigo é claro ao estipular que "a lei punirá qualquer discriminação", além de constituir, no XLII, a "prática do racismo" como "crime inafiançável e imprescritível".

Ora, muito embora a linguagem do senso comum nacional empregue o termo racismo para se referir ao preconceito em razão da cor da pele, é certo que, em decorrência do mencionado artigo 3º, IV, o mesmo não se pode dizer do vocabulário jurídico, quer dizer, do conceito constitucional de racismo, pois *verba cum effectu sunt accpienda*. Assim, não contendo a lei palavras inúteis – exigência ainda maior quando se trata da Lei Maior –, a expressão "racismo" empregada no inciso LXII do artigo 5º não pode ter, obrigatoriamente, outro significado senão o de *preconceito étnico, social, sexual, físico, etário ou de qualquer outra natureza*. Descartar esse entendimento é tornar inútil o elenco exemplificativo do artigo 3º, IV, em especial da expressão "quaisquer outras formas de discriminação" – expressão que se repete no texto do artigo 5º, LXI.

Em outros dizeres, além de tornar os textos de trechos pétreos da *Lex Legum* inúteis, defender que a palavra "racismo" do referido inciso LXII somente se liga aos critérios de cor e etnia é defender, necessariamente, que a própria Constituição da República pratica discriminação contra todas as "outras formas de discriminação", uma vez que estas restariam desproporcional e inconstitucionalmente diminuídas diante dos critérios de etnia e cor (*desigualando desiguais nas suas igualdades portanto*), como se o Constituinte desprezasse ou tivesse qualquer preconceito em relação às demais – uma torpeza que não pode ser cogitada, pois, além da sua antijuridicidade, contraria o espírito constitucional de formar, conforme o *Preâmbulo* da própria *Lex Legum* que deve estar refletido em cada uma das disposições ao longo de todo o seu extenso texto, "uma sociedade fraterna, pluralista e sem preconceitos".

Por fim, dentre os direitos que assegura à criança e ao adolescente no artigo 227, a Carta Magna também se propõe a colocá-los a salvo de toda discriminação, concedendo destaque, no inciso II do § 1º deste mesmo artigo, aos portadores de qualquer deficiência e, no § 6º, aos filhos nascidos fora da relação matrimonial.

Antes do novo capítulo de nossa República inaugurado como a Constituição de 1988, o racismo foi considerado contravenção penal no último Governo Vargas a partir da Lei 1.390, de 3 de julho de 1951 (a famosa *Lei Afonso Arinos*), que se valia dos critérios *raça* e *cor*, ambos repetidos pelo Legislador que atendia ao comando constitucional atual através da Lei 7.716, de 5 de janeiro de 1989, popularmente conhecida como *Lei do Racismo*, que tornou essas ações discriminatórias crimes de fato. Apesar de repetir tais critérios, conforme acabamos de expor, eles já surgiram superados, uma vez que o conceito constitucional de racismo corresponde a toda forma de discriminação.

Já no ano seguinte, 1990, e ainda a despeito do entendimento constitucional que destacamos, a chamada *Lei do Racismo* teve ampliada as hipóteses de aplicação com a inserção, ao lado de *raça* e *cor*, de etnia, religião e procedência nacional. Mais tarde, em 1997, são criados casos qualificados para o crime de "(p)raticar, induzir ou incitar a discriminação ou preconceito" previsto no seu artigo 20 (destacamos, dentre eles, a hipótese de serem difundidas por qualquer meio ou publicadas de qualquer forma), bem como insere-se, no Código Penal, o §3º ao artigo 140, tipo vulgarmente conhecido como "injúria racial" (mais acertada é a expressão *injúria discriminatória*). Com relação a estes dois crimes, necessário mencionar que a jurisprudência tem diferenciado a *prática* da lei especial do tipo inserido na codificação argumentando que o *crime de racismo* (Lei 7.716, art. 20) é um crime contra a coletividade, ao passo que a *injúria discriminatória* (CP, art. 140, §3º) é cometido contra indivíduos determinados. Em que pese tal entendimento, a legislação especial não exige que o racismo seja genérico ou indiscriminado – aliás, todos os seus demais artigos comportam a penalização em casos pessoais, quer dizer, de condutas racistas cometidas contra indivíduos específicos –, razão pela qual não é incorreto defender que o crime do artigo 20 da *Lei do Racismo*, cuja sanção é mais severa que a cominada no Código Penal, aplica-se também no caso individual, determinado.

Por fim, a temática do racismo se repete expressamente no Código Penal também como qualificadora do crime de *redução a condição análoga à de escravo* (artigo 149, § 2º, II) e, destacamos, afeta todo o texto dessa codificação: *a prática discriminatória reflete em todos os crimes ali previstos*, uma vez que, de acordo com o artigo 61, II, a, o *motivo torpe* (e toda prática discriminatória é, por natureza, torpe) é circunstância que sempre provoca o aumento da pena – e, mais que agravar a condenação, qualifica os crimes de *homicídio* (artigo 121, § 2º, I) e de *induzimento, instigação ou auxílio ao suicídio ou à automutilação* (artigo 122, § 3º, I).

Como se nota, o ordenamento jurídico brasileiro já cumpre, a contento, o comando constitucional de combate a toda forma de discriminação; e, se a problemática inicial gravitou em torno da ponderação entre a não discriminação e as liberdades também elencadas no artigo 5º da Constituição, num segundo momento, a definição de racismo, o seu conteúdo jurídico – especialmente quando definitivamente constatada a inexistência de raças pela Ciência, mas só uma raça humana –, foi questão superada no ano de 2003 pelo STF, que acolheu toda a fundamentação trazida pelo Professor Celso Lafer, atuando como *Amicus Curiæ*[8], em seu parecer no Caso Ellwanger.

2. O antissemitismo como racismo

Por maioria de votos, em 17 de setembro de 2003, o STF não concedeu *Habeas Corpus* Siegfried Ellwanger, que pretendia ver reconhecida a atipicidade de sua conduta como crime de racismo. Ellwanger publicara, em 1989, diversos livros de conteúdo abertamente antissemita, tendo

[8] *Amicus Curiæ* ou *amigo da corte* (ou, ainda, *amigo do tribunal*) é expressão em latim que se refere à autoridade ou instituição que fornece subsídios a órgão decisório do Poder Judiciário em casos concretos de proporções relevantes e grande impacto social. Surgiu expressamente no ordenamento jurídico brasileiro com a Lei 9.868/1999, que trata das ações direta de inconstitucionalidade e declaratória de constitucionalidade, muito embora outros dispositivos já previssem atuação semelhante: o artigo 32 da Lei 4.726/1965 (Junta Comercial), o artigo 31 da Lei 6.385/1976 (CVM), bem como os artigos 57, 118 e 175 da Lei 9.279/1996 (INPI). Hoje, na vigência do Código de Processo Civil de 2015, esse instrumento passou a ser tratado através do seu artigo 138: "O juiz ou o relator, considerando a relevância da matéria, a especificidade do tema objeto da demanda ou a repercussão social da controvérsia, poderá, por decisão irrecorrível, de ofício ou a requerimento das partes ou de quem pretenda manifestar-se, solicitar ou admitir a participação de pessoa natural ou jurídica, órgão ou entidade especializada, com representatividade adequada".

sido representado por crime de racismo em 1990. Alegava seu pedido que *judeu não é raça* e, por tal motivo, não poderia ter cometido crime de racismo.

No acórdão que julgou o *Habeas Corpus* de autos nº 82424-RS, ficaram vencidos os votos do Relator, o Ministro Moreira Alves, e dos Ministros Carlos Ayres Britto e Marco Aurélio. Resumidamente, apesar das manifestações de contrariedade à discriminação, defenderam a atipicidade da conduta de Ellwanger, pois, à época dos fatos, inexistia tipificação do antissemitismo como forma de *racismo*; para eles (mal interpretando, pois, o texto constitucional anterior e superior à lei penal) limitava-se à cor, à raça. Os outros oito Ministros (Maurício Corrêa, Celso de Mello, Gilmar Mendes, Carlos Velloso, Nelson Jobim, Ellen Gracie, Cezar Peluso e Sepúlveda Pertence), na esteira do parecer do Professor Lafer, indeferiram o pedido e trouxeram à ordem jurídica nacional o que se chamou de conceito estendido de raça.

O Ministro Maurício Corrêa, tendo insistido que o racismo se origina de processo político-social de intolerância a uma coletividade de indivíduos que se diferenciam por suas especificidades socioculturais, amparado em documento da UNESCO de 1978, estabeleceu, em seu voto, que o conceito constitucional de *racismo* é o conceito antropológico de raça social definida por indicador físico ou cultural.

Destacando a gravidade da intolerância e das práticas discriminatórias contra grupos minoritários, o Ministro Celso de Mello recorreu, diversas vezes, às palavras do Professor Lafer para dizer que o conteúdo jurídico do racismo "reside nas teorias e preconceitos que estabelecem diferenças entre grupos e pessoas, a eles atribuindo as características de uma 'raça' para discriminá-las", de modo que "raça é uma construção histórico-social, voltada para justificar a desigualdade", concluindo, ainda citando o Professor Lafer, que "os judeus não são uma raça, mas também não são raça os negros, os mulatos, os índios e quaisquer outros integrantes da espécie humana que, no entanto, podem ser vítimas da prática do racismo. É o caso, por exemplo, dos párias na Índia"[9]. De fato, também recorrendo ao iluminado parecer, o Ministro entendeu que não

[9] Transcrições do parecer do professor Celso Lafer, STF, HC 82424-RS, Rel. Min. Moreira Alves, j. 17.09.2003, fls. 626(301).

se pode reduzir o bem jurídico tutelado sob pena de estarmos diante de um "um crime impossível pela inexistência do objeto: as raças"[10].

Por sua vez, o Ministro Gilmar Mendes também transcreveu, em seu voto, o parecer do Professor Lafer para afirmar que "discutir o crime da prática do racismo a partir do termo raça (...) é uma maneira de reduzir e, no limite, esvaziar completamente o conteúdo jurídico do preceito constitucional consagrado pelo art. 5º, XLII" da Constituição da República, pois "o conteúdo jurídico do crime da prática do racismo reside nas teorias e preconceitos que discriminam grupos e pessoas", que nada mais fazem do que exercer seu "direito à diversidade"[11]. Em acréscimo, o Ministro fundamentou seu voto trazendo importante decisão da Corte Europeia de Direitos Humanos (55-1997-839-1045) que condenou os chamados *discursos de ódio*[12] a partir da ponderação entre a liberdade de expressão e a proibição do abuso do direito.

Concluindo que nenhuma liberdade está acima da dignidade humana, o Ministro Carlos Velloso extraiu dos argumentos perfilhados pelo Professor Lafer a partir de sua análise da Declaração da UNESCO que o racismo não está no conceito de raça, pois o fato de pertencermos a uma única espécie não anula o direito à diversidade de pessoas e grupos. No mesmo sentido, os Ministros Nelson Jobim, Ellen Gracie, Cezar Peluso e Sepúlveda Pertence.

Esse entendimento, aliás, já era conhecido e filosoficamente incontroverso: Hannah Arendt, em *Race-Thinking before Racism* (1944), encontra na obra do Conde Arthur de Gobineau (1853) a base fundamental do racismo, ou seja, a impostura científica redutora de qualquer expressão espiritual ou fenômeno cultural[13], que, posteriormente, possibilitou a organização das personalidades inatas do romantismo alemão para

[10] Idem, fls. 627(302).

[11] Idem, fls. 648(342).

[12] Nesse sentido, confira-se GOMES, Fabrício Vasconcelos; SALVADOR, João Pedro Favaretto; LUCCAS, Victor Nóbrega (Coord.). *Discurso de Ódio*: desafios jurídicos. São Paulo: Almedina, 2020.

[13] ARENDT, Hannah, *Il razzismo prima del razzismo*. Trad. Massimo De Pascale. Roma: Castelvecchi, 2018, p. 41-42.

defini-las como membros de uma aristocracia natural[14], bem como constituiu a potente ideologia de qualquer política imperialista[15].[16]

Decerto, a partir desse julgamento, dúvidas não restaram sobre o conceito jurídico de *raça*, o qual sintetizamos como *determinada característica biológica (genotípica ou fenotípica), vocacional, sentimental, de pensamento ou sociocultural diferencial e, político-socialmente, definidora de um indivíduo ou de qualquer grupamento humano por ela identificado* – um conceito abstrato que, sozinho, é capaz de resolver, juridicamente, todo problema acerca dos critérios e hipóteses para o combate à discriminação exigido pela Constituição (e efetivado através da Lei 7.716 e do Código Penal), além de esclarecer um pouco mais sobre o conteúdo da dignidade da pessoa humana e definir limites para o exercício das liberdades fundamentais.

[14] Idem, ibidem, p. 47.

[15] Idem, ibidem, p. 6.

[16] Porque a ideologia racista se firma a partir dos escritos de Gobineau, extraímos a seguinte curiosa conclusão: no Brasil, especificamente, o conceito (pejorativo) de raça alcança cada um dos brasileiros natos, ou seja, o racismo, por aqui, é universal, de maneira que qualquer prática discriminatória contra qualquer brasileiro em razão de qualquer critério deve, de rigor técnico, ser classificada como racismo. Convém explicarmos.

Diplomata francês, o filósofo e escritor Arthur de Gobineau fora nomeado Ministro de seu Soberano no Brasil em 1868. Aqui instalado, surpreendeu-se com o fato de o Imperador D. Pedro II já conhecer a sua obra. Tornaram-se, então, amigos – e a amizade perdurou até a morte do Conde em 1882. Apesar de Gobineau se referir a Pedro II como "o príncipe mais inteligente e erudito que existe" (cf. RAEDERS, Georges. *O inimigo cordial do Brasil*: o Conde de Gobineau no Brasil. São Paulo: Paz e Terra, 1988, p. 46), o brasileiro não restou imune das suas considerações raciais. Certa feita, escreveu Gobineau sobre Pedro II: "Descobri, sobretudo, que, quando não concorda comigo, lança-me sem uma palavra um certo olhar de soslaio, carregado de um orgulho e de uma frieza tipicamente castelhanos, e cheirando à casa da Áustria, com a qual tem laços de sangue. Nessas ocasiões lembra espantosamente os Felipes de Velásquez" (loc. cit., p. 80).

Nada que se comparasse, no entanto, com a descrição que fazia dos súditos, o povo brasileiro: "Já não existe nenhuma família brasileira que não tenha sangue negro e índio nas veias; o resultado são compleições raquíticas que, se nem sempre repugnantes, são sempre desagradáveis aos olhos" (loc. cit., p. 90). Não bastante, em carta a Marie Dragoumis datada de 1869, recorreu ao marujo Simbá dos contos d'*As mil e uma noite* para afirmar que os brasileiros são "macacos extremamente feios" governados por um Imperador, pelo menos este, humano (loc. cit., p. 78).

Em suma, para o teórico inaugural do racismo, *todo e qualquer brasileiro é de raça inferior*, razão pela qual, no sentido mais literal do termo, *discriminar qualquer um dos brasileiros, por qualquer motivo, configura racismo.*

Em resumo, a partir dos argumentos do Professor Lafer no debatido acórdão de 2003, fica explícito que o racismo de que fala o artigo 5º, LXII, da Constituição encerra toda forma de preconceito revelado nas práticas discriminatórias e, consequentemente, revelam-se meramente exemplificativas (e desnecessárias) as hipóteses ou critérios elencados no artigo 1º da Lei 7.716 para efeitos de responsabilidade penal em todos os crimes nela tipificados. Ou seja, todo tipo de preconceito expressado em ações discriminatórias deve ser castigado – mas nem todos perceberam; o que é pior: quase ninguém.

3. A homofobia como racismo... mas não tanto

Apesar dessa construção conceitual levada a estado da arte em 2003, o mesmo STF, em 2019, decidiu outro caso de discriminação e preconceito de forma nada condizente. Melhor dizendo: usou aquelas mesmas bases sobre as quais ergueu o conceito estendido de raça para decidir de maneira aparentemente igual, mas essencial e diametralmente oposta. De fato, alguns Ministros até recordaram e citaram aquele acórdão histórico, mas o aplicaram de maneira absolutamente equivocada; ou seja, foi utilizado como premissa da qual se extrai conclusão incompatível, como fundamentação para uma decisão que, o que é pior, esvaziou o seu conteúdo, apresentando-se como a entidade absurda do *entendimento que não entende*. Mais que essa incompatibilidade indelével, mas sutilmente operada, angustiou-nos o fato de não ter sido ela percebida por unanimidade substancial.

O motivo dessa conclusão mais recente, talvez, além da vaidade instantaneamente saciada pela repercussão midiática e, principalmente, através das redes virtuais – realidade impensável em 2003, mas onipresente e insuperável em 2019 –, tenha sido certo medo de enfrentar a ferocidade da reação imediata destas redes de indignação orquestrada pelo identitarismo[17] militante, que é, quase sempre, amparado por célebres formadores de opinião eticamente irresponsáveis e moralmente esquizofrênicos, qualidades estas – cujo conteúdo e denominação são

[17] Trataremos do *identitarismo*, que não deve ser confundido com *identidade*, no item 7 do presente artigo.

dados por Ronald Dworkin[18] – compartilhadas com os grupos identitários, haja vista que estes, protegidos desde 2003, além de revelarem a mais completa falta de noção jurídica sobre a proteção de que já gozavam, por vaidade midiática, ressentimento irado ou necessidade de opressão eterna, festejaram a anulação da própria proteção definitiva e, consequentemente, comemoraram (aparentemente sem saber) a brecha aberta para identitarismos rivais validarem seu preconceito. Vamos ao caso.

Em 23 de maio de 2019, o STF formou maioria quanto ao entendimento da possibilidade de enquadramento da homofobia e da transfobia (economicamente chamadas de *homotransfobia*) no crime de racismo previsto no artigo 20 da já citada Lei 7.716. A decisão não causaria espanto se ela se limitasse a esta apresentação.

Assistindo à mencionada sessão de julgamento e, na contramão de todos os outros homossexuais, daqueles que comemoravam e também daqueles que lamentavam o rumo dos acontecimentos naquela noite de maio, qual não foi nosso desconforto quando percebemos o grave equívoco da decisão que se firmava... O Pretório Excelso julgava a Ação Direta de Inconstitucionalidade por Omissão (ADO) 26 proposta pelo então Partido Popular Socialista (PPS) contra o Congresso Nacional em 2013[19], bem como, conjuntamente, o Mandado de Injunção (MI) 4733 impetrado pela Associação Brasileira de Gays, Lésbicas, Transexuais e Intersexos (ABGLTI) em 2012[20].

Em apertada síntese, na ADO 26, alegava-se a existência de ordem constitucional para que se legisle criminalmente sobre a homotransfobia. Assim, queria-se saber se havia mora inconstitucional do Congresso Nacional acerca dessa criminalização específica e se era possível a aplicação subsidiária da Lei 7.716. Já no MI 4733, sustentava-se que a Constituição da República permitia a sua impetração visando a criminalização específica dessas condutas, pois, sem tal tipificação, homossexuais e transexuais não poderiam exercer, de fato, as prerrogativas inerentes à cidadania nem gozar de dignidade. Alegava-se, nesse sentido, a exis-

[18] DWORKIN, Ronald. *Justiça para ouriços*. Trad. Pedro Elói Duarte. Coimbra: Almedina, 2016.

[19] STF, ADO 26, Rel. Min. Celso de Melo.

[20] STF, MI 4733, Rel. Min. Edson Fachin.

tência de ordem constitucional para legislar criminalmente, uma ordem que não só obriga o legislador a percorrer o tema, mas que também já define, de antemão, o resultado da votação: *aprovar ou aprovar*. Ambas as proposituras, por fim, requeriam a condenação do Estado brasileiro, até que não surgisse tal legislação específica criminalizando as práticas homotransfóbicas, em indenizar todas as suas vítimas.

Afastada unicamente a pretensão indenizatória, o STF não somente reconheceu a aplicação subsidiária da Lei 7.716 para os casos de homotransfobia enquanto não aprovada lei que os criminalize especificamente – ou seja, *razzismo ma non tropo* –, bem como, canhestramente, que o Congresso Nacional se encontra em mora inconstitucional para tanto. Esse episódio revela despreparo da militância, seu profundo desconhecimento sistêmico jurídico, além de incompreensível conduta dos Ministros do STF que, contrariando seus próprios e históricos entendimentos, nos arrastaram para um limbo jusfilosófico repleto de almas bipolares ora positivistas ora interpretativas[21].

Diante do fato consumado, tratamos essa nossa percepção com a Professora Janaína Paschoal, que, muito embora tenha concordado conosco, na mesma oportunidade, advertiu-nos: "Mas acho que nem o povo do Direito vai compreender. Esse raciocínio requer conhecer Ellwanger no detalhe..."

Como diz o cancioneiro, "as aparências enganam aos que odeiam e aos que amam": apesar dos efusivos aplausos midiáticos progressistas, o acórdão, golpe impreciso e equivocado contra a discriminação, não passou de aparente vitória dos homossexuais e transexuais e, ao mesmo tempo, derrota também apenas aparente dos homotransfóbicos – estes, ao fim e ao cabo, os reais vitoriosos. Apesar da aparente boa intenção dos Ministros do STF, eles parecem ter esquecido que o inferno dela está cheio.

[21] Ao analisar a natureza do Direito, Dworkin considera duas teorias principais: (*i*) o "positivismo legal", que declara absoluta independência entre Direito e Moral e no qual, se uma lei aprovada, ela se torna realmente lei; e (*ii*) o "interpretativismo", que nega que Direito e Moral sejam sistemas totalmente independentes e afirma que o Direito inclui não somente as regras específicas promulgadas, "mas também os princípios que fornecem a melhor justificação moral para essas regras promulgadas". (DWORKIN, Ronald. *Justiça para ouriços*, cit., p. 410-411)

De qualquer maneira, além do indisfarçado despreparo técnico e tático, a militância LGBTQIAP+ (sigla mais atual e crescente que vem abarcando, indiscriminadamente e a despeito do sinal de soma, toda e qualquer minoria sexual em razão do manifesto desejo, da identificação de gênero ou por conta da formatação genital exógena ou reprodutora endógena) insiste em negar, veementemente, o equívoco da ideia de uma lei que trate, especificamente, da homotransfobia, ou seja, de maneira apartada (mesmo que *a latere*) das outras formas de discriminação e fora do conceito social (e constitucional) de racismo firmado em 2003 a partir do parecer do Professor Lafer.

Para que restem suficientemente fundamentadas as nossas conclusões, partiremos de algumas considerações críticas acerca da Constituição vigente.

4. O mandado de injunção como exemplo de revés constitucional

Valiosas são as ponderações de Roberto Campos sobre a Constituinte e a Constituição Federal de 1988: "misto de panaceia e paixão" de seus elaboradores[22] que, "como pianistas do *Titanic*, arranjando a partitura e ajeitando a banqueta, enquanto o navio afunda"[23], imprimiram verdadeiro "toque de surrealismo" no documento com o intuito de criar "condições mágicas para a resolução de vetustos problemas". Campos vê em nossa Lei Maior um "catálogo de utopias" e uma "gaveta de sonhos", "um regulamento enxundioso, descendo a minúcias como a caça das baleias, o conforto das prisões, a construção de creches, o transplante de órgãos, os cemitérios religiosos"; um regulamento que é

> ao mesmo tempo inaplicável e autoaplicável. Inaplicável, porque mais de 90% dos artigos são normas de eficácia limitada, que dependem de lei ulterior. Autoaplicável, porque se cria uma figura do 'mandado de injunção' (art. 6º), que assegurará direitos, mesmo na falta de norma regulamentar. Esse mesmo artigo permite a ação de inconstitucionalidade contra omissão. O país será quintessencialmente um país litigante. Os causídicos encontraram afinal seu paraíso.[24]

[22] *A Constituição contra o Brasil:* ensaios de Roberto de Campos sobre a constituinte e a Constituição de 1988, São Paulo, LVM Editora, 2018, p. 79.

[23] Idem, ibidem, p. 120.

[24] Idem, ibidem, p. 100.

Por fim, uma ode à *democratice* e não à Democracia, pois "garante a todos e a cada um o direito ao seu pequeno absurdo"[25], o que quer dizer: a Lei Maior, através do mandado de injunção, torna impossível a compreensão do nosso Direito – condenado à ineficiência diante do impasse representado por essa ação, que pode ser definida como reconhecimento de um *peculiar sistema interpretativo que garante à interpretação o direito de não mais ser interpretada* (a validação da interpretação desde que ela se anule pela positivação) – e o dinamismo inerente à ideia de Democracia, pois permite que práticas aparentemente democráticas (*democratices*) elevem especificidades, no espaço do ordenamento jurídico, ao lado do tratamento geral e abstrato da mesma matéria quando o correto seria estarem subordinadas a ele, fato que coloca em risco, assim, a eficácia da proteção mais ampla (em nada discriminatória), cuja versatilidade abstrata já alcançaria (e protegeria) todas as variações específicas típicas de uma mesma natureza jurídica – sem contar que, admitida essa positivação *a latere*, além de deixar em aberto a questão da eficácia do tratamento geral (eficácia da própria norma), torna uma proteção jurídica já existente no ordenamento dependente dos humores inconstantes e pouco previsíveis da opinião pública para todos os casos específicos não positivados explicitamente (de maneira especial ou através de enumeração em cláusula geral que, devendo ser essencialmente exemplificativa, toma forma equivocada de elenco taxativo – engessando a matéria e fazendo da hipótese uma cláusula aparentemente geral ou de generalidade esvaziada).

Não queremos dizer nem considerar que a luta contra qualquer conduta discriminatória e motivada pelo ódio seja um absurdo. Não é nem poderia ser um absurdo dentro de um Estado Democrático de Direito num contexto multicultural. Mas há que se concordar com o fato de que o *plano de ação constitucional* é amplíssimo e, quando a isso se somam instrumentos de ação para aplicação acrítica dessas previsões, os intérpretes da Constituição precisam de mais *sapiência* do que *técnica* sob pena de ampliar as incertezas jurídicas[26].

[25] Idem, ibidem, p. 109.

[26] Nesse sentido, BOITEUX, Elza Antonia Pereira Cunha. Variações sobre o conceito de equidade. In ADEODATO, João Mauricio; BITTAR, Eduardo C. B. *Filosofia e Teoria Geral do Direito*: estudos em Homenagem a Tércio Sampaio Ferraz Júnior por seu septuagésimo

A despeito das especificidades e de toda a construção teórica independente de cada remédio (o que revela irrelevância da técnica), em 2019, uma ação direta de inconstitucionalidade por omissão e um mandado de injunção foram julgados conjuntamente sem maiores problemas materiais e processuais. Mais ainda: de conteúdos praticamente idênticos, alertam para a possibilidade de que qualquer outro grupamento ou classe pleiteie a mesma medida nos mesmos moldes – de um grupo de mulheres ruivas a uma associação de filósofos.

Sejam *terraplanistas*, cristãos terríveis, democratas do AI-5, corruptos necessários, entusiastas da Cloroquina ou defensores da intolerância laica, não é fácil escapar da humilde liberdade de ignorância do autodidata nem da *meia-ciência* do *meio-cientista* que, ensina Pierre Bourdieu, "aceita sem exame categorias de percepção ligadas a um estado do mundo douto, dos conceitos semiconstruídos, mais ou menos diretamente tirados do mundo social."[27] Como os *gadgets* e aplicativos, criam-se necessidades de novas opressões até então inexistentes para que pessoas sem autonomia de personalidade ainda não subjugadas pelo coletivo descubram a necessidade de serem oprimidas de um modo que jamais foram. Fundados numa renúncia à universalidade, Bourdieu reconhece as criações dessa natureza como *grupúsculos de vanguarda que funcionam como seitas nascidas da cisão e condenadas à cissiparidade*[28].

A depender da exegese constitucional, todos os dias, um novo grupo pode pleitear um novo tipo penal que torne crime a sua discriminação, salvo se opte, sabiamente, pela adoção de uma resposta abstrata e abrangente contra todo tipo de prática discriminatória e veiculadora de ódio, sem categorização das pessoas – e esse era o entendimento do STF construído em 2003 e, infelizmente, aniquilado em 2019.

aniversário. São Paulo: Quartier Latin, 2011, p. 321-345, no qual nossa Professora retorna a Aristóteles para esclarecer o que significa julgar com prudência e sapiência: "*Para determinar o caminho a ser seguido para a solução do conflito, Aristóteles responde que o homem capaz de agir com prudência é o homem culto, aquele que tem conhecimento e vivência para agir. Em outras palavras, o homem prudente é aquele que se dedica à descoberta do significado e do propósito da vida, é aquele que observa e procura entender tudo que acontece, sem se preocupar com o poder ou com a riqueza*".

[27] BOURDIEU, Pierre. *O poder simbólico*. 14. ed. Rio de Janeiro: Bertrand Brasil, 2010, p. 184.

[28] Idem, ibidem.

5. A especificação de preconceitos é uma forma de preconceito

Nas Democracias modernas, ideal seria que o Direito não privilegiasse categorias de pessoas ao conferir qualquer proteção contra práticas discriminatórias (todas as manifestações de discriminação e ódio, não importando se manifestados em razão da cor da pele, da orientação sexual, do próprio sexo, da condição física, da nacionalidade ou do contexto social). Assim é o texto constitucional; assim reconheceu o STF em 2003. Todavia, dezesseis anos mais tarde, a Corte parece ter esquecido.

Além de solucionar, em definitivo, a questão da discriminação e do ódio direcionados, uma legislação não taxativa quanto às hipóteses de racismo evita que uma nova classe pleiteie uma nova legislação específica e permaneça sem proteção efetiva durante décadas até que seja positivada a nova modalidade de preconceito. **Logo, a luta por uma legislação específica protetiva de determinado grupo só traz desvantagens e prejuízos ao próprio grupo interessado, pois:**

(i) não soluciona a discriminação, porque não educa (veja-se a questão do racismo étnico);

(ii) aumenta a discriminação espontânea (ódio/fobia), pois, com a chancela do Estado, desafia como provocação o agressor, que sente ter sido a sua "categoria", até então a *correta, normal e querida pelo próprio Deus que protegeu o Constituinte em 1988*, menosprezada, rebaixada oficialmente (ao mesmo tempo que ele entende, pelo contrário, que deveria ser glorificada – o que gera um duplo impacto negativo na sua percepção do acontecimento);

(iii) cria uma silenciosa *discriminação técnica* (*discriminação preventiva*) que pode refletir na queda de contratação da nova classe especificamente "protegida" por lei penal especial – no caso dos homossexuais e transexuais, essa diminuição na admissão laboral se daria como meio de evitar eventual posterior acusação de homofobia em qualquer circunstância, da promoção à dispensa injustificada (inclusive para contratantes ou empregadores homossexuais, uma vez que a militância identitária já enraizou o conceito de *homofobia internalizada*);

(iv) faz esconder o agente discriminador, impedindo sua imediata identificação para tomada das medidas cabíveis;

(v) oferece oportunidade legislativa para salvo-conduto de outros grupos identitários antagônicos (*v.g.*, o antagonismo identitário entre homossexuais e cristãos pentecostais);
(vi) fere a lógica e a segurança jurídica que existiria em uma lei abstrata, ampla e geral; e, por fim,
(vii) incentiva outros grupos a buscarem proteções específicas similares, cavando-se, assim, um fosso cada vez mais profundo entre os mais variados grupos sociais, afastando qualquer ideal de povo dentro do território estatal.

Acrescente-se a tais aspectos negativos o alongamento do já moroso (quando existente) processo penal por conta da criação de uma nova circunstância legal que aumentará as matérias de acusação e de defesa (ainda mais se tratando de matéria de foro íntimo do criminoso, ou seja, questão de maior dificuldade probatória) – sem contar que Código Penal brasileiro, como expusemos anteriormente, já traz a previsão do motivo torpe, no qual se inserem todas as formas de práticas discriminatórias, para o aumento de todas as penas.

A civilização não comporta discriminações pessoais nem discriminações entre discriminações que levam à institucionalização da defesa específica de determinada discriminação decorrente de motivo específico em detrimento das demais formas de discriminação (*discriminação privilegiada* que não passa de discriminação). Uma lei, por exemplo, que puna a discriminação de pessoas dentro de quesitos específicos (é o caso da lei brasileira sobre racismo que fala em cor, etnia, religião etc.[29]) é uma legislação discriminatória, já que rebaixa todas as demais modalidades de discriminação por preconceito não inseridas no texto da norma.

Inserir a proteção dos direitos da pessoa humana no corpo do ordenamento jurídico – realidade do direito constitucional brasileiro – é, tecnicamente, medida que legitima a exclusão ou adaptação de normas que prejudiquem certa população (discriminação explícita) ou, até mesmo, que privilegiem certa população (discriminação privilegiada ou implícita). Para que não padeça de antijuridicidade por discriminação explí-

[29] BRASIL. Lei 7.716, de 5 de janeiro de 1989, art. 1º: Serão punidos, na forma desta Lei, os crimes resultantes de discriminação ou preconceito de raça, cor, etnia, religião ou procedência nacional.

cita, nenhuma norma pode, no império do Direito, excluir nenhuma pessoa absolutamente capaz das suas obrigações, garantias e proteções que dela decorrem; ou seja, a norma é juridicamente desqualificada quando promover qualquer discriminação implícita (ou privilegiada), ou seja, beneficiar a população de maneira parcial, inclusive em questões atinentes ao combate à discriminação, punindo determinadas modalidades de discriminação e tolerando outras tantas. Uma lei de racismo que só puna o racista religioso ou étnico, antes de ser descartada do ordenamento, deve tornar-se uma lei que puna todo e qualquer ato de discriminação, independentemente do preconceito que o motiva; o mesmo raciocínio se aplica a disposições sobre o casamento: se a instituição existe, não pode ser privilégio de heterossexuais – no caso de normas proibitivas a homossexuais, estaremos diante de uma discriminação explícita.

Em outros termos, inserida a proteção dos direitos fundamentais universais da pessoa humana em um regime de direito, uma vez que a grandeza da personalidade inerente a todos os seres humanos, sem exceção, não é passível, em virtude da sua própria e intransponível natureza, de sofrer qualquer modulação e, em decorrência dessa premissa indelével, todos os seres humanos gozam de idêntica dignidade existencial e devem ser respeitados na mesma medida e tratados juridicamente com a mais absoluta igualdade independentemente de sexo, gênero, sexualidade, origem, credo, ideologia, características corpóreas, etnia etc. etc., será irremediavelmente incompatível com esse regime qualquer disposição normativa que, seja para impor uma obrigação (tratamento desvantajoso) seja para garantir uma proteção (tratamento vantajoso), exclua (discriminação explícita) ou privilegie (discriminação implícita) determinado grupo de indivíduos.

Portanto, nenhuma discriminação pode ser validada pelo ordenamento jurídico, exceto quando ela atenda ao chamado aristotélico de promover a igualdade entre desiguais, observando-se, neste caso, a extensão da desigualdade, que deve ser objetiva e logicamente fundamentada através da comprovação fática de que a população a ser privilegiada padece de indignidade por motivos alheios à sua vontade e que continuará indigna na ausência de determinada *desequiparação* normativa.

Por tudo isso, a militância LGBTQIAP+ foi, no mínimo, imprudente, pois, *desde 2003 (a partir do acórdão no Caso Ellwanger), a homotransfobia já era considerada crime de racismo no Brasil.*

A histórica decisão afastou, inclusive, a pertinência de qualquer defesa em benefício da liberdade de líderes religiosos para, em suas homilias e livros, por exemplo, continuarem a execrar os homossexuais, pois, pelo conceito de raça nela demonstrado e adotado, a homofobia já seria racismo – crime portanto. O entendimento se coaduna com a jurisprudência da Corte Europeia de Direitos Humanos: uma expressão, mesmo que religiosa, que apele à violência e ao ódio jamais pode ser admitida, ainda mais quando o pacto internacional relativo aos direitos civis e políticos proíbe e impõe que a lei nacional interdite as manifestações religiosas que impliquem em alguma forma de propaganda em favor da guerra ou apelem a um ódio nacional, racial ou religioso, que constituam uma incitação à discriminação, à hostilidade ou à violência.

À defesa das palavras como mera opinião a ser protegida e intocada em nome do direito fundamental à livre expressão do pensamento há de se contrapor o seguinte argumento: cada pessoa tem o mais absoluto direito de expressar sua opinião apenas sobre a própria vida e não sobre a de outro; mas sendo, nas palavras de Plutarco, delicado e difícil empreender a cura da tagarelice – "pois seu remédio, a palavra, é feito para aqueles que ouvem, e os tagarelas não ouvem ninguém, já que estão sempre falando" –, mesmo que a natureza não tenha protegido "nada com tanto cuidado em nós como a língua, diante da qual postou a guarnição dos dentes para que, se ela não obedecer às 'rédeas rutilantes' que o pensamento puxa para dentro e se não se contiver, nós possamos controlar sua incontinência mordendo-a até arrancar sangue"[30], deve-se tolerar a opinião no limite do seu potencial ofensivo.

Logo, a liberdade da expressão do pensamento, dentro ou fora do espectro religioso, não pode ser tutelada caso a palavra, escrita ou falada, e qualquer outro signo através do qual se expresse o pensamento atinjam, injustamente, outra pessoa que não o próprio tagarela, principalmente se o terceiro em nada tenha se intrometido na sua esfera pessoal direta ou indiretamente. Afinal, opinião também pode agredir e causar danos (e negar tal fato é negar a existência do dano moral e da sua *compensabilidade*). Se nem mesmo o direito fundamental à vida é absoluto

[30] PLUTARCO. *Sobre a tagarelice; Sobre a demora da justiça divina; Das doenças da alma e do corpo*. São Paulo: Landy Editora, 2008, p. 11.

numa hipótese ensejadora de legítima defesa, por que razão o seria o direito fundamental da liberdade religiosa ou de expressão?

Enfim, a militância LGBTQIAP+ deveria ter estudado um pouco mais, pois, tivesse, a partir de 2003, reagido juridicamente aos primeiros sinais de homotransfobia, bem como às primeiras negativas policiais de registro e investigação desses casos como crimes de racismo, certamente, há mais de uma década, já teria condenado muitos homotransfóbicos.

Mas prevaleceu a vaidade e a insistência em um crime específico que vai trazer desvantagens e prejuízos aos homossexuais e transexuais e uma grande vantagem aos religiosos homotransfóbicos, uma vez que, tendo decidido o STF, em 2019, que a aplicação do racismo para os casos de homotransfobia deve ser algo meramente subsidiário enquanto não exista lei específica, a militância descolou, mesmo que de maneira ficta, a natureza jurídica do racismo da natureza jurídica da homotransfobia, abrindo uma oportunidade para identitarismos religiosos antagônicos: o Congresso Nacional, manietado pela Bancada da Bíblia, já se preparou para o caso de se ver obrigado a legislar sobre o assunto e sobre como conseguir um salvo-conduto através do Projeto de Lei do Senado 672/2019 que visa alterar a Lei nº 7.716 – apesar de passar a mencionar, no *caput* do seu artigo 20, a expressão "orientação sexual ou identidade de gênero", deverá prever o seguinte:

> Não constitui crime a manifestação de opinião de qualquer natureza e por quaisquer meios sobre questões relacionadas a orientação sexual ou identidade de gênero, sendo garantida a liberdade de consciência e de crença, de convicção filosófica ou política e as expressões intelectuais, artísticas, científicas e de comunicação.

Mesmo que essa jogada legislativa fracasse, pelos termos da decisão do STF em 2019, continuará aberta a janela de oportunidade e possibilidades para distorção da proteção de homossexuais e transexuais contra práticas discriminatórias. Ademais, no advento da norma específica midiática e requerida pela militância, a homotransfobia não será, como é o racismo, crime inafiançável e imprescritível. Se a questão da homotransfobia se encerrasse conforme o acórdão Ellwanger, restando contida na definição constitucional de racismo (e não ao lado como coisa diversa), o resultado prático das condenações penais seria o mesmo e não haveria margem de manobra para grupos antagônicos. Portanto, mesmo com a futura aprovação do crime, os homossexuais e transexuais já perderam duplamente.

Em seu voto sobre a homotransfobia no acórdão de 2019, o Ministro Celso de Mello, que participara do julgamento do caso Ellwanger, por exemplo, citou o Professor Celso Lafer apenas uma única vez (na página 75 das suas 155 páginas) – e, não há dúvida, foi o parecer do Professor Lafer que definiu toda a linha argumentativa que fez prevalecer, em 2003, o conceito constitucional de racismo estendido (ou conceito social de racismo) –, fazendo transparecer que o STF, em 2019, tomava uma decisão inédita quando, na verdade, não estava. Nesta oportunidade, os Ministros do STF esqueceram que o racismo já englobava a homofobia, a transfobia e qualquer outra espécie de ação preconceituosa.

A falta de técnica foi além: se o conceito de racismo já englobava a homotransfobia, não poderia, obviamente, existir omissão ou mora inconstitucional do Poder Legislativo; afinal, já existe lei que atenda o preceito constitucional invocado como não regulamentado e que possibilita o exercício pleno da cidadania aos homossexuais e transexuais. Esquematizamos para melhor compreensão:

(*a*) uma vez que homofobia e transfobia são práticas discriminatórias baseadas em preconceito ou ódio[31];

(*b*) considerando que, desde 2003, o STF entende que racismo compreende toda forma de ação discriminatória baseada em preconceito ou ódio contra indivíduo ou grupo social; e

[31] Quanto ao sentimento de ódio, v. ESPINOSA, Baruch de. *Breve tratado de Deus, do homem e do seu bem-estar.* Trad. Emanuel Angelo da Rocha Fragoso; Luís César Guimarães Oliva. Belo Horizonte: Autêntica, 2014, p. 104-105: Para o excomungado Filósofo, o ódio é uma inclinação a apartar de nós o que nos tenha causado algum mal, um sentimento do qual nasce a tristeza, que nos obriga a fugir da coisa odiada, ou, quando é muito grande, transmutando-se em ira, nos faz querer destruí-la; nasce dele também a inveja, que se transforma em aversão a desembocar em nova tristeza, haja vista se tratar, na realidade, do privar-se de uma coisa que, sendo existente, deve ter sua essência e sua perfeição. Portanto, "se nos servimos bem de nossa razão, não podemos ter nenhum ódio nem aversão contra algo porque, ao fazê-lo, nos privamos da perfeição que há em todas as coisas".

(*c*) já existindo, no ordenamento pátrio, normas que criminalizam e punem ações racistas, que, por definição constitucional, são todas as formas de práticas discriminatórias nas quais se incluem as práticas homofóbicas e transfóbicas;

(*d*) é errado dizer que não exista previsão legal que proteja as vítimas de homotransfobia; e

(*f*) porque já existe lei que atenda tal pretensão, carece de qualquer sentido dizer que exista mora ou omissão do legislador no seu dever de legislar (comando constitucional a cuja inobservância a própria Constituição combate via ação direta de inconstitucionalidade por omissão ou mandado de injunção previstos, respectivamente, nos seus artigos 103, § 1º, e 5º, LXXI).

Se, por um lado, inexiste expresso programa constitucional para defesa legislativa específica da sexualidade, por outro, da mesma forma que o comando "cair" é decorrência silenciosa e natural da lei gravitacional, diversidade sexual e identidade de gênero decorrem, obrigatória e inevitavelmente, da lei constitucional; negar esses temas tornaria o reconhecimento da dignidade da pessoa humana tão inútil quanto negar a queda gravitacional na Terra. Logo, além da ausência de necessidade, definir a pauta do Poder Legislativo nessa matéria e, mais que isso, dizer qual deve ser o resultado da votação nessa pauta, é clara e inescusável interferência do Judiciário em outro Poder, desequilibrando e ferindo a tripartição exigida pela República.

O Poder Judiciário, mais uma vez, estendeu a mão à população LGBTQIAP+. É por obra do STF que homossexuais podem se unir em matrimônio ou terem reconhecidas suas relações familiares. Contudo, no caso da homotransfobia, não fosse a preocupação populista, a conclusão dos Ministros dessa Corte poderia ter sido mais técnica: bastava reconhecer inexistir qualquer omissão inconstitucional legislativa, pois a homotransfobia já está, desde 2003 pelo menos, contida no racismo (afinal, têm a mesma natureza jurídica) e, portanto, já era crime – e fazer daí, talvez, uma Súmula Vinculante.

6. A discriminação como abuso da liberdade

Bobbio ensina que, da finalidade visada pela busca do fundamento, nasce a ilusão do fundamento absoluto. Tal ilusão vai tomando corpo à medida que se acumulam argumentos e está pronta quando se crê descobertos razão e argumento de tal forma irresistíveis que ninguém poderia recusar a eles sua própria adesão. A partir daí, para o iludido, o fundamento último não pode mais ser questionado e quem resistir a ele deve ser posto fora da comunidade das pessoas racionais. Assim é que muitos direitos, os mais diversos entre si e até mesmo os menos fundamentais, foram subordinados à generosa e complacente natureza do homem[32].

Embora ainda inspire "paixões ardentes", Orlando Gomes sempre advertiu que "o pensamento de que existem leis eternas e imutáveis, a que se devem subordinar as regras jurídicas, em todos os tempos e latitudes", foi profundamente abalado pela revolução científica que abriu "novas clareiras ao espírito humano"[33]. Tal pensamento, "insculpido na mente humana como substrato do senso de justiça" é sedutor "por sua simplicidade", mas não basta para ser válido[34].

As liberdades garantidas na Constituição da República, todas elas – de expressão, religiosa e artística por exemplo – são, obviamente, direitos. Mesmo que o direito das liberdades tenha a natureza de direito fundamental, é um direito e, se pudéssemos definir Direito em uma só palavra, ela seria limite.

Definir as possibilidades contidas no direito das liberdades é tarefa sempre incompleta (ou inútil) e, dado não ser de nosso interesse ficar, como os cegos hindus, apalpando um elefante, interessa-nos dizer que as liberdades são, essencialmente e sempre, ilimitadas. Não fossem, não seriam liberdades.

Por sua vez, a expressão "direito das liberdades" não tem a mesma essência da palavra "liberdade". Se o Direito é limite, falar em "direito das liberdades" é dizer "permissão para tudo dentro dos limites", pois, quando essa "permissão para tudo" cai nas graças do agente limitador, o legislador, é certo que, não tendo sido ela o *fiat lux* do ordenamento jurídico, já estejam estabelecidos limites, ou seja, outros direitos dentro do

[32] BOBBIO, Norberto. *A era dos direitos.* Trad. Nelson Coutinho. Rio de Janeiro: Elsevier, 2004, p. 36.

[33] GOMES, Orlando. *Raízes históricas e sociológicas do Código Civil brasileiro.* 2. ed. São Paulo: Martins Fontes, 2006, p. 91.

[34] Idem, ibidem, p. 93.

Direito e com os quais deverá conviver e se desenvolver em harmonia, cabendo lembrar, por fim, que esses limites identificados externamente podem ser alterados, no que muda, restringindo-se ou se expandindo, o espaço de "passeio" das liberdades positivadas (mesmo que constitucionalmente garantidas em cláusulas pétreas).

Desse modo, dizer que direito das liberdades é o direito de exteriorizar o sentimento (religioso, artístico ou as próprias convicções), que se confunde com a autonomia da vontade (essencial e absolutamente livre), equivale à afirmação de que o sentimento só pode extrapolar os limites da reserva mental porque o Direito assim estabeleceu, que a experimentação social das liberdades se deve ao Direito e, portanto, o direito das liberdades, por ser parte do Direito, é o próprio Direito – mas não todo o Direito. Somente a dimensão interna, subjetiva, desse direito das liberdades é algo absoluto e não suscetível de restrição, haja vista que a reserva mental, em qualquer caso, é a última e, até o momento e a depender do desenvolvimento das Neurociências, intransponível barreira de que dispõe o indivíduo e onde, como Álvaro de Campos, podemos sentir tudo de todas as maneiras, ter todas as opiniões, ser sinceros contradizendo-nos a cada minuto, desagradar a nós próprios pela plena liberdade de espírito, ir para a cama com todos os sentimentos, ser *souteneur* de todas as emoções e trocar olhares com todos os motivos de agir[35].

Portanto, o direito das liberdades é como uma célula que, no corpo animal, coabita com incontáveis outras células e, caso sua mitose se acelere e vá além dos limites estipulados para o conjunto, torna-se câncer e prostra todo o corpo. Tal como a mitose é fundamental para a célula no corpo, a liberdade é fundamental para o indivíduo no Estado Democrático de Direito. Contudo, tanto o corpo humano quanto o Estado, para que não padeçam e morram, devem combater o anormal aceleramento e manter dentro de certos padrões, respectivamente, as mitoses e as liberdades.

Insistimos: qualquer direito de liberdade será sempre a possibilidade de fazer tudo o que quisermos dentro dos mutáveis limites (fatores exógenos) do Direito, o todo do qual faz parte e sob o qual se assenta. Seja pela possibilidade de colisões, seja pelo evolver da sociedade, oportuna a

[35] Fernando Pessoa, Passagem das horas, in *Poemas de Álvaro de Campos*, disponível em: <http://www.dominiopublico.gov.br/download/texto/pe000010.pdf>, acesso em: 10 nov. 2017.

observação de Giuseppe Capograssi: "na última fase da vida jurídica e do pensamento jurídico, manifesta-se uma viva e quase irresistível tendência de não desvalorizar aquela que é a norma legal, tomada na sua significação de comando, mas de adequar a norma legal à realidade da vida jurídica."[36]

Adequar-se, portanto, é também expressão da vida dos direitos, havendo até mesmo quem defenda, como Ronald Dworkin, que um direito abstrato pode ser invalidado quando concorrer com outros interesses importantes, grandes o suficiente e de impacto muito forte, independentemente de qualquer questão acerca de direitos concorrentes[37].

Observemos, ainda, considerando uma liberdade selvagem, que, se o sujeito pretende preservá-la, ele deve, obviamente, preservar também a sua integridade física, sua saúde, sua vida. Então, se o gozo dessa liberdade ao natural encontra os seus limites na Natureza, o direito da liberdade os encontra no Direito. Assim e sempre, quer na selva quer na civilização, não pode haver liberdade que perdure sem responsabilidade, de modo que a inobservância de qualquer limite finaliza a experimentação da liberdade: da mesma forma que é inútil ao selvagem que, desafiando os limites impostos pela Natureza, pulou de um penhasco dizer que é livre para pular novamente na manhã seguinte, não é razoável que alguém, tendo publicado uma mensagem racista, possa tornar a fazer o mesmo.

Por mais fundamentais que sejam quaisquer das liberdades elencadas e garantidas constitucionalmente, elas, sem exceção, encontrarão limites exógenos mutáveis no ordenamento jurídico dentro do qual se inserem e, em razão deles, sofrerão restrições de gozo – mesmo que não expressamente previstos no texto constitucional, porque se trata, conforme Jorge Reis Novais, de "um problema estruturalmente avesso a soluções fechadas e definitivas"[38]. Nesse sentido, a lição de Konrad Hesse:

> o Direito Constitucional depende das ciências da realidade mais próximas, como a História, a Sociologia e a Economia.

[36] CAPOGRASSI, Giuseppe. *La vita etica.* A cura di Francesco Mercadante. Milano: Bompiani, 2008, p. 1045. (Tradução nossa)

[37] DWORKIN, Ronald. *Levando os direitos a sério.* Trad. Nelson Boeira. São Paulo: Martins Fontes, 2002, p. 473.

[38] NOVAIS, Jorge Reis. *As restrições aos direitos fundamentais não expressamente autorizadas pela Constituição.* Coimbra: Coimbra Editora, 2003, p. 31-35.

> Isso significa que o Direito Constitucional deve preservar, modestamente, a consciência dos seus *limites*. Até porque a força normativa da Constituição é apenas uma das forças de cuja atuação resulta a realidade do Estado. E esta força tem limites. A sua eficácia depende da satisfação dos pressupostos acima enunciados.[39]

Sob outro enfoque, podemos definir a liberdade como um direito fundamental através da oposição entre a liberdade da pessoa (ou liberdade racional) e a liberdade selvagem (ou irracional). Por se tratar de direito fundamental que é universal a todas as pessoas, a liberdade pessoal não existe para qualquer ação de desrespeito próprio ou ao outro – inclusive porque o Direito, também definido como intolerância à intolerância, não pode cogitar, por essência, de uma liberdade contra a liberdade que promova atos de intolerância. Esta liberdade somente não encontra limites no nosso pensamento (onde "residem" a consciência e a fé): convertida em ações (palavras, atos e omissões), para que seja garantida como direito fundamental, a liberdade racional não admite ações irracionais; é liberdade ilimitada dentro da razão, que impõe o dever do respeito à diversidade.

Mencionemos, a título de exemplo, o caso das entidades religiosas: nelas, infelizmente, não são incomuns opiniões e argumentos que desprestigiam as mulheres. Esse pensamento de natureza discriminatória para o Direito moderno e cuja origem se perde na noite dos tempos modulou, até meio século atrás, o próprio ordenamento jurídico. Se, antes da igualdade entre os sexos consagrada pela Constituição em vigor, a liberdade religiosa era garantia de discursos e exigências de subordinação feminina absoluta, inclusive para impedir o acesso da mulher ao mercado de trabalho ou obrigá-la ao ato sexual com seu marido todas as sextas-feiras mesmo que a contragosto, a partir de 1988, essas mesmas exigências, fossem centenárias ou milenares, passaram a promover (ao menos teoricamente) o aniquilamento dessa mesma liberdade.

Ainda hoje, apesar do triunfo constitucional da igualdade dos sexos e dos tipos penais que condenam a discriminação, há quem defenda que as entidades religiosas, por serem privadas e frequentadas espontâ-

[39] HESSE, Konrad. *A força normativa da constituição*. Trad. Gilmar Ferreira Mendes. Porto Alegre: Sergio Antonio Fabris, 1991, p. 26.

nea e voluntariamente por pessoas que se refletem numa determinada multividência e que podem, sempre que o desejarem, abandoná-las, não podem ser responsabilizadas por discurso discriminatório contra as mulheres. Mas nem sempre é assim: muitas vezes, na prática, é inútil falar em voluntariedade para refutar a discriminação confessional, sendo quimera quando a mulher – mesmo que, da boca pra fora, alegue ser essa a sua vontade[40] – for dependente econômica e socialmente do chefe da família e, mais ainda, quando não tiver instrução e qualificação para buscar sustento fora do lar e da comunidade – o que se agrava se a ela foi negada a educação secular e se nunca trabalhou (realidade comum a muitas mulheres muçulmanas e judias ultra ortodoxas).

A mesma ponderação para o exame do fim da liberdade e início da discriminação na esfera religiosa deve ser feito com relação aos discursos que envolvem a sexualidade, desde aqueles que pregam que o sexo só pode ser feito dentro do matrimônio e para fins de procriação até os que abordam as relações homossexuais e outros aspectos da sexualidade ou identidade de gênero: nem sempre a crítica teológica aos grupos LGBTQIAP+ pode ser confundida com incitação à violência ou discurso homotransfóbico. Ao falar de sexualidade, identidade e orientação sexual, o discurso religioso não pode intimidar e prejudicar o desenvolvimento psicossocial saudável dos envolvidos. Aversão, ostracismo e abnegações podem, aliás, implicar em dano extrapatrimonial mais grave, o dano existencial – um dano que ultrapassa prejuízos à integridade psicofísica, pois conturba, quase que de forma definitiva, o cotidiano da pessoa, que é levada a escolhas que aniquilam a realização de sua personalidade. Ou seja, o discurso religioso pode não as aceitar como corretas e desejadas, mas nunca pode satanizá-las, interessando adotar como

[40] O problema é ilustrado com clareza na festejada literatura distópica de Margaret Atwood ao falar da fictícia República de Gilead, um Estado totalitário, teocrático e fundamentalista cristão, surgido em território que compunha outrora os Estados Unidos da América e no qual as mulheres, agora propriedades governamentais às quais era proibido ler – restando-lhes o direito de rezar –, só tinham função de procriar: paradas duas de suas cidadãs pelo intérprete dos turistas japoneses "ocidentalizados", são por ele perguntadas se são felizes. Feito o silêncio, Offred, a protagonista, raciocina consigo mesma que "às vezes é igualmente perigoso não falar" e, sem outra opção de resposta, mente: "Sim, somos muito felizes". (ATWOOD, Margaret. *O conto da aia*. Trad. Ana Deiró. Rio de Janeiro: Rocco, 2017, p. 41)

ponto de equilíbrio o conceito neotestamentário de "falar a verdade com amor" (Carta aos Efésios 4,15).

Em suma, para que exista vida em sociedade, para que se imponha uma civilização por mais incivilizado que seja o elenco, imperioso que tudo tenha limite: não há espaço para agressões físicas, verbais ou qualquer forma de discriminação ou incitação ao ódio sob qualquer pretexto. Toda liberdade garantida pelo Direito, por mais fundamental e sagrada que seja, deixa de ser juridicamente tutelada e se transforma em ato ilícito quando exercida de forma abusiva – e, *no exercício de qualquer direito, o abuso se revela quando, desse exercício, não se verifica nenhum proveito objetivo ao seu titular, mas, tão somente, prejuízo material ou moral a qualquer outra pessoa ou coletividade*[41].

7. O identitarismo como abuso da diversidade

Alegando exercício legítimo do direito à diversidade – direito expressamente enaltecido no parecer do Professor Lafer para o Caso Ellwanger –, as militâncias identitárias têm, contudo, prejudicado o próprio direito que sustentam. *Mutatis mutandis*, agem da mesma maneira daqueles que abusam do direito das liberdades e transformam, consequentemente, um ato lícito garantido pelo Direito em ato ilícito que deve ser reprimido sob o risco da pavimentação de uma estrada de mão única que sai da sociedade com destino às tribos.

Cumpre esclarecermos que *identitarismo* não se confunde com *identidade*. O *identitarismo* resultado de um desvio político-partidário no curso do debate acerca da *multiculturalidade* na pauta das políticas de Estado, uma questão levantada na Inglaterra no apagar das luzes da década de 1960 – e, talvez, nem tivesse ali aparecido ou, uma vez ocorrido, poderia ter se desenvolvido de maneira mais razoável, sem que acabasse corrompida em *multiculturalismos* e confundida, assim, com o *identitarismo* (ou *militância identitária*) – como pronta reação acadêmica ao desastroso discurso de Enoch Powell, então membro do Parlamento pelo Partido

[41] Sem correspondência na codificação revogada (embora sempre aceito por maior parte da doutrina), o Código Civil em vigor dispõe, no seu artigo 187, sobre o abuso do direito, que é ato ilícito identificado quando o titular de qualquer direito, ao exercê-lo, excede manifestamente os limites impostos pelo seu fim econômico ou social, pela boa-fé ou pelos bons costumes.

Conservador, apresentado durante uma reunião em Birmingham em 20 de abril de 1968. Nesse discurso conhecido como *Rivers of Blood* (*Rios de Sangue*), Powell parte de dois relatos que recebera – não se sabe se reais ou anedóticos, mas ambos de conteúdo racista – para convocar seus pares à missão de estancar a onda de imigrações e promover o máximo de deportações sob o risco de, não o fazendo, testemunharem o Reino "acender a sua própria pira fúnebre", encerrando-o com as seguintes palavras: "como o Romano, eu pareço enxergar 'o Rio Tibre espumando com muito sangue.'"[42]

O *identitarismo* é movimento político-social divorciado de uma genuína luta pela identidade – embora se apresente como luta pela identidade, trata-se de uma identidade aparente, partidariamente engendrada, pois propugna, na realidade, pela quebra da verdadeira identidade pessoal, que é naturalmente personalíssima, humanamente individual, pretendendo vê-la dissolvida e substituída por um cardápio extenso de muitas identidades artificiais e enganadoramente personalíssimas criadas (e ininterruptamente criáveis) com o pretexto da diversidade (como se características diferenciais fossem os fatores determinantes da pessoalidade, quer dizer, a identidade pessoal decorresse dos traços e maneiras diferenciais que identificam cada grupo militante – e não o inverso, ou seja, a diversidade como atributo que é da identidade pessoal).

Em outras palavras, *o identitarismo, derivado da identificação e não da identidade*, promove uma alteração quase que imperceptível do conceito de diversidade: de algo que promove a individualidade por caracterizar a personalidade (que é identidade que tem começo e fim no próprio indivíduo) para um elemento anterior que moldaria a própria personalidade (a identificação da identidade dentro do rol apresentado pela militância, que o cria a partir de bases alegadamente "científicas" – tão "científicas" quanto o fundamento racial de Gobineau[43]). Movimentadas e emba-

[42] POWELL, Enoch. *Speech delivered to a Conservative Association meeting in Birmingham on April 20 1962*. Disponível em: < http://www.telegraph.co.uk/comment/3643823/Enoch--Powells-Rivers-of-Blood-speech.html>. Acesso em: 18 out. 2017. (Tradução nossa)

[43] Nesse sentido, ARENDT, Hanna, *Il razzismo prima del razzismo*, cit., p.42. Esclarece a Autora que Gobineau se gabava de ter fundamentado sua teoria racial nas Ciências Naturais, por ter descoberto "na lei natural do desenvolvimento de todos os eventos, a redução de todas as expressões espirituais e fenômenos culturais a algo 'que, graças a uma ciência

ralhadas, sutilmente, as balizas da matéria, o identitarismo obnubila o tema para fazer prevalecer o insustentável equívoco de que o direito à diversidade é anterior à própria personalidade individual.

Por seu turno, o *direito à identidade* é decorrência natural dos direitos da personalidade e pressuposto necessário (porque é elemento constituinte essencial e insubstituível) da dignidade da pessoa humana. Segundo a Professora Maria Cristina de Cicco, "traduz o direito de ser si mesmo compreendido como o conjunto de características físicas, convicções religiosas, ideológicas e morais que servem para individualizar e distinguir as pessoas perante o meio social"[44], de modo que, falar em *direito à identidade* – e o poético pensamento de Alain Supiot afirma que "(v)incular um significado a si mesmo e ao mundo é vital para não soçobrar no absurdo"[45] – é falar em direito à diversidade, um direito que informa a liberdade que os indivíduos têm para expressar a sua identidade e desenvolver sua existência nos planos individual, este sempre mais amplo conforme a ética (que é, para Bernard Williams[46], pessoal e informa respeito e responsabilidade para consigo mesmo), e coletivo, no qual existem as balizas da responsabilidade moral (que informa o respeito pelo outro).

O raciocínio filosófico de Ronald Dworkin é bastante didático e elucidativo acerca do caráter fundamental do *direito à diversidade*. Ao tratar da *dignidade*, ideal concretizado apenas quando uma pessoa *vive bem*, Dworkin apresenta e justifica a contento dois requisitos essencialmente

exata, os nossos olhos podem ver, os nossos ouvidos ouvir e as nossas mãos tocar'." (Tradução nossa)

Destacamos também a opinião de SUPIOT, Alain. *Homo juridicus*: ensaio sobre a função antropológica do Direito. Trad. Maria Ermantina de Almeida Prado Galvão. São Paulo: Martins Fontes, 2007, p. 46-48. Ao tratar do identitarismo ("discursos delirantes"), que, em França, chegou a propor o "direito de ser louco", classifica-o como uma diversificada e diversificável continuação da "reviravolta revolucionária do jurídico e do científico, que foi a marca dos totalitarismos do século XX".

[44] CICCO, Maria Cristina de. O novo perfil do direito à identidade pessoal: o direito da diversidade. In CICCO, Maria Cristina de; MENEZES, Joyceana de; RODRIGUES, Francisco Luciano Lima. *Direito Civil na legalidade constitucional*: algumas aplicações. Indaiatuba: Foco, 2021, p. 249.

[45] SUPIOT, Alain. *Homo juridicus*, cit., p. VII.

[46] WILLIAMS, Bernard. *Moral*: uma introdução à ética. Trad. Remo Mannarino Filho. São Paulo: Martins Fontes, 2005.

necessários para que ela seja, de fato, alcançada. Esses dois requisitos, assim, são tratados como dois princípios éticos sem os quais é impossível *viver bem*: (*i*) o princípio do *respeito próprio*, que informa que cada pessoa, individualmente, "deve levar sua própria vida a sério: tem de aceitar que é importante que a sua vida seja uma realização bem sucedida"; e (*ii*) o princípio da *autenticidade*, pelo qual cada um "tem a responsabilidade especial e pessoal de criar essa vida por meio de uma narrativa ou de um estilo coerente que ela própria aprova"[47].

Logo, o *direito à diversidade* é expressão do princípio ético da *autenticidade*, um princípio informador da *dignidade da pessoa humana* e que só pode ser verdadeiramente observado pelo titular desse direito quando é exercido de acordo com o princípio anterior do *respeito próprio*, de forma que a pessoa até pode pensar, por exemplo, que a admissão de tradições religiosas ou comandos de uma militância sejam o caminho certo para sua vida, o seu *bem viver*, mas, adverte Dworkin, "isso deve ser o que *ela* pensa, e não porque os outros exijam que viva desse modo."[48] Afinal, ensina-nos o Professor Celso Lafer, "(a) capacidade de pensar por conta própria não pode ser inibida pela lealdade."[49]

É na qualidade de titular do direito à diversidade que a pessoa, respeitando-se e valorizando-se como indivíduo autônomo, pode rumar àquilo que o poeta Matthew Arnold[50] denominou *best self*, porque, conforme a lição de Schiller, cada pessoa, individual e exclusivamente, carrega consigo uma pessoa ideal, o arquétipo de um ser humano que é somente seu e, por este motivo, cabe somente a cada um, individualmente, a responsabilidade pela tarefa de se harmonizar com essa unidade ideal[51].

Em suma, a cultura da diversidade – que é, nas palavras do Professor Lafer, "ingrediente constitutivo da condição humana a ser respeitado e tutelado"[52] – e dos direitos nos quais ela se manifesta devem impedir, conforme Stefano Rodotà, que escolhas pessoais sejam refutadas ou

[47] DWORKIN, Ronald. *Justiça para ouriços*, cit., p. 210-211.

[48] Idem, ibidem, p. 211-212.

[49] LAFER, Celso. *A reconstrução dos direitos humanos*, cit., p. 244.

[50] ARNOLD, Matthew. *Culture and anarchy*. London: J. Dover Wilson, 1960, p. 95.

[51] SCHILLER, Friedrich. *On the aesthetic education of man*. Oxford: Clarendon Press, 1967, p. 17.

[52] LAFER, Celso. *A reconstrução dos direitos humanos*, cit., p. 255.

estigmatizadas, situações que privam qualquer pessoa da dignidade[53]. Todavia, o Consentino alerta, expressamente, sobre o perigo do *identitarismo*, pois, mesmo se apresentando como defensor de uma escolha *diversa*, sua *diversidade* é reduzida a um esquema identitário impositivo, que tira do indivíduo o poder de construção da sua própria diversidade ao forçar que seu caminho siga uma só estrada quando o itinerário é, na verdade, multiforme[54].

Dessa maneira, o militante identitário, qualquer que seja (em matéria de sexo, sexualidade, gênero, religião ou política), tem sempre o mesmo objeto; sua pauta tem sempre a mesma natureza, idêntica dinâmica, igual estética: na esteira do pensamento de Levinas[55], ao mesmo tempo que a fundamentação do pluralismo não congela no isolamento os termos que constituem a pluralidade, ela os exclui da totalidade que os absorveria, deixando-os à mercê do comércio ou dos conflitos, já que promove tão somente o isolamento da categoria identitária "como deuses epicurianos, que vivem nos interstícios do ser ou como os deuses imobilizados no meio tempo da arte", ou seja, *estátuas que se olham com olhos vazios*[56].

Longe de humanizar a diversidade, a ação é, no fundo, desumanizadora na medida que afasta sua "clientela" da essência humana, que está além de todo atributo, reduzindo-a ao elemento identificador dentro do seu recorte e, por fim, subordinando a finalidade de suas vidas ao argumento fundamental heterodoxo, arbitrário e comunitário (violência simbólica). Assim, a subordinação radical da essência humana à finalidade do grupo é a realidade que se esconde nas demandas identitárias que só fazem anular a humanidade do seu público reificado a partir da intencional manipulação e amplificação de diferenças "espontâneas" de estilos de vida – um processo que passa a exigir o *status* de diferença natural para esses recortes artificiais (num sentido involutivo que permitirá até mesmo a volta da cogitação de *raças humanas*) obtidos através daquilo que Weber já denominava *stilisierung des lebens* (*estilização das vidas*)[57].

[53] RODOTÀ, Stefano. *Il diritto di avere diritti*. Roma: Laterza, 2015, p. 204.

[54] Idem, ibidem, p. 310.

[55] LEVINAS, Emmanuel. Totalidade e Infinito, 3. ed., Lisboa, 70, 2020.

[56] Idem, ibidem, p. 217.

[57] WEBER, Max. *Wirtschaft und Gesellschaft*. 5. ed. Tübingen: Mohr Siebec, 2002, p. 93 (tradução nossa).

O direito à diversidade é também corrompido quando embala as minorias através do chamado *lugar de fala*, que, explica Bourdieu, não passa de estratégia discursiva, cuja finalidade é produzir uma aparência de objetividade que esconda a real dinâmica das relações de força simbólicas que se manifestam na interação em forma de estratégias retóricas, de modo que garantam a hegemonia do discurso ao conferir uma fachada de naturalidade às determinações arbitrárias sobre os legitimados à palavra, ao corte dela, ao questionamento, à fuga da resposta, às interrupções e às interrupções das interrupções etc[58]. Bourdieu chama essa disciplina para a unanimidade de *adestramento*[59], pois ela demanda cumplicidade e compromisso com regras de submissão forçada ou eletiva que os próprios agentes introduzem no corpo da militância, haja vista o fato inescapável dela ser apenas mais um entre muitos sistemas de defesa coletivos que lutam por monopólio ou destaque dentro de um universo no qual seus *clientes* são sempre potenciais *concorrentes*.

Disso decorre ser toda tentativa de deslegitimar o discurso daqueles que estão fora do recorte identitário outro fenômeno do abuso do direito à diversidade, pois fere o direito das liberdades – da mesma forma que o abuso do direito das liberdades fere o direito à diversidade quando busca legitimar a discriminação. Entretanto, o abuso do direito à diversidade também é prejudicial ao próprio direito à diversidade: é o caso de toda luta por normas específicas que protejam categorias específicas e limitem, consequentemente, a diversidade, porque discrimina outras categorias não mencionadas pela norma (o que foi consentido pelo STF em 2019 em descompasso com o seu histórico entendimento de 2003).

Conclusões

O racismo está para a liberdade da mesma maneira equivocada que o identitarismo está para a diversidade. Liberdade e diversidade são bens jurídicos fundamentais e qualquer um que pretenda reclamar o racismo como expressão da liberdade e a imposição identitária como direito à diversidade está, na verdade, agindo abusivamente com relação a esses

[58] BOURDIEU, Pierre. *O poder simbólico*, cit., p. 158.

[59] Idem, ibidem, p. 199.

bens. E, porque são práticas abusivas, são atos ilícitos; porque são ilícitos, devem ser reprimidos pelo Direito.

De tudo o que apresentamos, revela-se que, atualmente, a incompreensão de direitos fundamentais como o direito das liberdades e o direito à diversidade – direitos indispensáveis e sem os quais não é possível a realização da dignidade da pessoa humana – que, lamentavelmente, têm sido exercidos de maneira abusiva e levam, invariavelmente, a pressões políticas que resultam em verdadeiros privilégios (algumas vezes apenas aparentes, porque, na prática, resultam em desvantagem e, decerto, resvalam em discriminação), fomentam uma verdadeira guerra de normas desnecessárias que afastam o ordenamento do ideal sistêmico, bem como geram impasses às vezes insuperáveis para a satisfação do próprio direito que se quis garantir.

Na qualidade de sistema, o Direito deve ser um conjunto coerente, harmônico e unitário, o mais abstrato possível, de normas coordenadas e coerentes entre si (como se fossem engrenagens de um motor hábil a funcionar em qualquer lugar ou situação). E sendo assim o ordenamento ideal – e uma vez que a realidade, nem um pouco estática e longe de ser ideal, é dinamistíssima e composta por fatos muitas vezes imprevisíveis –, outro não poderia ser o método de pensamento jurídico condizente: harmonizar com *uma coisa muito importante* as *muitas coisas que se sabe.*

Arquíloco, poeta grego, dizia que *a raposa sabe muitas coisas e, o ouriço, uma coisa muito importante*[60]. A partir dessa frase, Isaiah Berlin passou a classificar escritores e pensadores como ouriços (de perspectiva centrípeta, já que tudo remetem a uma visão unitária e coerente, a qual operam como um projeto organizador fundamental) ou raposas (entregues à força centrífuga, interessam-se por coisas várias e perseguem múltiplos fins e objetivos de interconexão nem óbvia nem explícita)[61].

Ao mesmo tempo que a dicotomia apresenta risco de simplificação, ela traz elementos valiosos; é o que nos ensina o Professor Lafer a partir da obra de Hanna Arendt, pensadora que é tanto ouriço quanto raposa: um ouriço no diagnóstico e na avaliação e, simultaneamente, uma raposa na sua percepção da realidade, de maneira que, assim, é capaz de per-

[60] BERLIN, Isaiah. *The hedgehog and the fox*: an essay on Tolstoy's view of history. Chicago: Ivan R. Dee Publisher, 1993, p. 3.

[61] LAFER, Celso. *A reconstrução dos Direitos Humanos*, cit., p. 19.

ceber o perigo da ruptura de uma coisa muito importante (porque é ouriço) sem deixar de compreender as muitas outras coisas (porque é raposa). Consequentemente, o pensamento arendtiano é permeado de juízos reflexivos e *raciocinantes*, que são esforços de mediação entre o particular e um universal fugidio[62] com o objetivo de evitar um novo estado totalitário de natureza e assegurar um mundo comum, diverso e plural[63] - elementos que, incompatíveis ao ambiente centrípeto, só têm chance de surgir e vingar em "mundo centrífugo, que permita ao homem vários fins e caminhos"[64].

Saber de uma coisa muito importante sem ignorar outras muitas coisas é, sem dúvida, qualidade indispensável ao nosso tempo - tempo no qual os ouriços correm risco de extinção e as raposas muitas coisas sabem e querem, mas delas pouco (ou nada) entendem. Só o velho ouriço é capaz de esclarecer à raposa deste terceiro milênio que todas as muitas coisas que ela sabe guardam relação, de natureza e importância, com aquela coisa muito importante que ele sabe; quer dizer: o ouriço sabe integrar (e não existe verdade sem integração[65]). De igual maneira, o ouriço é suficientemente sensível para perceber quando as raposas abusam daquilo que dizem saber - e, longe dele, condenam-se ao falso triunfo das vitórias aparentes que, provavelmente, revelar-se-ão derrotas.

Especificar diversidades e liberdades através de normas específicas é o mesmo que produzir, respectivamente, discriminação e escravidão. Se a diversidade é tão conceitualmente infinita quanto é a liberdade, quando qualquer elemento ou hipótese dentre os infinitos elementos ou hipóteses desses valores é recortado e recebe tratamento especial, os próprios valores da diversidade e da liberdade restam aniquilados, porque, ao definir o indefinível, a norma delimita essências nada delimitáveis - criando uma liberdade e uma diversidade sem essência, desnaturada.

Por derradeiro, destacamos que o mau emprego do direito das liberdades e do direito à diversidade tem resultado em alarmante retrocesso e vulgarização também do princípio da igualdade, uma vez que corporações, grupos e setores sociais preconceituosos (bradando "Liberdade!")

[62] Idem, ibidem, p. 20-28.

[63] Idem, ibidem, p. 272.

[64] Idem, ibidem, cit., p. 251.

[65] DWORKIN, Ronald. *Justiça para ouriços*, cit., p. 17.

ou ressentidos (gritando "Diversidade!") clamam por uma isonomia que trata, nas palavras do Professor Manoel Gonçalves Ferreira Filho, "desigualmente os desiguais, o que enseja a contínua descoberta de desigualdades a serem corrigidas..."[66] E, portanto, sempre faltará uma engrenagem na estrutura jurídica – e o ordenamento jamais será sistema nem justo será nosso Direito.

Referências

ARENDT, Hannah. *Il razzismo prima del razzismo*. Trad. Massimo De Pascale. Roma: Castelvecchi, 2018.

ARNOLD, Matthew. *Culture and anarchy*. London: J. Dover Wilson, 1960.

ATWOOD, Margaret. *O conto da aia*. Trad. Ana Deiró. Rio de Janeiro: Rocco, 2017.

BERLIN, Isaiah. *The hedgehog and the fox*: an essay on Tolstoy's view of history. Chicago: Ivan R. Dee Publisher, 1993.

BOBBIO, Norberto. *A era dos direitos*. Trad. Nelson Coutinho. Rio de Janeiro: Elsevier, 2004.

BOITEUX, Elza Antonia Pereira Cunha. Variações sobre o conceito de equidade. In ADEODATO, João Mauricio; BITTAR, Eduardo C. B. (Coord.). *Filosofia e Teoria Geral do Direito*: estudos em Homenagem a Tércio Sampaio Ferraz Júnior por seu septuagésimo aniversário. São Paulo: Quartier Latin, 2011, p. 321-345.

BOURDIEU, Pierre. *O poder simbólico*. 14. ed. Trad. Fernando Tomaz. Rio de Janeiro: Bertrand Brasil, 2010.

CAMPOS, Roberto. *A Constituição contra o Brasil:* ensaios de Roberto de Campos sobre a constituinte e a Constituição de 1988. Org. Paulo Roberto de Almeida. São Paulo: LVM Editora, 2018.

CAPOGRASSI, Giuseppe. *La vita etica*. A cura di Francesco Mercadante. Milano: Bompiani, 2008.

CASTELLS, Manuel. *Networks of outrage and hope*: social movements in the internet age. 2. ed. Cambrige: Polity Press, 2015.

CENDON, Paolo; ZIVIZ, Patrizia (A cura di). *Il danno esistenziale:* una nuova categoria della responsabilità civile. Milano: Giuffrè. 2000.

CICCO, Maria Cristina de. O novo perfil do direito à identidade pessoal: o direito da diversidade. In CICCO, Maria Cristina de; MENEZES, Joyceana de; RODRIGUES, Francisco Luciano Lima (Coord.). *Direito Civil na legalidade constitucional*: algumas aplicações. Indaiatuba: Foco, 2021, p. 240-255.

[66] *Curso de Direito Constitucional*, 41. ed., Rio de Janeiro, Forense, 2020, p. 248.

DWORKIN, Ronald. *Levando os direitos a sério*. Trad. Nelson Boeira. São Paulo: Martins Fontes, 2002.

______. *Justiça para ouriços*. Trad. Pedro Elói Duarte. Coimbra: Almedina, 2016.

ESPINOSA, Baruch de. *Breve tratado de Deus, do homem e do seu bem-estar*. Trad. Emanuel Angelo da Rocha Fragoso; Luís César Guimarães Oliva. Belo Horizonte: Autêntica, 2014.

FERREIRA FILHO, Manoel Gonçalves. *Curso de Direito Constitucional*. 41. ed. Rio de Janeiro: Forense, 2020.

GOMES, Fabrício Vasconcelos; SALVADOR, João Pedro Favaretto; LUCCAS, Victor Nóbrega (Coord.). *Discurso de Ódio*: desafios jurídicos. São Paulo: Almedina, 2020.

GOMES, Orlando. *Raízes históricas e sociológicas do Código Civil brasileiro*. 2. ed. São Paulo: Martins Fontes, 2006.

HESSE, Konrad. *A força normativa da constituição*. Trad. Gilmar Ferreira Mendes. Porto Alegre: Sergio Antonio Fabris, 1991.

LAFER, Celso. *A reconstrução dos Direitos Humanos: um diálogo com o pensamento de Hannah Arendt*. São Paulo: Companhia das Letras, 1988.

______. Parecer – O caso Ellwanger: anti-semitismo como crime da prática do racismo. STF, HC 82424/RS. *Revista de Informação Legislativa. Brasília*. a. 1. n. 162, abr./jun/2004. p. 53-90.

LEVINAS, Emmanuel. *Totalidade e infinito*. 3. ed. Trad. José Pinto Ribeiro. Lisboa: 70, 2020.

NOVAIS, Jorge Reis. *As restrições aos direitos fundamentais não expressamente autorizadas pela Constituição*. Coimbra: Coimbra Editora, 2003.

PESSOA, Fernando. Passagem das horas. In PESSOA, Fernando. *Poemas de Álvaro de Campos*. Disponível em: <http://www.dominiopublico.gov.br/download/texto/pe000010.pdf>. Acesso em: 10 nov. 2017.

PLUTARCO. *Sobre a tagarelice – Sobre a demora da justiça divina – Das doenças da alma e do corpo*. Trad. Marina Echalar. São Paulo: Landy Editora, 2008.

POWELL, Enoch. *Speech delivered to a Conservative Association meeting in Birmingham on April 20 1962*. Disponível em: < http://www.telegraph.co.uk/comment/3643823/Enoch-Powells-Rivers-of-Blood-speech.html>. Acesso em: 18 out. 2017.

RAEDERS, Georges. *O inimigo cordial do Brasil*: o Conde de Gobineau no Brasil. São Paulo: Paz e Terra, 1988.

RODOTÀ, Stefano. *Il diritto di avere diritti*. Roma: Laterza, 2015.

SCHILLER, Friedrich. *On the aesthetic education of man*. Oxford: Clarendon Press, 1967.

SUPIOT, Alain. *Homo juridicus*: ensaio sobre a função antropológica do Direito. Trad. Maria Ermantina de Almeida Prado Galvão. São Paulo: Martins Fontes, 2007.

THÉRÈSE DE L'ENFANT-JÉSUS, Sainte. *Histoire d'une âme*: manuscrits autobiographiques. Prologue et épilogue de Guy Gaucher. Paris: Cerf/DDB, 1996.

WEBER, Max. *Wirtschaft und Gesellschaft*. 5. ed. Tübingen: Mohr Siebec, 2002.

WILLIAMS, Bernard. *Moral*: uma introdução à ética. Trad. Remo Mannarino Filho. São Paulo: Martins Fontes, 2005.

9. TRANSEXUALIDADE E DIREITO AO TRABALHO

Nelcina C. de O. Tropardi
Cláudio Martins

O preconceito e a violência relacionados à identidade de gênero e orientação sexual trazem dados alarmantes no Brasil. O país amarga apresenta quadro de grave violação de direitos de transexuais no mundo. As pesquisas acerca dessa população ficam, em sua maioria, a cargo de associações e entidades que se empenham em mostrar à sociedade a difícil luta para existir e resistir todos os dias. Porém, a ausência de dados governamentais corrobora com uma subnotificação. Segundo o "Dossiê[1] assassinatos e violência contra travestis e transexuais brasileiras em 2020, da Associação Nacional de Travestis e Transexuais (Antra), 175 assassinatos, todos contra pessoas que expressavam o gênero feminino em contraposição ao gênero designado no nascimento, foram lançados no Mapa dos assassinatos de 2020.

Em 2021 foi publicado o primeiro "Mapeamento[2] de Pessoas Trans da Cidade de São Paulo", divulgado em janeiro pela Secretaria Municipal de Direitos Humanos. De acordo com o estudo, apenas 42% das mulheres transexuais têm alguma formação profissional – número que cai para 36% entre as travestis. Além disso, mesmo as que possuem diplomas e certificações não conseguem emprego, especialmente por

[1] dossie-trans-2021-29jan2021.pdf (wordpress.com)

[2] https://www.prefeitura.sp.gov.br/cidade/secretarias/upload/direitos_humanos/LGBT/AnexoB_Relatorio_Final_Mapeamento_Pessoas_Trans_Fase1.pdf

causa do preconceito, sobrevivendo da renda vinda de trabalho informal ou autônomo.

Segundo a Antra[3] (Associação Nacional de Travestis e Transexuais), empregos formais, com possibilidade de promoção e progressão de carreira, são uma realidade apenas para 4% da população trans e 90% vivem marginalizadas e recorrem, principalmente, à prostituição para sobreviver. O "Primeiro Mapeamento de Pessoas Trans da Cidade de São Paulo" também mostrou que a maioria são mulheres jovens, pretas e pardas, o que acende um alerta para o duplo preconceito, o racismo e a transfobia, um problema estrutural que precisa ser trabalhado com políticas públicas específicas de inclusão.

A falta de estudos os coloca em desvantagem com outros candidatos. Portanto, o primeiro passo se dá na oportunidade, na abertura de vagas, na capacitação e na busca por esses profissionais no mercado.

Criado em 2008 pela Secretaria Municipal de Direitos Humanos de São Paulo, o programa Transcidadania[4] oferece apoio a pessoas trans e travestis em situação de vulnerabilidade social, tem foco na progressão escolar e capacitação e concede uma bolsa mensal no valor de R$ 1.097,25 para os participantes. Ao todo, são 510 vagas distribuídas na capital.

Um dos principais caminhos para mitigar esses números é aproximar essas pessoas da sociedade para que possam ser respeitadas tal como são. Na falta de políticas públicas, que garantam os direitos humanos e fundamentais das pessoas trans, as empresas precisam assumir o protagonismo a favor da inclusão, abrindo as portas para esses profissionais com processos seletivos pautados pelo respeito e diversidade.

A inclusão de trans no mercado de trabalho se faz urgente e precisa ser colocada como prioridade na agenda de D&I das organizações.

1. A busca pela diversidade

A dificuldade de oportunidade de emprego para transgêneros esbarra na questão da aparência, visto que essas pessoas não se identificam com

[3] Emprego formal ainda é exceção entre pessoas trans – 29/01/2020 – Mercado – Folha (uol.com.br)

[4] https://www.prefeitura.sp.gov.br/cidade/secretarias/direitos_humanos/lgbti/programas_e_projetos/index.php?p=150965

o gênero biológico. Há as que buscam tratamentos hormonais ou cirúrgicos a fim de se assemelhar com sua identidade de gênero (transexuais) e aquelas que apenas se vestem e adotam formas de expressão do gênero com o qual se identificam (travestis), mas não necessariamente desejam mudar suas características primárias, e as que estão em fase de transição e que não tem ainda uma aparência relacionada ao gênero com o qual se identificam.

O fato de não ter uma aparência harmonizada com o sexo de nascimento faz com que aumente o preconceito da sociedade e a resistência à colocação desses profissionais em postos de trabalho. E mesmo os que possuem características físicas de um indivíduo cisgênero, o que aumentaria suas chances de ingresso, ainda carregam o nome do gênero biológico, o que os colocam em situações de preconceito e discriminação desde o processo seletivo, havendo situações de constrangimento após a contratação, uma vez que o nome da pessoa pode não condizer com sua aparência física.

Em 2018, o STF[5] (Supremo Tribunal Federal) autorizou a mudança de nome e registro civil de pessoas transexuais e transgêneros, sem a necessidade de ter feito uma cirurgia de mudança de sexo e sem passar por avaliação médica ou psicológica. Mas, bem antes disso, em 2008, o uso do nome social já era uma garantia conquistada. No âmbito corporativo, a adoção do nome social deve, portanto, ser feita desde o recebimento do currículo e em todo processo seletivo.

Além disso, as empresas precisam efetivamente implementar uma cultura diversa, sendo fundamental treinar e educar os colaboradores para o respeito às diferenças, fomentando a importância da diversidade, tanto pelo âmbito social, de representatividade, respeito e inclusão, como pela inovação, na medida em que já está demonstrado que a diversidade de opiniões e perspectivas propulsiona o crescimento da própria empresa. Segundo o relatório[6] "Delivering through diversity", publicado em 2020 pela consultoria Mckinsey, empresas com diversidade de

[5] STF autoriza mudança de nome no registro civil de pessoas transexuais e transgêneros sem cirurgia – Português (Brasil) (www.gov.br)

[6] Diversidade é 'alavanca' para economia mais social, explicam analistas – 28/06/2020 – UOL Economia.

gênero no quadro de funcionários tendem a obter 21% mais lucro e com diversidade racial, 35%.

Dessa forma, é preciso facilitar o acesso de candidatos transgêneros às empresas para diminuir o abismo de contratação desses profissionais. No caso da plataforma Transempregos[7], criada em 2013 para ajudar na inserção de transgêros e travestis no mercado de trabalho formal, há um movimento ativo de empresas na busca por esses profissionais.

2. Inclusão na prática

A sociedade é, por si só, diversa, são muitos perfis a serem representados e muitas necessidades distintas a serem atendidas. É por isso que os benefícios da diversidade para os negócios se relacionam diretamente com a inovação. Uma força de trabalho diversa apresenta pluralidade de perspectivas, o que favorece o processo de inovação da empresa. E, para que a diversidade seja ampla, as empresas precisam estimular ações que facilitem a entrada de pessoas trans no mercado de trabalho, procurando ativamente por estes profissionais e oferecendo um ambiente inclusivo e planos de capacitação para o desenvolvimento de suas carreiras.

Contudo, é importante ressaltar que as iniciativas de inclusão de transgêneros no mercado de trabalho não devem focar somente na criação de mais oportunidades, mas também em criar um ambiente inclusivo, eliminando as hostilidades advindas do preconceito e transfobia. Em outras palavras, não basta contratar, é fundamental criar e disseminar uma cultura de inclusão. É preciso capacitar os demais colaboradores para eliminar preconceitos, ampliar a tolerância, o que resulta em ambientes seguros e agradáveis de trabalho, que respeitem as diferenças. Nesse processo, é fundamental o engajamento da alta liderança.

Por fim, além dos treinamentos e capacitações, a criação de um ambiente inclusivo requer a criação de canais internos de denúncia, que respeitem o anonimato do denunciante, para que os preconceitos sejam efetivamente combatidos no ambiente corporativo.

3. Direito e identidade de gênero

Decisões recentes do Supremo Tribunal Federal conferiram a transexuais amplo reconhecimento de direitos inerentes à identidade de gênero.

[7] TransEmpregos (https://www.transempregos.com.br/)

Na esfera do direito civil, conferiu interpretação conforme a Constituição ao artigo 58 da Lei nº 6.015/73 (lei de registros públicos) "de modo a reconhecer aos transgêneros que assim o desejarem, independentemente da cirurgia de transgenitalização, ou da realização de tratamentos hormonais ou patologizantes, o direito à substituição de prenome e sexo diretamente no registro civil[8].

Em outra oportunidade assegurou repercussão geral a uma causa em que se discute a proibição de uso de banheiro feminino em shopping center por transexual por violação à dignidade da pessoa humana e a direitos de personalidade[9] No caso, uma ação de indenização por dano moral, a mulher transexual fora impedida de usar o banheiro feminino de centro comercial de Florianópolis. Em decisão cautelar, foi determinada a transferência de transexuais femininas para presídios femininos, deixando para decisão posterior a situação de travestis por não estar "clara qual seria a melhor providência a ser adotada".[10]

A decisão mais contunde, por criminalizar condutas discriminatórias, deu-se no julgamento de duas ações distintas, afirmando o direito à igualdade de oportunidades, inserindo a orientação sexual e a identidade de gênero no rol de elementares típicas da Lei nº 7.716, de 5 de janeiro de 1989, que define os crimes resultantes de preconceito de raça ou de cor[11].

Com essa decisão, o Supremo Tribunal Federal criminalizou condutas diretamente relacionadas ao direito ao trabalho, como impedir ou obstar acesso a cargo na administração pública direta ou indireta, negar emprego em empresa privada, impedir ascensão funcional ou obstar

[8] "3. A pessoa transgênero que comprove sua identidade de gênero dissonante daquela que lhe foi designada ao nascer por autoidentificação firmada em declaração escrita desta sua vontade dispõe do direito fundamental subjetivo à alteração do prenome e da classificação de gênero no registro civil pela via administrativa ou judicial, independentemente de procedimento cirúrgico e laudos de terceiros, por se tratar de tema relativo ao direito fundamental ao livre desenvolvimento da personalidade". (STF – Pleno – ADI nº 4.275/DF – Rel. Min. Edson Fachin – j. 01/03/2018 – DJ 07/03/2019). E ainda, no mesmo sentido, STF – Pleno – RE nº 670.422/RS – Rel. Min. Toffoli – j. 15/08/2018 – DJ 10/03/2020).

[9] STF – Pleno – RE 845779 RG/SC – Repercussão geral – Rel. Min. Roberto Barroso – j. 13/11/2014 – DJ 10/03/2015, ainda pendente de julgamento.

[10] STF – Pleno – RE 845779 RG/SC – Repercussão geral – Rel. Min. Roberto Barroso – j. 13/11/2014 – DJ 10/03/2015, ainda pendente de julgamento.

[11] STF – Pleno – ADO 26/DF – Rel. Min. Celso de Mello – j. 13/06/2019 – DJ 06/20/2020.

outra forma de benefício profissional, discriminação de salário e tratamento no ambiente de trabalho, cominando penas privativas de liberdade de 2 (dois) a 5 (cinco) anos de reclusão.

No âmbito da administração pública, a transexualidade foi enfrentada pelo Superior Tribunal de Justiça em caso de exclusão de sargento da Força Aérea após transição de gênero. A decisão do Superior Tribunal de Justiça apresenta o caso em detalhes do militar reformado de forma prematura e ilegal, nas palavras do acórdão, "por ter realizado cirurgia de mudança de sexo". Em razão disso, respondeu a processo administrativo, sendo ao final considerado incapaz definitivamente para o serviço militar e reformado. A anulação judicial do processo administrativo assegurou direito às promoções, soldo integral e moradia, bem como reincorporação agora na condição de pessoa do sexo feminino, o que não foi implementado pelo decurso de tempo do processo na justiça fazendo com que a militar atingisse a idade limite para permanência no serviço ativo. Em síntese, embora tenha a militar reconhecida judicialmente a nulidade do ato de reforma por incapacidade definitiva para o serviço ativo, não pode ser reincorporada por regra etária que impõe a transferência para a reserva[12].

Existem também diversos precedentes da Justiça do Trabalho que coíbem discriminações aos transgêneros no ambiente de trabalho. Referidos julgados versam sobre a recusa do nome social no trabalho, a proibição de uso do banheiro do gênero com a qual o colaborador se identifica, contratações que não se efetivam em razão do preconceito e que condenam o tratamento desrespeitoso e constrangedor em razão da orientação sexual[13].

Destacamos um precedente do TST que condenou a empresa ao pagamento de danos morais pelo tratamento discriminatório e reconheceu o direito do trabalhador de se vestir como mulher, afirmando que "ao impedir o reclamante de se vestir como mulher, mormente quando desde sua contratação ele assim se apresentou, a reclamada feriu um direito de personalidade do contratado, o que importa em ilícito que

[12] STJ – 2ª Turma – Ag Int Ag RE 1.552.655/DF – Rel. Min. Hermann Benjamin – j. 09/03/2021.

[13] TST – PROCESSO Nº TST-RR-1001028-14.2018.5.02.0603; TST – PROCESSO Nº TST-Ag-AIRR-21039-45.2018.5.04.0403

enseja uma reparação pecuniária, na forma dos arts. 186 e 297 do Código Civil"[14].

Disso tudo é possível estabelecer algumas diretrizes básicas na relação entre direito e identidade de gênero.

A identidade de gênero está intimamente conectada ao conceito de liberdade, à vida privada e à possibilidade de todo ser humano se autodeterminar e escolher livremente as opções e circunstâncias que dão sentido à sua existência, segundo suas próprias convicções. O reconhecimento da identidade de gênero pelo Estado é de vital importância para garantir o pleno gozo dos direitos humanos dos transgêneros, incluindo a proteção contra a violência, a tortura, os maus-tratos, o direito à saúde, à educação, ao emprego, à moradia, ao acesso à seguridade social, bem como o direito à liberdade de expressão e associação, sendo dever do Estado assegurar que indivíduos de todas as identidades de gênero possam viver com a mesma dignidade e com o mesmo respeito a que têm direito todas as pessoas.

[14] TST – PROCESSO Nº TST-AIRR-1312-29.2016.5.06.0011

10. O DIREITO FUNDAMENTAL À SAÚDE E O PROGRAMA BRASILEIRO CONTRA A AIDS

José Serra
Davi Lago
Tiago Pavinatto

1. O direito fundamental à saúde

A decisão do Supremo Tribunal Federal, no ano de 2010, no Agravo Regimental na Suspensão de Tutela Antecipada nº 175 – STA 175-AgR/CE – trouxe consequências importantes para o direito brasileiro.

O julgado é desdobramento no caso da jovem Clarice Abreu de Castro Neves que sofria de uma rara doença neurodegenerativa. Tanto a manutenção quanto a qualidade de sua vida dependiam do medicamento Zavesca (miglustato), o único capaz de deter o avanço dessa doença e aliviar seus sintomas e sofrimentos neuropsiquiátricos. Contudo, com custo mensal de R$52.000,00, era algo inimaginável para o orçamento da família. Não bastasse a barreira financeira, o medicamento sequer estava registrado na Agência Nacional de Vigilância Sanitária, estando, portanto, proibida a sua comercialização no Brasil. Mais ainda: o tratamento através do fármaco não constava dos Protocolos e Diretrizes Terapêuticas do SUS, ou seja, não era contemplado pela Política Farmacêutica da rede pública. Dessa maneira, a União buscou se esquivar do fornecimento dessa medicação – sendo derrotada em todas as instâncias judiciais.

Como recurso final, no Agravo Regimental em questão, a União – já distante do seu histórico pioneirismo na democratização da saúde – tentou, pela última vez, eximir-se de arcar com a medicação alegando grave lesão à ordem, à economia e saúde públicas, além da violação do princípio da separação de Poderes, uma vez que a pretensão de tratamento interferiria nas normas e regulamentos do SUS.

Neste contexto, a decisão colegiada de 17 de março de 2010 nos autos da STA 175 fez história por diferentes razões, dentre as quais mencionamos três:

(*i*) ***o STF se posicionou sobre a força normativa do direito à saúde na Constituição Federal.*** O Ministro Gilmar Mendes, na qualidade de Relator, traçou, com notável êxito e trazendo a melhor doutrina internacional sobre o tema, o efetivo âmbito de proteção do artigo 196 da Carta Magna, norma constitucional do direito à saúde, e da natureza prestacional desse direito, além da necessidade de compatibilização entre o "mínimo existencial" e a "reserva do possível". Mendes destacou as características essenciais dos direitos fundamentais, quais sejam, a proibição de intervenção e o postulado de proteção e, recorrendo à doutrina de Claus-Wilhelm Canaris, ensinou que aos direitos fundamentais se opõem duas proibições: a proibição do excesso e a proibição de proteção insuficiente. Alguns desses direitos fundamentais, discorreu ainda, têm custos públicos, pois "dependem, na sua realização, de providências estatais com vistas à criação e à conformação de órgãos e procedimentos indispensáveis à sua efetivação". Na Constituição brasileira vigente, o direito à saúde é estabelecido como (1) "direito de todos", o que confere a este direito subjetivo público uma dimensão social e individual, e (2) "dever do Estado", ao qual respondem solidariamente União, Estados, Municípios e Distrito Federal, (3) garantido mediante políticas sociais e econômicas (4) que visem à redução do risco de doenças e de outros agravos, (5) regido pelo princípio do "acesso universal e igualitário" (6) "às ações e serviços para a sua promoção, proteção e recuperação". Não obstante a Constituição e as leis correlatas, até a decisão em comentário, constatava-se a crescente controvérsia jurídica em torno da possibilidade de decisões judiciais determinarem ao Poder Público o fornecimento de medicamentos e tratamentos, sendo recorrentes, até então, as tentativas do Poder Público de suspender decisões judiciais nesse sentido. Há 10 anos, assim, redimensionava-se a questão da judicialização do direito à saúde no Brasil.

(*ii*) Em segundo lugar, na STA 175, ***o STF estabeleceu parâmetros para a judicialização do direito à saúde no Brasil***. O voto do Ministro Gilmar Mendes contou com os aportes teóricos e factuais apresentados na Audiência Pública sobre o direito à saúde – realizada em 27, 28, 29 de abril e 4, 6 e 7 de maio de 2009 – para estabelecer parâmetros para resolução de feitos relacionados à judicialização da saúde. Vale ressaltar os parâmetros estabelecidos nestes dez anos do juízo: (1) *verificação da existência, ou não, de política estatal que abranja a prestação de saúde pleiteada pelo indivíduo*: caso a prestação específica não esteja entre as políticas do SUS, mister distinguir se a não prestação decorre de (*a*) uma omissão legislativa ou administrativa, (*b*) uma decisão administrativa de não fornecê-la ou (*c*) uma vedação legal a sua disposição. O problema na negativa prestacional gravita em torno da vedação legal, como, por exemplo, no caso do fornecimento de fármaco sem registro na ANVISA. Todavia, a regra não é absoluta, podendo o medicamento sem registro ser autorizado pela Agência conforme a própria legislação que a criou – Lei nº 9.782/1999 –; (2) *alegada inexistência de evidências científicas suficientes de eficácia da ação de saúde*: (*a*) se existir tratamento fornecido pelo SUS, ele deverá ser privilegiado em detrimento de opção diversa escolhida pelo paciente desde que não se comprove a ineficácia ou a impropriedade da política de saúde existente (da mesma maneira, o tratamento alternativo deve ter sua eficácia comprovada); ou (*b*) inexistindo tratamento, é preciso diferenciar os (*b.1*) tratamentos experimentais, aos quais o Estado não pode ser condenado a fornecer, dos (*b.2*) novos tratamentos ainda não testados no Brasil, o que não é incomum em razão de nossa complicada burocracia administrativa que não pode se traduzir em obstáculo ao direito à saúde. Passados dez anos da decisão, verifica-se que o próprio STF nem sempre seguiu esses parâmetros, dada a complexidade dos casos concretos que devem ser analisados individualmente. Vale destacar, contudo, que a insuficiência dos parâmetros foi levantada na própria STA 175 no voto da Ministra Ellen Gracie. Os casos concretos relacionados à saúde comportam nuances muito específicas. A indagação é de alta relevância: como padronizar decisões para casos com conteúdo tão incongruente e até divergentes entre si? Deste modo, as diretrizes traçadas na STA 175 não devem ser compreendidas como um avanço em si mesmas, mas no conjunto das reflexões jurídicas e políticas brasileiras. Com estes parâmetros, os dois extremos da doutrina jurídica acerca da questão, isto é, a posição de permitir amplamente a intervenção judicial de um lado, e a posição de negar qualquer possibilidade de controle judicial por outro, cedem espaço ao raciocínio equilibrado.

(*iii*) Em terceiro lugar, na STA 175, ***o STF acolheu uma concepção unitária dos direitos fundamentais***. A partir dessas verificações, restou pacificado que o Poder Público não poderia mais judicializar a saúde nem suspender ou negar ação de saúde com base no argumento genérico de violação ao princípio da separação de poderes salvo quando dele se exija um tratamento experimental ou quando novos tratamentos ou tratamentos alternativos aos fornecidos pelo SUS sejam comprovadamente ineficazes ou inapropriados. Exsurge também da decisão homenageada o dever de construção de um modelo de cooperação e de coordenação de ações conjuntas por parte dos entes federativos em virtude de sua responsabilidade solidária em matéria de direito à saúde. A decisão em comento também afasta a legitimidade dos argumentos de grave lesão à economia e à saúde públicas e da possibilidade de ensejar efeito multiplicador a partir de precedente negativo, pois a análise de decisões dessa natureza deve ser feita caso a caso. Desse modo, os parâmetros da STA 175 contribuíram para uma compreensão integrada dos direitos fundamentais. Verifica-se que a compreensão dos conteúdos específicos dos direitos humanos, e sua respectiva classificação, evoluiu gradualmente no curso do século 20. No primeiro momento, adotou-se a chamada "concepção geracional dos direitos humanos", baseada na evolução histórica: os direitos de primeira geração seriam os direitos civis e políticos básicos (resultados das revoluções liberais); os direitos de segunda geração seriam os direitos sociais e materiais (resultado das revoluções socialistas); os direitos de terceira geração seriam os direitos difusos e coletivos (resultado da globalização e cidadania contemporânea). Contudo, tal classificação demonstrou ser insuficiente para a compreensão integral dos direitos humanos, por sua imprecisão conceitual e tendência em resumir os direitos em meros catálogos. Em seu lugar, estabeleceu-se a "concepção dualista dos direitos fundamentais", que classificou os direitos em dois blocos: direitos como liberdades negativas, que corresponderiam à postura omissiva do Estado; e as liberdades positivas, que encontrariam sua realização na função promocional do Estado. O problema nesta classificação dualista é a simplificação forçada: na aplicação da lei diante dos casos concretos, verifica-se que qualquer direito fundamental exige, em algum grau, tanto omissões como prestações do Estado. Desta constatação, emerge uma terceira classificação: a "concepção unitária dos direitos humanos". A conexão entre as diferentes expectativas diante dos direitos evidencia a interligação estrutural que existem entre os núcleos de direitos. Esta linha de compreensão foi acolhida na STA 175, a partir do voto de Gilmar Mendes, quando afirmou que os direitos sociais, assim como os direitos e liberdades individuais, implicam "tanto direitos a prestações em sentido estrito (positivos), quanto direitos de defesa (negativos)", sendo que ambas as dimensões demandam o emprego de recursos públicos.

Assim, conforme entendimento acolhido pelo plenário do Supremo por unanimidade na STA 175, todos os direitos humanos, sem exceção, têm aplicabilidade imediata, sempre respeitando o princípio da *reserva do possível*. Embora os parâmetros e o arcabouço teórico da decisão não sejam vinculantes, o entendimento e a jurisprudência edificados no STF são balizas incontestes para as demais instâncias, pois uma decisão com diretrizes do tribunal, ainda que não tenha efeito vinculante, ostenta a força intelectual e persuasiva da mais alta Corte do País.

Como afirma Jairo Schäfer no estudo "Classificação dos Direitos Fundamentais" (Livraria do Advogado, 2018), os problemas práticos surgidos com a efetivação dos direitos sociais – que incluem o direito à saúde – como ausência de vontade política, escassez de recursos humanos, materiais e financeiros, não dizem respeito à estrutura do direito, mas a questões externas. Segundo Schäfer, o sistema unitário dos direitos humanos estabelece, pelo menos, quatro postulados: primeiro, o caráter incindível dos direitos humanos, decorrente da unidade de sentido constitucional; segundo, a inexistência de diferenças estruturais entre os distintos tipos de direitos fundamentais, dada a presença de expectativas (positivas e negativas), em maior ou menor grau, em todos os direitos; terceiro, a interligação sistêmica e dialética entre todas as espécies de direitos humanos, implicando comprometimento recíproco para sua efetivação; quarto, a subordinação de todos os direitos à ponderação da "reserva do possível" como pressupostos para sua incidência e aplicabilidade, sendo esta reserva um elemento externo (plano da eficácia) de todos direitos e nunca um componente estrutural.

Deste modo, a STA 175 julgada no plenário do Supremo Tribunal Federal em 17 de março de 2010, levou a compreensão teórica sobre os direitos fundamentais a outro patamar e abriu novas perspectivas para o direito à saúde no Brasil – muito embora o sonho fosse poder comemorar a efetividade da saúde para todos os brasileiros e brasileiras.

2. O programa brasileiro contra a aids

No que tange à proteção da saúde em razão da livre experimentação da sexualidade de cada um, merece destaque o histórico e salvífico programa de combate à AIDS implantado pelo Governo Federal Brasileiro entre os anos finais do século passado e os primeiros do presente – programa que, além de salvar a vida de milhões de pessoas já infectadas, ainda salva tantas outras milhões de vidas e, hoje, encontra-se estendido a medicamentos preventivos.

No raiar deste novo milênio, o sucesso do programa brasileiro de combate à AIDS deveu-se a três fatores fundamentais: Primeiro, a continuidade da política governamental nessa área; segundo, o amplo envolvimento de organizações não-governamentais e de portadores do vírus; terceiro, a contínua redução de custos do programa, em razão da desospitalização de doentes e da política de medicamentos.

A AIDS sempre foi uma das grandes prioridades do Ministério da Saúde, que chegou a firmar uma importante e bem-sucedida parceria com o Banco Mundial para o investimento anual de, aproximadamente, 500 milhões de dólares em prevenção e assistência, o que permitiu a colheita de resultados positivos inquestionáveis.

Esses recursos foram utilizados prioritariamente em ações de prevenção, na garantia dos direitos humanos, no fortalecimento das instituições públicas e privadas que trabalham com AIDS no país e na aquisição e distribuição gratuita de medicamentos antirretrovirais.

Essas ações possibilitaram o acesso de todos os brasileiros aos meios de prevenção e tratamento, o que inclui preservativos, agulhas, seringas, testes e as terapias disponíveis.

Com essas medidas, foi possível reverter as expectativas pessimistas do início dos anos 90. De 1,2 milhão de casos projetados para o ano de 2000, 540 mil pessoas foram infectadas com o HIV. Ou seja, as políticas administrativas adotadas evitaram mais de 600 mil infecções.

As taxas de infecção, assim, tomaram robusta tendência de declínio, como foi observado em estudos-sentinelas realizados nas populações de clínicas de doenças sexualmente transmissíveis (DST) e serviços de pronto-socorro, entre os anos de 1997 e 1999. Nas clínicas de DST, a taxa de prevalência foi reduzida de 6,9% para 4,7%; nos serviços de pronto-socorro, de 6,1% para 3,8%.

Campanhas de esclarecimento foram realizadas sistematicamente, ocorrendo pelo menos quatro a cada ano. Como consequência, o uso de preservativos pelos homens, principalmente jovens, aumentou, à época, de forma consistente. Em 1996, o uso de preservativos entre homens de 16 a 24 anos girava em torno de 41%; em 1999, alcançou uma participação de 63%.

O coeficiente de mortalidade por AIDS no país diminuiu em 50% entre 1995 e 1999. Na região Sudeste, onde se concentrava a epidemia, essa redução foi de aproximadamente 79%. Isso só foi possível porque o Brasil garantiu o acesso gratuito de todas as pessoas enfermas à terapia antirretroviral.

Os bons resultados não se limitaram à diminuição da mortalidade. Entre os anos de 1997 e 2000, a prevalência de infecções oportunistas foi reduzida em 80% e 234 mil internações foram evitadas, melhorando as condições de vida das pessoas doentes e proporcionando uma economia de cerca de 700 milhões de dólares em assistência médica.

A sustentabilidade da política de distribuição gratuita de medicamentos no Brasil só foi possível em decorrência da estratégia de investimentos do Ministério da Saúde na produção de medicamentos genéricos e da firme negociação com as indústrias farmacêuticas, o que, entre outros resultados, permitiu os acordos com os laboratórios *Merk Sharp & Dohme e Roche*, acarretando uma economia anual ao país de aproximadamente 76 milhões de dólares.

A produção de genéricos - dos 12 medicamentos antirretrovirais distribuídos no país à época, 7 eram produzidos por laboratórios estatais - permitiu que os gastos com estes medicamentos, que atingiram 303 milhões de dólares em 2000, se mantivessem abaixo de 3% do total do orçamento geral do Ministério da Saúde para o ano, apesar do aumento anual no número de pacientes tratados.

É importante ressaltar que a redução nos preços dos medicamentos antirretrovirais produzidos no Brasil foi de 70% entre 1996 e 2000, enquanto a queda nos preços dos medicamentos importados foi de apenas 9%. Entre 1997 e 2000 – antes, portanto, dos últimos acordos com as empresas Merck e Roche –, a produção de genéricos para tratamento de AIDS permitiu uma economia ao país de aproximadamente 250 milhões de dólares.

Se os preços dos medicamentos antirretrovirais nos Estados Unidos forem tomados como referência, o Brasil economizou 540 milhões de dólares somente no ano 2000, o que era suficiente para custear quase dois anos da política de acesso universal e gratuito aos antirretrovirais no país.

Pela consistência desses resultados, o programa brasileiro é, desde sempre, reconhecido internacionalmente e tomado como referência na prevenção e no tratamento da AIDS - avaliação confirmada pela Organização das Nações Unidas em relatório divulgado já em julho de 2000, em Genebra.

11. O ACOLHIMENTO É PARA ONTEM

Gilberto Bergstein

Vivemos em uma sociedade em que parte das pessoas tem dificuldade de lidar com o que não é igual, com o que diverge. Caetano Veloso – em uma de suas muitas inspiradas letras – diz que "Narciso acha feio o que não é espelho". Existe a percepção de que o que é diferente pode ser uma ameaça. Nesta ótica, as minorias vão sendo impelidas para as beiradas do tecido social e para um lugar de invisibilidade. A tolerância é apenas oferecida para aqueles que não destoam e prometem não incomodar. Não se pode ser conivente com este tipo de atitude. O Direito, a Ética, a Bioética estão aqui como potentes ferramentas para reverter esse olhar adoecido e tratar os mais vulneráveis com a atenção que é necessária. O objetivo deste texto é fornecer – ainda que de forma breve – a rede de apoio mais ampla para as ações dos profissionais que visam o respeito e acolhimento, sem discriminação, para o pleno exercício da cidadania. Vamos lá.

1. Saúde lgbtqia+, alguns *insights*

O princípio constitucional de liberdade de expressão tem sido, infelizmente, muito vilipendiado nos últimos tempos em nosso país. Inaceitável que seja utilizado como escudo para a discriminação e discursos de ódio, uma vez que incitam violência, que pode se manifestar verbal ou fisicamente. Grupos minoritários são o alvo preferencial destas violências: orientação sexual e identidade de gênero parecem ser via comum para estes trágicos eventos, que fazem com que nosso país esteja nas primeiras e vergonhosas posições das estatísticas daqueles que mais agridem e assassinam pessoas LGBTQIA+.

Dentro da população LGBTQIA+, um dos grupos mais vulnerabilizados é aquele composto por homens e mulheres trans e travestis. Quando se discute sobre gênero, utiliza-se o termo "ter passabilidade" para definir indivíduo transgênero (alguém que não se identifica com seu gênero de nascimento) que é percebido como cisgênero (alguém que se identifica com seu gênero de nascimento) ao invés do sexo que lhe foi atribuído no nascimento.

Quanto mais a pessoa "destoa" daquilo que é considerado padrão (e assim aceitável), maiores serão as chances de possa fazer parte de estatísticas de evasão escolar e de dificuldade de inserção no mercado de trabalho.

Há também, a visão reducionista de que as demandas de saúde do diverso grupo de pessoas trans estariam reduzidas ao processo transexualizador[1], que é mais ligado às áreas da urologia, endocrinologia, cirurgia, bem como a psicologia.

Ora, pessoas trans sofrem de problemas habituais de saúde assim como pessoas cisgêneras. São questões relacionadas todas as especialidades médicas e da saúde em geral, e não necessariamente ligadas à questão da transição de gênero. Ou seja, pessoas trans não frequentam apenas ambulatórios transexualizadores, buscando cirurgias de transgenitalização, redesignação de gênero ou ressignificação sexual. Sofrem de problemas de saúde de todos os tipos, humanos como todos somos.

Um homem trans que não tenha realizado uma histerectomia (retirada do útero) e/ou a remoção dos ovários (ooforectomia) e das trompas de Falópio (salpingectomia) continuará a ter que realizar um acompanhamento ginecológico.

Contudo, ter que ir a um consultório ginecológico e "enfrentar" uma sala de espera repleta de mulheres cis, pode se evidenciar como um desafio para alguém com aparência masculina (com barba, voz grossa, pelos pelo corpo). Esse paciente deve encontrar neste ambiente acolhimento e ausência de julgamento, pois já está sendo obrigado a se con-

[1] JESUS, Jaqueline Gomes de. *Medicina*: uma ciência maligna? Debate psicopolítico sobre estereótipos e fatos. Periódicus, v.1, n.5, p. 195-204, 2016.

frontar com uma identidade anatômica previamente rejeitada que, pela disforia[2], já lhe causou sofrimento, em geral de grande intensidade.

Poucos são os pacientes que encontram a oportunidade de acesso a clínicas que atendem especificamente a população LGBTQIA+. A maioria deles terá que se consultar em uma estrutura pouco ou não treinada para o atendimento deste grupo de pacientes, seja na saúde suplementar, seja na saúde pública; o que acaba por causar desestímulo para buscar acompanhamento ou até mesmo a evasão do tratamento, por sentirem medo do constrangimento, sofrerem preconceito ou até mesmo violência por parte da equipe que os atende ou do *staff* administrativo dos serviços.

Fica evidente a necessidade de treinamento contínuo e aperfeiçoamento das equipes multidisciplinares que prestarão atendimento a este segmento da população, equipes que não podem temer prestar acolhimento a essas pessoas em situação tão aguda de vulnerabilidade e de invisibilização.

Outro exemplo evidente é o direito básico de ser chamado por um nome que seja coerente com a sua identidade de gênero e que tem origem na livre manifestação de vontade da pessoa que visa expressar sua identidade, cabendo ao Estado apenas acatá-la e reconhecer sua identidade.

Esse entendimento do STF de 2018 é o que ampara amplamente o direito à utilização do nome social pela população trans. Nome que

[2] Disforia de gênero caracteriza-se por identificação forte e persistente com o gênero oposto associada com ansiedade, depressão, irritabilidade e muitas vezes um desejo de viver como um gênero diferente daquele associado ao sexo atribuído no nascimento. Pessoas com disforia de gênero frequentemente acreditam que são vítimas de um acidente biológico e permanecem cruelmente aprisionadas a um corpo incompatível com sua identidade de gênero subjetiva. Disforia de gênero é um diagnóstico que requer critérios específicos, mas às vezes é utilizado de forma mais vaga para pessoas em quem os sintomas não alcançam um limiar clínico. O transexualismo já foi um diagnóstico aceito referindo-se àqueles com sintomas graves e clinicamente significativos de disforia de gênero. Embora esse termo ainda possa ser encontrado na literatura médica, ele caiu em desuso na nosologia moderna, considerado ofensivo ou impreciso por algumas pessoas com disforia de gênero. *in* BROWN, George R. Disforia de Gênero. *Manual MSD – Versão para profissionais de Saúde.* 2021. Disponível em: <https://www.msdmanuals.com/pt-br/profissional/transtornos-psiqui%C3%A1tricos/sexualidade-disforia-de-g%C3%AAnero-e-parafilias/disforia-de-g%C3%AAnero>.Acessado em: 03 mai. de 2022.

deve ser registrado nos documentos destas pessoas. O julgamento do Supremo Tribunal Federal também garante que deverá ser protegida pelo sigilo a correção do registro da pessoa, durante todo seu trâmite e após, devendo a sua anotação ocorrer à margem da averbação, ficando vedada a inclusão, mesmo que sigilosa, do termo "transexual" ou da classificação de sexo biológico no respectivo assento ou em certidão pública. E isto configura uma vitória muito significativa na proteção destes direitos individuais de personalidade. Afirma a decisão do Tribunal que:

> "O transgênero tem direito fundamental subjetivo à alteração de seu prenome e de sua classificação de gênero no registro civil, não se exigindo, para tanto, nada além da manifestação da vontade do indivíduo, o qual poderá exercer tal faculdade tanto pela via judicial como diretamente pela via administrativa".

E mesmo que não tenha ocorrido ainda a alteração do registro civil, o nome social deve ser adotado sem temor pelos profissionais da saúde, seja no âmbito do SUS (com a alteração do nome no respectivo cartão[34]) com regras próprias vigentes desde 2009, seja na saúde privada, o que deve fazer parte de um atendimento mais humanizado e respeitoso, evitando constrangimento e sofrimento.

De toda forma, muitos pacientes trans ainda são tratados por seus nomes de registro civil, mesmo pedindo que o contrário seja feito. O agir dos profissionais sem considerar esses direitos leva à evasão desta população dos serviços de saúde. O que consequentemente causa a perda de oportunidade de tratamentos por parte das pessoas e maiores gastos futuros com esses mesmos indivíduos pelo sistema de saúde.

[3] MINISTÉRIO DA SAÚDE. Portaria nº 1820/2009 – reconhece o direito ao uso do nome social no SUS. *Diário Oficial da União,* 2019. Disponível em: <https://conselho.saude.gov.br/ultimas_noticias/2009/01_set_carta.pdf>. Acesso em: 11 mai. de 2022.

[4] O Ministério da Saúde também garante a utilização do nome social no Cartão Nacional de Saúde, permitindo, ainda, que nela conste apenas o nome social, sem informações referentes ao sexo biológico e o nome de registro civil de nascimento. *In*: MINISTÉRIO DA SAÚDE. *Nota Técnica nº 18/2014.* 2022. Disponível em: <https://www.gov.br/saude/pt-br/acesso-a-informacao/acoes-e-programas/cns/legislacao-cns/nota-tecnica-nome-social-18-2014.pdf/@@download/file/NOTA-TECNICA-NOME-SOCIAL-18-2014.pdf>. Acesso em: 11 mai. de 2022.

Ainda em defesa de existência mais digna à população trans, o Ministério da Saúde criou o Processo Transexualizador do SUS, por meio da portaria 1707/2008, (já revogada e substituída pela portaria MS portaria 2803/2013[5]), sendo incorporados na tabela do SUS os procedimentos transexualizadores autorizados no Brasil desde 1997 pelo Conselho Federal de Medicina (CFM), através de suas Resoluções 1652/2002 e posteriormente da de número 1995/2010.

A já referida portaria 2803/2013 tratou do processo transexualizador, incluindo a hormonioterapia e os chamados procedimentos de afirmação de gênero como mastectomia (plástica das mamas para retirada do tecido glandular mamário), histerectomia e neofaloplastia, que também foram incorporados pelo SUS.[6]

Os Tribunais vêm garantindo o custeio das despesas na saúde suplementar de todas as intervenções que garantam os direitos de indivíduos que recorram à via da redesignação de gênero, entendendo não terem elas caráter estético, compreendendo que a disforia corporal é fonte de sofrimento para muitas pessoas.[7]

E o Direito não é o único a se debruçar sobre essa questão e tentar encontrar a melhor solução possível para os pontos aqui discutidos. A Bioética não pode deixar de ser encarada como base fundamental para melhor lidar com essa problemática. Seus princípios devem ser um refe-

[5] MINISTÉRIO DA SAÚDE. Portaria nº 2803/2013 – Redefine e amplia o Processo Transexualizador no Sistema Único de Saúde (SUS). *Diário Oficial da União*, 2013. Disponível em: <https://conselho.saude.gov.br/ultimas_noticias/2009/01_set_carta.pdf>. Acesso em: 11 mai. de 2022.

[6] MINISTÉRIO DA SAÚDE. *Política Nacional de Saúde Integral de Lésbicas, Gays, Bissexuais, Travestis e Transexuais.* 2013. Disponível em: <https://bvsms.saude.gov.br/bvs/publicacoes/politica_nacional_saude_lesbicas_gays.pdf>. Acesso em: 11 de mai. de 2022.

[7] APELAÇÃO CÍVEL – PLANO DE SAÚDE – Ação de obrigação de fazer – Transexual que pretende que seu plano de saúde custeie as despesas com cirurgia de mastectomia bilateral – Sentença de procedência – Manutenção – Procedimento que não tem caráter estético – Diagnóstico do autor que se classifica como transtorno mental – Cobertura contratual obrigatória – Recurso não provido. *In:* BRASIL. Tribunal de Justiça de São Paulo – 2ª Câmara de Direito Privado. *Apelação Cível nº 1042402-12.2019.8.26.0100.* Apelante: Greenline Sistema de Saúde S/A. Apelado: Heitor Lima do Nascimento. Relator: José Carlos Ferreira Alves, 23 de janeiro de 2020. Disponível em: <https://esaj.tjsp.jus.br/cjsg/getArquivo.do?cdAcordao=13244375&cdForo=0>. Acesso em 11 mai. de 2022.

rencial em todas as interações entre profissional da saúde e seu paciente. Eles balizam e norteiam o agir do profissional.

E no contexto deste trabalho, dois dos quatro princípios desempenham papel especial. A beneficência e a não maleficência continuam a ocupar e desempenhar seus papéis. Todavia – em relação ao nosso objeto de discussão – têm maior relevo primeiramente o respeito à autonomia, que pressupõe paciente capaz de tomar decisões relativas ao seu próprio corpo no campo da saúde, que sejam livres de coerção ou influência. O outro é o da justiça, que trata do compromisso de alocação de recursos para a saúde, levando em conta a igualdade (tratar diferentemente os desiguais) e preservando a dignidade dos indivíduos.[8]

Será a Bioética que juntamente com o conjunto de normas (leis, resoluções, portarias etc.) fornecerá respostas para garantir que a ação dos profissionais seja a mais inclusiva e respeitosa da diversidade que cada indivíduo deste rico e diverso grupo apresenta.

Os direitos da população LGBTQIA+ têm por base princípios assegurados na Constituição Federal de 1988 (CF/88), que garantem a cidadania e a dignidade da pessoa humana (art. 1º, II e III), lembrando que é objetivo fundamental da República Federativa do Brasil "promover o bem de todos, **sem preconceitos de origem, raça, sexo, cor, idade e quaisquer outras formas de discriminação**" (art.3º, IV). A discriminação, o preconceito e a violência que esta parcela da população enfrenta, aumentam suas taxas de angústia, sofrimento e adoecimento, as quais o Estado deve combater, seja por meio de políticas públicas, seja através de seu sistema de saúde (SUS, regulamentado pela Lei 8080/1990) cujos princípios constitucionais a embasar seu funcionamento são a (*i*) universalidade do acesso, ou seja "acesso garantido aos serviços de saúde para toda população, em todos os níveis de assistência, **sem preconceitos** ou privilégios de qualquer espécie" (grifei) e a (*ii*) integralidade da atenção[9].

[8] OLIVEIRA, Reinaldo Ayer *et al.* Bioética. *In:* CIASCA, Saulo Vito; HERCOWITZ, Andrea; JUNIOR, Ademir Lopes. *Saúde LGBTQIA+:* práticas de cuidado transdisciplinar. Santana de Parnaíba, São Paulo: Manole, 2021, p. 487, 495.

[9] Art. 7º As ações e serviços públicos de saúde e os serviços privados contratados ou conveniados que integram o Sistema Único de Saúde (SUS), são desenvolvidos de acordo com as diretrizes previstas no art. 198 da Constituição Federal, obedecendo ainda aos seguintes princípios:

A portaria 2.836/2011 (Política Nacional de Saúde Integral LGBT), do Ministério da Saúde[10] já garantia no âmbito da administração pública e do SUS o respeito, a inclusão e o combate ao preconceito à popula-

I – universalidade de acesso aos serviços de saúde em todos os níveis de assistência;
II – integralidade de assistência, entendida como conjunto articulado e contínuo das ações e serviços preventivos e curativos, individuais e coletivos, exigidos para cada caso em todos os níveis de complexidade do sistema;
III – preservação da autonomia das pessoas na defesa de sua integridade física e moral;
IV – igualdade da assistência à saúde, sem preconceitos ou privilégios de qualquer espécie;
V – direito à informação, às pessoas assistidas, sobre sua saúde;
[...]

[10] Art. 3º Na elaboração dos planos, programas, projetos e ações de saúde, serão observadas as seguintes diretrizes:
I – respeito aos direitos humanos de lésbicas, gays, bissexuais, travestis e transexuais, contribuindo para a eliminação do estigma e da discriminação decorrentes das homofobias, como a lesbofobia, gayfobia, bifobia, travestifobia e transfobia, consideradas na determinação social de sofrimento e de doença;
II – contribuição para a promoção da cidadania e da inclusão da população LGBT por meio da articulação com as diversas políticas sociais, de educação, trabalho, segurança;
III – inclusão da diversidade populacional nos processos de formulação, implementação de outras políticas e programas voltados para grupos específicos no SUS, envolvendo orientação sexual, identidade de gênero, ciclos de vida, raça-etnia e território;
IV – eliminação das homofobias e demais formas de discriminação que geram a violência contra a população LGBT no âmbito do SUS, contribuindo para as mudanças na sociedade em geral;
V – implementação de ações, serviços e procedimentos no SUS, com vistas ao alívio do sofrimento, dor e adoecimento relacionados aos aspectos de inadequação de identidade, corporal e psíquica relativos às pessoas transexuais e travestis;
VI – difusão das informações pertinentes ao acesso, à qualidade da atenção e às ações para o enfrentamento da discriminação, em todos os níveis de gestão do SUS;
VII – inclusão da temática da orientação sexual e identidade de gênero de lésbicas, gays, bissexuais, travestis e transexuais nos processos de educação permanente desenvolvidos pelo SUS, incluindo os trabalhadores da saúde, os integrantes dos Conselhos de Saúde e as lideranças sociais;
VIII – produção de conhecimentos científicos e tecnológicos visando à melhoria da condição de saúde da população LGBT; e
IX – fortalecimento da representação do movimento social organizado da população LGBT nos Conselhos de Saúde, Conferências e demais instâncias de participação social.
MINISTÉRIO DA SAÚDE. Portaria nº 2836/2011 – Institui, no âmbito do Sistema Único de Saúde (SUS), a Política Nacional de Saúde Integral de Lésbicas, Gays, Bissexuais, Travestis e Transexuais (Política Nacional de Saúde Integral LGBT). *Diário Oficial da União*, 2013.

ção LGBTQIA+ na elaboração de políticas públicas de saúde. Evidentemente a aplicabilidade de todo o arcabouço jurídico já produzido varia de acordo com a vontade política de cada governo eleito, com fases de ênfase até outras de encolhimento e desmonte, tal como ocorre com a presente administração federal.

As justas demandas da população LGBTQIA+ geram ações positivas por parte da Administração, como demonstra a Resolução CFM 2265/2019[11] (que atualiza e revoga resolução outra de 2010) e que trata especificamente do cuidado com a pessoa com incongruência de gênero ou transgênero. Ações como estas do CFM denotam a atenção que o assunto demanda da comunidade médica e como ela consegue ativamente oferecer respostas e não apenas ser testemunha da história, propondo ações a serem desenvolvidas tanto na rede pública quanto na privada visando garantir acesso, acolhimento e procedimentos.

O mais alto Tribunal de nosso país – o STF – não destoa da orientação do conjunto de normas brasileiras ao tratar das questões aqui debatidas. O Tribunal manifesta-se especificamente sobre o direito subjetivo à alteração do nome e da classificação de gênero no assento de nascimento por transexuais, independentemente da realização de cirurgia de redesignação sexual.

Em seu voto, argumenta o Min. Dias Toffoli[12] que o Tribunal toma sua decisão com base nos princípios "da dignidade da pessoa humana,

Disponível em: <https://bvsms.saude.gov.br/bvs/saudelegis/gm/2011/prt2836_01_12_2011.html>. Acesso em: 11 mai. de 2022.

[11] CONSELHO FEDERAL DE MEDICINA (CFM – Brasil). Resolução CFM nº 2265 de 20 de setembro de 2019. Disponível em: < https://sistemas.cfm.org.br/normas/visualizar/resolucoes/BR/2019/2265>. Acesso em: 9 mai. de 2022.

[12] EMENTA Direito Constitucional e Civil. Transexual. Identidade de gênero. Direito subjetivo à alteração do nome e da classificação de gênero no assento de nascimento. Possibilidade independentemente de cirurgia de procedimento cirúrgico de redesignação. Princípios da dignidade da pessoa humana, da personalidade, da intimidade, da isonomia, da saúde e da felicidade. Convivência com os princípios da publicidade, da informação pública, da segurança jurídica, da veracidade dos registros públicos e da confiança. Recurso extraordinário provido. 1. A ordem constitucional vigente guia-se pelo propósito de construção de uma sociedade livre, justa e solidária, voltada para a promoção do bem de todos e sem preconceitos de qualquer ordem, de modo a assegurar o bem-estar, a igualdade e a justiça como valores supremos e a resguardar os princípios da igualdade e da privacidade. Dado que a tutela do ser humano e a afirmação da plenitude de seus direitos se apresentam

da personalidade, da intimidade, da isonomia, da saúde e da felicidade. Convivência com os princípios da publicidade, da informação pública, da segurança jurídica, da veracidade dos registros públicos e da confiança."

como elementos centrais para o desenvolvimento da sociedade, é imperativo o reconhecimento do direito do indivíduo ao desenvolvimento pleno de sua personalidade, tutelando-se os conteúdos mínimos que compõem a dignidade do ser humano, a saber, a autonomia e a liberdade do indivíduo, sua conformação interior e sua capacidade de interação social e comunitária. 2. É mister que se afaste qualquer óbice jurídico que represente restrição ou limitação ilegítima, ainda que meramente potencial, à liberdade do ser humano para exercer sua identidade de gênero e se orientar sexualmente, pois essas faculdades constituem inarredáveis pressupostos para o desenvolvimento da personalidade humana. 3. O sistema há de avançar para além da tradicional identificação de sexos para abarcar também o registro daqueles cuja autopercepção difere do que se registrou no momento de seu nascimento. Nessa seara, ao Estado incumbe apenas o reconhecimento da identidade de gênero; a alteração dos assentos no registro público, por sua vez, pauta-se unicamente pela livre manifestação de vontade da pessoa que visa expressar sua identidade de gênero. 4. Saliente-se que a alteração do prenome e da classificação de sexo do indivíduo, independente de dar-se pela via judicial ou administrativa, deverá ser coberta pelo sigilo durante todo o trâmite, procedendo-se a sua anotação à margem da averbação, ficando vedada a inclusão, mesmo que sigilosa, do termo "transexual" ou da classificação de sexo biológico no respectivo assento ou em certidão pública. Dessa forma, atende-se o desejo do transgênero de ter reconhecida sua identidade de gênero e, simultaneamente, asseguram-se os princípios da segurança jurídica e da confiança, que regem o sistema registral. 5. Assentadas as seguintes teses de repercussão geral: i) O transgênero tem direito fundamental subjetivo à alteração de seu prenome e de sua classificação de gênero no registro civil, não se exigindo, para tanto, nada além da manifestação da vontade do indivíduo, o qual poderá exercer tal faculdade tanto pela via judicial como diretamente pela via administrativa. ii) Essa alteração deve ser averbada à margem no assento de nascimento, sendo vedada a inclusão do termo 'transexual'. iii) Nas certidões do registro não constará nenhuma observação sobre a origem do ato, sendo vedada a expedição de certidão de inteiro teor, salvo a requerimento do próprio interessado ou por determinação judicial. iv) Efetuando-se o procedimento pela via judicial, caberá ao magistrado determinar, de ofício ou a requerimento do interessado, a expedição de mandados específicos para a alteração dos demais registros nos órgãos públicos ou privados pertinentes, os quais deverão preservar o sigilo sobre a origem dos atos. 6. Recurso extraordinário provido. *In:* BRASIL. Supremo Tribunal Federal (Tribunal Pleno). Recurso Extraordinário nº 670422. Recorrente: S. T. C. Recorrido: Oitava Câmara Cível do Tribunal de Justiça do Rio Grande do Sul. Relator: Min. Dias Toffoli, 15 de agosto de 2018. Disponível em: <https://portal.stf.jus.br/processos/detalhe.asp?incidente=4192182>. Acesso em 11 mai. de 2022.

E segue para esclarecer que a Constituição Federal e as leis brasileiras guiam-se pelo propósito de "construção de uma sociedade livre, justa e solidária, voltada para a promoção do bem de todos e sem preconceitos de qualquer ordem, de modo a assegurar o bem-estar, a igualdade e a justiça como valores supremos e a resguardar os princípios da igualdade e da privacidade". Justamente por essas razões é tão importante reconhecer o direito da pessoa à autonomia e liberdade. O Ministro ainda argumenta que é importante que se afaste qualquer impedimento jurídico "que represente restrição ou limitação ilegítima à liberdade do ser humano para exercer sua identidade de gênero e se orientar sexualmente, pois essas faculdades constituem [...] pressupostos para o desenvolvimento da personalidade humana".

Outro tema muito importante é aquele do HIV, sua prevenção e tratamento, aqui analisado sob a perspectiva do âmbito de abrangência da política de distribuição da PrEP – profilaxia de pré-exposição ao vírus e o tema da capacidade do indivíduo.

A Portaria nº 21/2017[13] do Ministério da Saúde incorporou o tenofovir associado a entricitabina (TDF/FTC 300/200mg) como profilaxia pré-exposição (PrEP) para populações sob maior risco de adquirir o vírus da imunodeficiência humana (HIV), no âmbito do Sistema Único de Saúde (SUS).

Entretanto, seu uso está indicado apenas para a população que tenha atingido a maioridade civil. Como deve agir o profissional de saúde ao se deparar com casos de adolescentes (absolutamente incapazes menores de 16 anos ou relativamente incapazes para a prática dos atos da vida civil entre 16 e 18 anos de idade, nos termos dos artigos 3º, 4º e 5º do Código Civil – Lei nº 10.406/2002), que tenham vida sexual ativa, que estejam possivelmente expostos a risco de contrair o HIV e não queiram compartilhar essas informações com seus representantes legais?

Os pacientes que ainda não tenham atingido a plena capacidade e autonomia devem ainda assim ter suas autonomia e sigilo respeitados?

[13] MINISTÉRIO DA SAÚDE. Portaria nº 21/2017 – Torna pública a decisão de incorporar o tenofovir associado a entricitabina (TDF/FTC 300/200mg) como profilaxia pré-exposição (PrEP) para populações sob maior risco de adquirir o vírus da imunodeficiência humana (HIV), no âmbito do Sistema Único de Saúde – SUS. *Diário oficial da União*, 2017. Disponível em: <https://bvsms.saude.gov.br/bvs/saudelegis/sctie/2017/prt0021_29_05_2017.html>. Acesso em: 11 mai. de 2022.

É o Direito espanhol quem nos traz a resposta com o conceito de "menores maduros" e capacidade sanitária. O Código de ética e deontologia médica espanhol, em seu artigo 10.6, determina que "a opinião do menor será levada em consideração, como um fator que será mais determinante em função de sua idade e grau de amadurecimento".

O conceito de capacidade civil mostra-se adequado para as questões de natureza patrimonial, nas quais a vontade das pessoas com até 16 anos não são levadas em consideração e são substituídas pelas de seus representantes legais. Ainda pelo tradicional conceito de capacidade utilizado pelo Direito Civil, indivíduos entre 16 e 18 anos devem ser assistidos para tomar decisões[14]. Porém esse conceito não é o mais indicado para a discussão das decisões de natureza existencial, como as relativas à saúde e ao próprio corpo, preocupação do presente trabalho.

Caminha nesta mesma direção o Código de Ética Médica brasileiro (Resolução CFM 2217/2018[15]) em seu artigo 74, que determina ser proibido ao médico revelar sigilo profissional relacionado a paciente criança ou adolescente, **desde que estes tenham capacidade de discernimento**, inclusive a seus pais ou representantes legais, salvo quando a não revelação possa acarretar dano ao paciente. (grifei)

Desta maneira, no caso da autonomia dos menores de idade para consentir, deve-se usar as regras já existentes no ECA (Estatuto da Criança e do Adolescente) relativas à guarda do menor e sua extensão para os casos relativos ao consentimento. Assim, o menor deveria ter sua opinião levada em conta para o fim de consentir ou não no tratamento médico que lhe é proposto. Especialmente os relativamente incapazes (a partir de 16 anos) deveriam poder tomar – autonomamente – deci-

[14] A concepção de autonomia se fundamenta no referencial desenvolvido por Edozien e Pelluchon, contrapondo-se, dessa forma, ao conceito privatista e patrimonialista de autonomia privada. A autonomia se centra nos aspectos emocionais, valorativos e existenciais da pessoa, ao passo que a autonomia privada é tradução da liberdade contratual e do poder negocial. *In:* ALBUQUERQUE, Aline. Autonomia e capacidade sanitária: proposta de arcabouço teórico-normativo. *Rev. Bioética y Derecho*, Barcelona, n. 43, p.193-209, 2018. Disponível em: <http://scielo.isciii.es/scielo.php?script=sci_arttext&pid=S1886-58872018000200014&lng=es&nrm=iso>. Acessado em: 10 mai. de 2022.

[15] CONSELHO FEDERAL DE MEDICINA (CFM – Brasil). *Código de ética médica*. Resolução CFM nº 2.217, de 27 de setembro de 2018. Disponível em: <https://portal.cfm.org.br/images/PDF/cem2019.pdf>. Acesso em: 9 mar. de 2022.

sões relativas à sua saúde (exceção feita aos casos que envolvem risco grave), observados seus níveis de maturidade e compreensão. A proposta é a de utilização de critério mais dinâmico, multifacetado; e não o critério estático da idade cronológica, preservando e focando com mais vigor o melhor interesse do jovem, ficando assim solucionado o conflito.

A idade do paciente e sua consequente capacidade ou incapacidade também suscitam outras questões igualmente importantes e que devem ser enfrentadas nos consultórios de pediatras. Há famílias que levam a questão da orientação sexual de seu filho ou filha para que seja "solucionada" no consultório. Esses pais transformam uma orientação sexual (em geral aquela que não é a "desejada" ou socialmente aceita – LGBTQIA+) em patologia a ser tratada e curada. O papel do pediatra é apoiar seu/sua paciente e tentar, se possível, esclarecer os pais em relação ao leque da sexualidade humana, e que estas orientações sexuais (por quem se tem desejo) ou as de gênero o compõem.

Nunca é demais reafirmar a importância do acompanhamento psicológico desta população para poder cuidar de questões como a ansiedade e depressão associadas aos períodos que antecedem qualquer procedimento tão significativo. A estabilidade psicológica é a que vai garantir uma transição com menos solavancos e mais clareza e aceitação.

Cabe às equipes de saúde que trabalham com esta população LGBTQIA+ não terem qualquer receio de acatar o acolhimento como melhor ferramenta de cuidado. A visão isenta de preconceito é a única capaz de acolher e incorporar estes indivíduos a um lugar de isonomia com o restante da população. E é este agir que retira as pessoas da posição de angústia por sentirem-se páreas, excluídas, por não pertencerem a um grupo padrão ou hegemônico.

Conclusões

Concretamente, o respeito à diversidade de cada pessoa é o que traz o bálsamo capaz de devolver o lugar de acolhimento e aniquilar essa condição de dupla vulnerabilidade desta população: pertencer a uma minoria e, ainda mais, estar passando por momentos de doença e necessidade de cuidados de saúde. É um desafio e tanto, mas também uma possibilidade única!

A diversidade nos faz únicos, mas – quando devidamente endereçada – também é capaz de nos fazer pertencer e não ser invisibilizados!

O acolhimento é para ontem!

Referências

ALBUQUERQUE, Aline. Autonomia e capacidade sanitária: proposta de arcabouço teórico-normativo. *Rev. Bioética y Derecho*, Barcelona, n. 43, p. 193-209, 2018. Disponível em: <http://scielo.isciii.es/scielo.php?script=sci_arttext&pid=S1886-58872018000200014&lng=es&nrm=iso>. Acessado em: 10 mai. de 2022.

BRASIL. Supremo Tribunal Federal (Tribunal Pleno). Recurso Extraordinário nº 670422. Recorrente: S. T. C. Recorrido: Oitava Câmara Cível do Tribunal de Justiça do Rio Grande do Sul. Relator: Min. Dias Toffoli, 15 de agosto de 2018. Disponível em: <https://portal.stf.jus.br/processos/detalhe.asp?incidente=4192182>. Acesso em 11 mai. de 2022.

______. Tribunal de Justiça de São Paulo – 2ª Câmara de Direito Privado. *Apelação Cível nº 1042402-12.2019.8.26.0100.* Apelante: Greenline Sistema de Saúde S/A. Apelado: Heitor Lima do Nascimento. Relator: José Carlos Ferreira Alves, 23 de janeiro de 2020. Disponível em: <https://esaj.tjsp.jus.br/cjsg/getArquivo.do?cdAcordao=13244375&cdForo=0>. Acesso em 11 mai. de 2022.

BROWN, George R. Disforia de Gênero. *Manual MSD – Versão para profissionais de Saúde.* 2021. Disponível em: <https://www.msdmanuals.com/pt-br/profissional/transtornos-psiqui%C3%A1tricos/sexualidade-disforia-de-g%C3%AAnero-e--parafilias/disforia-de-g%C3%AAnero>.Acessado em: 03 mai. de 2022.

CONSELHO FEDERAL DE MEDICINA (CFM – Brasil). *Código de ética médica.* Resolução CFM nº 2.217, de 27 de setembro de 2018. Disponível em: <https://portal.cfm.org.br/images/PDF/cem2019.pdf>. Acesso em: 9 mar. de 2022.

______. Resolução CFM nº 2265 de 20 de setembro de 2019. Disponível em: < https://sistemas.cfm.org.br/normas/visualizar/resolucoes/BR/2019/2265>. Acesso em: 9 mai. de 2022.

JESUS, Jaqueline Gomes de. *Medicina*: uma ciência maligna? Debate psicopolítico sobre estereótipos e fatos. Periódicus, v.1, n.5, p. 195-204, 2016.

MINISTÉRIO DA SAÚDE. *Nota Técnica nº 18/2014.* 2022. Disponível em: <https://www.gov.br/saude/pt-br/acesso-a-informacao/acoes-e-programas/cns/legislacao-cns/nota-tecnica-nome-social-18-2014.pdf/@@download/file/NOTA--TECNICA-NOME-SOCIAL-18-2014.pdf>. Acesso em: 11 mai. de 2022.

______. *Política Nacional de Saúde Integral de Lésbicas, Gays, Bissexuais, Travestis e Transexuais.* 2013. Disponível em: <https://bvsms.saude.gov.br/bvs/publicacoes/politica_nacional_saude_lesbicas_gays.pdf>. Acesso em: 11 de mai. de 2022.

______. Portaria n° 1820/2009 – reconhece o direito ao uso do nome social no SUS. *Diário Oficial da União,* 2019. Disponível em: <https://conselho.saude.gov.br/ultimas_noticias/2009/01_set_carta.pdf>. Acesso em: 11 mai. de 2022.

______. Portaria n° 21/2017 – Torna pública a decisão de incorporar o tenofovir associado a entricitabina (TDF/FTC 300/200mg) como profilaxia pré-exposição (PrEP) para populações sob maior risco de adquirir o vírus da imunodeficiência humana (HIV), no âmbito do Sistema Único de Saúde – SUS. *Diário oficial da União*, 2017. Disponível em: <https://bvsms.saude.gov.br/bvs/saudelegis/sctie/2017/prt0021_29_05_2017.html>. Acesso em: 11 mai. de 2022.

______. Portaria n° 2803/2013 – Redefine e amplia o Processo Transexualizador no Sistema Único de Saúde (SUS). *Diário Oficial da União*, 2013. Disponível em: <https://conselho.saude.gov.br/ultimas_noticias/2009/01_set_carta.pdf>. Acesso em: 11 mai. de 2022.

______. Portaria n° 2836/2011 – Institui, no âmbito do Sistema Único de Saúde (SUS), a Política Nacional de Saúde Integral de Lésbicas, Gays, Bissexuais, Travestis e Transexuais (Política Nacional de Saúde Integral LGBT). *Diário Oficial da União*, 2013. Disponível em: <https://bvsms.saude.gov.br/bvs/saudelegis/gm/2011/prt2836_01_12_2011.html>. Acesso em: 11 mai. de 2022.

OLIVEIRA, Reinaldo Ayer *et al.* Bioética. *In:* CIASCA, Saulo Vito; HERCOWITZ, Andrea; JUNIOR, Ademir Lopes. *Saúde LGBTQIA+:* práticas de cuidado transdisciplinar. Santana de Parnaíba, São Paulo: Manole, 2021, p. 487, 495.

PARTE 5
DIREITO TRIBUTÁRIO

12. DESIGUALDADE DE GÊNERO E TRIBUTAÇÃO

Daniella Zagari

Dizer que o sistema tributário brasileiro é injusto é afirmar o óbvio. Somos um país muito desigual, e o sistema tributário é reflexo dessa estrutura. Essa primeira nota não é um convite ao pessimismo, mas antes e sobretudo à reflexão sobre o que há a ser feito no campo tributário.

São enormes os desafios que temos como nação, especialmente com o objetivo de reduzir a desigualdade social e econômica que nos coloca na vergonhosa 9ª posição na relação entre os países com maior índice Gini de distribuição de riqueza, isto é, o Brasil está na triste listas dos campeões em desigualdade entre ricos e pobres.

Há muito por fazer. Esse artigo se dispõe a refletir sobre uma vertente, que é a desigualdade na tributação em razão do gênero, agravada pela transversalidade envolvendo raça e pobreza.

É fato que essa disparidade não é um fenômeno brasileiro, embora em nosso país ela seja particularmente intensificada por fatores históricos, culturais, sociais e econômicos. O tema já vem sendo objeto da atenção de governos e estudiosos estrangeiros, e recentemente tem merecido a corajosa e técnica abordagem por parte de instituições e pesquisadores e pesquisadoras no Brasil.

O estudo propõe algum retrospecto histórico para colaborar com a reflexão sobre onde estamos e sobre nossos desafios.

Michael J. Sandel invoca Rawls para relembrar uma verdade simples da qual frequentemente nos esquecemos: a maneira como as coisas são não determina a maneira como elas deveriam ser[1].

1. Movimentos feministas e sua importância na construção de direitos

É difícil acreditar que já na segunda década do século XXI tantos (e tantas) ainda achem que o feminismo e seus movimentos busquem algum tipo de superioridade da mulher. Talvez mesmo esse temor esteja à base de tantas falas estereotipadas, como se tratar de movimentos de *mulheres que odeiam homens*, ou de *mulheres bravas que querem ser superiores aos homens.* Isso, para referir aos discursos menos violentos.

Referindo-se especificamente a quem nega a existência de machismo e racismo em nossa sociedade sem nenhum fundamento concreto, Djamila Ribeiro bem pontua que ninguém está legitimado a debater sobre aquilo que ignora, é preciso que haja honestidade intelectual para que opiniões sejam baseadas em fatos: Continuar no achismo apesar da desigualdade latente sendo mostrada é concordar com essa desigualdade.[2]

Foi justamente para combater esse desconhecimento, e por estar convencida de que *O Feminismo é Para Todo Mundo,* que Bell Hooks escreveu sua indispensável obra de mesmo título, demonstrando que o feminismo não é anti-homem. É antissexismo. Comportamentos sexistas e antissexistas podem ser encontrados em homens e mulheres. É fundamental a conscientização em favor da igualdade, e isso em homens e mulheres[3].

E debater gênero não é falar sobre biologia. É falar sobre homens e mulheres, cisgêneros ou transgêneros, de acordo com as escolhas pessoais de suas próprias identidades, porque gênero é algo que se constrói. Por isso mesmo, o debate deve necessariamente incluir as mulheres trans[4].

[1] Justiça – O que é fazer a coisa certa, p. 204
[2] Quem Tem Medo do Feminismo Negro?, p. 35.
[3] Op. cit., p. 30.
[4] Djamila Ribeiro, op. cit., p. 47

Carla Cristina Garcia[5] faz uma constatação curiosa: na sociedade contemporânea é muito comum que organizações públicas e privadas afirmem adotar políticas e perspectivas de gênero. Mas quando se fala em *feminismo* a palavra soa perigosa. Isso é desconhecimento ou desinformação. No Brasil, como relata Constância Lima Duarte, a resistência ao termo é ainda maior, talvez porque, como diz a autora, se a história do feminismo é pouco conhecida, deve-se também ao fato de ser pouco contada[6].

Segundo Garcia, o feminismo é teoria política, é prática social e muito mais: carrega uma ética que visa à promoção da igualdade entre os seres humanos. Não há um feminismo, mas vários, pois são muitas as correntes de pensamento que o compõem, isto porque uma das características que diferencia o feminismo de outras correntes de pensamento político é que está constituído pelo fazer e pensar de milhares de mulheres pelo mundo todo[7].

De toda forma, vale a advertência de Angela Davis, na emblemática obra[8] em que examina a perspectiva estadunidense, de que não é possível tratar de desigualdade de gênero sem ao mesmo tempo tratar de raça e condição social, sob pena de se incorrer nos mesmos riscos de movimentos feministas do passado, que focaram exclusivamente nos problemas vivenciados pela mulher branca de classe média.

Parece não haver uma evolução estanque nas gerações dos feminismos, mas de forma simplificada e para efeitos didáticos Mayra Cotta e Thais Farage[9] identificam três momentos mais relevantes, extraídos essencialmente da experiência estadunidense.

De acordo com as autoras, a primeira geração esteve bastante relacionada com o movimento sufragista e com a mulher branca de classe mais abastada; a segunda, passa a compreender diversos feminismos, a partir dos movimentos universitários e libertários, em que se compreende que ser mulher não é uma condição universal e que raça, classe social, etnia, orientação sexual e tantas outras variáveis são perspectivas fundamen-

5 Breve História do Feminismo, p. 8.

6 Feminismo: uma história a ser contada, o. 25, *in* Algumas Histórias sobre o Feminismo no Brasil

7 Op. cit, p. 10

8 Mulheres, Raça e Classe

9 Mulher, Roupa, Trabalho – Como se Veste a Desigualdade de Gênero, p. 80-82.

tais nesse debate; e a terceira geração, mais recente, que também contesta o binarismo.

Garcia, no entanto, destaca como primeiras manifestações precursoras do feminismo as ideias que se desenvolveram nos espaços dos salões franceses do Antigo Regime e na Veneza do século XVII. É nos salões franceses que um grupo de literatas, chamadas de *preciosas* (daí o fenômeno *preciosismo*) começa a reivindicar autonomia e acesso ao conhecimento, buscando combater a superioridade masculina. Em Veneza, algumas intelectuais escreveram livros denunciando a opressão masculina e defendendo a igualdade entre homens e mulheres[10].

No século XVIII os ideais do Iluminismo, como destaca Barroso, baseados na razão, ciência, humanismo e progresso, constituem uma mudança de paradigma civilizatório, pelo qual a razão humanista passa para o centro do sistema de pensamento, de onde são afastados dogmas metafísicos e entronizados valores seculares, como limitação do poder, liberdade individual e igualdade entre as pessoas[11].

Segundo Silvio Almeida[12], o Iluminismo trouxe o suporte filosófico para o combate ao absolutismo e ao poder da nobreza, dando as bases para a transformação da sociedade feudal em capitalista e estando no centro de revoluções como a francesa e a americana. Mas a liberdade, a racionalidade e a capacidade de decidir e agir racionalmente passaram a ser vistos como atributos do *homem*. Do homem branco ocidental, bom que se diga.

Nesse sentido, a vitória da *civilização* tornou-se o foco contra o obscurantismo da centralização do poder régio e religioso. Mas esse mesmo movimento teria justificado o colonialismo europeu, cujo intuito era levar a razão e a civilização aos povos onde elas supostamente não existiam.

Claro, a contradição foi bem revelada. Para tomar apenas um dos exemplos referidos por Almeida, à Revolução Francesa seguiu-se a Revolução Haitiana, que culminou na Proclamação da Independência em 1804. O povo do Haiti, escravizado pelos colonizadores franceses, demandava a mesma declaração de igualdade que justificara a Revolução

[10] Op. cit., P. 26-33

[11] Luis Roberto Barroso, Curso de Direito Constitucional Contemporâneo, p. 32

[12] Silvio Almeida, Racismo Estrutural, p. 24-34

Francesa. Mas sofreu enorme resistência. Sob o pretexto dos ideais iluministas, o colonialismo europeu subjugou povos africanos, americanos, da Asia e da Oceania. A justificação filosófica, para encobrir os interesses econômicos e tomar os contornos de verdadeira ideologia, estava na suposta inferioridade dessas populações, a quem as *luzes* da civilização precisavam atingir[13].

Não foi nada diferente com as mulheres. Foi justamente o Iluminismo, como reportam Cotta e Farage[14], que paradoxalmente *institucionalizou* a dominação masculina. Rousseau, um dos principais filósofos da época, defendeu incansavelmente a liberdade e a igualdade, mas não para as mulheres, porque sua exclusão *seria desejável*[15].

Muitas mulheres que se envolveram diretamente e tiveram participação decisiva no sucesso da Revolução Francesa, acreditando que os ideais de liberdade e igualdade eram para todas e todos, foram traídas. Dentre tantas histórias, é emblemática a de Olympe de Gourges que, representando tantas mulheres, escreveu a *Declaração dos Direitos das Mulheres e das Cidadãs*. Depois de atacar publicamente Robespierre, foi guilhotinada em 1793, segundo reporta Carla Cristina Garcia, por haver esquecido as virtudes que convêm a seu sexo e por haver se intrometido nos assuntos da República[16].

Nesse contexto histórico de passagem do ambiente aristocrático para o burguês, consolidou-se a divisão entre espaço público (destinado ao trabalho remunerado) e privado (trabalho doméstico). Como explicam Cotta e Farage, muito mais do que uma separação física, essa divisão acentuou a função de cada um desses espaços[17]. O mundo do trabalho, público, passa a se identificar com atividades remuneradas de produção de bens e serviços, ao passo que o mundo doméstico concentra a dedicação à família, às relações de afeto e aos cuidados. Uma das consequências mais cruéis dessa realidade foi tornar invisível o que ocorria na casa. Invisível, porque não percebido e não digno de atenção.

[13] Almeida, Silvio, op. cit., p. 25-30.

[14] Op. cit., P. 40-44.

[15] GARCIA, Carla Cristina, op. cit., p. 35

[16] GARCIA, Carla Cristina, op. cit, pp 34-44, citação p. 44.

[17] Op. cit., p. 25- 29.

E, mais ainda, cada espaço passou a ser caracterizado por gênero: no espaço público, a presença dos homens; no espaço privado, a das mulheres.

A ideologia da feminilidade, que se disseminou na medida da consolidação dos espaços privados como o lugar da mãe, esposa e dona de casa, inferiorizou ainda mais a mulher. A mulher branca. Sim, pois para as mulheres negras, pobres e mães solo, ficar em casa para cuidar dos filhos jamais foi uma opção[18].

Diz Angela Davis[19] que as mulheres negras sempre trabalharam mais fora de casa do que as brancas, o que seria uma reprodução do sistema de escravização. Ao tempo da escravização, homens e mulheres eram considerados *unidades de trabalho lucrativas*, daí porque não se faziam distinções de gênero. Os homens não eram incentivados a ser pais de família, para que não tivessem a ilusão de possuir algum direito sobre os filhos, porque não possuíam direto a nada. As mulheres, que também não tinham nenhum direito, ainda sofriam exploração adicional – a sexual.

Homens e mulheres dividiam as atividades domésticas, pois esse era o único espaço de humanização que possuíam. Nos limites da vida familiar e comunitária, havia maior igualdade.

Para Davis, em que pesem os maus-tratos às escravizadas em nível ainda mais dramático do que aos escravizados, elas conseguiram, nessa adversidade, reafirmar sua igualdade perante os homens.

Não obstante, alerta Davis que embora muitas mulheres brancas tenham participado dos movimentos antiescravagistas, não conseguiam entender a complexidade da situação da mulher escravizada.

Por isso, esse movimento ou filosofia que se desenvolveu a partir do século XIX nos EUA se concentrou essencialmente na mulher branca de classe mais abastada, e ainda que com honrosas exceções descritas por Davis, não foi um movimento antirracista. Tanto assim que suas maiores expoentes, no debate sufragista da época, pós Guerra Civil e Reconstrução, ao serem confrontadas com a simultaneidade da permissão do voto

[18] Cotta, Mayra e Farage, Thais, op. cit, p. 32-34

[19] Op. cit., p 123-135.

feminino e do voto da população negra, não tiveram dúvida: *primeiro a mulher, depois o negro*[20].

Exceções sempre houve e Angela Davis conta algumas delas, como a das irmãs Sarah e Angelina Grimké que, fortemente engajadas nas causas abolicionista e da mulher, compreenderam que não havia oposição entre os interesses das mulheres e dos negros[21].

Merece destaque também a saga de Isabella, que adotou o nome Sojourner Truth. Essa mulher negra, iletrada e escravizada, já liberta processou o senhor de escravos que não cumpriu o contrato com ela firmado, de libertar seu filho. Ela foi vitoriosa no processo. Mas esse não foi o único feito dessa mulher extraordinária. Após sua trajetória ser narrada por sua vizinha, em obra publicada em 1850[22] dedicou-se a palestras e sermões. Na Convenção de Direitos da Mulher, realizada em Ohio em 1851, tomou a palavra e fez um discurso pungente, sempre lembrado como enorme inspiração no combate à desigualdade, e que vale à pena reproduzir:

> Creio que com esta união dos negros do sul e das mulheres do norte, todos falando de direitos, os homens brancos estariam com grandes problemas bem rapidamente. Este homem diz que as mulheres necessitam de ajuda dos homens para subirem nas carruagens, cruzar as ruas, e que devem ter o melhor lugar em todas as partes. Mas a mim ninguém me ajuda a subir em carruagens, nem me deixam o melhor lugar. Por acaso eu não sou uma mulher? Olhem-me! Olhem meus braços! Eu arei e plantei e colhi e nenhum homem era melhor do que eu! E por acaso eu não sou uma mulher? (...) tive treze filhos e os vi serem vendidos como escravos e enquanto eu chorava com a dor de uma mãe, ninguém além de Jesus me ouvia! E por acaso eu não sou uma mulher?[23]

O movimento sufragista estadunidense foi fundado em 1848, com a Declaração de Seneca Falls e teve como uma de suas principais líderes a ativista Elizabeth Stanton. Além da demanda pelo direito de voto das mulheres, lembra Garcia que o movimento também combatia as restri-

[20] DAVIS, Angela, op. cit., p 103-119

[21] Op. cit, p. 66-71.

[22] E eu não sou uma mulher? Soujourner Truth e Olive Gilbert.

[23] GARCIA, Clara Cristina, op. cit., p. 56.

ções econômicas e jurídicas sofridas pelas mulheres, que não podiam ter propriedades, dedicar-se ao comércio ou abrir conta em banco[24].

As mulheres operárias só se inseriram no movimento pelo sufrágio no início do século XX: perceberam que sua participação política era fundamental para melhoria das condições de trabalho. As mulheres negras também se engajaram, ainda que as mulheres brancas não tenham se solidarizado em princípio com a sua causa[25].

Um parêntese para referir ao movimento feminista no socialismo marxista. Segundo Garcia, a opressão da mulher era reconhecida, mas por razões exclusivamente econômicas, sem qualquer relação com o patriarcado ou com a condição específica da mulher. Para muitos socialistas, inclusive, a emancipação da mulher seria tão horrível quanto o capitalismo. Uma importante militante comunista, Clara Petkin, que tinha ideais feministas e apoiou o sufrágio das mulheres ocidentais burguesas, recebeu um *puxão de orelha* de Lenin, em carta que lhe dirigiu[26]:

> Clara, ainda não acabei de enumerar a lista de vossas falas. Disseram-me que nos serões de leitura e discussão com as operárias se examinam preferencialmente os problemas sexuais e do casamento. Como se este fosse o objetivo da atenção principal na educação política e no trabalho educativo. Não pude acreditar quando estas notícias chegaram aos meus ouvidos. O primeiro estado da ditadura do proletariado luta contra todos os revolucionários do mundo... Enquanto isso comunistas ativas examinam os problemas sexuais e a questão das formas de matrimônio no presente, no passado e no futuro!

Voltando aos EUA, foi de fato na primeira década do século XX, como reporta Garcia, que o movimento ganhou novo fôlego, sob a liderança de Elizabeth Cady Stanton. Apenas em 1920 as mulheres alcançaram o direito de voto[27].

Tathiane Piscitelli explica que os movimentos sufragistas, tanto nos Estados Unidos como no Reino Unido, também denunciaram a abusiva prática de se exigir tributos das mulheres sem, no entanto, reconhecer-

24 GARCIA, Clara Cristina, p. 48-52

25 DAVIS, Angela, op. cit., p. 185-197

26 GARCIA, Clara Cristina, op. cit., p. 61-70, esp. p. 69-70.

27 GARCIA, Clara Cristina, op. cit., p. 52-53

-lhes representatividade política. Daí o slogan, reproduzido a partir do contexto da independência dos EUA: *no taxation without representation*[28].

No período entreguerras no mundo ocidental, diz Garcia, houve o esvaziamento do movimento feminista. É a obra de Simone de Beauvoir, *O Segundo Sexo*, publicada em 1949, que representa um marco no ressurgimento das discussões, embora pareça que a importância de sua obra só tenha vindo a ser reconhecida bastante tempo depois[29].

A filósofa existencialista francesa só muitos anos depois veio a se afirmar feminista. Ela examina a condição da mulher sob diversas perspectivas. O início da obra já oferece uma tomada de posição crítica bastante emblemática: *a mulher é O Outro do homem*, no sentido de que não se definiria por si própria, pois o homem seria sempre a referência, o absoluto[30].

Betty Friedan surge como um *furacão* nessa história. Seu livro *A Mística Feminina*, e todo o seu ativismo posterior, trouxe um impacto bem relevante no movimento feminista a partir da década de 1960.

Em algum momento de sua vida, em fins da década de 1950, Friedan achou que havia algo errado. Seu dilema pessoal com algo que ela própria não entendia o que era a incentivou à investigação; primeiro, reunindo-se com suas ex-colegas de faculdade e depois entrevistando mais de duzentas mulheres.

Friedan constatou que *o problema sem nome* que impactava a mulher branca de classe média estadunidense era a enorme frustração ao se ver confinada nos papeis de esposa, mãe e dona de casa, papeis que ela própria se impôs, com o apoio de toda a mídia da época, sendo fundamental

[28] Tributação de Gênero no Brasil, Valor Econômico, 01.08.2019

[29] GARCIA, Clara Cristina, p. 76-80

[30] "A mulher determina-se e diferencia-se em relação ao homem, e não este em relação a ela; a fêmea é o inessencial perante o essencial. O homem é o Sujeito, o Absoluto; ela é o outro. (...) Bastam três viajantes reunidos por acaso num mesmo compartimento para que todos os demais viajantes se tornem "os outros" vagamente hostis. Para os habitantes de uma aldeia, todas as pessoas que não pertencem ao mesmo lugarejo são "outros" e suspeitos; para os habitantes de um país, os habitantes de outro país são considerados "estrangeiros". Os judeus são "outros" para o antissemita, os negros para os racistas norte-americanos, os indígenas para os colonos, os proletários para as classes dos proprietários. (...) Ora, a mulher sempre foi, senão a escrava do homem, ao menos sua vassala; os dois sexos nunca partilharam o mundo em igualdade de condições; e ainda hoje, embora sua condição esteja evoluindo, a mulher arca com um pesado handicap (O Segundo Sexo, p. 17-21)

que assumisse seu lugar no mercado de trabalho e alcançasse independência financeira[31].

Diz Friedan que a ideologia criada em torno desses papeis femininos teria estado bastante relacionada com a necessidade de crescimento da economia estadunidense após a Segunda Guerra Mundial, em que a mulher se torna o principal alvo do mercado consumidor, primeiro de eletrodomésticos e produtos para o lar, depois de bens de consumo associados à beleza, sendo *massacradas* pela idealização do que deveria representar sua feminilidade[32].

Em 1991 Naomi Wolf lançaria *O Mito da Beleza*, em que explorou ainda mais a imposição do mercado a padrões de beleza inalcançáveis, já em uma época em que muitas mulheres (brancas, ocidentais e de classe média) estavam inseridas no mercado de trabalho.

Tanto Friedan como Wolf foram bastante criticadas por, novamente, como na primeira geração do feminismo, terem concentrado seu olhar na figura da mulher ocidental, branca, heterossexual e de classe média, como se todas as mulheres do mundo compartilhassem exatamente os mesmos problemas. Bell Hooks, embora reconhecendo a relevância da obra de Friedan, foi contundente em sua crítica: Ela não falou das mulheres sem homem, sem filhos, sem lar, ignorou a existência de todas as mulheres não brancas e das brancas pobres, e não disse aos leitores se era mais gratificante ser empregada, babá, operária, secretária ou uma prostituta do que ser dona de casa de classe abastada[33].

[31] "Assim, a lógica da mística feminina redefiniu a própria natureza do problema das mulheres. Quando a mulher era vista como um ser humano com potencial humano ilimitado, em igualdade com o homem, qualquer coisa que a impedisse de realizar totalmente seu potencial era um problema a ser resolvido: barreiras à educação e à participação política, discriminação ou preconceito na lei ou na moralidade. Mas agora que a mulher é vista apenas nos termos de papel sexual, as barreiras à realização de todo seu potencial, os preconceitos que lhe negam participação plena no mundo não são mais problemas. Os únicos problemas agora são aqueles que podem atrapalhar sua adequação como dona de casa. Então a carreira é um problema, a educação é um problema, o interesse político, até mesmo a própria aceitação de sua inteligência e individualidade é um problema." (A Mística Feminina, p. 75)

[32] Op. cit., p. 316-317.

[33] *In Mulheres Negras – moldando a teoria feminista, p. 194 – Dossiê Feminismo e Antirracismo – Revista Brasileira de Ciência Política (16) – jan-abril 2015* – https://doi.org/10.1590/0103-335220151608

O feminismo negro recrudesceu nas décadas de 1970 e 1980, particularmente com a fundação do *National Black Feminist* em 1973 e com o desenvolvimento da literatura feminista negra[34].

Kimberlé Crenshaw[35] demonstra que, especialmente a partir de fins dos anos 1980 e início dos anos 1990, diversos estudos e pesquisas constataram que as violações aos direitos humanos não poderiam ser examinadas exclusivamente sob uma perspectiva geral. Muitas dessas violações possuem vieses específicos adicionais de gênero, com a *intersecção* de fatores relacionados à raça, etnia, origem, classe etc. Daí porque o entrecruzamento de todos esses elementos é essencial para que os problemas possam ser bem compreendidos e enfrentados, saindo da invisibilidade"[36].

A insuficiência do debate sobre desigualdade focado exclusivamente na perspectiva de mulheres *versus* homens também mereceu profunda análise de Grada Kilomba, que alerta para o risco de perpetuação do racismo: Esse modelo de homens contra mulheres obscurece a questão da "raça" e coloca a mulher *branca* fora das estruturas racistas, poupando-as de ter responsabilidade pelo racismo e/ou de verem-se praticando racismo contra outros grupos de mulheres (e homens)[37].

No Brasil, Constância Lima Duarte[38] identifica como primeiro movimento feminista o início do século XIX, com a bandeira pelo direito de aprender a ler e escrever, até então reservado exclusivamente aos homens. As escolas públicas femininas somente tiveram funcionamento autorizado em 1927. Uma das mulheres de destaque nesse período foi

[34] Djamila Ribeiro, Quem tem medo do Feminismo Negro, p. 51

[35] Documento para o Encontro de Especialistas em Aspectos da Discriminação Racial Relativos ao Gênero, *in* Estudos Feministas, 171, 01/2002

[36] "A interseccionalidade é uma conceituação do problema que busca capturar as consequências estruturais e dinâmicas da interação entre dois ou mais eixos da subordinação. Ela trata especificamente da forma pela qual o racismo, o patriarcalismo, a opressão de classe e outros sistemas discriminatórios criam desigualdades básicas que estruturam as posições relativas das mulheres, raças, etnias, classes e outras. Além disso, a interseccionalidade trata da forma como ações e políticas específicas geram opressões que fluem ao longo de tais eixos, constituindo aspectos dinâmicos ou ativos do desempoderamento." (CRENSHAW, Kimberlé – op. cit., p. 178)

[37] KILOMBA, Grada, Memórias da Plantação – Episódios de Racismo Cotidiano, p. 104

[38] Feminismo: uma história a ser contada, *in* Pensamento Feminista Brasileiro – Formação e Contexto, p. 26-30

Nísia Floresta Brasileira Augusta, que se inspirou, dentre outras, nas feministas inglesa Mary Wollstonecraft e francesa Olympe de Gourges, para combater a ideia dominante de superioridade masculina e em defesa da educação.

Duarte explica que a partir de 1870 há a proliferação de jornais e revistas feministas, também defendendo a educação e o direito ao voto. Esse movimento foi intensificado no início do século XX, acrescentando as demandas por ampliação do campo de trabalho e curso superior, sendo Bertha Lutz um dos nomes de destaque na luta pela igualdade e na denúncia à opressão feminina[39].

A década de 1920, segundo a autora, foi marcada por movimentos de certa forma contraditórios: de um lado, o feminismo burguês e bem comportado[40], de outro, o movimento anarcofeminista, libertário, que embora buscasse a emancipação da mulher e a instrução da classe operária, discordava do direito ao voto feminino. Uma das mulheres de destaque na época foi Leolinda Daltro, que com seu ativismo conseguiu convencer um senador a apresentar o primeiro projeto pelo direito ao voto feminino. O processo de ridicularização pública e institucional atrasou essa pretensão.

O Estado natal de Nísia Augusta, Rio Grande do Norte, antecipou-se e aprovou o direito ao voto em 1927, o que provocou clamor feminino na reivindicação para que esse direito fosse estendido de forma generalizada. Contudo, apenas em 1932 o presidente Getúlio Vargas incorporou o direito ao voto das mulheres nas mesmas condições que os homens, excluídos os analfabetos, o que viria a ser reafirmado na Constituição de 1934. De toda forma, antes disso, em 1929, foi eleita a primeira mulher prefeita na América do Sul, no Município de Lajes (RN)[41].

Os anos 1970 tiveram impacto fortíssimo no movimento feminista brasileiro. Segundo Duarte, enquanto em outros países as mulheres estavam unidas contra a discriminação sexual e pela igualdade de direitos, no Brasil, o movimento feminista teve marcas distintas e definitivas, pois a conjuntura histórica impôs que as mulheres se posicionassem

39 Op. cit., p. 31-36

40 DUARTE, Constância Lima, op. cit., P. 36-40

41 DUARTE, Constância Lima, op. cit., p. 37-39.

também contra a ditadura militar e a censura, pela redemocratização do país, pela anistia e por melhores condições de vida.[42]

Mas de todo modo não se excluiu do debate a sexualidade, o direito ao corpo e ao aborto, com grande influência da tecnologia anticoncepcional. Ressurge a força da imprensa dirigida por mulheres, propiciando o debate de questões como dupla jornada, trabalho feminino, mulheres na política, preconceito racial contra a mulher negra[43].

Há uma passagem, relatada por Duarte, de que vale a nota. Rose Marie Muraro, feminista de destaque do período, foi responsável pela vinda ao Brasil de Betty Friedan. Friedan foi entrevistada pelo *Pasquim*, conhecido semanário que, com bom humor, desafiava a ditadura. Tal como Hobbes, Rousseau, Lenin e tantos outros pensadores e líderes que deixaram sua marca na história, os pesquisadores do Pasquim reproduziram a ideia de que a causa da mulher – ou a própria mulher – não deveria ser levada à sério. Friedan foi ridicularizada na entrevista, convidada a lavar panelas, entre impropérios piores[44].

Cintia Lima Crescêncio[45] examina esse episódio e reporta o machismo não só do Pasquim, como da imprensa da época e de algumas mulheres que, paradoxalmente, eram vistas como feministas. Interessante que algumas das entrevistadas, embora tenham discordado e criticado veementemente a abordagem, passaram a entender que *ao menos* se tornou visível a questão da mulher, que vinha sempre encoberta, propiciando o desenvolvimento dos debates futuros.

Nos anos 1980, as conquistas femininas passam a ser mais retratadas na imprensa: além da eleição para alguns cargos políticos emblemáticos, o chamada *lobby do batom* uniu 26 deputadas federais nos trabalhos da Assembleia Constituinte –que iria culminar na promulgação da Constituição Federal de 1988 – a *Constituição Cidadã*, assim denominada por erigir tantos direitos individuais, sociais, políticos e econômicos ao *status* de garantias e princípios constitucionais[46].

[42] DUARTE, Constância Lima., op. cit p. 43

[43] DUARTE, Constância Lima, op. cit.p. 42-44.

[44] Op. cit., p. 44.

[45] Antifeminismo e Ressentimento: as mulheres no Pasquim, www.en.ww2017.eventos.dype.com.br

[46] DUARTE, Constância Lima op. cit., p. 44-45

Segundo Sueli Carneiro, o movimento de mulheres no Brasil é um dos mais respeitados do mundo, sendo referência internacional em alguns temas. O movimento foi fundamental no processo de redemocratização e para que cerca de 80% das propostas apresentadas tenham sido incorporadas à Constituição Federal de 1988, incluindo políticas públicas de combate à violência doméstica e o fim do pátrio poder. Além disso, embora ainda haja muita desigualdade no mercado de trabalho, são inegáveis os avanços verificados, inclusive nas lutas pelo direito à creche[47].

Jacqueline Pitanguy[48] teve também participação fundamental nesse momento histórico, e ressalta as conquistas fundamentais que surgiram da união dos mais diversos movimentos de mulheres para garantir, na Constituição Federal de 1988 e em legislações diversas, a aprovação dessas propostas. Como presidente do Conselho Nacional dos Direitos da Mulher (CNDM), foi a responsável por entregar A Carta das Mulheres Brasileiras aos Constituintes ao então presidente do Congresso Nacional, deputado Ulisses Guimarães, em 1987.

A Carta propôs, dentre tantos direitos, a revogação automática de todas as disposições legais que impliquem em classificações discriminatórias, pleiteando a plena igualdade civil entre homens e mulheres e entre filhos, independentemente do vínculo; isonomia salarial, extensão de direitos trabalhistas e previdenciários às empregadas domésticas, trabalhadoras rurais; licença aos pais no período natal e pós-natal, direito do marido de usufruir dos benefícios previdenciárias da mulher; proteção da maternidade e aleitamento materno; extensão do direito a creche para crianças de zero a seis anos; criminalização de qualquer forma de violência contra a mulher dentro ou fora do lar; e ênfase na igualdade entre os sexos, na luta contra o racismo e outras formas de discriminação, afirmando o caráter multicultural e multirracial dos brasileiros.

Vê-se que, também no Brasil, tem sido fundamental a constatação de que a condição da mulher deve ser debatida sob múltiplas perspectivas, para integrar as diferentes expressões do feminino construídas em sociedades multirraciais e pluriculturais[49]. O discurso universal, afirma

[47] Mulheres em Movimento, *in* Estudos Avançados 17 (49), 2003.

[48] A Carta das Mulheres Brasileiras aos Constituintes: Memórias para o Futuro, p. 92-100.

[49] CARNEIRO, Sueli, op. cit., p. 118.

Djamila Ribeiro, é excludente, porque as mulheres são oprimidas de modos diferentes, tornando necessário discutir gênero com recorte de classe e raça, levando em conta as especificidades de cada uma.

As mulheres não brancas e pobres, por exemplo, jamais tiveram como reivindicação trabalhar fora sem autorização do marido, porque sempre trabalharam[50]. Mas são as que mais dedicam tempo ao trabalho doméstico e de cuidados, não remunerado ou sub-remunerado, seguidas pelas mulheres brancas[51].

2. E o direito tributário?

Costuma-se afirmar que o dever de pagar tributos é o preço da vida em sociedade, ou o *preço da liberdade*. Na perspectiva do Estado Democrático de Direito, as liberdades são limitadas de lado a lado: se o Estado tem o direito de cobrar tributos, o contribuinte tem o direito de exigir serviços públicos[52]. A humanidade passou por longa evolução histórica desde que a cobrança de tributos tinha o mero objetivo de enriquecer o soberano até que se reconhecesse sua função de custear políticas públicas *para financiamento de direitos fundamentais*[53].

A Constituição Federal de 1988, já em seu preâmbulo, assegura que a República Federativa do Brasil é um Estado Democrático de Direito que, dentre outros, tem como fundamentos a cidadania e a dignidade da pessoa humana. Prevê também um vasto rol de direitos e garantias fundamentais, expressos no Título II, artigos 5º a 17.

Por sua vez, o artigo 3º determina que são objetivos fundamentais de nossa República: construir uma sociedade livre, justa e solidária; garantir o desenvolvimento nacional; erradicar a pobreza e a marginalização e reduzir as desigualdades sociais e regionais; e promover o bem de todos, sem preconceitos de origem, raça, sexo, cor, idade e quaisquer outras formas de discriminação.

Especificamente em relação ao Direito Tributário, os artigos 150 a 152 instituem *limitações do poder de tributar*. O artigo 145, § 1º determina

[50] Quem tem medo do feminismo negro? p. 45-46.

[51] BIROLI, Flavia – Gênero e Desigualdades – Limites da Democracia no Brasil, p. 53-70.

[52] TORRES, Ricardo Lobo – Tratado de Direito Constitucional Financeiro e Tributário – volume IV – Os tributos na Constituição, p. 41-42.

[53] A Evolução Histórica da Teoria da Tributação, p. 58.

que Sempre que possível, os impostos terão caráter pessoal e serão graduados segundo a capacidade econômica do contribuinte, facultado à administração tributária, especialmente para conferir efetividade a esses objetivos, identificar, respeitados os direitos individuais e nos termos da lei, o patrimônio, os rendimentos e as atividades econômicas do contribuinte.

Esclarece Roque Antonio Carrazza[54] que no Brasil não se pode falar em *poder tributário*, porque não se está diante de algo absoluto e sem limites. Bem ao contrário, a força tributante da União, dos Estados, do Distrito Federal e dos Municípios é identificada como *competência*, isto é, aptidão para criar tributos nos limites estabelecidos pela própria Constituição, fora da qual se estará diante de uma *inconstitucionalidade*.

Melina Rocha Lukic ressalta que a interpretação sistêmica da Constituição Federal de 1988 revela que uma das finalidades do sistema tributário é a de arrecadar tributos para o financiamento dos novos direitos e futuras políticas sociais do Estado, além da redução das desigualdades sociais[55].

Se o sistema tributário tem com um de seus objetivos principais a realização de direitos fundamentais expressos na Constituição Federal, o tributo há de ser visto como o *instrumento*, o meio para essa concretização. E isso pode ocorrer, segundo Fábio Canazaro, quando se objetiva a obtenção de receitas públicas pela arrecadação (meio fiscal), ou quando se utiliza o tributo como instrumento para orientar condutas do cidadão, com vistas à redução de desigualdades, à promoção do desenvolvimento e à manutenção das liberdades[56] (meio extrafiscal).

Os princípios da legalidade e da igualdade expressos na Constituição (artigo 5º, *caput* e II) e que têm o status de cláusulas pétreas, isto é, perenes, insuscetíveis de modificação mesmo por Emendas Constitucionais, são reproduzidos nos incisos I e II do art. 150, como limitações expressas do poder de tributar do Estado.

[54] Curso de Direito Constitucional Tributário, p. 503-504.

[55] Tributação e Equidade Social: Fundamentos constitucionais e precedentes do Supremo Tribunal Federal (STF), *in* Tributação e Desigualdade, p. 531.

[56] Essencialidade Tributária – Igualdade, Capacidade Contributiva e Extrafiscalidade na Tributação sobre o consumo, p. 49.

Diz Canazaro que a grande questão atual não é definir igualdade, o que foi feito ao longo da história, mas definir seu modo de realização do ponto de vista jurídico. A igualdade formal é a paridade na aplicação da norma. A igualdade material é aferida ao tempo de elaboração da norma, e se relaciona com os critérios de comparação utilizados, tendo como parâmetro a Constituição Federal. Igualdade não é só prevenção contra arbitrariedades, senão não se atinge o seu parâmetro material[57].

Em matéria tributária, a necessária observância do princípio da igualdade em seu parâmetro material vem expressa no artigo 145, § 1º da Constituição, que prevê o princípio da capacidade contributiva. Nas palavras de Humberto Ávila:

> Esse tratamento particularizado faz com que o contribuinte deva ser tratado de modo diferente na medida em que ele se diferencia dos demais, quer mediante a consideração das suas particularidades (capacidade contributiva subjetiva), quer mediante a análise das particularidades das operações que concretamente pratica (capacidade contributiva objetiva).[58]

O princípio da capacidade contributiva, considerado por muitos como o mais importante da justiça distributiva, estabelece que o imposto deve ser cobrado de acordo com as riquezas pessoais do cidadão[59].

Canazaro entende que, embora a capacidade contributiva seja um critério de comparação com o objetivo de atender ao princípio da igualdade, não seria o único. Nos impostos sobre o consumo (e o autor elege o ICMS, o IPI, o ISS e o Imposto de Importação[60]), afirma, não há como atender à capacidade contributiva, pois não há como o legislador garantir que um cidadão de menor capacidade suporte o ônus fiscal em menor

[57] Op. cit., p. 62-72.

[58] Teoria da Igualdade Tributária, p. 194

[59] TORRES, Ricardo Lobo, op. cit., p. 49.

[60] O ICMS (Imposto sobre Circulação de Mercadorias e Serviços de Transporte Interestadual e Municipal e de Comunicação), é um imposto estadual, o ISS (Imposto sobre Serviços) é municipal. O Imposto sobre Produtos Industrializados (IPI) e o Imposto de Importação (II) são federais.

grau, já que a tributação não leva em conta a situação de cada consumidor. Consumo, neste sentido, não é signo presuntivo de riqueza[61].

Por essa razão, enxerga a *essencialidade* também como um princípio inserto no art. 145, § 1º, mas orientado essencialmente pela dignidade humana, que é valor fundamental no Estado Democrático de Direito. E prossegue:

> Assim, não há como desconsiderar que a dignidade humana é a mais importante garantia de promoção e manutenção de condições para o desenvolvimento das potencialidades do indivíduo – garantia que vincula os indivíduos entre si, bem como a atividade pública e conteúdos, formas e procedimentos que se encontrem em sintonia com o Estado de Direito, e com seus alicerces, quais sejam, a liberdade e a igualdade.[62]

Segundo o autor, nas relações envolvendo o direito tributário a dignidade impõe limitações ao poder de tributar, assim como a legalidade e a vedação ao tratamento discriminatório. No direito tributário a dignidade tem eficácia dúplice. Tem cunho positivo enquanto orientador de condutas ao legislador e ao intérprete, para promoção desse ideal. E tem a conotação negativa como limite ao poder de tributar, quando a tributação atinja situações mínimas de existência digna[63].

No contexto de busca pela redução das desigualdades materiais, o princípio da essencialidade seria mandatório para graduação de todos os impostos sobre consumo, mesmo que a expressão literal do art. 145, § 1º da CF possa sugerir o caráter opcional para o ICMS, já que o status constitucional é o mesmo que o da capacidade contributiva. Esse parece ser o entendimento que prevalece na doutrina[64]. Ainda que haja alguma divergência teórica sobre os conceitos de seletividade e essencialidade, na prática o objetivo parece ser o mesmo, reduzir a tributação sobre o consumo dos produtos essenciais com vistas à redução de desigualdades[65].

[61] Op. cit., p. 107-111

[62] Op. cit., P. 56

[63] Op. cit., p. 99-110

[64] Conforme reporta Melina Rocha Lukic, op. cit., p. 535

[65] "A seletividade é uma técnica de graduação da incidência de impostos indiretos, de modo que o gravame seja tanto menor quanto mais essencial for o consumo de determi-

Segundo Andre Mendes Moreira e Thelson Barros de Motta, o conceito de essencialidade envolve tanto as necessidades básicas (relacionadas à própria sobrevivência humana) quanto as necessidades secundárias (ligadas ao bem-estar dos indivíduos)[66].

O debate não escapa de sua dimensão filosófica: A fundamentação do direito do Estado de exigir impostos do contribuinte impõe decidir sobre o princípio da justiça. (...) Há, portanto, uma inegável reaproximação entre ética e direito a ser observada pelo legislador. Os valores morais passíveis de positivação no ordenamento jurídico informam a constituição, as leis e a jurisprudência em matéria tributária[67].

Se o Direito Tributário deve ter essa inegável dimensão ética, impõe-se que esteja apto a servir não só como sistema de arrecadação de tributos para financiamento de serviços estatais, mas como meio de realização dos direitos fundamentais, destacando-se, para os fins desse trabalho, o empenho na redução das desigualdades de gênero, com enfoque especial em sua dimensão transversal, ou seja, tomando em consideração as perspectivas raciais e de condição econômica.

Conforme apontam Tathiane Piscitelli, Andrea Mascitto, Raquel Preto, Betina Grupenmacher, Catarina Rodrigues, Daniela Silveira Lara, Fernanda Ramos Pazello e Renata Correia Cubas, fundadoras e membros do comitê executivo do WIT – Women in Tax Brazil[68], os estudos sobre tributação e gênero proliferam no exterior, mas ainda são muito tímidos no Brasil. Em foco, a preocupação de que o sistema tributário não seja catalisador de ainda mais desigualdades de gênero.

nado bem ou serviço. Como os mais pobres tendem a destinar seus parcos rendimentos quase que exclusivamente ao consumo dessas mercadorias e serviços dito *essenciais*, a seletividade tende a proteger tal camada da população contra os efeitos da repercussão tributária, pelo qual o ônus econômico dos tributos recai sobre os consumidores das mercadorias e serviços e não sobre os contribuintes dos impostos." (Marciano Seabra de Godoi, Tributação do Consumo e efeitos redistributivos: alíquotas reduzidas conforme a essencialidade dos produtos/serviços (seletividade) *versus* alíquotas uniformes com transferências financeiras (*refundable tax credits*) para famílias de baixa renda", *in* Tributação e Desigualdade, p. 546.

[66] *Apud* LUKIC, Melina Rocha, op. cit., p. 535.

[67] ZILVETI, Fernando Aurélio, A Evolução Histórica da Teoria da Tributação, p. 413.

[68] *In* Tributação e Gênero, Jota, WIT, 03.05.2019

As autoras destacam que a discriminação pode assumir vieses explícitos ou implícitos. Os vieses seriam explícitos quando claramente as normas tributárias criam distinção em razão do gênero, o que, em princípio, parece não ocorrer no Brasil. É o que ocorre, por exemplo, na Argentina, em que na tributação sobre a renda normalmente os rendimentos de bens comuns ao casal são atribuídos ao homem. No Brasil os cônjuges podem fazer declarações individuais e alocar livremente os rendimentos dos bens comuns.

Já os vieses implícitos seriam aqueles nos quais a discriminação existe, embora para constatá-la seja necessária uma análise conjuntural e mais profunda. Tomando ainda o exemplo do imposto sobre a renda, as Autoras esclarecem que todas as estatísticas demonstram que o homem normalmente ganha mais do que a mulher no Brasil, e que a mulher dedica muito mais tempo a atividades não remuneradas, relacionadas com afazeres domésticos e cuidados familiares. Nada obstante, as despesas com educação, saúde e dependentes são dedutíveis da base de cálculo do imposto na modalidade declaração completa, o que é feito pelo cônjuge que ganha mais, normalmente, o homem.

Contudo, esclarecem que talvez a maior evidência da discriminação implícita esteja na tributação sobre bens de consumo. Os impostos incidentes sobre o consumo não levam em conta a capacidade contributiva e são indiretos, isto é, são arcados pelo consumidor final, que assume o ônus financeiro da incidência tributária, refletida no preço das mercadorias. A tributação no Brasil, como reportam as autoras, está primordialmente concentrada no consumo e, por não levar em consideração a pessoa do consumidor (o produto terá o mesmo preço, quer seja adquirido por uma pessoa de renda elevada, quer seja adquirido por alguém de baixa renda), é uma tributação regressiva, isto é, causa impacto muito mais brutal nas pessoas mais vulneráveis economicamente[69].

O exemplo mais paradigmático dessa discriminação parece estar na tributação de absorventes, produto higiênico essencial ligado a necessi-

[69] Vale, contudo, a advertência de Rozane Bezerra de Siqueira, José Ricardo Bezerra Nogueira, Evaldo Santana de Souza e Carlos Feitosa Luna (O sistema tributário brasileiro é regressivo?, *in* Tributação e Desigualdade, p. 522), segundo a qual alguns setores da economia não conseguem repassar integralmente o ônus dos tributos indiretos para os consumidores.

dades biológicas da mulher, sendo o Brasil, como reporta Tathiane Piscitelli, um dos países que mais tributa esses produtos, quando considerados PIS/COFINS e ICMS[70].

Todas as pesquisas demonstram que as mulheres negras compõem o grupo mais vulnerável da população brasileira, inclusive quando comparadas às mulheres brancas[71]. Ou, como diz Luciana Grassano de Gouvêa Melo, a pobreza brasileira é sobretudo a pobreza da mulher negra[72].

As mulheres negras também representam a parcela da população que mais se dedica a trabalhos domésticos não remunerados, sendo a média de 13 horas a mais por semana, em comparação com homens brancos[73].

O Núcleo de Direito Tributário da Escola de Direito de São Paulo da Fundação Getúlio Vargas, por seu grupo de pesquisas Tributação e Gênero, concluiu em novembro de 2020 excelente estudo que retrata a situação da desigualdade tributária no Brasil e apresenta uma série de sugestões, no bojo das discussões sobre a Reforma Tributária[74].

A primeira constatação é justamente a de que a tributação deve atender aos objetivos do Estado expressos na Constituição de 1988:

> Isso implica assumir que a tributação brasileira necessariamente terá contornos distributivos, seja abstrata ou concretamente, por ocasião da criação de normas que prevejam a incidência tributária. Tal se revela pelo fato de o Estado brasileiro ser um Estado liberal igualitário do ponto de vista da teoria política, cujas instituições jurídicas estão organizadas a partir do pressuposto de que a distribuição de bens e de rendas realizada exclusivamente pelo mercado é injusta, sendo o direito um importante instrumento de redução de desigualdades, tal determinado pela Constituição.

[70] PISCITELLI, Tathiane – Tributação de Gênero no Brasil, Fio da Meada, Valor Econômico 10.07.2021. Atualmente, há previsão de alíquota zero para o IPI.

[71] Cfr. Danielle Victor Ambrosano, *Regressividade Tributária e Desigualdade de gênero e raça no Brasil: Justiça Fiscal sob uma ótica interseccional de gênero*, in Política Fiscal e Gênero, p. 134 e 135, com referência à pesquisa Retrato das Desigualdades de Gênero e Raça, de 2017, com dados de 1995 a 2015, realizada em parceria entre IPEA – Instituto de Pesquisa Econômica Aplicada, Organização ONU Mulheres. Secretaria de Políticas para as Mulheres (SPM) e Secretaria de Políticas de Promoção de Igualdade Racial (SEPPIR).

[72] A tributação da renda e a invisibilidade da mulher negra no Brasil, p. 18

[73] Danielle Victor Ambrosano, op. cit., p. 136

[74] https://direitosp.fgv.br/sites/direitosp.fgv.br/files/arquivos/reforma_e_genero_-_final_1.pdf

Os números apontados são expressivos (com referência a 2018, situação que certamente se agravou bastante com a pandemia do COVID 19): as mulheres entre 25 e 49 anos recebiam 79,5% na comparação com os homens. Quando interseccionados dados de gênero e raça, a disparidade é ainda mais flagrante: mulheres pretas e pardas, que representam 28,42% da população, recebem 44,4% na comparação de renda com o homem branco. Quando desconsiderado o gênero, as pessoas brancas ganham 45% a mais que as pessoas negras, que representam cerca de 55,8% da população.

Não se deve perder de vista a advertência de Djamila Ribeiro: mulheres brancas ganham 30% a menos do que homens brancos. Homens negros ganham menos do que mulheres brancas e mulheres negras ganham menos do que todos[75].

As propostas apresentadas e respectivas justificativas estão acompanhadas de referências técnicas, históricas e comparativas com outras jurisdições, e podem ser sintetizadas a seguir: Isenção de tributos federais (PIS/COFINS e IPI) para os absorventes íntimos e assemelhados: Os absorventes são essenciais à saúde feminina, constituem necessidade biológica do sexo feminino, e sua falta também produz impactos drásticos no absenteísmo escolar e em restrição de acesso ao mercado de trabalho.

Isenção de tributos federais para fraldas infantis ou geriátricas: O trabalho de cuidado nas profissões e nas atividades domésticas é realizado por mulheres na maior parte do tempo, o que faz com que o custo se concentre na mulher.

Isenção de tributos federais para anticoncepcionais: O surgimento da pílula anticoncepcional como método contraceptivo trouxe bastante impacto na inserção da mulher no mercado de trabalho, e devem ser adotadas políticas públicas que favoreçam essa consolidação, com redução das desigualdades.

Manutenção da desoneração dos itens da cesta básica: Em razão da regressividade do sistema tributário brasileiro na tributação sobre o consumo, a política tributária deve contemplar medidas para reduzir a desigualdade entre ricos e pobres.

[75] Lugar de Fala, p. 39-40.

Desoneração de medicação hormonal no tratamento de menopausa ou redesignação sexual: Há particularidades no sistema hormonal da mulher, com a menopausa, que demandam a utilização de medicamentos específicos; as mulheres trans também têm a demanda por reposição hormonal em seu processo de redesignação sexual.

Dedução, do Imposto de Renda da Pessoa Física (IRPF) das contribuições previdenciárias pagas aos trabalhadores e trabalhadoras domésticas: Deve-se estimular a formalização desses postos de trabalho, que ainda padecem de muita informalidade, em prejuízo aos trabalhadores e trabalhadoras domésticos.

Dedução, do IRRF, dos valores pagos pelos empregadores na educação dos trabalhadores e trabalhadoras domésticas e seus descendentes diretos: Objetiva-se estimular a educação e capacitação das pessoas de baixa renda, especialmente mulheres negras, que representam a maior parcela da população em trabalhos domésticos.

Dedução da pensão alimentícia na declaração de ajuste anual do responsável não alimentante: Busca-se corrigir uma distorção no sistema, pois a legislação permite que a pensão judicial seja deduzida da base de cálculo do IRRF do alimentante, mas representa *renda tributável* para quem recebe a pensão. É sabido que são principalmente as mulheres que recebem pensão judicial, por assumirem a guarda dos filhos ou por serem diretamente responsáveis pelos gastos relacionados a sua manutenção. Esses valores não representam renda das mulheres, porque se destinam a fazer frente a esses gastos.

Dedução, do Imposto de Renda das Pessoas Jurídicas (IRPJ), para as pessoas que contratem mulheres chefes de família e/ou mulheres negras e que tenham políticas de inclusão de mulheres em cargos de gestão: Ao longo do tempo houve um aumento sensível nas famílias que têm como provedora a mulher, especialmente a mulher negra. Além disso, a mulher negra está na base da pirâmide salarial. O objetivo é estimular a contratação de mulheres de baixa renda e/ou mulheres negras, bem como mulheres vítimas de violência, fomentando também a criação de lideranças femininas no trabalho.

Criação de programas nacionais específicos com o objetivo de apoiar o desenvolvimento de projetos de afroempreendedorismo feminino, incluindo linha de crédito diferenciada, com subsídios governamentais, desoneração da carga tributária e o oferecimento de cursos de planejamento e gestão direcionados para o afroempreendedorismo: O afroempreendedorismo é uma estratégia muito importante para a mulher negra, como medida para ajudar a reparar a opressão histórica, a redução das desigualdades e o desenvolvimento socioeconômico.

Com base nesse documento, foi apresentado Projeto de Lei de autoria da deputada federal Lídice da Mata (PL 1741/2021), atualmente em trâmite na Câmara dos Deputados, com o objetivo de instituir o Programa de Contratação de Mulheres de Baixa Renda Chefes de Família (PCMF), e conceder incentivo fiscal no âmbito do Imposto sobre a Renda das pessoas Jurídicas às empresas tributadas com base no lucro real que contratarem mulheres nessas condições. Há outros projetos em trâmite, como o PL 3214/2019 e o PL 1740/21, que preveem a concessão de incentivos fiscais a empresas que contratem mulheres vítimas de violência doméstica e financeiramente dependentes.

Todas essas propostas merecem aplausos e apoio. O sistema tributário deve se conectar com a realidade brasileira e deve ser vocacionado à redução de desigualdades e da vulnerabilidade. Retirar o tema da *invisibilidade* é o primeiro passo para a adoção efetiva de políticas fiscais que possam contribuir para a efetiva garantia de dignidade humana prometida pela Constituição Federal.

Especificamente sobre a pensão alimentícia judicial, ao tempo em que este artigo era escrito estava em julgamento no Supremo Tribunal Federal a Ação Direta de Inconstitucionalidade 5422, proposta para questionar a incidência de imposto de renda sobre valores recebidos a título de pensão alimentícia no âmbito do direito de família. Merece destaque o voto proferido pelo Min. Luís Roberto Barroso, que reconhece que a Constituição Federal não permite que a tributação favoreça a desigualdade de gênero:

> (...) a tributação não pode ser um fator que aprofunde as desigualdades de gênero, colocando as mulheres em situação social e econômica pior do que a dos homens. É inconteste que o dever de cuidado, socialmente construído e atribuído primordialmente às mulheres, precisa ser dividido entre os membros do casal ou do ex-casal da forma equânime possível, sendo inconstitucional que em contrapartida aos cuidados dos filhos, a mulher sofra oneração por parte do Estado. É necessário, desse modo, conferir o *status* constitucional que ela merece.

Nesse contexto, é importante referir à intervenção jurisdicional (o chamado *judicial review*), no controle de constitucionalidade na elaboração de normas e em sua aplicação, como instrumento fundamental do Estado de Direito para a proteção de direitos fundamentais, como são os direitos dos contribuintes.

Além de todas essas questões, há outras muito importantes nesse debate. Uma delas é a tributação sobre os chamados *produtos femininos*, ou seja, aqueles produtos que são mais consumidos por mulheres. As fundadoras e membros do comitê executivo do WIT[76] reportam como exemplo a elevada tributação de cosméticos, justificada pela natureza supérflua de tais bens.

Ainda que se possa questionar se os cosméticos são essenciais, estão bem longe de ser supérfluos. Como esclarecem as autoras, não obstante a esfera de autonomia das mulheres no uso ou não desses produtos, é inegável a existência de imposição social a um padrão de beleza, especialmente nos ambientes de trabalho.

Naomi Wolf, em *O Mito da Beleza*, analisa bem profundamente todos esses estereótipos e amarras impostos à mulher ao longo da história: ideal de magreza, de beleza, de juventude. Embora criticada por ter concentrado sua análise na figura da mulher ocidental branca de classe média, não se há de negar a relevância da obra, que trouxe ao debate os padrões sociais impostos a muitas mulheres.

Como informam Cotta e Farage, o Brasil ocupa a quarta posição no volume de produção e consumo de cosméticos, o que é um dado bem revelador da cobrança estética imposta às mulheres. Diversas pesquisas demonstram que as mulheres gastam mais da metade de suas rendas com beleza, enquanto os homens menos de 1%[77].

Há também outro fenômeno que merece ser referido, que não é propriamente tributário, mas se relaciona indiretamente com a tributação, o chamado *pink tax*.

Pink tax é a expressão cunhada para refletir o fenômeno consistente na fixação de preços distintos para produtos substancialmente semelhantes, tendo como único fator de diferenciação o gênero, isto é, quando têm como público-alvo as mulheres, os produtos são mais caros,

[76] Op. cit.

[77] Op. cit., p. 205.

o que gera um efeito tributário indireto também, porque ainda que uniformes as alíquotas, serão aplicadas sobre uma base de cálculo maior (o preço).

Alara Efsun Yazicioglu dedicou-se ao estudo do tema em seu livro *Pink Tax and the Law – Discrimination Against Women Consumers.* Segundo a autora, trata-se de um fenômeno complexo porque combina fatores sociais, econômicos e psicológicos[78].

Uma pesquisa conduzida pelo departamento de consumidores da cidade de Nova Iorque, em 2015, concluiu que em média os produtos ditos femininos custam em média 7% a mais que os produtos similares que têm como mercado consumidor o homem[79]. Os exemplos são os mais variados: um patinete azul é mais caro que seu similar rosa; roupas que se associam ao gênero feminino também, assim como produtos de higiene pessoal, como xampu, condicionador e desodorante. O mesmo ocorre com os serviços.

Na Alemanha foi realizada pesquisa semelhante em 2017, chamada de *Gender Pricing in Germany.* Essa pesquisa revelou que a principal distinção de preços se concentrava em serviços de lavanderia e cortes de cabelo. Ainda que os serviços fossem idênticos, os valores cobrados das mulheres eram mais elevados[80].

Marciano Seabra de Godoi e Vitória Soares João Günther, em trabalho dedicado ao tema, informam que no Brasil também foi conduzida pesquisa semelhante no âmbito do Mestrado Profissional em Comportamento do Consumidor (MPCC) da Escola Superior de Propaganda e Marketing (ESPM), examinando as cidades de São Paulo, Rio de Janeiro e Salvador. A conclusão foi a de que as mulheres pagam, em média, 12,3% a mais por produtos e serviços semelhantes. As maiores diferenças apuradas foram em salões de beleza (27%), brinquedos e acessórios (26%) e roupas para crianças (23%)[81].

O mote é *shrink it, pink it and women will buy it at a higher price.* A lógica do mercado seria a de que as mulheres teriam necessidades diferentes

[78] Op. cit., p. 15

[79] Op. cit., p. 11.

[80] GODOI, Marciano Seabra de e GÜNTHER, Vitoria Soares João – *Pink Tax* Diagnóstico e Combate, p. 109.

[81] Op. cit., p. 109-110

e estariam dispostas a pagar mais pelos mesmos produtos. Nesse sentido, como os consumidores teriam liberdade para adquirir os produtos com racionalidade e visando à maximização de seu bem-estar, não haveria nada de errado na distinção de preços segundo as regras do mercado. Basicamente, o que estaria em jogo seria a *lei da oferta e da procura*.

Yazicioglu, contudo, refuta esse entendimento tradicional fundado na teoria econômica clássica. Argumenta que diversas pesquisas e estudos demonstram que a confiança na racionalidade humana é superavaliada, porque os consumidores compram movidos por uma série de vieses, com tendências intuitivas e muitas vezes fora da lógica. O preço dos bens de consumo não se identifica na atualidade com o custo de sua produção, mas com o *valor simbólico* a eles agregado, especialmente relacionados à imagem que representam na fixação de identidade, estilo de vida, aspirações sociais etc. Os consumidores, portanto, pagam por esses símbolos[82].

Godoi e Günther ressaltam que o *pink tax* está presente tanto em produtos de luxo quanto em produtos básicos de higiene pessoal, o que o torna especialmente dramático para as pessoas de menor renda, com o mesmo efeito que os impostos sobre consumo: a regressividade[83].

O *pink tax* revela uma face discriminatória bastante cruel, porque não é uma questão de autocontrole ou racionalidade da mulher. Há estereótipos culturais e sociais de gênero, rótulos relacionados ao que se deve esperar da mulher, que sempre foi mais cobrada no que se refere à aparência física[84]. E a mulher consome mais também, não porque queira, mas porque a ela são atribuídas historicamente as maiores responsabilidades pelos cuidados domésticos. Cotta e Farage reportam, neste sentido, pesquisa do IBGE sobre o trabalho de cuidado, que projeta que até 2050 um terço da população brasileira será formado por pessoas que necessitam de cuidados. E esse trabalho, não remunerado ou sub-remunerado, é exercido sobretudo pelas mulheres[85].

[82] Yazicioglu op. cit., p. 17-19.

[83] GODOI, Marciano Seabra de e GÜNTHER, Vitoria Soares João, op. cit., p. 110-111.

[84] Op. cit., p. 27-35

[85] Op. cit., p. 173.

3. E o futuro?

O direito tributário é ramo do direito público, disciplinando as relações entre o particular e o Estado. Vocacionado à realização de direitos fundamentais, deve servir de instrumento não somente para financiar os serviços estatais que devem ser entregues à população, mas também para concretizar os valores consagrados na Constituição Federal.

A proteção da dignidade da pessoa humana, aliada à persecução da igualdade material (tendo, no campo tributário, os princípios da capacidade contributiva e da essencialidade como vetores) devem ser elementos indispensáveis norteadores das políticas públicas no campo tributário.

O debate sobre tributação e gênero, especialmente sob a ótica interseccional, está apenas começando no país, mas já se nota a tendência clara em aprimorá-lo, refletida em artigos, textos, propostas e algumas iniciativas concretas voltadas à política fiscal. A atuação do Poder Judiciário é também essencial para preservação dos direitos fundamentais.

Certamente, esse é apenas o início do caminho. Retirar o tema da invisibilidade, por meio do debate acadêmico e institucional, atua no processo de conscientização que deve se converter em ações.

Examinar o passado é sempre uma tarefa árdua. Parece muito importante enxergar a história com o olhar do presente, porque nos fornece componentes relevantíssimos para compreender o que ocorreu, como ocorreu e o que temos que aprender para reproduzir ou não essas experiências, e para corrigir os erros do passado. Mas também é importante não perder de vista que o processo da humanidade é um processo de aprendizado, avanços e retrocessos, para que a atenção contra os retrocessos seja constante.

Os movimentos feministas são movimentos humanistas que, ao longo do tempo, têm buscado lutar pela igualdade entre *seres humanos*, homens e mulheres, cada vez mais compreendendo que as histórias e as perspectivas são diferentes e devem ser enfrentadas de acordo com essa diversidade. Essa é a essência pela busca da igualdade material, idealizada por Aristóteles, afirmada por Ruy Barbosa e confirmada e reafirmada por tantos pensadores e pensadoras contemporâneas. Os percalços da história devem servir de boa aula para o que se tem a construir.

Daí o importante alerta de Jacqueline Pitanguy: Recordar esses capítulos fundamentais na luta das mulheres por seus direitos humanos é necessário como um aporte ao diálogo com as novas gerações de feministas, herdeiras desse processo virtuoso de afirmação de direitos nas esferas nacionais e internacionais e que hoje se manifestam pela ampliação da pauta de direitos humanos das mulheres em sua diversidade, onde raça e etnia traçam territórios específicos de luta contra os retrocessos que ameaçam o exercício de sua cidadania plena[86].

Uma nota final de agradecimento particular às filósofas e aos filósofos, cientistas, juristas, pesquisadoras e pesquisadores que têm se dedicado ao tema, dando sequência aos movimentos feministas pela igualdade que tanta contribuição nos tem trazido, para homens e mulheres, especialmente no momento em que vivemos, de tanta polarização, irracionalidade e opiniões sem base. Tomando de empréstimo as palavras de Malala Yousafzai, se queremos alcançar nosso objetivo, devemos nos empoderar com a arma do conhecimento e nos proteger com unidade e união[87].

Encerro esse artigo com uma frase que não foi colhida de nenhuma obra, mas que ouvi diversas vezes ao longo da minha vida profissional, dita sempre por essa grande mulher, tributarista intransigente na defesa dos direitos humanos. Cleide Previtalli Cais, uma das minhas maiores mentoras e amiga querida, sua memória é inesquecível: A solução é não esmorecer.

Referências

ALMEIDA, Silvio – Racismo Estrutural, coleção Feminismos Plurais, Sueli Carneiro e Jandaíra, 2021

AMBROSANO, Danielle Victor – Regressividade Tributária e Desigualdade de gênero e raça no Brasil: Justiça Fiscal sob uma ótica interseccional de gênero, in Política Fiscal e Gênero, org. MELO, Luciana Grassano, SARAIVA, Ana Pontes e GODOI, Marciano Seabra de, Casa do Direito, 2020

ÁVILA, Humberto – Teoria da Igualdade Tributária, Malheiros, 2ª edição

BARROSO, Luís Roberto – Curso de Direito Constitucional Contemporâneo – Os conceitos fundamentais e a construção do novo modelo, Saraiva, 8ª edição, 2019

[86] Op. cit., p. 105-106

[87] 50 discursos que marcaram o mundo moderno, p. 298.

BIROLI, Flavia – Gênero e Desigualdades – Limites da Democracia no Brasil, Boitempo, 2017

CANAZARO, Fábio – Essencialidade Tributária – Igualdade, Capacidade Contributiva e Extrafiscalidade na Tributação sobre o Consumo, Livraria do Advogado Editora, 2015

CARNEIRO, Sueli – Mulheres em Movimento, *in* Estudos Avançados 17 (49), 2003 – https://doi.org/10.1590/S0103-40142003000300008

CARRAZZA, Roque Antonio – Curso de Direito Constitucional Tributário, Malheiros Editores, 25ª edição, 2009

COTTA, Mayra e FARAGE, Thais – Mulher, Roupa e Trabalho – Como se veste a desigualdade de gênero, Paralela Editora, 2021

CRENSHAW, Kimberlé – Documento para o Encontro de Especialistas em Aspectos da Discriminação Racial Relativos ao Gênero, *in* Estudos Feministas, 171, 01/2002

CRESCÊNCIO, Cintia Lima – Antifeminismo e Ressentimento: as mulheres no Pasquim, *in* www.en.ww2017.eventos.dype.com.br

DAVIS, Angela – Mulheres, Raça e Classe, editora Boitempo, 2016

DUARTE, Constância Lima – Feminismo: uma história a ser contada, *in* Pensamento Feminista Brasileiro – formação e contexto – Algumas histórias sobre o feminismo no Brasil: lutas políticas e teóricas, org. Heloísa Buarque de Holanda, editora Bazar do Tempo, 2019

FRIEDAN, Betty – A Mística Feminina, editora Rosa dos Tempos, 2020

GARCIA, Carla Cristina – Breve História do Feminismo, 3ª edição, 2015, Editora Claridade

GODOI, Marciano Seabra de e GÜNTHER, Vitória Soares João – *Pink tax* – Diagnóstico e Combate, *in* Política Fiscal e Gênero, org. MELO, Luciana Grassano, SARAIVA, Ana Pontes e GODOI, Marciano Seabra de, Casa do Direito, 2020

HOOKS, Bell – O Feminismo é para Todo Mundo – políticas arrebatadoras, Editora Rosa dos Tempos, 14ª edição, 2020.

HOOKS, Bell – Mulheres negras – moldando a teoria feminista, *in* Dossiê Feminismo e Antirracismo – Revista Brasileira de Ciência Política (16) – jan abr/2015, – https://doi.org/10.1590/0103-335220151608

KILOMBA, Grada – Memórias da Plantação – Episódios de racismo cotidiano, Cobogó, 2019

LUKIC, Melina Rocha – Tributação e Equidade Social: Fundamentos constitucionais e precedentes do Supremo Tribunal Federal (STF), *in* Tributação e Desigualdade, 2017, org. AFONSO, José Roberto, LUKIC, Melina Rocha, ORAIR, Rodrigo Octávio, SILVEIRA, Fernando Gaiger, 2017, Letramento, Casa do Direito, IPEA – Instituto de Pesquisa Econômica Aplicada e FGV Direito Rio

MELO, Luciana Grassano de Gouvêa – A tributação da renda e a invisibilidade da mulher negra no Brasil, *in* Política Fiscal e Gênero, org. MELO, Luciana Grassano, SARAIVA, Ana Pontes e GODOI, Marciano Seabra de, Casa do Direito, 2020

PISCITELLI, Tathiane – Tributação de Gênero no Brasil, Valor Econômico, 01.08.2019

PISCITELLI, Tathiane, MASCITTO, Andrea, PRETO, Raquel, GRUPENMACHER, Betina, RODRIGUES, Catarina, LARA, Daniela Silveira, PAZELLo, Fernanda Ramos e CUBAS, Renata Correia – Tributação e Gênero, Jota, WIT _ Women in Tax, 03.05.2019

PITANGUY, Jacqueline – A Carta das mulheres brasileiras aos constituintes: memória para o futuro, *in* Pensamento Feminista Brasileiro – formação e contexto – Algumas histórias sobre o feminismo no Brasil: lutas políticas e teóricas, org. Heloísa Buarque de Holanda, editora Bazar do Tempo, 2019

RIBEIRO, Djamila – Quem tem medo do feminismo negro?, editora Companhia das Letras, 2018.

RIBEIRO, Djamila – Lugar de Fala, Sueli Carneiro/Jandaíra, 2020

SANDEL, Michael J. – Justiça – O que é fazer a coisa certa, Civilização Brasileira, 2012, 6ª edição

SIQUEIRA, Rozane Bezerra de, NOGUEIRA, José Ricardo Bezerra, SOUZA, Evaldo Santana de e LUNA, Carlos Feitosa – O sistema tributário brasileiro é regressivo?, *in* Tributação e Desigualdade, 2017, org. AFONSO, José Roberto, LUKIC, Melina Rocha, ORAIR, Rodrigo Octávio, SILVEIRA, Fernando Gaiger, 2017, Letramento, Casa do Direito, IPEA – Instituto de Pesquisa Econômica Aplicada e FGV Direito Rio

TORRES, Ricardo Lobo – Tratado de Direito Constitucional Financeiro e Tributário, vol. IV – Os Tributos na Constituição, editora Renovar, 2007.

TRUTH, Sojourner e GILBERT, Olive – “E eu não sou uma mulher?” – A narrativa de Sojourner Truth, Imã Editorial: Coleção Meia Azul, 2020

WOLF, Naomi – O Mito da Beleza – Como as imagens de beleza são usadas contra as mulheres, editora Rosa dos Tempos, 2018

YAZICIOGLU, Alara Efsun – *Pink Tax and the Law – Discrimination Against Women Consumers*, Routledge Taylor & Francis Group, 2018

YOUSAFZAI, Malala – 50 Discursos que Marcaram o Mundo Moderno, L&PM, 4ª edição

ZILVETI, Fernando Aurélio – A Evolução Histórica da Teoria da Tributação – Análise das estruturas socioeconômicas na formação do Sistema Tributário, Saraiva, 2017.

PARTE 6
DIREITO PENAL

13. ADO 26: EXISTE UM ATIVISMO JUDICIAL JUSTIFICADO OU JUSTIFICÁVEL?

Rodrigo Francisconi Costa Pardal

A decisão prolatada na ADO 26 que inseriu (ou talvez reconheceu) no ordenamento jurídico os delitos de homofobia e transfobia é especialmente complexa de se analisar, pois além de ser um exemplo de ativismo da Suprema Corte, envolve direito penal incriminador, fortemente permeado por uma legalidade estrita. Diante desse cenário, o escopo do presente artigo é compreender a decisão e enxergar para além da rotineira crítica por ser produto de ativismo, quais fatores específicos de nosso sistema colaboram para que referida decisão ocorra e se há um momento em que determinadas conjunturas permitem que se afaste uma suposta pecha negativa do fenômeno denominado ativismo judicial.

O julgamento da ação direta de inconstitucionalidade por omissão 26 pela Suprema Corte certamente é um dos mais relevantes da história do Tribunal. Nele, em erudito e longo voto o relator Celso de Mello e os demais ministros tiveram que se debruçar sobre o relevante tema da "homotransfobia" no âmbito criminal.

O escopo do presente artigo é questionar até que ponto a decisão do Supremo Tribunal Federal proferida na ADO 26 deve ser criticada por simbolizar "indevido ativismo" da Corte, conforme costumeira crítica feita quase que em tom de senso comum.

Ao julgar a ação direta de inconstitucionalidade por omissão 26 o Supremo Tribunal Federal por unanimidade proferiu a seguinte decisão assim resumida:

"O Tribunal, por unanimidade, conheceu parcialmente da ação direta de inconstitucionalidade por omissão. Por maioria e nessa extensão, julgou-a procedente, com eficácia geral e efeito vinculante, para: a) reconhecer o estado de mora inconstitucional do Congresso Nacional na implementação da prestação legislativa destinada a cumprir o mandado de incriminação a que se referem os incisos XLI e XLII do art. 5o da Constituição, para efeito de proteção penal aos integrantes do grupo LGBT; b) declarar, em consequência, a existência de omissão normativa inconstitucional do Poder Legislativo da União; c) cientificar o Congresso Nacional, para os fins e efeitos a que se refere o art. 103, § 2o, da Constituição c/c o art. 12-H, caput, da Lei no 9.868/99; d) dar interpretação conforme à Constituição, em face dos mandados constitucionais de incriminação inscritos nos incisos XLI e XLII do art. 5o da Carta Política, para enquadrar a homofobia e a transfobia, qualquer que seja a forma de sua manifestação, nos diversos tipos penais definidos na Lei no 7.716/89, até que sobrevenha legislação autônoma, editada pelo Congresso Nacional, seja por considerar-se, nos termos deste voto, que as práticas homotransfóbicas qualificam-se como espécies do gênero racismo, na dimensão de racismo social consagrada pelo Supremo Tribunal Federal no julgamento plenário do HC 82.424/RS (caso Ellwanger), na medida em que tais condutas importam em atos de segregação que inferiorizam membros integrantes do grupo LGBT, em razão de sua orientação sexual ou de sua identidade de gênero, seja, ainda, porque tais comportamentos de homotransfobia ajustam-se ao conceito de atos de discriminação e de ofensa a direitos e liberdades fundamentais daqueles que compõem o grupo vulnerável em questão; e e) declarar que os efeitos da interpretação conforme a que se refere a alínea "d" somente se aplicarão a partir da data em que se concluir o presente julgamento, nos termos do voto do Relator, vencidos os Ministros Ricardo Lewandowski e Dias Toffoli (Presidente), que julgavam parcialmente procedente a ação, e o Ministro Marco Aurélio, que a julgava improcedente. Em seguida, por maioria, fixou-se a seguinte tese: 1. Até que sobrevenha lei emanada do Congresso Nacional destinada a implementar os mandados de criminalização definidos nos incisos XLI e XLII do art. 5o da Constituição da República, as condutas homofóbicas e transfóbicas, reais ou supostas, que envolvem aversão odiosa à orientação sexual ou à identidade de gênero de alguém, por traduzirem expressões de racismo, compreendido este em sua dimensão social, ajustam-se, por identidade de razão e mediante adequação típica, aos preceitos primários de incriminação definidos na Lei no 7.716, de 08/01/1989, constituindo, também, na hipótese de homicídio doloso, circunstância que o qualifica, por configurar motivo torpe (Código Penal, art. 121, § 2o, I, "in fine"); 2. A repressão penal à prática da homotransfobia não alcança nem restringe ou limita o exercício da liberdade religiosa, qualquer que seja a denominação confessional professada, a cujos fiéis e ministros (sacerdotes, pastores, rabinos, mulás ou clérigos muçulmanos e líderes ou celebrantes das religiões afro-brasileiras, entre outros) é assegurado o direito de pregar e de divulgar, livremente, pela palavra, pela imagem ou por qualquer outro meio, o seu pensamento e de externar suas convicções de acordo com o que se contiver em seus livros e códigos sagrados, bem assim o de ensinar segundo sua orientação doutrinária e/ou teológica, podendo buscar e conquistar prosélitos e praticar os atos de culto e respectiva liturgia, independentemente do espaço, público ou privado, de sua atuação individual ou coletiva, desde que tais manifestações não configurem discurso de ódio, assim entendidas aquelas exteriorizações que incitem a discriminação, a hostilidade ou a violência contra pessoas em razão de sua orientação sexual ou de sua identidade de gênero; 3. O conceito de racismo, compreendido em sua dimensão social, projeta-se para além de aspectos estritamente biológicos ou fenotípicos, pois resulta, enquanto manifestação de poder, de uma construção de índole histórico-cultural motivada pelo objetivo de justificar a desigualdade e destinada ao controle ideológico, à dominação política, à subjugação social e à negação da alteridade, da dignidade e da humanidade daqueles que, por integrarem grupo vulnerável (LGBTI+) e por não pertencerem ao estamento que detém posição de hegemonia em uma dada estrutura social, são considerados estranhos e diferentes, degradados à condição de marginais do ordenamento jurídico, expostos, em consequência de odiosa inferiorização e de perversa estigmatização, a uma injusta e lesiva situação de exclusão do sistema geral de proteção do direito, vencido o Ministro Marco Aurélio, que não subscreveu a tese proposta. Não participaram, justificadamente, da fixação da tese, os Ministros Roberto Barroso e Alexandre de Moraes. Plenário, 13.06.2019."[1]

Não há que se confundir a interpretação dada no julgado em tela com a feita no famoso "Caso Ellwanger" (HC nº 82.424) em que, a partir de

[1] STF, ADO 26, Plenário, Rel. Min. Celso de Mello, j. 13/06/2019.

voto divergente do ministro Maurício Corrêa (relator originário era o ministro Moreira Alves) entendeu-se que o preconceito contra a religião também configura racismo, sendo imprescritível. Partiu-se da premissa de que inexistem raças, havendo somente uma, a raça humana, sendo a divisão uma criação político-social com escopo de segregar e dominar. Esta artificialização, aliada a outros fatores, facilitou diversas posturas segregacionistas, dentre elas o antissemitismo, objeto do caso Ellwanger e a "homotransfobia", objeto da ADO 26.

Há uma diferença crucial entre ambos os julgados. No caso Ellwanger o preconceito contra religião já constava no texto da Lei nº 7.716/89 (inserção operada pela Lei nº 9.459/97), ao passo que no julgado relativo à homofobia e transfobia não consta no tipo penal qualquer expressão deste tipo.

A crítica ordinária feita é a de que a decisão consiste em ativismo da Suprema Corte. A expressão, nesta discussão, usualmente ganha contornos negativos, como rotulação de uma interferência indevida em outro poder. No entanto, a discussão meramente semântica, em que se discute de modo binomial se houve ou não ativismo, além de pobre cientificamente, se mostra totalmente inócua quando confrontada com a realidade do nosso sistema legislativo e jurisdicional.

Antes de adentrar na análise acerca do ativismo propriamente, relevantes algumas palavras sobre o ponto central do julgado, a criminalização da "homotransfobia".

Do aresto se verifica que o Supremo Tribunal Federal não ampliou a incidência típica para a injúria por preconceito do artigo 140, §3º do Código Penal, embora o pedido tenha sido mais amplo abrangendo: "*a inclusão da criminalização específica de todas as formas de homofobia e transfobia, especialmente (mas não exclusivamente), das ofensas (individuais e coletivas), dos homicídios, das agressões, ameaças e discriminações motivadas pela orientação sexual e/ou identidade de gênero, real ou suposta, da vítima na Lei de Racismo (Lei nº 7.716/89)*".

De todo modo, a "homotransfobia" passa a ter possível capitulação em todos os tipos penais da Lei nº 7.716/89, além de caracterizar motivo torpe no delito de homicídio. De pronto se verifica que as duas situações não podem receber a mesma crítica por serem objeto de "ativismo", vez que a primeira construção, mais problemática, traz em si a ausência de previsão legal acerca do assunto, demonstrada pela própria mora do Legislativo, enquanto o segundo raciocínio apenas enunciou que a motivação de "homotransfobia" caracteriza motivo torpe, o que já poderia ser de longa data aceito, visto se encaixar perfeitamente no célebre conceito de Hungria, pelo qual motivo torpe é aquele motivo vil, abjeto, repulsivo, repugnante. Nesta segunda situação não criou o Supremo Tribunal Federal uma majorante ou agravante aplicável a qualquer conduta com motivação de "homotransfobia", contudo, nada impede novamente que a agravante do motivo torpe incida em tais casos.

Feita essa explicação acerca do delineamento penal da decisão, passemos a análise acerca do suposto ativismo da Suprema Corte.

Embora desenvolvido o assunto de maneira muito intensa na doutrina estadunidense e de modo mais tímido em nosso país, as diferenças de base em ambos os sistemas não retiram de nosso sistema sua relevância, mormente porque há atualmente uma simbiose entre ambos, pois em um modelo de origem *Civil Law*, como o brasileiro, a relevância e força dos precedentes, mormente a partir do Código de Processo Civil de 2015, tem mostrado forte influência em nosso país. Do mesmo modo, nos sistemas de *Common Law*, como Inglaterra e Estados Unidos, embora a jurisprudência ainda tenha relevância ímpar, é crescente a importância das legislações escritas em tais países, como bem lembra Elival da Silva Ramos[2]. Esta aproximação entre os dois grandes sistemas do direito ocidental é algo já dado na doutrina, como também pontua René David[3].

Em verdade, a existência de uma legalidade penal rígida, que não se dá nos mesmos moldes nos países de tradição anglo-saxã, a limitar a função jurisdicional torna ainda mais problemática e confere menos margem para que o judiciário exerça sua função "criativa". De todo modo, em nosso país, a simbiose apontada, aliada ao fenômeno do Neoconstitucionalismo, que enseja, dentre outras características, incremento da força normativa da Constituição, expansão da jurisdição constitucional[4] e indesejavelmente uma irresponsável verborragia principiológica; facilitaram a inflação do fenômeno ativista.

[2] Elival da Silva Ramos. Ativismo judicial, p. 107.

[3] Os grandes sistemas, p. 20.

[4] Luís Roberto Barroso. Neoconstitucionalismo e Constitucionalização do Direito. Quaestio Iuris, vol. 02, nº 01, p. 05.

O Neoconstitucionalismo por si, enquanto elemento intensificador do ativismo jurisdicional não escapa das críticas pela falta de precisão quanto ao seu objeto. Barroso, um dos principais defensores da corrente diz expressamente "Não se sabe bem o que é. Tudo é incerto. Pode ser avanço. Pode ser uma volta ao passado. Pode ser apenas um movimento circular, uma dessas guinadas de 360 graus"[5] ao se referir a proposta.

Elival da Silva Ramos tece severas críticas ao modelo que chama de "modismo intelectual" e o vislumbra como um jusnaturalismo mitigado, que a princípio não despreza o direito posto, mas, nas palavras do autor, "o descarta se necessário for, para que prevaleça a ordem objetiva de valores a que prestam vassalagem"[6].

Desde já se deixa claro que não há um conceito específico ou pacífico de ativismo. Ao tratar dos conceitos de ativismo no Brasil, Júlio Grostein, identifica três principais concepções do tema: 1. Função jurisdicional que ultrapassa suas balizas para invadir a função legislativa; 2. Julgamento com base em posições valorativas ou ideológicas do julgador e; 3. Ativismo como criação judicial do direito[7].

A rigor, sequer pode se dizer que há três concepções diferentes, vez que a primeira e a terceira tratam do mesmo fenômeno, mas o descrevem de modo diverso. Ora, se a função precípua legislativa é inovar o ordenamento jurídico, quando certa decisão "cria o direito", faz exatamente isto. Portanto, tais conceitos se confundem. A segunda concepção, por sua vez, parte do equívoco epistemológico de que existe e é possível algum grau de neutralidade, ou de ausência ideológica e em verdade não conceitua ativismo, mas tenta, partindo de falsa premissa, focar no motivo de sua ocorrência, que seria em última instância, a de defender uma posição eminentemente pessoal.

Também não se pode querer delimitar o ativismo a partir de uma noção das três funções (executiva, legislativa e jurisdicional) como categorias estanques, até porque mesmo na obra "Espírito das Leis" de Barão de Montesquieu, em verdade chamado Charles-Louis de Secondat, já se verificava que a relação entre os poderes não se dá desta forma,

[5] Luís Roberto Barroso. Neoconstitucionalismo e Constitucionalização do Direito. Quaestio Iuris, vol. 02, nº 01, p. 02.

[6] Elival da Silva Ramos. Ativismo judicial, p. 296.

[7] Julio Grostein. Ativismo judicial, posição 644 (e-book).

havendo desde então uma influência entre os três[8]. Fato é que em razão dos fenômenos já mencionados, quais sejam, incidência de categorias da *Common Law* e Neoconstitucionalismo, tais limites se tornaram ainda mais nebulosos.

Importante observar também que no Brasil o ativismo não necessariamente é visto pela doutrina de modo negativo. Daí se conclui que rotular alguma decisão como ativista não é necessariamente uma crítica. O ponto nevrálgico reside em saber (partindo-se da premissa de que nem todo ativismo é negativo em si) qual o critério para delimitar a postura ativista adequada, justificável, daquela a ser rechaçada.

Aponta expressamente o aresto em análise o fato de ter havido uma mora legislativa. Ora, se houve mora é porque foi descumprida alguma obrigação de criminalizar a conduta e o Supremo Tribunal Federal extrai referida obrigação da problemática teoria dos "mandados de criminalização", pois segundo o próprio julgado teria havido descumprimento do mandado de criminalização constante no artigo 5º, XLI da Constituição Federal a preceituar que: "*a lei punirá qualquer discriminação atentatória dos direitos e liberdades fundamentais*".

Há um problema desde já, qual seja, a real existência deste mandado de criminalização.

A teoria dos mandados de criminalização tem como obra referência a da professora Maria da Conceição Ferreira da Cunha na obra "*Constituição e Crime: uma perspectiva da criminalização e da descriminalização*" e no Brasil Luciano Feldens com o livro "*A Constituição Penal*".

Mandados de criminalização seriam dispositivos constitucionais que determinam a tipificação penal de determinadas condutas ensejando, destarte, uma obrigação para o legislador infraconstitucional. Dividem-se em expressos e implícitos.

Interessante observar que Maria Conceição Ferreira da Cunha faz uma diferenciação pouco explorada nas discussões sobre o tema. Ela distingue a criminalização legítima da criminalização obrigatória. Nem toda criminalização legítima é obrigatória e tal separação é relevante

[8] Ao tratar dos três poderes quando se refere à Constituição da Inglaterra (Segunda Parte, Livro XI e Capítulo VI) estabelece que só há liberdade se o poder de julgar for separado do legislativo e do executivo. Contudo, expressamente dispõe acerca dos feios entres os poderes e da necessidade de todos se limitarem.

para se fixar o limite máximo (criminalização legítima) do limite mínimo (criminalização obrigatória)[9]. Desta forma, surgiria a obrigação mencionadas nas hipóteses em que a criminalização é obrigatória, mas não na legitima.

Em uma Constituição com 250 artigos (não se contabilizando o ADCT), extensa e analítica, impor a necessidade de criminalização sempre que houver alguma expressão no sentido de se proteger, tutelar, punir ou sancionar determinado interesse, é dar ao legislador infraconstitucional carta branca para criminalizar qualquer postura que entenda "necessária" o que acaba por chancelar de modo indevidamente extenso o fenômeno de criminalização. Em primeiro lugar, porque impor a tutela não significa necessariamente que tal deve se dar por meio do Direito Penal. Em segundo lugar, referido expediente conflita com a premissa de intervenção mínima do Direito Penal, pilar essencial de um Estado Democrático de Direito.

Desde Tobias Barreto já vigora a lição segundo a qual a pena é um meio extremo, tal qual a guerra[10], de modo que o Estado não deve recorrer ao Direito Penal se existir qualquer outro meio apto a reduzir a lesão ou risco de lesão que se quer evitar. Afinal, o sistema penal nada mais é que um sistema institucionalizador da violência estatal e, em razão disso, deve se evitar seu uso o máximo possível. Em suma, a intervenção mínima é, nas palavras de Muñoz Conde, um princípio político-limitador do poder punitivo do Estado[11].

Destarte, o argumento de que existe uma obrigação de criminalizar pelo fato de em nossa Constituição haver uma mera ordem de tutela, punição ou zelo por determinado substrato encontra barreira intransponível na intervenção mínima e é problemático o reconhecimento da mora, por se pautar em obrigação de criminalizar cuja existência é questionável. A criminalização pode ser legitima, nos termos da expressão de Maria Conceição Ferreira da Cunha, mas não obrigatória.

Ademais, há outro inconveniente quando se pensa no próprio Constitucionalismo. Ora, este consiste segundo Canotilho em uma técnica

[9] Constituição e Crime: uma perspectiva da criminalização e da descriminalização, p. 289.

[10] Nilo Batista. Introdução crítica ao Direito Penal Brasileiro, p. 84.

[11] Muñoz Conde. *Introdución al Derecho Penal*, p. 71.

específica de limitação do poder com fins garantísticos. A própria ideia de Constituição moderna, decorrente do Constitucionalismo mencionado, envolve traçar os limites do poder político[12]. No mandado de criminalização se age de modo contrário, pois se utiliza a Constituição para estabelecer obrigações tendentes a ampliar o sistema penal.

Pautas envolvendo certos grupos étnicos, raciais, de orientação sexual, em suma, grupos especialmente vulneráveis mobilizam setores da denominada "esquerda". A mesma esquerda crítica ao Direito Penal neste momento clama por seu incremento, pela criminalização ou maior rigidez no trato de condutas que atingem estes grupos. A este fenômeno Maria Lucia Karam deu o nome em artigo escrito em 1997 de "esquerda punitiva".

Quando deste escrito pontuou a ingenuidade destes grupos que parecem ignorar a seletividade estrutural do sistema e crer, como um ato de fé, que os mesmos mecanismos repressores atuem a favor ou na tutela destes grupos vulneráveis[13]. Ou seja, critica-se o sistema penal, salvo se a busca por sua ampliação estiver relacionada a pautas destes grupos, nesta hipótese ela faz menção a um furor histérico e irracional por maior punição.

Esquecem-se ou ignoram que em sendo a pena simples manifestação de poder, conforme apontado por Zaffaroni em sua teoria agnóstica, seu exercício, comandado pelas agencias estatais e por todo o aparelho penal, se dará necessariamente com mais intensidade contra os já excluídos ou vulneráveis e o peso sempre recairá em maior medida contra as classes subalternizadas[14].

Há ainda um efeito nefasto dessa gana irracional pela ampliação do sistema penal, qual seja, o desvio de atenção e foco para medidas legislativas e/ou de políticas públicas muito mais eficientes para o trato do problema da homofobia e transfobia. Comunica-se que uma medida está sendo tomada e em se tratando de Direito Penal, acalma-se ou se contém a sede vingativa, já que o instrumento mais violento do Estado está sendo colocado a serviço de uma suposta "tutela". Em verdade

[12] Canotilho. Direito Constitucional. Teoria da Constituição, p. 53.

[13] Maria Lucia Karam. A esquerda punitiva, p. 126.

[14] Maria Lucia Karam. A esquerda punitiva, p. 129.

é somente uma ilusão que de efetivo apenas enseja um ganho político perante parte do eleitorado.

Expressiva e elucidativa a provocação de Alessandro Baratta:

> *"Neste congresso demonstramos um alto grau de esquizofrenia. Em sentido amplo, todos queremos um direito penal mínimo e o máximo de liberdade; todavia, quando atingidos pela situação, ou seja, em sentido estrito (referindo-se às mulheres e minorias), queremos o mais alto de punição. Assim, ao mesmo tempo manifestamos a nossa descrença no direito penal e entoamos uma ode em seu louvor, pugnando pelo máximo de punição. Afinal, perguntou: "o que queremos"?"*[15]

Maria Lucia Karam publicou obra, passados vinte e cinco anos do texto inicial, em que revisita o tema. Nesta, elenca dois elementos relativos a esse punitivismo, sem prejuízo de outros, quais sejam: o simbolismo penal e a função comunicadora das leis penais criminalizadoras[16].

Importante desmistificar a crítica rasa que se faz à função simbólica ou retórica do Direito Penal. Não há um inconveniente na função em si, até porque como preceitua Jesús Maria Silva Sánchez, toda lei, não somente a penal, tem função simbólica[17]. O problema reside em se apostar exclusivamente nesta função sem sequer ter o cuidado de observar qualquer função externa. Utilizar o Direito Penal, instrumento de poder do mais violento, para fomentar suposta sensação tranquilizadora, não se mostra legítimo, mormente porque a sensação enquanto tal será necessariamente um engodo fruto de populismo penal.

Já, o segundo elemento por Maria Lucia Karam não há que se ver como algo diverso, mas como premissa para que o simbolismo se dê. É justamente por meio do efeito comunicativo que o simbolismo se reverbera.

Especificamente em relação ao julgado aqui analisado Karam tece severa crítica aduzindo que se desprezou o princípio da legalidade, pois o que fez a Corte foi criar hipótese de analogia *in malam partem*.

Neste ponto percebe-se uma forte contradição do julgado que parece expor a cicatriz da analogia prejudicial. Deu-se interpretação conforme

[15] https://www.conjur.com.br/2014-ago-21/senso-incomum-criminalizacao-judicial-quebra-estado-democratico-direito.

[16] Maria Lucia Karam. A esquerda punitiva, p. 44.

[17] Silca Sánchez. Aproximación al Derecho Penal Contemporáneo, p. 305.

para tornar a conduta típica até que sobrevenha tipo penal específico. Ademais, reconheceu-se a mora legislativa e a omissão.

Ora, se há omissão, significa que não há lei. Consequentemente se não havia lei, tanto que foi reconhecida a mora, qualquer tipificação que se reconheça no julgado é verdadeira criação de tipo penal incriminador pela jurisprudência. Isto se reforça, porque se o tipo de fato existisse, não haveria que se declarar omissão e mora do Legislativo.

Esta contradição deixa evidente que o julgado enquanto técnica não se mantém diante da mais simples argumentação. É o preço a pagar pelo exclusivo simbolismo que além de não ensejar nenhum proveito efetivo para o grupo que se buscou tutelar, retira o foco das soluções minimamente racionais.

Conclusões

Necessário observar a armadilha que se cria quando se confia no Direito Penal como um instrumento, *per si*, apto a impedir ou reduzir posturas discriminatórias, tais como as dirigidas à população LGBTQI+. Faz-se algo inócuo, amparando-se em populismo penal e se perde a oportunidade de lidar com políticas públicas, de sensibilização, educativas, as quais sem a dor causada pelo Direito Penal, têm grande potencial de ensejar mudanças efetivas de postura em relação a tais populações.

Deve-se exercer o primado de Direito Penal como *ultima ratio*, pois seus custos à cidadania são danosos a um Estado que almeja ser efetivamente Democrático de Direito. O enfoque deve vir de soluções educativas, políticas públicas, nas quais exista iniciativa e colaboração das pessoas diretamente afetadas e não uma solucao que se pretende mágica, mas que se sabe inócua e apenas tem o escopo de causar uma falsa sensação de tranquilidade e de resolutividade.

Referências

CANOTILHO, J.J. Direito Constitucional e Teoria da Constituição. 7ª edição. Lisboa. Editora Almedina, 2003.

CLÈVE, Clèmerson Merlin, SARLET, Ingo Wolfgang, COUTINHO, Jacinto Nelson de Miranda, STRECK, Lênio Luiz e PANSIERI, Flávio. Perigo da criminalização judicial e quebra do Estado Democrático de Direito https://www.conjur.com.br/2014-ago-21/senso-incomum-criminalizacao-judicial-quebra-estado-democratico-direito#author. Acessado em 09 de novembro de 2021.

CUNHA, Maria Conceição Ferreira da. Constituição e Crime: uma perspectiva da criminalização e da descriminalização. Imprenta: Porto, Universidade Católica Portuguesa, 1995.

FERNANDES, Eric Baracho Dore. Omissões inconstitucionais e mandados constitucionais de criminalização: o Mandado de Injunção no 4733 e a criminalização da homofobia. Observatório da Jurisdição Constitucional. Ano 7, no. 2, jul./dez. 2014.

KARAM, Maria Lucia A esquerda punitiva. 25 anos depois. Tirant lo blanch. São Paulo, 2021.

RAMOS, Elival da Silva. Ativismo judicial. Parâmetros dogmáticos. 2ª edição. Editora Saraiva. São Paulo, 2015.

SILVA SÁNCHEZ, Jesús Maria. Aproximación al Derecho Penal Contemporáneo. J.M. Bosch Editor. Barcelona, 2002.

PARTE 7

DIREITO DO TRABALHO

14. DIVERSIDADE SEXUAL E DE GÊNERO NAS RELAÇÕES DE TRABALHO: AFIRMAR DIREITOS E PROMOVER INCLUSÃO

Adriana Galvão Moura Abílio

Impõe-se a análise do reconhecimento dos direitos da diversidade sexual nas relações de trabalho, com uma abordagem da efetividade da proteção jurídica contra a discriminação das diversidades sexuais e de gênero no mercado de trabalho, colocando em pauta a necessidade de aprimorar a legislação vigente, bem como aprovar outras legislações protetivas na área trabalhista.

O estudo do direito do trabalho e a análise de diferentes concepções científicas que abordam as temáticas "gênero", "sexo" e "sexualidade" (suas múltiplas formas de expressão) são de fundamental importância para melhor compreensão das relações interpessoais e da responsabilidade social das empresas com o reconhecimento e afirmação da fundamentalidade dos direitos da diversidade sexual.

O processo histórico de afirmação dos direitos humanos e sua relação com a diversidade sexual e de gênero não está concluído. Renova-se ou reinventa-se a partir das experiências das comunidades no seu caminhar, na interação entre pessoas e instituições, entre deveres e desejos. É decorrente das vivências coletivas e torna-se diretriz valorativa que norteia instituições políticas e sociais. Trata-se de movimento dinâmico e complexo que, tal como as sociedades humanas, encontra-se em constante transformação.

Estruturas sociais fortemente baseadas em relações de poder desequilibradas resultam na edificação de postulados que servem para justificar tratamentos desiguais, restrições ao exercício de direitos, violência, dentre outras formas de perpetrar interações sociais dominantes. São exemplos, o racismo, o machismo, a homofobia e a transfobia. O contínuo processo histórico de afirmação dos direitos humanos contribui, portanto, para constituir instrumentos jurídico-políticos destinados a asseverar a igualdade material entre desiguais, respeito mútuo e convivência solidária, bem como, o reconhecimento das diferenças como pressuposto ao pleno gozo de garantias fundamentais de todos, indistintamente.

As relações desiguais de poder fundamentaram a formação da sociedade brasileira, amparada nos pilares do machismo, do racismo e da homotransfobia. No entanto, a história do povo brasileiro é marcada por lutas em favor dos direitos humanos, centradas em grandes movimentos de resistência às opressões de raça e gênero e na defesa de liberdades civis, que foram capazes de assegurar garantias fundamentais de negros, mulheres e, em especial, da população LGBT.

Dentre os fundamentos da República constam os princípios da igualdade e da liberdade, podendo-se facilmente auferir os direitos da diversidade sexual e de gênero, como intimamente ligados a estes. Em busca da real dignidade humana, é de suma importância que todos esses valores sejam implantados de forma mais efetiva na cultura das empresas, fazendo com que tais ambientes sejam mais bem preparados para lidar com as diferentes orientações sexuais e identidades de gênero.

1. Princípio da dignidade humana e a proteção constitucional da diversidade sexual e de gênero

O princípio da dignidade humana é pressuposto de um verdadeiro Estado democrático de direito e também alicerce para o estabelecimento do equilíbrio e preservação dos direitos mais elementares do trabalhador.

A ideia de dignidade pode ser encontrada desde a filosofia de Kant (2004, p. 52), segundo a qual o homem, entendido como ser racional, existe como um fim em si e não simplesmente como meio:

> "Os seres racionais estão submetidos à lei, segundo a qual cada um deles jamais se trate a si mesmo ou aos outros, simplesmente como meio, mas sempre e simultaneamente como fins em si." (KANT, 2004. p. 52)

A dignidade é atributo intrínseco da essência da pessoa humana, único ser que compreende um valor interno, superior a qualquer preço, que não admite substituição equivalente.

Tanto não admite substituição equivalente, que a utilização da expressão "dignidade da pessoa humana" é fato notório no mundo todo, tendo várias constituições recepcionado a referida expressão, inclusive erigindo-a como valor constitucional supremo.

Com algumas diferenças de redação, conforme cita Azevedo (2002, p. 12):

> "a) A Declaração Universal dos Direitos do Homem (1948): Considerando que o reconhecimento da dignidade inerente a todos os membros da família humana e de seus direitos iguais e inalienáveis é o fundamento da liberdade, da justiça e da paz no mundo. Art. 1º. 'Todos os homens nascem livres e iguais em dignidade e direitos. São dotados de razão e consciência e devem agir em relação um aos outros com espírito de fraternidade'.
>
> b) A Constituição da República Italiana (1947): 'Todos os cidadãos têm a mesma dignidade social e são iguais perante a lei sem distinção de sexo, raça, língua, religião, opinião política e condições pessoais e sociais'. (art. 3º, 1ª parte).
>
> c) A 'Lei Fundamental' da Alemanha (1949): 'A dignidade do homem é intangível. Respeitá-la e protegê-la é obrigação de todo o Poder Público' (art. 1.1).
>
> d) A Constituição da República Portuguesa: 'Portugal é uma República soberana, baseada, entre outros valores, na dignidade da pessoa humana e na vontade popular e empenhada na construção de uma sociedade livre, justa e solidária' (art. 1º). E 'todos os cidadãos têm a mesma dignidade social e são iguais perante a lei' (art. 13º, 1ª, alínea).
>
> e) O artigo 10 da Constituição da Espanha assim prescreve: 'A dignidade da pessoa humana, os direitos invioláveis que lhe são inerentes, o livre desenvolvimento da personalidade, o respeito à lei e aos direitos do semelhante constituem o fundamento da ordem política e da paz social.'"

Traçada esta pequena abordagem quanto à ideia de dignidade da pessoa humana, urge apontar sua ligação com a necessidade de proteção e estímulo à inserção dos profissionais LGBT no mercado de trabalho.

Como ser multifacetado e complexo que é o homem, também intrincada é a tarefa de definir a dignidade da pessoa humana, podendo-se fazer alusões à necessidade do direito ao livre desenvolvimento da personalidade, valor já reconhecido internacionalmente como integrante da verdadeira dignidade plena a ser buscada por cada um e por todos.

"Em síntese, é possível afirmar que o direito geral de personalidade (ou direito ao livre desenvolvimento da personalidade) implica uma proteção abrangente em relação a toda e qualquer forma de violação dos bens de personalidade, estejam eles, ou não, expressa e diretamente reconhecidos ao nível da constituição." (SARLET MARINONI, MITIDIERO, 2013, p. 398)

Sabemos que dignidade é o que se traduz em uma vida digna. Em princípio, seria aquela em que o homem possa desenvolver sua intimidade, sua personalidade, sua orientação sexual e identidade de gênero, dando vazão ao seu potencial de vida. Portanto, nesta assertiva temos que uma vida digna seria aquela em que o homem possa realizar seu trabalho, seus projetos e seguir na busca intrínseca do ser humano pela felicidade, desenvolvendo sua personalidade. Em nossa sociedade, a dignidade pode se traduzir, dentre outros, no direito ao trabalho sem quaisquer discriminações ou perseguições de qualquer espécie:

> "O direito a trabalhar é um desses direitos humanos que precisam ser garantidos às pessoas LGBTQIA+. Não se trata apenas do acesso ao emprego e a estabilidade no mesmo, mas do direito a um ambiente inclusivo onde todos possam desenvolver plenamente seu potencial, sem barreiras ou entraves à carreira, com tratamento respeitoso, equidade e liberdade para se expressar sem constrangimentos ou violências." (*Promoção dos Direitos Humanos de pessoas LGBT no Mundo do Trabalho*, 2015, p. 79)

Tal direito é considerado e discutido como oriundo da segunda dimensão de direitos fundamentais, podendo ser classificado como um direito econômico-social.

O direito ao trabalho é previsto pela Constituição da OIT, assim como pela Declaração Universal dos Direitos Humanos em seu artigo 23: "Toda pessoa tem direito ao trabalho, à livre eleição de seu trabalho, a condições equitativas e satisfatórias de trabalho e a proteção contra o desemprego".

O Pacto Internacional de Direitos Econômicos, Sociais e Culturais, promulgado pela ONU em 1966, traz em seu artigo 6.1 a seguinte redação: "Os Estados Partes no presente Pacto reconhecem o direito a trabalhar, que compreende o direito de toda pessoa a ter a oportunidade de ganhar a vida mediante um trabalho livremente escolhido ou aceito, e tomarão medidas adequadas para garantir este direito".

É preciso questionar-se até que ponto o Estado tem agido juntamente com as empresas para garantir que estas estão preparadas para acolher cidadãos LGBT em seus ambientes de trabalho, aceitando como iguais e preservando a intimidade, privacidade e, principalmente, a dignidade destas pessoas, cumprindo assim o exposto em tais pactos e declarações com as quais o Brasil se comprometeu.

2. Da discriminação por orientação sexual e identidade de gênero nas relações de trabalho

A sexualidade exerce fundamental dimensão na construção da individualidade da pessoa, que estabelece um alicerce indispensável para o livre desenvolvimento da personalidade. No caso específico do meio ambiente do trabalho, trabalhadores homossexuais, bissexuais, travestis e transexuais, sem qualquer prejuízo a terceiros, gozam da tutela da dignidade humana e direito a um meio ambiente de trabalho harmônico e equânime, sem quaisquer desigualdades.

Segundo, doutrina direcionada a temática das discriminações, Silva (apud OLIVEIRA, 2011, p. 230):

> "Discriminação é o termo que qualifica uma série de situações ou práticas que se consideram radicalmente contrárias à própria dignidade humana, que supõe a negação a determinados indivíduos de sua condição de pessoa humana". A discriminação condenada é a que se funda num preconceito negativo em virtude do qual os membros de um grupo são tratados como seres não já diferentes, mas inferiores. É nesse sentido que a discriminação é de considerar-se atentatória a direito fundamental."

Quando emergiram os direitos trabalhistas, estes eram pautados no desenvolvimento das atividades contratadas, ou seja, estavam vinculados à jornada de trabalho, aos períodos de descanso, ao pagamento de salário etc. Com a evolução da sociedade, tais direitos tiveram que se adequar às novas concepções sobre os sujeitos das relações de trabalho. Um trabalhador homossexual, transexual, bissexual ou qualquer que seja a sua orientação sexual e identidade de gênero faz jus a todos os direitos de um trabalhador heterossexual, além de um tratamento respeitoso por parte de seu empregador, seus superiores hierárquicos e demais colegas de trabalho. Ademais, não basta o respeito ou a igualdade de direitos entre esses trabalhadores, já que compete ao empregador manter um ambiente de trabalho saudável e, com isso, proteger a dignidade desses trabalhadores, que sofrem preconceito e discriminação.

A Convenção 111 da Organização Internacional do Trabalho (OIT), que trata da não discriminação no emprego e ocupação, estabelece que os países-membros signatários devem proteger todas as pessoas contra a discriminação no ambiente de trabalho e também aquelas que estão se preparando para trabalhar ou procurar trabalho:

> "[...] toda distinção, exclusão ou preferência fundada na raça, cor, sexo, religião, opinião política, ascendência nacional ou origem social que tenha por efeito destruir ou alterar a igualdade de oportunidades ou de tratamento em matéria de emprego ou profissão". (Convenção OIT 111)

Ainda de acordo com Gurgel (2010, 114-115):

> "[...] Convenção n. 111 tem como traço marcante a aplicação da igualdade material. Seu art. 5º oferece a possibilidade de implementação de políticas afirmativas, a serem aplicadas no ambiente laboral. Assim, há necessidade de implementar medidas afirmativas nas relações laborais, como forma de combater a desigualdade econômica e a exclusão social dos grupos mais vulneráveis. As políticas neutras, que simplesmente proíbem a discriminação por motivo de sexo, raça e cor, cedem espaço às ações afirmativas, promotoras da inserção dos grupos vulneráveis".

Segundo o Manual de Promoção dos Direitos Humanos de Pessoas LGBT no Mundo do Trabalho, o preconceito sofrido pela população LGBT (lésbicas, gays, bissexuais, travestis e transexuais) tem resultado em graves violações de direitos humanos, dificultando a erradicação da violência e de doenças como a Aids. No mundo do trabalho, o estigma e a discriminação influenciam os níveis de eficiência e produção, o bem-estar laboral e o próprio acesso ou permanência em um trabalho decente.

As perdas acabam sendo sentidas por ambos os lados da relação de trabalho, já que por se sentirem desvalorizados, muitos profissionais

LGBT se afastam de empregos formais, o que provoca a perda de bons colaboradores pelas empresas:

> "[...] Apesar de 75% das empresas possuírem regras que proíbem a discriminação por identidade de gênero ou orientação sexual, muitos trabalhadores LGBT não se sentem confortáveis para se assumirem no trabalho – 61% destes funcionários LGBT no Brasil dizem esconder sua sexualidade para colegas e gestores. [...]
>
> Em nosso país, além de 61% dos profissionais LGBT não assumirem sua orientação sexual ou a identidade de gênero, 49% disseram que não a escondem, mas não falam abertamente sobre o assunto no ambiente de trabalho e alteram o próprio comportamento para se integrar entre os colegas".(CENTER FOR TALENT INNOVATION, 2017)

O problema mostra-se tão grave e, infelizmente, ainda de tão grandes proporções, que de acordo com a Cartilha LGBT da CUT-SP (2016, p. 28): "De acordo com levantamento do Banco Mundial, a discriminação das pessoas LGBT pode custar, mundialmente, o tamanho de uma economia como a da Índia – US$ 32 bilhões por ano".

Com relação ao contrato de trabalho propriamente dito, não podemos desconsiderar que o direito a não discriminação por orientação sexual está relacionado ao direito fundamental de isonomia de tratamento. Alguns direitos podem ser mencionados inclusive por extensão às normas coletivas de trabalho, como é o caso da dependência do companheiro homossexual em convênio médico, além dos demais direitos expressos na Constituição Federal e na própria CLT (LGL\1943\5), como o direito à licença-maternidade e à licença-paternidade no caso de adoção de filhos; faltas justificadas em caso de gala e nojo. Estas hipóteses meramente exemplificativas devem ser consideradas pelo empregador durante a contratação de um trabalhador homossexual que conviva em união homoafetiva, ou que seja legalmente casado, não se justificando a restrição de benefícios ao trabalhador em razão da sua orientação sexual.

Importante destacar que a prevalência do direito a isonomia e não discriminação é norma fundamental que deve servir de norte às condutas adotadas pelo empregador, pois a adoção de medidas e ações que causem prejuízos ao trabalhador, tanto na fase pré- contratual como na vigência do contrato de trabalho, e até na fase pós-contratual, pode ensejar sanções previstas na Lei 9.029/95, que proíbe a exigência de atestados de gravidez e esterilização, e outras práticas discriminatórias, para efeitos admissionais ou de permanência da relação jurídica de trabalho, e dá outras providências.

A Lei 9.029/95 possui previsão expressa contra qualquer tipo de discriminação:

> "Art. 1º É proibida a adoção de qualquer prática discriminatória e limitativa para efeito de acesso à relação de trabalho, ou de sua manutenção, por motivo de sexo, origem, raça, cor, estado civil, situação familiar, deficiência, reabilitação profissional, idade, entre outros, ressalvadas, nesse caso, as hipóteses de proteção à criança e ao adolescente previstas no inciso XXXIII do art. 7º da Constituição Federal".

Apesar de não citar especificamente a discriminação relativa aos membros de grupos LGBTQIA+, pode-se facilmente auferir o alcance de tal proteção a estes, no mínimo, estando tal previsão inclusa nos termos "entre outros" do referido artigo da Lei 9.029/95.

Infelizmente, o duro processo de discriminação e exclusão das diversidades sexuais e de gênero no ambiente de trabalho demonstra que o Poder Judiciário, deve estar atento e se posicionar de modo claro e objetivo contra a patente violação da dignidade destes trabalhadores.

A jurisprudência se posiciona a respeito:

> "TRT 12ª Região – Santa Catarina – Atos discriminatórios. Empregado homoafetivo. Dano moral. Caracterização. A conduta da empregadora, consistente no tratamento discriminatório dispensado ao autor no ambiente de trabalho, além de lhe acarretar humilhações, traz junto o desrespeito a sua dignidade como pessoa humana, que constitui um dos princípios fundamentais da Constituição Federal (inciso III do art. 1º da CF/88 (LGL\1988\3)), traduzindo-se no núcleo axiológico de todo ordenamento jurídico. A discriminação do empregado homoafetivo ofende ao princípio da igualdade, preceito que tem assento constitucional no art. 3º, que estabelece como um dos objetivos da república federativa do Brasil a promoção do "bem de todos, sem preconceitos de origem, raça, sexo, cor, idade e quaisquer outras formas de discriminação". Os atos discriminatórios violam, de igual forma, o pacto de San José de Costa Rica e a Convenção nº 111 da Organização Internacional do Trabalho, normas internacionais ratificadas

pelo Brasil, e que concretizam, também, o princípio da igualdade. (BRASIL. Tribunal Regional do Trabalho 12ª Região, R.O. 0001411-25.2012.5.12.0026, 1ª C., Rel. Juíza Viviane Colucci, p. 10.12.2013).

Assédio sexual. Conduta com conotação racista e homofóbica. Convenção 111 da OIT. Dano moral. Indenização devida. 1. O comportamento inadequado por parte do superior hierárquico, confirmado pela prova oral produzida nos autos, com violação da honra e imagem da trabalhadora, durante a jornada de trabalho e no exercício de suas funções, mediante conduta imprópria de convite para práticas sexuais, com contornos homofóbicos e racistas, configura assédio sexual, cuja responsabilização prescinde da prova de efetivo dano suportado pela vítima, bastando que se prove tão somente a prática do ilícito do qual ele emergiu (dano in re ipsa – presumido). 2. Nos termos da Convenção 111 da OIT, ratificada pelo Brasil, toda distinção, exclusão ou preferência, com base em raça, cor, sexo, religião, opinião política, nacionalidade ou origem social, que tenha por efeito anular ou reduzir a igualdade de oportunidade ou de tratamento no emprego ou profissão, é prática discriminatória a ser abolida no mercado de trabalho. (BRASIL. Tribunal Regional do Trabalho 4 Região – Recurso Ordinário – RO. 00000059922012540001)

Assédio moral. Tratamento discriminatório e hostil fundado na opção sexual do empregado. Aplicação da teoria da *"punitive damages"*. Concretizada a reincidência e gravidade da conduta ilícita, não se deve apenas ter por viável a concepção compensatória da indenização, pois esta, por vezes, apesar de buscar reparação completa dos prejuízos, se mostra ineficaz. O ofensor, mesmo depois de lhe ser imposto o pagamento compensatório, não raras vezes se mostra indiferente ao ocorrido, pois normalmente pode pagar o preço, gerando-lhe ganhos, tendo por consequência enriquecimento ilícito com a persistência da prática, a morosidade da prestação da justiça, uma vez que se protela o momento da quitação, tendo por prejudicado não só o ofendido, mas toda a sociedade. Constatando-se que a indenização fixada no juízo primeiro deixou de levar em conta o caráter punitivo-pedagógico, mister elevar-se o valor fixado, de modo a punir o ofensor, fazê-lo perceber o caráter odioso de sua conduta e, assim, desestimulá-lo da prática da ilicitude, no futuro. (BRASIL. Tribunal Regional do Trabalho 3ª Região, RO 00780-2011-149-03-00-7, 10ª T., Rel. Juíza Convocada Ana Maria Amorim Rebouças, j. 16.02.2012).

Dispensa por ato discriminatório. Homossexualidade. Art. 4º, II, da lei 9.029/95. [...] a dispensa levada a efeito em face da opção sexual do Reclamante, embora não expressamente inserida na exemplificação legal, constitui também situação ensejadora da indenização prevista no art. 4º, II, daquela lei, o qual não pode ser tido como vulnerado em face disso. (BRASIL. Tribunal Superior do Trabalho. Processo: RR – 101900-52.2004.5.05.0024 – TST Data de Julgamento: 15/04/2009, Relator Ministro: José Simpliciano Fontes de F. Fernandes, 2ª Turma, Data de Divulgação: DEJT 09.10.2009, p. 867)".

Indenização por danos morais. Transexual. Identidade de gênero feminino. Violação da dignidade humana, da igualdade e da liberdade por atos ilícitos do empregador. A igualdade entre homens e mulheres inscrita no artigo 5º, inciso I, da Constituição da República e a proteção à personalidade, igualmente consagrada em seu inciso X, constituem formulações transversais acerca da igualdade básica e da liberdade próprias da dignidade, que é imanente a todos os seres humanos. A expressão da sexualidade humana em qualquer de suas formas, mormente entre adultos, encontra-se também protegida, de modo que a prática insidiosa e reiterada por representantes do empregador de atos de menoscabo e desprezo por subordinado, reconhecido no seu ambiente de trabalho como transexual e acolhido em seu nome pessoal por seus colegas de trabalho, constitui grave afronta à personalidade humana e hipótese de abuso moral, perpetrado para negar a dignidade de Melissa – nome social adotado pelo reclamante e transexual, cidadã da República Federativa do Brasil. (TRT 15ªRegião, RO 0011996-43.2015.5.15.0093, Rel. Marcus Menezes Barberino Mendes, p. 10/08/2017).

Homofobia. Danos à honra, dignidade, privacidade e liberdade do empregado. A CLT consagra o poder diretivo do empregador (art.2º), que se manifesta por meio do controle, vigilância e fiscalização dos seus empregados. Tal poder encontra limites também legalmente traçados. Ninguém pode tudo. Os poderes de qualquer indivíduo, de qualquer instituição, para além do que trace o ordenamento, estão limitados não só pelo que podem os outros indivíduos e instituições, mas, ainda, pelo que, legitimamente, podem exigir na defesa de seus patrimônios jurídicos. A Constituição da República (arts. 1º,inciso III, e 5º, caput e incisos III e X) tutela a privacidade e a honra, coibindo práticas que ofendem a dignidade da pessoa humana e constituam tratamento degradante. Comprovado nos autos que o reclamante sofria ofensas e humilhações de conotação homofóbica, devida

> a indenização por danos à sua honra, dignidade, privacidade. Configurada a ofensa a preceitos constitucionais, especialmente o direito à liberdade e à vida. Ato discriminatório. Indenização substitutiva à re integração. Artigo 4º, II, da lei 9.029/95. A súmula 28, do C.TST, é clara em dispor: "No caso de se converter a reintegração em indenização dobrada, o direito aos salários é assegurado até a data da primeira decisão que determinou essa conversão.". Desta forma, a indenização substitutiva à reintegração, prevista no artigo 4º, II, da Lei 9.029/95 deve ser calculada considerando o termo final a data em que proferida a primeira decisão que determinou a conversão, in casu, a data da prolação da sentença. Nestes termos, é o entendimento, também, do TST:"(...) Indenização em dobro do art. 4º, II, da lei 9.029/95. Período de afastamento. Termo final. Súmula 28/TST. Nos termos do art. 4º, I e II, da Lei nº 9.029/95, a dispensa discriminatória assegura ao empregado a opção entre a reintegração com o ressarcimento integral de todo o período de afastamento ou o pagamento em dobro da remuneração do período de afastamento. No caso, o TRT determinou como termo final do período de afastamento, para fins de pagamento da indenização dobrada, a data da publicação do acórdão combatido. A decisão regional, ao contrário do que sustenta a recorrente, foi proferida em plena consonância com a jurisprudência desta Corte Superior, consubstanciada na Súmula 28/TST, a qual dispõe que "no caso de se converter a reintegração em indenização dobrada, o direito aos salários é assegurado até a data da primeira decisão que determinou essa conversão". A pretensão recursal, portanto, esbarra no óbice da Súmula 333/TST e do artigo 896, § 4º, da CLT (Lei 9.756/98). Recurso de revista não conhecido. (...) (ARR - 38800-28.2010.5.17.0009, Relator Ministro: Alexandre de Souza Agra Belmonte, Data de Julgamento: 07/02/2018, 3ª Turma, Data de Publicação: DEJT 09/02/2018)". (TRT 17ª Região, RO 00016684820165170001,Rel. Cláudio Armando Couce De Menezes, j. 08/05/2018).

Compreendendo-se a real necessidade de adaptações do ambiente corporativo, urge adotarem-se medidas para igualar direitos e respeitar as diversidades sexuais e de gênero nas relações de trabalho. Conhecer esse cenário e seu aspecto dinâmico, em transformação, visa animar as pessoas para atuar a partir das empresas e colocá-las como participantes ativas na construção dessa nova fronteira em relação a um segmento da população que enfrenta desafios de toda ordem ao redor do mundo.

A conduta da empresa responsável socialmente está baseada em princípios relacionados a direitos humanos, que orientam suas escolhas, suas práticas e, assim, a maneira como obtém resultados. No caso da valorização da diversidade sexual, sua promoção significa ir além do discurso para realizar práticas que aproximem a empresa da sociedade, que contribuam efetivamente para o desenvolvimento sustentável e para a elevação do padrão cultural no que diz respeito aos direitos humanos e à vida digna para todos. Assim, o respeito aos direitos humanos das pessoas LGBTQIA+ antecede e se sobrepõe a argumentos mercadológicos que possam justificar a promoção da diversidade com base no lucro para os negócios. O respeito à dignidade das pessoas é incondicional e inegociável.

3. O reconhecimento de direitos da diversidade sexual e de gênero: uma análise das principais legislações e projetos de inclusão no mercado de trabalho

A enunciação dos direitos fundamentais no corpo da Constituição Federal de 1988 possibilitou a criação de leis destinadas à proteção das pessoas LGBTQIA+. A Lei 11.340/06, por exemplo, estabeleceu medidas destinadas à superação da violência contra a mulher, independentemente de orientação sexual e identidade de gênero. Por sua vez, a Lei Estadual de São Paulo – Lei 10.948/01 prevê sanções administrativas nos casos de discriminação por orientação sexual e identidade de gênero, a utilização do nome social de travestis e transexuais no âmbito da Administração Pública, nas três esferas de Governo. No âmbito federal, o Ministério do Planejamento, Orçamento e Gestão, por meio da Portaria n. 233/10, assegurou a utilização do nome social adotado por servidoras e servidores travestis e transexuais. Igual medida adotaram o Ministério da Educação e o Ministério da Saúde, por meio das Portarias 1.612/11 e 1.820/09, que determinam o respeito ao nome social dos usuários de serviços no âmbito dos respectivos Ministérios.

No Estado de São Paulo, por força do Decreto 55.588/2010, travestis e transexuais têm direito ao tratamento nominal nos órgãos públicos da Administração direta e indireta. O Estado se baseia no princípio da dignidade da pessoa humana, fundamento do Estado Democrático de Direito, para assegurar o pleno respeito às pessoas, independentemente de sua identidade de gênero. Atualmente, além de São Paulo, outros

Estados já permitem o uso do nome social, a exemplo da Bahia, Maranhão, Goiás, Paraná, Pará, Tocantins, Rio Grande do Sul, Santa Catarina, Piauí, Rio de Janeiro, Distrito Federal e Alagoas.

No âmbito administrativo, o Ministério do Trabalho e Emprego editou a Portaria 41 de 28.03.2007, que estabelece, no art. 8º, ser vedado ao empregador efetuar anotações que possam causar dano à imagem do trabalhador, especialmente referentes ao sexo ou sexualidade, origem, raça, cor, estado civil, situação familiar, idade, condição de autor em reclamações trabalhistas, saúde e desempenho profissional ou comportamento.

Em 28 de abril de 2016, o Decreto 8.727, da Presidência da República, regulamentou o uso do nome social e o reconhecimento da identidade de gênero de pessoas travestis e transexuais no âmbito da administração pública federal direta, autárquica e fundacional.

No sentido de reforçar a tese do respeito à diversidade sexual e de gênero, a Ordem dos Advogados do Brasil – Seção de São Paulo, através de sua Comissão da Diversidade Sexual, da qual a autora deste artigo teve a honra de subscrever o pleito, encaminhou ao Conselho Federal da entidade solicitação de normatização para o uso do nome social de advogados (as) travestis e transexuais.

Recentemente, em 17.05.2016, o Conselho Federal da OAB aprovou por unanimidade a proposta, editando as Resoluções 05/2016; 06/2016 e 07/2016, que autorizaram o uso do nome social e o reconhecimento da identidade de gênero de pessoas travestis e transexuais no âmbito da Ordem dos Advogados do Brasil:

> "Resolução 05/2016: *Dispõe sobre o uso do nome social e o reconhecimento da identidade de gênero de pessoas travestis e transexuais* no âmbito da Ordem dos Advogados do Brasil e altera o caput e o § 1º do art. 24, o § 1º do art. 24A e o inciso III do art. 33, acrescenta o parágrafo único do art. 33 e altera o inciso II do art. 34, o art. 38, o § 3º do art. 128, o § 4º do art. 131, o inciso I do art. 132, o inciso II do art. 137 e os §§ 3º e 4º do art. 137-D do Regulamento Geral do Estatuto da Advocacia e da OAB.
>
> Resolução 06/2016: Altera o inciso II do art. 16 da Resolução n. 03/2010, que "Aprova o Regimento Interno da Corregedoria-Geral do Processo Disciplinar da Ordem dos Advogados do Brasil".

Data: 07 de junho de 2016: O Conselho Federal da Ordem dos Advogados do Brasil, no uso das atribuições que lhe são conferidas pelo art. 54, V, da Lei n. 8.906, de 4 de julho de 1994 – Estatuto da Advocacia e da OAB, considerando o decidido nos autos da Proposição nº 49.0000.2014.001585-2/COP e o disposto no art. 33, parágrafo único, do Regulamento Geral, resolve:

Art. 1º O inciso II do art. 16 da Resolução n. 03/2010, que "Aprova o Regimento Interno da Corregedoria-Geral do Processo Disciplinar da Ordem dos Advogados do Brasil", passa a vigorar com a seguinte redação:

Art. 16. [...]

II – o nome e o nome social do indicado;

Art. 2º Esta Resolução entra em vigor após decorridos 180 (cento e oitenta) dias de sua publicação, revogadas as disposições em contrário.

Resolução 07/2016: Altera a alínea "b" do inciso VIII do parágrafo único do art. 2º e o caput do art. 44 do Código de Ética e Disciplina da Ordem dos Advogados do Brasil – OAB, aprovado pela Resolução n. 02/2015.

Data: 07 de junho de 2016

O Conselho Federal da Ordem dos Advogados do Brasil, no uso das atribuições que lhe são conferidas pelo art. 54, V, da Lei nº 8.906, de 4 de julho de 1994 – Estatuto da Advocacia e da OAB, considerando o decidido nos autos da Proposição nº 49.0000.2014.001585-2/COP e o disposto no art. 33, parágrafo único, do Regulamento Geral, resolve:

Art. 1º A alínea "b" do inciso VIII do parágrafo único do art. 2º do Código de Ética e Disciplina da Ordem dos Advogados do Brasil – OAB, aprovado pela Resolução nº 02/2015, passa a vigorar com a seguinte redação:

Art. 2º [...]

Parágrafo único. [...]

VIII – [...]

b)vincular seu nome ou nome social a empreendimentos sabidamente escusos; [...]

Art. 2º O *caput* do art. 44 do Código de Ética e Disciplina da Ordem dos Advogados do Brasil – OAB, aprovado pela Resolução n. 02/2015, passa a vigorar com a seguinte redação:

Art. 44. *Na publicidade profissional que promover ou nos cartões e material de escritório de que se utilizar, o advogado fará constar seu nome, nome social ou o da sociedade de advogados, o número ou os números de inscrição na OAB.*

Art. 3º Esta Resolução entra em vigor após decorridos 180 (cento e oitenta) dias de sua publicação, revogadas as disposições em contrário. (grifos nossos)".

O objetivo da Ordem dos Advogados do Brasil (OAB) não é alterar o nome civil de pessoa trans, o que só é possível através de decisão judicial, mas, sim, possibilitar a inclusão no registro da carteira profissional do nome social ao lado do nome civil, o que de fato demonstra a integralidade do direito ao exercício e do desempenho da atividade laboral de modo digno e coerente.

Importante destacar alguns projetos de inclusão e cidadania LGBT que permitem o acesso ao pleno emprego e a mudança de posicionamento de algumas empresas ao aderirem a referidos projetos de empregabilidade.

Pode-se citar, como exemplo, o *Transemprego*, que consiste na criação de um banco de dados de trabalhadores travestis e transexuais que fica à disposição das empresas interessadas na contratação destes profissionais. Outro bom exemplo de projeto inclusivo é o *Transcidadania*, vinculado à prefeitura de São Paulo, que concede bolsas para travestis e transexuais que frequentarem cursos profissionalizantes.

Também criado em março de 2013, o Fórum de Empresas LGBTQIA+ é movimento empresarial com atuação permanente reunindo grandes empresas em torno de 10 Compromissos com a promoção dos direitos humanos, onde as empresas afirmam seu engajamento com as principais pautas das diversidades sexuais e de gênero nas relações empresariais e trabalhistas.

Entendemos que a iniciativa privada, também precisa unir esforços para propor medidas efetivas e assegurar a plena inclusão de direitos, sendo certo que nas relações de trabalho não se deve contrariar os ditames da valorização da dignidade da pessoa humana, da cidadania do trabalhador e de seus direitos fundamentais

O que se busca não é beneficiar, nem criar um regime de privilégios as diversidades sexuais e de gênero, mas garantir igualdade de condições profissionais para que possam exercer sua cidadania de forma plena, sem qualquer resquício de discriminação ou cerceamento de direitos. Temos muito ainda a ser desenvolvido em favor da efetividade de direitos de pessoas LGBTQIA+, desde de vedar práticas discriminatórias no ambiente de trabalho, as políticas afirmativas de acesso e manutenção destes trabalhadores em seus postos, para que a realidade de exclusão e violência desta população fique apenas no passado.

O desafio que se apresenta para as sociedades contemporâneas, objeto de análise do presente estudo, centra-se no reconhecimento jurídico de direitos oriundos das relações de trabalho, de modo a afirmar e reconhecer os direitos da diversidade sexual como autênticos direitos fundamentais, sem o qual não há como concretizar plenamente o conteúdo material do Estado Democrático de Direito. Trata-se, pois, de condição *sine qua non* para o fortalecimento da democracia e plena concretização dos preceitos normativos constantes da Constituição.

Conclusões

O trabalho é elemento essencial à dignidade humana e atua como instrumento de realização dos direitos fundamentais, garantindo o Estado Democrático de Direito. Compreender os direitos da diversidade sexual a partir da análise da Constituição Federal e da legislação trabalhista é essencial para assegurar a plena concretização, tutela e efetividade dos direitos fundamentais das pessoas diversidades sexuais e de gênero

A fim de assegurar o reconhecimento de direitos das minorias sexuais, bem como asseverar a concretização da sua dignidade humana, impõe-se o desafio de analisar e atestar a tese: direitos sexuais são direitos fundamentais e o seu reconhecimento decorre da estrutura normativa que compõe a Constituição Federal, promover a diversidade na gestão empresarial significa compromisso com demandas legítimas da sociedade e da própria organização, expressas na sua identidade e na necessidade de afirmar a responsabilidade social das empresas e seu compromisso com a valorização da diversidade sexual e de gênero, alcançando-se, assim, a efetivação do direito ao trabalho, sem discriminações, do direito ao livre desenvolvimento de sua identidade e, de forma mais abrangente, a dignidade da pessoa humana.

Projetos de inclusão nas relações de trabalho sem dúvida buscam efetivar o princípio jurídico da igualdade de oportunidades e direitos, incluir transformações de ordem cultural e sociológica, no ambiente corporativo é desmestificar o preconceito, propor uma nova dinâmica as relações sociais baseadas no respeito às diferenças, no engajamento e no aumento da pluralidade de ideias nas organizações e empresas. Reforçar o compromisso da responsabilidade social das empresas alinhado aos princípios constitucionais da igualdade, da não discriminação e da dignidade da pessoa humana, através de projetos de inclusão e cidadania

LBGTQIA+, é possível garantir e efetivar o pleno emprego e a inclusão social.

Referências

ABILIO, Adriana G.M. *Diversidade Sexual e de Gênero: A tutela jurídica nas relações de trabalho*, Rio de Janeiro, Lumen Juris, 2019.

Associação Brasileira de Lésbicas, Gays, Bissexuais, Travestis e Transexuais – ABGLT. Disponível em: [www.abglt.org.br/docs/Ministerio%20do%20Planejamento%20 portaria%20233%202010.pdf]. Acesso em: 24.01.2014.

BRASIL, Resolução nº. 05 de 28 de abril de 2016. Diário Oficial da República Federativa do Brasil, Poder Executivo, Brasília, DF, 28 abril de 2016. Disponível em: [www.planalto.gov.br/ccivil_03/_Ato2015-2018/2016/Decreto/D8727.htm]. Acesso em: 14.07.2016.

BRASIL, Resolução nº. 06 de 05 de julho de 2016. Diário Oficial da União, Conselho Federal da Ordem dos Advogados do Brasil, Brasília, DF, 05 julho de 2016. Presidente do Conselho CLAUDIO LAMACHIA, Relator BRENO DIAS DE PAULA. Disponível em: [www.diariodasleis.com.br/legislacao/federal/233797-regimento-interno-da-corregedoria-geral-do-processo-disciplinar-da-ordem-dos-advogados-do-brasil-altera-o-inciso-ii-do-art-16-da-resoluuuo-n-03-2010-que-aprova-o-regimento-i.html]. Acesso em: 14.07.2016.

BRASIL, Resolução nº. 07 de 05 de julho de 2016. Diário Oficial da União, Conselho Federal da Ordem dos Advogados do Brasil, Brasília, DF, 05 julho de 2016. Presidente do Conselho CLAUDIO LAMACHIA, Relator BRENO DIAS DE PAULA. Disponível em: [www.diariodasleis.com.br/legislacao/federal/233797-regimento-interno-da-corregedoria-geral-do-processo-disciplinar-da-ordem-dos-advogados-do-brasil-altera-o-inciso-ii-do-art-16-da-resoluuuo-n-03-2010-que-aprova-o-regimento-i.html]. Acesso em: 14.07.2016.

BRASIL. Tribunal Regional do Trabalho 12ª Região, R.O. 0001411-25.2012.5.12.0026, 1ª C., Rel. Juíza Viviane Colucci, p. 10.12.2013. Disponível em [www.direitohomoafetivo.com.br/imprime-jurisprudencia.php?ordem="1329,1212,1086,1084,1031,1023,990,846,965,961,]" Acesso em: 20.01.2017.

BRASIL. Tribunal Regional do Trabalho 3ª Região, RO 00780-2011-149-03-00-7, 10ª T., Rel. Juíza Convocada Ana Maria Amorim Rebouças, j. 16.02.2012). Disponível em: [www.trt3.jus.br/download/iuj/TST-RR-11668-78.2014.5.03.0030.pdf]. Acesso em: 19.01.2017.

BRASIL. Tribunal Superior do Trabalho. Processo: RR – 101900-52.2004.5.05.0024 – TST Data de Julgamento: 15/04/2009, Relator Ministro: José Simpliciano Fontes de F. Fernandes, 2ª Turma, Data de Divulgação: *DEJT* 09.10.2009. Disponível em: [https://aplicacao.jt.jus.br/dejt.html]. Acesso em: 19.01.2017.

CENTER OF TALENT INOVVATION. Disponível em: [www.talentinnovation.org/_private/assets/Managing-LGBT-at-MNCs_DIT50.pdf]. Acesso em: 07.02.2017.

FARIAS, Edílson Pereira de. *Colisão de direitos:* a honra, a intimidade, a vida privada e a imagem versus a liberdade de expressão e informação. Porto Alegre: Sergio Antônio Fabris, 1996.

FONSECA. Maria Hemília. *Direito ao trabalho:* um direito fundamental. (tese de doutorado em Direito das Relações Sociais da PUC/SP no ano de 2006). Disponível em: [https://sapientia.pucsp.br/bitstream/handle/7259/1/MariaHemiliaFonseca.pdf]. Acesso em: 07.02.2017.

FOUCAULT, Michel. *História da Sexualidade I:* a vontade de saber. Tradução de Maria Thereza da Costa Albuquerque e J. A. Guilhon Albuquerque. Rio de Janeiro: Graal, 1988.

GURGEL, Yara Maria Pereira. *Direitos humanos, princípio da igualdade e não discriminação. Sua aplicação às relações de trabalho.* São Paulo: LTr, 2010.

KANT, Emmanuel. *Doutrina do Direito.* Trad. Edson Bini. São Paulo: Ícone, 1993.

KANT, Emmanuel. *Fundamentação da metafísica dos costumes e outros escritos.* Tradução de Leopoldo Holzbach, São Paulo: Martin Claret, 2004.

SARLET, Ingo Wolfgang. MARINONI; Luiz Guilherme; MITIDIERO, Daniel. *Curso de direito constitucional.* 2 ed. São Paulo: Revista dos Tribunais, 2013.

MAIOR. Jorge Luiz Souto. *O direito do trabalho como instrumento de justiça social.* São Paulo: LTr,2000.

MANUS, Pedro Paulo Teixeira. *Direito do Trabalho.* 14 ed. São Paulo: Atlas, 2015.

MARQUES, Fabíola. ABUD, Claudia. *Direito do Trabalho.* 8 ed. São Paulo: Atlas, 2015.

MARQUES, Fabíola. ABUD, Claudia. *Equiparação Salarial.* 2 ed. São Paulo: LTr, 2015.

MARTINS, Sergio Pinto. *Convenção da OIT.* 2 ed. São Paulo: Atlas, 2013.

MIRANDA, Jorge. *Manual de Direito Constitucional.* 3. ed. Coimbra: Coimbra Editora, 2000. p. 180. v. 4.

NASCIMENTO, Graciele Augusta Ferreira. *Direitos das Minorias – Proteção e Discriminação no Trabalho.* São Paulo: Alínea, 2012.

OLIVEIRA, Regis Fernandes. *Homossexualidade: Uma visão mitológica, religiosa, filosófica e jurídica.* São Paulo: Revista dos Tribunais, 2011.

ORDEM DOS ADVOGADOS DO BRASIL. Disponível em: [www.oab.org.br]. Acesso em: 17.05.2016.

ORGANIZAÇÃO INTERNACIONAL DO TRABALHO. Disponível em: [www.ilo.org/brasilia/lang--pt/index.htm] Acesso em: 10.01.2017.

PERES. Celia Mara. *A igualdade e a não discriminação.* São Paulo: LTr, 2014.

PIOVESAN, Flávia. *Direitos humanos e o direito constitucional internacional.* 13. ed. rev. ampl. atual. São Paulo: Saraiva, 2012.

PROMOÇÃO DOS DIREITOS HUMANOS DE PESSOAS LGBT NO MUNDO DO TRABALHO. 2a. ed. Brasilia, OIT/UNAIDS/PNUD, Projeto "Construindo a igualdade de oportunidades no mundo do trabalho: combatendo a homo-lesbo-transfobia", 2015.

RENAULT, Luiz Otavio Linhares; VIANA, Marcio Túlio; CENTELLI, Paula Oliveira (coordenadores). *Discriminação.* 2 ed. São Paulo:LTr, 2010.

RIOS, Roger Raupp. *O princípio da igualdade e a discriminação por orientação sexual: a homossexualidade no direito brasileiro e norte-americano.* São Paulo: Revista dos Tribunais, 2002.

ROCHA, Fernando Luiz Ximenes. *Direitos Fundamentais na Constituição de 88.* Revista dos Tribunais, n. 758, São Paulo, RT, p. 23-33, 1998, p. 25:

RUA, Renato de Almeida. *Direitos Fundamentais aplicados ao Direito do Trabalho.* São Paulo: LTr, 2014.

RUA, Renato de Almeida. Renato de Almeida. *Direitos Laborais Inespecíficos.* São Paulo, LTr, 2014.

SÃO PAULO. Decreto nº. 55.588, de 17 de março de 2010. Dispõe sobre o tratamento nominal das pessoas transexuais e travestis nos órgãos públicos do Estado de São Paulo e dá providências correlatas. 17.03.2010. Disponível em: [www.al.sp.gov.br/repositorio/legislacao/decreto/2010/decreto-55588-17.03.2010.html]. Acesso em: 24.01.2014.

SARLET, Ingo Wolfgang. *A eficácia dos Direitos Fundamentais.* 10. ed. rev. ampl. atual. Porto Alegre: Livraria do Advogado, 2010.

SARLET, Ingo Wolfgang. MARINONI; Luiz Guilherme; MITIDIERO, Daniel. *Curso de direito constitucional.* 2. ed. São Paulo: Revista dos Tribunais, 2013.

SANCHES, Vanessa K. C. *Discriminação por orientação sexual no Contrato de Trabalho.* São Paulo: LTr, 2009.

SZANIAWSKI, Elimar. *Direitos da personalidade e sua tutela.* São Paulo: Revista dos Tribunais, 1993.

PARTE 8
DIREITO DA CRIANÇA E DO ADOLESCENTE

15. A PROTEÇÃO JURÍDICA COM PRIORIDADE ABSOLUTA DE CRIANÇAS E ADOLESCENTES LGBTQIA+

Pedro Hartung
Pedro Mendes da Silva

Se o debate acerca da proteção jurídica da dignidade e dos direitos fundamentais de pessoas LGBTQIA+, apesar de alguns recentes avanços no âmbito de decisões judiciais, encontra muitos obstáculos nas instituições e Poderes do Estado brasileiro – em função de uma violenta ideologia dominante de discriminação e desrespeito massivo e sistemático às liberdades fundamentais e direitos humanos desses indivíduos e grupos minoritários –, as reflexões e ações institucionais sobre crianças e adolescentes LGBTQIA+ são poucas ou quase inexistentes.

Tanto pelo desconhecimento acerca das múltiplas realidades de infâncias e adolescências e suas diversidades de expressões individuais de identidade e desenvolvimento singular de personalidade, quanto pelo medo público nos debates institucionais – e por vezes privado, no seio familiar ou comunitário –, gerado pela associação de alguns temas, como sexualidade e gênero, a essa fase do desenvolvimento da vida humana, crianças e adolescentes LGBTQIA+ estão invisibilizados nas discussões e racionalidades de decisões judiciais, políticas públicas ou regulatórias.

Tal invisibilidade, além de impactar severamente o desenvolvimento integral e seguro destes indivíduos com impactos na saúde física e mental para a vida inteira, aumenta a sua vulnerabilidade, impedindo processos importantes ligado ao essencial pertencimento familiar e comunitário e ao estruturante reconhecimento socioafetivo e jurídico.

Assim, o presente artigo tem como objetivo detalhar e trazer luz à proteção jurídica com prioridade absoluta de crianças e adolescentes LGBTQIA+, destacando suas particularidades e necessidades específicas para esta devida garantia e promoção de direitos consagrados a todas as crianças pela égide da Doutrina de Proteção Integral e Especial inaugurada pelo artigo 227 da Constituição Federal, pelo Estatuto da Criança e do Adolescente e pela Convenção sobre os Direitos da Criança da ONU (CDC), que dentre outras importantes previsões determinou o dever compartilhado entre famílias, sociedade e Estado de garantir com absoluta prioridade o direito "à dignidade, ao respeito, à liberdade e à convivência familiar e comunitária, além de colocá-los a salvo de toda forma de negligência, discriminação, exploração, violência, crueldade e opressão".

Ainda, defende-se que todo arcabouço jurídico protetivo já existente seja interpretado e aplicado com as lentes e disposições normativas do Comentário Geral nº 20 do Comitê dos Direitos da Criança da ONU e dos Princípios de Yogyakarta, documento internacional que estabeleceu contornos e detalhou especificamente a forma como se deve dar a proteção de direitos humanos em relação à orientação sexual e identidade de gênero, inclusive de crianças e adolescentes.

1. O direito ao desenvolvimento integral, saudável, seguro e livre de toda forma de negligência, discriminação, exploração, violência, crueldade e opressão de crianças e adolescentes lgbtqi+

Crianças e adolescentes são sujeitos em peculiar estágio de desenvolvimento biopsicossocial, isto é, entre 0 e 18 anos as estruturas físicas e psíquicas desses indivíduos estão em expansão de capacidades corporais, mentais, cognitivas e socioemocionais. O amadurecimento do cérebro e suas conexões neurais, o desenvolvimento biológico motor ou das funções executivas, da capacidade de aprendizado e das habilidades sócio afetivas, dentre outros, dependem tanto das expressões genéticas inerentes (*nature*), quanto das experiências relacionais e ambientais (*nurture*) possibilitadas pelo cuidado humano e socioambiental nessa fase da vida (NATIONAL, 2011). Ou seja, além das questões genéticas, sabe-se cientificamente, por escaneamento cerebral (NATIONAL, 2005/2014), que as experiências vivenciadas objetivamente e percebidas subjetivamente pelo sujeito como positivas ou negativas durante a infância e adolescência são estruturantes para todas as habilidades e potencialidades humanas. Por isso, e pela heteronomia biológica e social de crianças e adolescentes, essa é uma fase muito sensível, de maior vulnerabilidade, na qual se faz necessária uma proteção ainda mais especial em todas as esferas da vida familiar, social ou comunitária e do desenvolvimento. Logo, diferentes ciências humanas concluíram que crianças e adolescentes não são miniadultos e o que acontece durante esse período traz impactos para toda a vida, para o indivíduo e para toda a coletividade.

Considerando as características específicas dessa faixa-etária, tanto em nível nacional quanto internacional, a década de 80 do século XX foi marcada por diversas iniciativas em torno de uma nova compreensão sócio-jurídico-política da infância e da adolescência. Em 1988, após ampla mobilização de movimentos sociais e incorporando os ideais do movimento pela redemocratização, o Brasil adotou o artigo 227 na Constituição Federal, que determina a regra da absoluta prioridade na garantia de direitos fundamentais e melhor interesse de crianças e adolescentes, assim como a necessidade de colocá-los a salvo de qualquer forma de negligência, exploração, violência, crueldade e opressão (BRASIL, 1988).

Por força do dever constitucional previsto no artigo 227, os direitos fundamentais assegurados à infância e à adolescência gozam de absoluta prioridade, de modo que devem ser respeitados e efetivados em primeiro lugar. Tal regra constitucional, de eficácia plena e de aplicação sempre obrigatória (HARTUNG, 2019, p. 484), inaugurou a Doutrina de Proteção Integral e Especial, reconhecendo a condição peculiar de desenvolvimento de crianças e adolescentes, assegurando-lhes o respeito ao seu melhor interesse e garantindo-lhes uma ampla gama de direitos. Ainda, a proteção destes é de responsabilidade compartilhada entre Estado, família e sociedade, os quais devem somar esforços e adotar as medidas necessárias para cumprir tal dever.

Além da Constituição, no mesmo período, foi consolidada a Convenção sobre os Direitos da Criança da ONU, que internacionalizou de forma universal o reconhecimento da condição de crianças – aquelas consideradas pela ONU entre 0 e 18 anos – enquanto sujeitos de direitos e enfatiza que necessitam de proteções especiais em face das especificidades dessa faixa-etária e, sobretudo, determina que o exercício desses direitos deve ocorrer convergindo para os ideais proclamados na

Carta das Nações Unidas, principalmente a dignidade, a tolerância, a liberdade, a igualdade a solidariedade e o espírito de paz (VERONESE, 2013).

Seguindo esse fluxo, em 1990 foi promulgado o Estatuto da Criança e do Adolescente, que regula e detalha diversos desses direitos a partir das perspectivas da Doutrina da Proteção Integral e Especial estabelecidas tanto na Constituição, como na Convenção. O artigo 4º do ECA explicita e detalha o significado da regra constitucional da absoluta prioridade: infância e adolescência devem estar em primeiro lugar na proteção, políticas, orçamento e serviços públicos do Estado, no exercício do poder e dinâmicas familiares ou do funcionamento das instituições sociais.

Tanto na lógica constitucional, como em tratados internacionais, crianças e adolescentes são reconhecidos como titulares autônomos de direitos fundamentais e humanos, possibilitando que todos os direitos previstos a qualquer pessoa adulta sejam evocados por crianças ou adolescentes, de acordo com o desenvolvimento progressivo de suas capacidades e autonomia relativa. Isso significa dizer que, mesmo sendo crianças e adolescentes, todos esses indivíduos e grupos têm todos os direitos acordados como fundamentais ou humanos e aplicados de acordo com as especificidades das realidades infanto-juvenis.

Assim, dentre os diversos direitos previstos nessas normas nacionais e internacionais, o arcabouço jurídico-normativo que estabelece direitos de crianças e adolescentes com absoluta prioridade, permite-se a compreensão de que crianças e adolescentes também são titulares de direitos sexuais e reprodutivos, que englobam “o direito da liberdade e autonomia e o exercício responsável da sexualidade” (HAZEU. 2004, p.21), um conjunto de direitos humanos e fundamentais responsáveis por garantir a dignidade da sexualidade de todas os seres humanos como espécie. Ainda, importante frisar que, igualmente a todos os outros direitos (como liberdade de ir e vir, de trabalhar, de votar etc.), o exercício e evocação por parte de crianças e adolescentes de direitos sexuais e reprodutivos depende do contínuo processo de aquisição de maturidade, autonomia e do desenvolvimento progressivo das capacidades, um princípio basilar dos direitos de crianças e adolescentes, que garante o respeito ao tempo e desenvolvimento único de cada indivíduo.

Ainda, segundo Smith (2019), esse conjunto de direitos representa uma dimensão importante do sadio desenvolvimento de crianças e adolescentes, pois faz com que eles tenham "garantidas sua liberdade sexual, autonomia sexual, integridade sexual, privacidade sexual e informação/educação baseadas em conhecimento científico, a fim de que possam crescer livres de qualquer forma de abuso, violência ou exploração".

Importante aqui destacar e conceituar que a sexualidade aqui tratada não se refere a um olhar redutor, somente a questões de reprodução, ligadas à genitália ou consumação do ato sexual. Também não se deve confundir sexualidade com erotização, esta última relacionada ao direcionamento do desejo por meio de atos considerados sexuais. Assim, sexualidade é um conceito muito mais amplo, complexo e sistêmico do que erotização. Inclusive, para destacar essa compreensão e explicitar essa diferença, os direitos comumente chamados de sexuais e reprodutivos, serão tratados no presente artigo como "direitos de sexualidade".

De acordo com uma perspectiva psicanalítica do desenvolvimento humano, em especial a psicanálise freudiana, a sexualidade ou pulsão sexual é constitutiva da subjetividade humana – ontológica – desde o nascimento, compreendendo uma natural busca pelo prazer (FREUD. 1905, p. 163) e base para outras capacidades humanas, como a própria atividade intelectual e o ato de conhecer, como bem compreendeu Melanie Klein ao investigar as origens da inibição intelectual (KLEIN, M. 1993).

Assim, direitos sexuais e reprodutivos dizem respeito a um amplo feixe de direitos e fenômenos que abarcam e embasam o sadio e integral desenvolvimento humano e, assim, inclusive das crianças e adolescentes. A devida compreensão desta realidade e a proteção e respeito para que crianças e adolescentes possam se desenvolver de forma segura e protegida também neste âmbito da dimensão natural e humana da sexualidade – com o devido respeito ao desenvolvimento progressivo das capacidades, autonomia e compreensão –, permitem um funcionamento biopsíquico mais saudável e feliz.

Nessa esfera, a sexualidade e a identidade de gênero são partes integrantes da personalidade de indivíduos, determinando como serão processados fatores como o amor, o prazer, o contato, a intimidade, as expressões de sentimentos e, de forma geral, como crianças e adolescentes vão interagir com a sua própria individualidade, entre si e com o restante da sociedade – além de outras habilidades e capacidade sociocognitivas, como a própria intelectualidade, que têm na sexualidade sua gênese e fundamento.

Por isso, já na infância e adolescência – assim como outras habilidades, características de identidade, personalidade e comportamentos –, a sexualidade, a concepção de individualidade e o reconhecimento de gênero estão passando por fases complexas de expressões, mudanças, experimentações e desenvolvimento. Inclusive, garantir um ambiente seguro e acolhedor dentro das famílias e em suas comunidades para todas as crianças e adolescentes – aqueles já reconhecidos e identificados como LGBTQIA+ ou não –, permite que eles possam explorar as certezas e incertezas das dimensões internas e externas de suas subjetividades, encontrando as perguntas naturais a todos os seres vivos com tranquilidade e responsabilidade, por meio de um amparo familiar e social que favoreçam o seu bem-estar integral.

Apesar da compreensão da sexualidade, da orientação sexual e da identidade de gênero enquanto componentes naturalmente inerentes às personalidades de todo ser humano e enquanto características que mobilizam as dinâmicas sociais, o ordenamento brasileiro não explicitou de maneira estruturada as visões positivas acerca dos direitos de sexualidade de crianças e adolescentes, mesmo com menções diretas ao tema no Estatuto da Juventude, a Lei 12.852 de 2013, como a inclusão curricular de temas ligados à sexualidade e o respeito a sua diversidade de expressões.

O Estatuto da Criança e do Adolescente, consequência de lutas históricas em prol dos direitos de crianças e adolescentes e importante instrumento da legislação brasileira no bojo da Doutrina da Proteção Integral e Especial, trata a sexualidade a partir de seu aspecto negativo. Isso é dizer que o ECA cumpre o importante papel de reprovar e proteger crianças de violências, abusos e exploração sexual, mas não assume uma perspectiva positiva de englobar direitos de sexualidade a partir de uma visão positiva de diversidade sexual e de gênero (VENTURINI, 2003).

Contudo, o mesmo ECA utiliza-se do conceito de "dignidade sexual" e, por uma análise e interpretação sistemática, permite compreender que sendo a sexualidade um aspecto natural e ontológico do desenvolvimento humano infanto-juvenil, sua proteção e garantia de respeito já está prevista nos dispositivos da Doutrina de Proteção Integral, especialmente ao afirmar no artigo 3o que "a criança e o adolescente gozam de todos os direitos fundamentais inerentes à pessoa humana, sem prejuízo da proteção integral de que trata esta Lei, assegurando-se-lhes, por lei ou por outros meios, todas as oportunidades e facilidades, a fim de lhes facultar o desenvolvimento físico, mental, moral, espiritual e social, em condições de liberdade e de dignidade".

Assim, constata-se que se por um lado a Doutrina de Proteção Integral e Especial e as normas que a sustentam não explicitam diversas perspectivas de diversidade – para além da sexualidade e da identidade de gênero também podemos verificar ausência de normas específicas em relação à aspectos étnicos raciais e de gênero –, as fundamentações gerais são protetivas o suficiente para delimitar um cenário no qual direitos de sexualidade já devem, por força normativa, serem assegurados.

O artigo 227 preconiza que toda criança e adolescente tem o direito à vida, à saúde, à dignidade e ao respeito, além de explicitar o dever compartilhado de "colocá-los a salvo de toda forma de negligência, discriminação, exploração, violência, crueldade e opressão". No mesmo sentido, o ECA, dentre suas disposições, estabelece que a criança e o adolescente gozam de todos os direitos fundamentais inerentes à pessoa humana, aplicando-se a crianças e adolescentes sem discriminação, dentre outras características, em relação às condições que "diferencie as pessoas, as famílias ou a comunidade em que vivem", além de estabelecer que nenhuma pessoa nessa faixa etária será objeto de qualquer forma de negligência ou discriminação (BRASIL, 1990).

Considerando esses dispositivos acerca da Doutrina da Proteção Integral e Especial é necessário considerar que, independentemente de pertencerem a grupos específicos, todas crianças e adolescentes – já identificadas ou não como LGBTQIA+ –, têm o direito de ser e construir a sua identidade e personalidade de forma livre, sem serem concebidos a partir de preconceitos e outras formas de violência, como bem asseverou Dalmo Dallari:

> "[...] Toda criança nasce com o direito de ser. É um erro muito grave, que ofende o direito de ser, conceber a criança como apenas um projeto de pessoa, como alguma coisa que no futuro poderá adquirir a dignidade de um ser humano. É preciso reconhecer e não esquecer em momento algum, que, pelo simples fato de existir, a criança já é uma pessoa e por essa razão merecedora do respeito que é devido exatamente na mesma medida a todas as pessoas." (DALLARI; KORCZACK, 1986, p. 21).

A construção ampla desses dispositivos da Doutrina da Proteção Integral e Especial permite que eles sejam interpretados à luz de questões do presente e evolução de concepções sociais de determinados grupos que tiveram, ou ainda tem, direitos fundamentais negligenciados, como a comunidade LGBTQIA +. Segundo Ventura (2003), as normas contidas no ECA estabelecem pressupostos que permitem a interpretação segundo a qual direitos de sexualidade sejam garantidos, ao estabelecer a garantia do direito ao respeito, à inviolabilidade da integridade física, psíquica e moral, a preservação da imagem, identidade, da autonomia e dos valores; o direito à saúde, que impede que qualquer norma ou interpretação contrária a ele prospere.

Não apenas essas normas englobam esses direitos, mas também o fazem a partir de uma perspectiva não patologizante de identidades sexuais e de gênero consideradas destoantes na sociedade. Contemplado as categorias de identidade de gênero e sexualidade como componentes da experiência humana e, consequentemente, do desenvolvimento desde a infância, torna-se necessário frisar que ambas foram desclassificadas enquanto patologias e hoje são compreendidas enquanto categorias sociais de identificação de indivíduos. Em 1985, depois de lutas travadas pelo movimento LGBTQIA+ brasileiro e por profissionais da saúde e da psicologia, a homossexualidade deixou de constar como doença na classificação formulada pelo Conselho Federal de Medicina, seguindo o movimento que a Organização Mundial da Saúde (OMS) havia realizado anos antes (Quinalha, 2012). Mais recentemente, também após disputas travadas pelo movimento LGBTQIA+, principalmente por indivíduos e organizações de pessoas transgêneras, a transgeneridade foi desclassificada enquanto transtorno mental e passou a figurar enquanto "incongruência de gênero", categoria desassociada de transtornos mentais na Classificação Internacional de Doenças (Cano-Prais et al. 2021).

A premissa de despatologização das identidades no âmbito da infância e da adolescência implica em duas importantes consequências. A primeira retoma a ideia segundo a qual crianças e adolescentes são sujeitos de direitos, em fase peculiar de desenvolvimento, e, portanto, patologizar experiências e expressões humanas – tendo muitas vezes como consequência a repressão dessas identidades e orientações sexuais, o preconceito e a submissão da população nessa faixa-etária a tratamentos violentos, degradantes e a processos terapêuticos sem fundamentos científicos (Garcia e Mattos, 2019) –, não é uma possibilidade que se sustenta. Ainda, pessoas que são submetidos a situações degradantes ou de violência física ou mental em função de suas expressões identitárias ou ligadas à sexualidade durante a infância e adolescência, carregam as marcas destas violências por toda a vida, impactando severamente o desenvolvimento sadio e integral de suas habilidades e capacidades cognitivas e sociais.

A segunda consequência implica no fato de que, justamente por serem sujeitos de direitos com necessidades específicas relacionadas à essa faixa-etária, o Estado e a sociedade têm a responsabilidade de criar mecanismos eficientes e adequados para que esse desenvolvimento possa ocorrer sem preconceitos, opressão ou qualquer forma de negligência ou violência. No entanto, apesar de uma legislação geral protetiva contra qualquer forma de discriminação e prospectiva para um desenvolvimento integral adequado, o panorama brasileiro demonstra que ainda há resistência para a garantia de direitos de crianças e adolescentes LGBTQIA+ e o atendimento às suas necessidades específicas.

Assim, destaca-se que a legislação brasileira já garante a proteção da dignidade de forma integral e especial de crianças e adolescentes LGBTQIA+, especialmente ao garantir que todas as crianças e adolescentes, sem qualquer distinção, terão seus direitos fundamentais protegidos com absoluta prioridade pelas famílias, sociedade e Estado, conforme determina o artigo 227 da Constituição, inclusive direitos relacionados à sexualidade. Dessa forma, garante também o direito ao desenvolvimento saudável, seguro e livre de toda forma de negligência, discriminação, exploração, violência, crueldade e opressão tanto dentro das famílias, como em qualquer outro espaço da vida comunitária ou social, como escolas, hospitais e instituições de segurança pública. Cabe, agora, analisar como essa proteção é materializada em direitos específicos ou em situações concretas da realidade e vida dessas crianças e adolescentes LGBTQIA+.

2. A aplicação do comentário geral nº 20 e dos princípios de yogyakarta pela doutrina de proteção integral e especial

Como mencionado anteriormente, existem diversas normas específicas destinadas à proteção de direitos fundamentais de crianças e adolescentes e sua proteção contra formas de violência. Além disso, as bases normativas que sustentam a Doutrina da Proteção Integral e Especial permitem que crianças e adolescentes pertencentes a diferentes grupos marginalizados tenham sua proteção garantida a partir de princípios gerais de proteção contra a violência e a negligência.

Ainda é importante ressaltar que por determinação legal – incorporada pelos artigos art. 13 e art. 14, § 2º do Marco Legal da Primeira Infância –, crianças e adolescentes que estejam em situação risco ou vulnerabilidade devem receber proteção ainda mais prioritária dentro o grupo de crianças, por um modelo interseccional de escalonamento de prioridades para aplicação da regra da prioridade absoluta (HARTUNG, 2019, p. 334). Assim, considerando que crianças e adolescentes LGBTQIA+ encontram-se, muitas vezes, em situação de risco e vulnerabilidade pela sua marginalização e alta prevalência de discriminação e violências em suas famílias ou comunidades, elas devem ter seus direitos e melhor interesse protegidos com ainda maior prioridade dentre os grupos de crianças e adolescentes.

Entretanto, normas jurídicas que tratam de direitos sexuais, diversidade sexual e de gênero com olhar específico para crianças e adolescentes LGBTQIA+ são ainda poucas em âmbito nacional. Esse panorama, de quase total ausência legislativa, é um reflexo da forma como as instituições públicas têm lidado com os direitos da população LGBTQIA+ brasileira como um todo desde a promulgação da Constituição Federal de 1998, em especial no período das infâncias e das adolescências.

Após o período da redemocratização, nenhuma legislação sobre os direitos da comunidade LGBTQIA+ foi aprovada no Congresso Nacional (BERTHO, H. Uol 2018) (ENCARNÁCION, 2016, pp. 2-3). Se a via legislativa tem sido um espaço inócuo na defesa de direitos dessa população, o Judiciário tem se mostrado uma importante arena na qual os direitos LGBTQIA+ e pautas consideradas tabus, como a diversidade sexual e de gênero, podem ser questionadas e garantidas. Nas últimas décadas, o Supremo Tribunal Federal (STF) emitiu importantes decisões sobre os direitos da população LGBTQIA+, como a proibição de discriminação na doação de sangue, a criminalização da LGBTfobia e sua equiparação ao racismo, a viabilização da união estável entre pessoas do mesmo gênero e possibilidade de retificação de registro civil por pessoas trangêneros sem que fosse necessário processo judicial ou realização de cirurgia de "redesignação sexual" (IOTTI, 2018).

Especificamente sobre crianças e adolescentes, o STF ainda não realizou nenhum julgamento com esse recorte em específico, mas já afirmou, em mais de uma ocasião, que crianças e adolescentes pertencentes à comunidade LGBTQIA+ são destinatários da proteção estatal contra a discriminação, e espaços como a escola devem promover uma cultura de respeito à tolerância e à diversidade em relação a esse grupo[12].

Ainda que sejam demonstrados alguns avanços, a não sedimentação desses direitos em legislações coloca em risco essas conquistas, visto que decisões judiciais podem ser revertidas a qualquer momento.

Contudo, se em âmbito nacional tem havido resistência na promulgação de legislações específicas sobre os direitos de crianças e adolescentes LGBTQIA+ e a incerteza acerca de decisões judiciais existentes, é possível afirmar que no campo do direito internacional esse debate se encontra em fase mais avançada, tendo importantes instrumentos de fonte de interpretação e aplicação do direito em âmbito doméstico.

[1] "Em virtude da condição de fragilidade e de vulnerabilidade das crianças, dos adolescentes e dos jovens, a Constituição sujeita-os a um regime especial de proteção, para que possam se estruturar como pessoas e verdadeiramente exercer a sua autonomia[18]. Educar jovens sobre gênero e orientação sexual integra tal regime especial de proteção porque é fundamental para permitir que se desenvolvam plenamente como seres humanos. Por óbvio, tratar de tais temas não implica pretender influenciar os alunos, praticar doutrinação sobre o assunto ou introduzir práticas sexuais. Significa ajudá-los a compreender a sexualidade e protegê-los contra a discriminação e a violência". BRASIL. Supremo Tribunal Federal. Ação de Descumprimento de Preceito Fundamental 600. Paraná.. Requerente: Procuradoria-Geral da República. Voto do Min. Relator: Ministro Roberto Barroso. Brasília, 2020.

[2] "É na escola que eventualmente alguns jovens são identificados, pela primeira vez, como afeminados ou masculinizados, em que o padrão cultural naturalizado é identificado como o comportamento "normal", em que a conduta dele divergente é rotulada como comportamento "anormal" e na qual se naturaliza o estigma. Nesse sentido, o mero silêncio da escola nessa matéria, a não identificação do preconceito, a omissão em combater a ridicularização das identidades de gênero e orientações sexuais, ou em ensinar o respeito à diversidade, é replicadora da discriminação e contribui para a consolidação da violência às crianças homo e trans". BRASIL. Supremo Tribunal Federal. Ação de Descumprimento de Preceito Fundamental 461. Paraná.. Requerente: Procuradoria-Geral da República. Voto do Min. Relator: Ministro Roberto Barroso. Brasília, 2020.

Em âmbito internacional, o instrumento mais abrangente acerca dos direitos de população LGBTQIA+ são os Princípios de Yogyakarta. O documento, apresentado em março de 2007 busca explorar como direitos humanos já previstos em diplomas internacionais de direitos humanos podem se estender à população LGBTQIA +.

Os Princípios funcionam como fonte de interpretação de direitos já existentes com objetivo de garantir o direito à igualdade e de vedação à discriminação para a população LGBTQIA+ (RAMOS, 2017). Os princípios têm cumprido um importante papel enquanto fonte de interpretação e aplicação normativa, figurando em diversas decisões do Supremo Tribunal Federal referentes à população LGBTQIA+ nessa condição (Oliva e Künzl, 2018), e embasando normas expedidas pela administração pública brasileira em diversas esferas (CNJ, 2021).

Dentre diversas previsões sobre a população LGBTQIA+, o documento trata especificamente de direitos de crianças e adolescentes, reforçando a necessidade de medidas antidiscriminatórias e políticas públicas voltadas para esse grupo sejam adotadas desde a infância, como demonstrado a seguir:

(i) No âmbito dos serviços de assistência social, é estabelecido que crianças e adolescentes não podem ser objetos de nenhuma forma de tratamento discriminatório pela sua orientação sexual ou identidade de gênero, conforme dispõe o Princípio 13, item d. Tal previsão fortalece a determinação já existe na Doutrina de Proteção Integral e Especial que protege todas as crianças e adolescentes, inclusive LGBTQIA+, contra toda forma de discriminação pelo artigo 227 da CF, artigos 3º, 5º e 16 do ECA e artigo 2o da CDC.

(ii) O princípio 16, que trata do direito à educação, especifica que a educação deve ser "direcionada ao desenvolvimento do respeito aos direitos humanos e do respeito aos pais e membros da família de cada criança, identidade cultural, língua e valores, num espírito de entendimento, paz, tolerância e igualdade, levando em consideração e respeitando as diversas orientações sexuais e identidades de gênero". Ainda prevê a necessidade de garantir "que os métodos educacionais, currículos e recursos sirvam para melhorar a compreensão e o respeito pelas diversas orientações sexuais e identidades de gênero, incluindo as necessidades particulares de estudantes, seus pais e familiares relacionadas a essas características". Nesse sentido, os princípios reforçam a base normativa nacional que prevê a promoção do direito à educação também para a igualdade de gênero, raça e orientação sexual e identidade de gênero, conforme a Lei de Diretrizes e Bases da Educação Nacional (LDB/1996) em seus Parâmetros Curriculares Nacionais (PCNs), dentro dos chamados Temas Transversais, nas Diretrizes Nacionais de Educação e Diversidade e nas Diretrizes Curriculares do Ensino Médio (art. 16) elaboradas pelo Conselho Nacional de Educação.

(iii) Na temática relacionada à saúde, o Princípio 18 estabelece especificamente que os Estados devem tomar todas as ações cabíveis para garantir que nenhuma criança será submetida ao abuso médico e que toda decisão sobre seus corpos deve ser tomada de forma informada e a partir do consentimento, assegurando que seu melhor interesse seja sempre respeitado. Tal disposição é de extrema relevância, considerando que ao mesmo tempo reconhece que crianças e adolescentes têm o direito à tratamentos, políticas e serviços de saúde específicos relacionados à sua orientação sexual e identidade de gênero, mas que esses devem ser oferecidos de forma a garantir o seu melhor interesse e que nenhum procedimento ocorra de forma irreversível ou de forma a ocasionar prejuízos a longo prazo. A garantia do direito à saúde nos termos do princípio 18 é chancelada por normas existentes na Convenção sobre os Direitos da Criança – art. 24, no qual são reconhecidos o direito da criança de gozar do melhor padrão possível de saúde e a necessidade dos Estados Partes adotarem medidas eficazes e adequadas para abolir práticas que sejam prejudiciais à saúde da criança – e do ECA – art. 7º, que dispõe que direito à vida e à saúde é assegurado por meio de política públicas que garantam seu desenvolvimento sadio e harmonioso, em condições dignas de existência e art. 17, em que se fixa a inviolabilidade da integridade física, psíquica e moral da criança e do adolescente.

(iv) Por fim, o princípio 24 afirma que "todas as medidas legislativas, administrativas e outras medidas necessárias para assegurar

> que em todas as ações e decisões relacionadas a crianças, sejam tomadas por instituições sociais públicas ou privadas, tribunais, autoridades administrativas ou órgãos legislativos, o melhor interesse da criança tem primazia e que a orientação sexual ou identidade de gênero da criança ou de qualquer membro da família ou de outra pessoa não devem ser consideradas incompatíveis com esse melhor interesse", garantindo que a orientação sexual e a identidade de gênero não podem ser mobilizadas em prejuízo de crianças e adolescentes. Tal princípio reforça o entendimento já previsto na legislação nacional de que a prioridade absoluta dos direitos e melhor interesse de crianças e adolescentes se estende a todas elas, independente das expressões de identidade ou gênero, garantindo a crianças e adolescentes LGBTQIA+ uma proteção integral e especial por toda Doutrina de Proteção Integral.

De forma geral, é possível desprender dos dispositivos que os princípios estabelecem uma visão positiva e propositiva acerca da diversidade sexual e de gênero, inclusive na infância e na adolescência, atentando-se aos cuidados com a dignidade e a saúde integral nessas etapas da vida e reforçando que todas as decisões acerca de direitos sexuais de crianças e adolescentes devem ser tomadas respeitando seus direitos já previstos e seu melhor interesse com absoluta prioridade.

Os princípios de Yogyakarta, contudo, não são a única incursão do direito internacional na proteção de direitos de crianças e adolescentes em relação à identidade de gênero e à orientação sexual. Em 2016, o Comitê de Direitos da Criança da ONU, emitiu o Comentário Geral nº 20, que trata da implementação da Convenção dos Direitos da Criança da ONU (CDC) durante o período da adolescência, sendo portando documento parte do sistema normativo da própria Convenção. O Comitê sobre os Direitos da Criança (CRC) é um órgão de Tratado do sistema ONU vinculado à Convenção sobre os Direitos da Criança composto por especialistas responsáveis por monitorar a implementação da Convenção pelos Estados Partes. Dentre suas atribuições, o Comitê tem competência para elaboração de Comentários Gerais, documentos nos quais são consolidadas recomendações a partir de reflexões oriundas de Estados, organizações regionais, agências das Nações Unidas, instituições nacionais de direitos humanos e Comissários para Crianças, grupos de crianças e adolescentes, organizações da sociedade civil, acadêmicos, setor privado e outras entidades e indivíduos (MPSP; ALANA, 2022).

Assim, entende-se que os compromissos internacionalmente assumidos pelo Brasil no âmbito da Convenção sobre os Direitos da Criança, o vinculam na observância de todos os comentários gerais expedidos pelo órgão de tratado responsável pela Convenção, o Comitê que tem a função constitutiva de interpretar o conteúdo de Convenções para sua devida aplicação.

Sobre o tema de crianças e adolescentes LGBTQIA+, o Comentário Geral n. 20 afirma expressamente que:

> Adolescentes que são lésbicas, gays, bissexuais, transgêneros e intersexo comumente enfrentam perseguição, abuso, violência, estigmatização, discriminação, bullying, exclusão do sistema educacional e treinamento de profissionalização, assim como a ausência de apoio familiar e social e de acesso a serviços e informações de saúde reprodutiva e sexual. Em casos extremos, esses adolescentes enfrentam violência sexual, estupro e até mesmo a morte. Essas experiências têm sido relacionadas à baixa autoestima, altos índices de depressão, suicídio e incidência na condição de pessoas em situação de rua.
>
> O Comitê enfatiza os direitos dos adolescentes à liberdade de expressão e ao respeito pela sua integridade física e mental, identidade de gênero e autonomia emergente. O Comitê também condena a imposição dos chamados "tratamentos" que objetivam a mudança de orientação sexual e procedimentos cirúrgicos forçados ou tratamentos para adolescentes intersexo. O Comitê demanda que os estados eliminem essas práticas, eliminem todas as leis que criminalizem ou discriminem indivíduos com base na sua orientação sexual, identidade de gênero ou condição intersexo e adotem leis proibindo a discriminação com base nessas características. Os Estados devem adotar ações efetivas para proteger adolescentes gays, bissexuais, transgêneros e intersexo contra todas as formas de violência, discriminação ou bullying por meio do debate público e da implementação de medidas de apoio e proteção dessa população.

O estabelecimento de tais disposições normativas em âmbito internacional demonstra que respeitar e garantir o direito ao desenvolvimento de crianças e adolescentes com absoluta prioridade significa, principalmente, respeitar as identidades e as experiências desses indivíduos em sua totalidade, inclusive quando pertencentes à comunidade LGBTQIA+. Ainda, esses enunciados demonstram a importância de serem articuladas e propostas políticas específicas para esse grupo, para garantir que a Doutrina de Proteção Integral e Especial tenha a devida aplicação e efetivada também para as crianças e adolescentes LGBTQIA+.

Conclusões

Crianças e adolescentes são inegavelmente sujeitos de direitos destinatários de proteção integral e especial conforme diversas normas internacionais e nacionais que reconhecem a sua condição peculiar de desenvolvimento e a necessidade de políticas específicas voltadas para a consecução de seus direitos fundamentais com absoluta prioridade, organizadas no Brasil sob à égide da Doutrina de Proteção Integral e Especial.

Especificamente em relação à crianças e adolescentes LGBTQIA+, apesar da não explicitação deste grupo e indivíduos em muitos documentos normativos em âmbito nacional, as disposições encontradas em âmbito internacional, em especial o Comentário Geral n. 20 do Comitê dos Direitos da Criança e os Princípios de Yogyakarta, demonstram o caminho para o cuidado e a proteção dessas crianças e adolescentes e demandam uma postura ativa do Estado, sociedade e famílias nesse sentido para garantir que todas as crianças e adolescentes LGBTQIA+ tenham a proteção com prioridade absoluta ao seu direito ao desenvolvimento integral, saudável, seguro e livre de toda forma de negligência, discriminação, exploração, violência, crueldade e opressão.

Todas as pessoas LGBTQIA+ quando crianças ou adolescentes devem receber esta proteção especial e integral de seus direitos e melhor interesse com absoluta prioridade como indivíduos e como grupos, inclusive os direitos relativos à sexualidade. Resta à comunidade de adultos e tomadores de decisão assegurar que isto aconteça em todas as esferas e decisões familiares, sociais e institucionais do Estado no Judiciário, Executivo e Legislativo.

Entende-se que a proteção devida a estes indivíduos nada mais é do que a garantia com absoluta prioridade ao respeito e à dignidade devida a todas as crianças e adolescentes, independente de suas identidades ou personalidades individuais ou coletivas. Reconhecer, proteger, garantir direitos e pertencimento a crianças e adolescentes LGBTQIA+ é, em verdade, promover o necessário acolhimento das diversidades de expressões humanas por meio do cuidado e do afeto, ética e política fundamental a qualquer relacionamento interpessoal ou comunitário, em especial para com crianças e adolescentes, pessoas mais vulneráveis e em processo peculiar de desenvolvimento. Cuidar e acolher as crianças e adolescentes nas suas múltiplas expressões, além de garantir os direitos destes indivíduos e a promoção do seu sadio desenvolvimento, fará de todos nós famílias, sociedade e Estado espaços e relações mais inclusivas, saudáveis e felizes.

Referências

ALAMINO, F. N. P., & DEL VECCHIO, V. A. (2018). Os Princípios de Yogyakarta e a proteção de direitos fundamentais das minorias de orientação sexual e de identidade de gênero. Revista Da Faculdade De Direito, Universidade De São Paulo, 113, 645-668.

BERTHO, Helena. "Congresso Nacional nunca aprovou nenhuma lei voltada para direitos LGBT", UOL Notícias, 2018. Disponível em: https://www.uol.com.br/universa/noticias/redacao/2018/06/06/congresso-nacional-nunca-aprovou-nenhuma-lei-voltada-para-direitos-lgbt.htm?cmpid=copiaecola

BRASIL. Conselho Nacional de Justiça. Resolução n. 366, de 20 de janeiro de 2021. Resolução n. DJe/CNJ nº 335/2020, de 15/10/2020, p. 12-17.

BRASIL. Constituição da República Federativa do Brasil de 1988. Brasília, DF: Senado Federal, 1988.

BRASIL. Lei 8.069 de 13 de julho de 1990. Dispõe sobre o Estatuto da Criança e Adolescente e dá outras providências. http://www.planalto.gov.br/ccivil_03/leis/l8069.htm Acessado em 16 jun. 2022

BRASIL. Supremo Tribunal Federal Ação de Descumprimento de Preceito Fundamental. 132/RJ; Ação Direta de Inconstitucionalidade. 4277/DF. Rel. Ayres Britto. Brasília, 2020.

BRASIL. Supremo Tribunal Federal. Ação de Descumprimento de Preceito Fundamental 460. Paraná. Requerente: Procuradoria-Geral da República. Relator: Ministro Roberto Barroso. Brasília, 2020.

BRASIL. Supremo Tribunal Federal. Ação de Descumprimento de Preceito Fundamental 600. Paraná. Requerente: Procuradoria-Geral da República. Relator: Ministro Roberto Barroso. Brasília, 2020.

BRASIL. Supremo Tribunal Federal. Ação Direta de Inconstitucionalidade 4.275. Distrito Federal. Requerente: Procuradoria-Geral da República. Relator: Ministro Marco Aurélio. Brasília, 2018.

CANO-PRAIS, Hugo Alejandro; COSTA-VAL, Alexandre and SOUZA, Érica Renata de. Incongruências classificatórias: uma análise dos discursos sobre as propostas da CID11 em relação às experiências trans*. Cad. Pagu [online]. 2021, n.62, e216219. Epub Oct 01, 2021.

Comitê sobre os direitos da criança [COMITÊ CRC]. General comment No. 20 (2016) on the implementation of the rights of the child during adolescence, 6 December 2016, CRC/C/GC/20. Disponível em:<https://www.refworld.org/docid/589dad3d4>.html. Acesso em 16 jun, 2022.

DALLARI, Dalmo de Abreu;KORCZACK, Janusz. O direito da criança ao respeito. Sammus Editorial. 3ª ed., 1986.

ENCARNÁCION, Omar G. Gay Rights and the Paradox of Brazil. Out in the Periphery: Latin America's Gay Rights Revolution. Oxford Scholarship Online, 2016.

FREUD, Sigmund (1905). "Três ensaios sobre a teoria da sexualidade". In: Obras Psicológicas Completas de Sigmund Freud: Edição Standart Brasileira, vol. IV. Rio de Janeiro: Imago, 1996.

GARCIA, M. R. V., & Mattos, A. R. (2019). "Terapias de Conversão": Histórico da (Des) Patologização das Homossexualidades e Embates Jurídicos Contemporâneos. Psicologia: Ciência e Profissão, 39, 49-61. doi:10.1590/1982-3703003228550.

HARTUNG, Pedro. (2019) "Levando os Direitos das Crianças a Sério: a absoluta prioridade dos direitos fundamentais e melhor interesse da criança; Tese de doutorado, Direito USP, orientador Dalmo de Abreu Dallari – São Paulo, 2019.

HAZEU, Marcel. Direitos Sexuais da Criança e do Adolescente. Uma visão interdisciplinar para o enfrentamento da violência sexual contra crianças e adolescentes. Rede TXAI. Movimento República de Emaús. 2004.

KLEIN, M. (1993). "Uma contribuição à teoria da inibição intelectual". Obras completas de Melanie Klein, vol I. Amor, culpa e reparação e outros trabalhos, 1921-1945. Rio de Janeiro: Imago, 1996.

Instituto Alana; Ministério Público do Estado de São Paulo. COMENTÁRIO GERAL Nº 25 VERSÃO COMENTADA SOBRE OS DIREITOS DAS CRIANÇAS EM RELAÇÃO AO AMBIENTE DIGITAL, 2022. p. 36-37. Disponível em <https://criancaeconsumo.org.br/wp-content/uploads/2022/04/comentario-geral-n25-comentado.pdf >. Acesso em 16 jun. 2022.

IOTTI, Paulo Roberto. Mobilização judicial pelos direitos da diversidade sexual e de gênero no Brasil. In: Green JN, Quinalha R, Caetano M, Fernandes M, organizadores. História do Movimento LGBT no Brasil. São Paulo: Alameda; 2018. p. 449-470.

NATIONAL SCIENTIFIC COUNCIL ON THE DEVELOPING CHILD. Building the Brain's "Air Traffic Control" System: How Early Experiences Shape the Development of Executive Function. Working Paper 11. Center on the Developing Child at Harvard University, 2011. Disponível em: <http://www. developing child.harvard.edu>.

______. Excessive Stress Disrupts the Architecture of the Developing Brain. Working Paper 3. Center on the Developing Child, Harvard University, 2005/2014.Disponível em: <http://www.developingchild.harvard.edu>.

OLIVA, T. D., & KÜNZLI, W. S. (2018). Proteção das minorias no direito internacional. Revista Da Faculdade De Direito, Universidade De São Paulo, 113, 703-719. https://doi.org/10.11606/issn.2318-8235.v113i0p703-719.

PRINCÍPIOS de Yogyakarta: princípios sobre a aplicação da legislação internacional de direitos humanos em relação à orientação sexual e identidade de gênero. Tradução Jones de Freitas. jul. 2007. Disponível em: http://www.clam.org.br/uploads/conteudo/principios_de_yogyakarta.pdf Acesso em: 26 out. 2017.

QUINALHA, Renan Honorio. Contra a moral e os bons costumes: a política sexual da ditadura brasileira (1964-1988). 2017. Tese (Doutorado em Relações Internacionais) – Instituto de Relações Internacionais, Universidade de São Paulo, São Paulo, 2017. doi:10.11606/T.101.2017.tde-20062017-182552. Acesso em: 2022-06-14.

RAMOS, André de Carvalho. Curso de direitos humanos / André de Carvalho Ramos. – 4. ed. – São Paulo: Saraiva, 2017. Parte II, Cap. 19.

SMITH, ANDREZA. Diversidade Sexual e Proteção Integral à Infância e Juventude no Direito Internacional. Rev.DireitoPráx., Rio de Janeiro, Vol. 10, N. 02, 2019, p. 1317-1334.

VENTURA, M. Sexualidade e reprodução na adolescência. In:ADORNO, R. C. F.; ALVARENGA, A. T.;COSTA, M. P. (Org.). Jovens, trajetórias, masculinidades e direitos. São Paulo:Fapesp: Editora da Universidade de São Paulo, 2005. p. 31-52.

VERONESE, Josiane Rose Petry. A proteção integral da criança e do adolescente no direito brasileiro. Revista do Tribunal Superior do Trabalho, São Paulo, v. 79, n. 1, p. 38-54, jan./mar. 2013.

PARTE 9
DIREITO NOTARIAL

16. ALTERAÇÃO DE NOME E GÊNERO

Rui Geraldo Camargo Viana
Renata Honório Ferreira Camargo Viana

A imutabilidade do nome não é absoluta. As hipóteses de alteração de nome serão abordadas neste artigo, com ênfase nas modificações que podem ser efetivadas exclusivamente perante os ofícios de registro civil de pessoas naturais, notadamente aquelas relativas ao nome e gênero do transgênero, vez que o procedimento atual implica significativo avanço no tratamento jurídico deste tema.

O sistema de funcionamento dos ofícios de registro civil é o mais eficiente quando se trata de informação atualizada acerca do nome e estado da pessoa.

Nas palavras do então Corregedor Geral de Justiça do Estado de São Paulo, Desembargador José Renato Nalini[1]:

> "(...) Repito à exaustão: o Registro Civil das Pessoas Naturais é o mais importante dentre os serviços extrajudiciais. Aquele que atende a todos, indistintamente. Aquele de que todos necessitam. Aquele que está a participar do dia mais feliz e do dia mais triste de cada cidadão. Merece toda a atenção da sociedade e, nesta gestão da Corregedoria Geral da Justiça, penso ter evidenciado o carinho e o respeito que devoto a quem se encar-

[1] NALINI, José Renato. Entrevista concedida à ARPEN – Associação dos Registradores de Pessoas Naturais – Disponível em 11/11/21 às 10h30 no endereço eletrônico https://arpen-sp.jusbrasil.com.br/noticias/100662184/jose-renato-nalini-o-extrajudicial-descobriu-o-caminho-da-eficiencia

rega dessa delegação estatal. Comprovei que em muitos municípios e distritos, o Registrador Civil é a única presença efetiva do Estado que ouve, atende, assiste, orienta, aconselha e resolve problemas de toda a ordem. Não apenas jurídicos."

Por força da dinâmica de intercomunicação[2], via CRC-Central de Informações Compartilhadas do Registro Civil, associada às averbações e anotações que são apostas aos assentos de forma constante e diligente, inexiste maior garantia sobre nome, filiação, data de nascimento, estado civil, idade, capacidade, naturalidade e cronologia de acontecimentos na vida da pessoa, do que aquela constante de uma certidão de nascimento recém expedida pelo registro civil.

O nome civil, de relevância inafastável, conforme afirma Caio Mário da Silva Pereira[3], é direito da personalidade. É de suma importância na vida do cidadão, pois sem ele impossível identificar-se e individualizar-se em meio à sociedade. Funciona como um "carimbo" que o indivíduo recebe ao nascer em decorrência de um direito fundamental[4] seu e um dever de seus genitores. Trata-se de "um dos atributos da personalidade. O nome é mecanismo de identificação do sujeito, juntamente com os outros atributos da personalidade."[5]

O nome escolhido é oficializado no registro civil de pessoas naturais do local do parto ou de residência dos pais ou, ainda, de residência de qualquer dos genitores (desde que em território nacional)[6] e, em tese, deveria acompanhar seu titular, imutável, até o dia do passamento.

Porém, ao longo da vida há alterações naturalmente demandadas por alguns atos jurídicos como casamento, divórcio, união estável, reconhe-

[2] DEL GUÉRCIO NETO, Arthur; DEL GUÉRCIO, Lucas Barelli. Coordenação. *O Direito Notarial e Registral em Artigos*. 1ª. edição. São Paulo: Editora YK. 2016. p. 417.

[3] PEREIRA, Caio Mário da Silva. *Instituições de direito civil – direito de família – Vol. V.* 19ª edição – Revista e atualizada por Tânia da Silva Pereira. Rio de Janeiro: Editora Forense. 2011. p. 387.

[4] LENZA, Pedro. *Direito Constitucional Esquematizado*. 17ª edição. São Paulo: Editora Saraiva. 2013. p. 1032.

[5] NERY JUNIOR, Nelson; NERY, Rosa Maria de Andrade. *Código Civil Comentado*. 6ª edição. São Paulo: Editora Revista dos Tribunais. 2008. p. 221.

[6] A opção caberá ao declarante no ato de registro do nascimento conforme dispõe o item 37.2 do Capítulo XVII das Normas de Serviço da Corregedoria Geral de Justiça do Estado de São Paulo – Tomo II.

cimento de filho, adoção, naturalização e cidadania (com tradução de nomes estrangeiros de difícil pronúncia, a fim de adaptá-los, quando possível, à grafia e prosódia da língua portuguesa). Observa-se que, nestes casos, a alteração do nome é mera consequência de um ato jurídico principal que a antecede. Porém, há casos em que o que se persegue e requer, com exclusividade, é a retificação do nome.

Imperativo esclarecer, *ab initio*, que o "nome" compreende "prenome" (que pode ser simples ou composto) mais "patronímico ou sobrenome" (nome de família de um ou ambos os genitores). E, em alguns casos, com o objetivo de evitar homonímia, partículas denominadas "agnome", como é o caso de "Filho", "Neto", "Sobrinho", "Júnior", dentre outros, de modo a distingui-lo e, simultaneamente, evidenciar o grau de parentesco com aquele cujo nome se repete.

Segundo a legislação paulista atual[7], poderão ser adotados os sobrenomes do pai, da mãe ou de ambos, em qualquer ordem, permitida inclusive, a intercalação[8].

Lair da Silva Loureiro Filho e Cláudia Regina Magalhães Loureiro[9] enfatizam ser aconselhável a colocação de mais de um sobrenome, a fim de evitar-se prejuízos decorrentes de homonímia. A mídia nacional sempre noticia casos de prisões equivocadas porque as pessoas envolvidas tinham nomes idênticos. Notadamente em se tratando de prenomes useiros e vezeiros associados a sobrenomes comuns como "Silva", "Santos", "Souza", etc. Recentemente, uma pessoa foi presa durante um mês até que fosse esclarecido que seu nome era igual ao de um foragido da Justiça[10].

Também é possível inserir algum sobrenome que não conste dos nomes de nenhum dos genitores, mas sim do nome de algum ascendente, bastando comparecer no Registro Civil com a documentação comprobatória do vínculo familiar. É possível, portanto, acrescentar ao

[7] Itens 30 e ss. do Capítulo XVII das Normas de Serviço da Corregedoria Geral de Justiça do Estado de São Paulo – Tomo II. Disponível no endereço eletrônico https://api.tjsp.jus.br/Handlers/Handler/FileFetch.ashx?codigo=125108

[8] Provimento 01/2021 da CGJ/SP que alterou o item 33.2 do Capítulo XVII das NSCGJ/SP.

[9] LOUREIRO FILHO, Lair da Silva e LOUREIRO, Cláudia Regina Magalhães. Notas e Registros Públicos. 4ª. edição. São Paulo: Editora Saraiva, 2012, p. 150.

[10] Disponível em 25/06/21 às 17h30 em https://noticiaquentemt.com.br/2021/05/19/homonimo-de-bandido-de-vg-e-solto-apos-1-mes-preso-em-mt/CGJ/SP

nome do registrando o sobrenome de seu bisavô paterno, mesmo que o pai da criança não possua esse patronímico.

Quando irmãos tiverem o mesmo prenome, necessariamente deverão ter prenome composto, de modo que possuam um prenome que valha como "elemento diferenciador".

Imprescindível salientar que a regra é a imutabilidade do nome. Alterá-lo implica exceção.

1. Alterações de nome na legislação atual

Excetuando a retificação de nome e gênero do transgênero, que será objeto de análise mais pormenorizada neste artigo, a seguir abordaremos cada um dos casos de modificação do nome originalmente registrado, com suas peculiaridades próprias, as quais serão esmiuçadas a fim de esclarecer qual o procedimento a ser seguido. O regramento e o fundamento legal também diferem e serão apontados, esclarecendo as circunstâncias jurídicas de cada contexto e dissipando dúvidas recorrentes.

Atualmente, após a edição do Provimento 01/2021 da Corregedoria Geral de Justiça do Estado de São Paulo, que alterou vários itens do Capítulo XVII das Normas de Serviço da Corregedoria Geral de Justiça do Estado de São Paulo – Tomo II, tem-se nos itens 36 e 36.1 os casos de alteração excepcional do nome:

> "Os prenomes são definitivos e somente serão admitidas retificações e alterações nos seguintes casos: a) evidente erro gráfico; b) alteração imotivada do art. 56 da Lei 6.015/73; c) alteração de nome de pessoa transgênero; d) exposição de seus portadores ao ridículo, e) substituições ou acréscimos de apelidos públicos notórios; e f) alterações em razão de proteção à testemunha"

O subitem 36.1 esclarece que dentre as hipóteses elencadas no item 36 das NSCGJ/SP, aquelas previstas nas alíneas "a" (evidente erro gráfico), "b" (alteração injustificada entre dezoito e dezenove anos) e "c" (alteração do prenome do transgênero) são efetivados perante as serventias extrajudiciais exclusivamente. Nestes casos o oficial de registro civil, além de avaliar a documentação apresentada, tem o dever de observar se há indícios de fraude, falsidade, má-fé, vício de vontade ou simulação quanto ao desejo real da pessoa requerente. Em havendo suspeita fundada, o oficial recusará a retificação.

Já os itens "d" (nomes vexatórios), "e" (inclusão de apelidos públicos notórios) e "f" (programa de proteção à testemunha) dependem de prévia autorização judicial.

Frisa-se, entretanto, que em todos os casos em que a lei admite que a pessoa reivindique mudança de nome, o requerente deve provar, por intermédio de certidões cíveis, trabalhistas, fazendárias, criminais e de protestos, dentre outras, que nada consta em seu nome atual, no âmbito judicial ou administrativo, de modo que não haja prejuízo a terceiros. E, afora a hipótese do art. 56 da Lei de Registros Públicos, também deverá demonstrar justo motivo para a pleiteada modificação.

De qualquer modo, eventuais certidões positivas não inviabilizam, *per se*, a mudança de nome. Servem apenas para que o oficial de registro civil, além dos órgãos oficiais de identificação, saiba que também deverá comunicar oficialmente o magistrado ou tabelião de protesto em que haja processo ou procedimento em trâmite.

A primeira hipótese legal de retificação de nome, que abordaremos a seguir, diz respeito à única que não carece de exposição de motivos. Não interessa o porquê da almejada mudança. Basta requerê-la no prazo certo.

2. Alteração imotivada do nome

Após completar 18 (dezoito) anos até a véspera do aniversário de 19 (dezenove) anos[11], o registrado tem a prerrogativa de requerer a alteração de seu nome, desde que não prejudique os apelidos de família. Referida alteração independe de justificação. Pode ser pleiteada pessoalmente ou por intermédio de procurador nomeado para esse fim específico, diretamente no Registro Civil de Pessoas Naturais, sem necessidade de parecer do Ministério Público ou autorização do Juiz Corregedor Permanente. Trata-se de procedimento que se inicia e atinge seu fim colimado exclusivamente no âmbito extrajudicial.

[11] Item 34 do Capítulo XVII das NSCGJ/SP: "A mudança de nome, após o decurso do prazo de um ano da maioridade civil, está sujeita à apreciação judicial, arquivando-se o mandado ou procedimento extrajudicial, e publicando-se a alteração pela imprensa". G.N.

É o que estatui o art. 56 da Lei de Registros Públicos[12], bem como o Provimento 01/2021 da CGJ/SP, que alterou o item 35 do Capítulo XVII das NSCGJ/SP.

O interessado, munido de sua documentação pessoal, deve procurar o registro civil em que foi lavrado o assento de seu nascimento ou a unidade mais próxima de seu endereço, conforme sua conveniência, sendo certo que, neste último caso, o Oficial de Registro Civil, através da CRC - Central de Informações do Registro Civil, encaminhará, às expensas do requerente, todo o procedimento para o Registro Civil em que o interessado foi registrado.

A alteração será averbada no assento de nascimento do registrado. Importante destacar que tal averbação deverá estar acompanhada dos números identificadores da documentação do registrado, como RG (Registro Geral), CPF (Cadastro de Pessoas Físicas perante o Ministério da Fazenda), ICN (Identificador Civil Nacional) e Título de Eleitor. Tais dados deverão constar de todas as certidões solicitadas.

Uma vez finalizado o procedimento de averbação, providenciar-se-á sua publicação na imprensa, preferencialmente no mesmo veículo de comunicação utilizado para divulgação dos proclamas de casamentos locais.

O ofício de registro civil em que foi processada a alteração será responsável pela comunicação oficial do fato, preferencialmente por via eletrônica, às expensas do registrado cujo nome se alterou, aos órgãos expedidores de RG, CPF, ICN, passaporte, bem como ao Tribunal Regional Eleitoral (TRE).

3. Erro evidente

O oficial de registro civil deve proceder à retificação do assento, de averbação ou de anotação sempre que constatar erro ostensivo, facilmente esclarecido diante da verificação dos documentos apresentados pelo interessado.

As NSCGJ/SP, no item 145, elenca as hipóteses em que o oficial providenciará a correção de eventuais erros:

a) erros que não exijam qualquer indagação para a constatação imediata de necessidade de sua correção;

[12] DIP, Ricardo e JACOMINO, Sérgio. *Registros Públicos e Legislação Correlada*. 4ª. edição. São Paulo: Revista dos Tribunais. 2015. p. 29.

b) erro na transposição dos elementos constantes em ordens e mandados judiciais, termos ou requerimentos, bem como outros títulos a serem registrados, averbados ou anotados, e o documento utilizado para a referida averbação e/ou retificação ficará arquivado no registro no cartório;
c) inexatidão da ordem cronológica e sucessiva referente à numeração do livro, da folha, da página, do termo, bem como da data do registro;
d) ausência de indicação do Município relativo ao nascimento ou naturalidade do registrado, nas hipóteses em que existir descrição precisa do endereço do local do nascimento;
e) elevação de Distrito a Município ou alteração de suas nomenclaturas por força de lei.

Trata-se de retificações que não envolvem maiores questionamentos. Basta que o registrador civil cuide de arquivar toda a documentação que alicerçou a retificação, sendo certo que não haverá ônus para o usuário quando a serventia extrajudicial houver dado causa ao equívoco.

Cumpre esclarecer que esta hipótese de alteração de nome apenas e diretamente em cartório, de forma rápida e eficiente, não abarca a maioria dos casos de retificações de assentos para fins de obtenção de dupla cidadania. Isto porque, geralmente, há que se modificar vários apelidos de família, além do prenome da pessoa, o que impõe o procedimento judicial de jurisdição voluntária cabível.

4. Apelidos notórios

O art. 58 da Lei de Registros Públicos, prescreve que: “O prenome será definitivo, admitindo-se, todavia, a sua substituição por apelidos públicos notórios.”

O item 36, alínea “e” do Capítulo XVII das NSCGJ/SP inclui ao art. 58 encimado a palavra “acrescer”. Portanto, possível, no Estado de São Paulo, “substituir ou acrescer”, o nome do registrado, em face de apelidos notórios, desde que prévia e judicialmente autorizado.

Sob enfoque estão aqueles casos em que a pessoa não é conhecida pelo seu prenome oficial e sim por uma alcunha. Nacionalmente temos casos famosos como Xuxa, Pelé, Lula, Popó, Cafú, dentre outros.

Fábio Ulhôa Coelho[13] explica que:

> Admite a lei, também, quando útil aos interesses da pessoa, a substituição do prenome pelo apelido notório, ou mesmo o acréscimo deste àquele (Lei 6.015/73, art. 58). Exemplo muito conhecido é o do Presidente da República Luiz Inácio Lula da Silva, que acrescentou o apelido "Lula" ao nome "Luiz Inácio da Silva" assim que começou a se projetar na carreira política nacional. Ao admitir essa forma de mudança, reconhece-se legitimidade ao interesse que determinadas pessoas passam a ter, pelas mais variadas razões, de se fazerem conhecer *de direito* pelo mesmo nome por que são conhecidas *de fato*.

Sublinha-se que o artigo 58 da Lei de Registros Públicos e as Normas paulistas não atendem somente aos portadores de apelidos famosos. Toda e qualquer pessoa que seja socialmente conhecida por nome distinto do que consta de seu assento de nascimento, pode peticionar ao Juiz Corregedor Permanente competente para requerer, mediante apresentação de documentação comprobatória e arrolamento de testemunhas, o acréscimo de seu epíteto ao nome oficial ou, dependendo do caso, até mesmo a substituição do *nome de direito* pelo *nome de fato*.

5. Proteção à testemunha

A Lei 9.807/99 acrescentou o § 7º ao art. 57 da Lei 6.015/73, que aduz *verbis*:

> "Quando a alteração de nome for concedida em razão de fundada coação ou ameaça decorrente de colaboração com a apuração de crime, o juiz competente determinará que haja a averbação no registro de origem de menção da existência de sentença concessiva da alteração, sem a averbação do nome alterado, que somente poderá ser procedida mediante determinação posterior, que levará em consideração a cessação da coação ou ameaça que deu causa à alteração."

Em sequência, o parágrafo único do art. 58 da Lei de Registros Públicos, que adveio da mesma Lei 9.807/99, dispõe que: "A substituição do

[13] COELHO, Fábio Ulhôa. *Curso de Direito Civil – Parte Geral*. 4ª edição. São Paulo: Editora Saraiva. 2010. p. 201.

prenome será ainda admitida em razão de fundada coação ou ameaça decorrente da colaboração com a apuração de crime, por determinação, em sentença, de juiz competente, ouvido o Ministério Público".

Trata-se assim, de averbação por determinação judicial, que informa a alteração do nome, sem no entanto, mencionar o "novo" nome que a pessoa passou a usar, o qual permanece em sigilo até que cessadas as ameaças, conforme avaliação judicial. Todo o procedimento visa à proteção daquele que testemunhou em prol da elucidação dos fatos e, por isso, passou a ter a própria integridade física ou de familiares sob risco.

De fato, muitas vezes, o testemunho de uma pessoa, associado ao conjunto probatório do caso, pode implicar a condenação. Em se tratando de um infrator contumaz, perigoso, vinculado ao mundo do crime, evidentemente tal testemunha passa a correr risco de vida e, muitas vezes, necessariamente passará a fazer parte do programa de proteção à testemunha.

Karine Boselli, Izolda Andrea Ribeiro e Daniela Mróz, em obra coordenada por Alberto Gentil[14], abordam o tema, explicando que:

> "Assim, nestas hipóteses, procurou-se proteger as pessoas que serviram de testemunha em processos e procedimentos, para narrar fatos e casos importantes e necessitam mudar completamente sua identidade, sob pena de sofrerem retaliações, em razão de suas boas ações. Estamos diante de exceções ao princípio da imutabilidade do nome."

6. Exposição ao ridículo

É obrigação do Oficial de Registro Civil evitar nomes que exponham ao ridículo seu portador. Em muitos casos, o declarante pode desconhecer o real significado da palavra que inspirou o prenome pretendido, como é o caso de "Libertina", por exemplo. Cabe ao oficial esclarecer tais questões e orientar o interessado. Em havendo insistência o registro deve ser recusado e o procedimento, com toda a documentação em anexo, encaminhado ao Juiz Corregedor Permanente.

Nas hipóteses em que o registro foi efetivado e o registrado convive com o peso de carregar um nome jocoso, que ele entende constrangedor

[14] BOSELLI, Karine; RIBEIRO, Isolda Andrea e MRÓZ, Daniela. *In* GENTIL, Alberto – Coordenador. *Registros Públicos – Capítulo 3 – Registro Civil das Pessoas Naturais*. São Paulo: Editora Método. 2020. p. 186.

e vexatório, motivo de amargura toda vez que tem de dizê-lo, razão para zombaria e deboche de terceiros, deverá pleitear a alteração perante o Judiciário (exceto se estiver no interregno entre dezoito e dezenove anos).

Walter Ceneviva[15], discorrendo acerca da necessidade de alteração de prenomes que acarretem constrangimento ao seu titular, conta um caso deferido pelo TJSP em que o requerente Kumio Tanaka teve seu prenome alterado para Jorge, vez que provado que tal modificação não traria prejuízos a terceiros e poria fim às chacotas que o perseguiam.

Evidentemente trata-se de pleito eivado de subjetividade. Tanto daquele que requer a alteração do nome, quanto do julgador. Nem sempre ambos concordam.

Houve um caso, julgado pela 10ª Câmara de Direito Privado do TJSP, em que a requerente objetivava obter autorização para alterar o patronímico "Pinto" por "Pereira", vez que este também fazia parte de sua cadeia familiar paterna e, aquele, causava-lhe transtornos físicos e psíquicos derivados de situações extremamente vexatórias a que fora submetida por causa de referido sobrenome. Apresentou laudo psíquico corroborando sua tese inclusive.

O desembargador relator entendeu que o nome "Pinto" é da tradição brasileira, extremamente comum e não expõe a pessoa ao ridículo. Acrescentou que as alterações de nome são excepcionais e dependem de motivação consistente, o que não constatou naqueles autos. Por fim, arrematou o acórdão explanando que meras questões de ordem íntima e psicológica, que não se evidenciam realmente comprometedoras, não podem prejudicar a adequada e perfeita identificação das pessoas que vivem em sociedade. O caso restou assim ementado:

> "RETIFICAÇÃO DE REGISTRO CIVIL Modificação de patronímico Impossibilidade – Nome de tradição brasileira, extremamente comum e não é daqueles que expõe a pessoa que o ostenta ao ridículo – É certo que o caput do art. 57, da L. 6015/73, permite alteração do nome, entretanto o faz como exceção e desde que haja motivação consistente para tanto, o que não se verifica nestes autos – Sentença mantida por seus próprios fundamentos Aplicação do art. 252, do RITJ Recurso não provido." Apelação n. 0028966-

[15] CENEVIVA, Walter. *Lei dos Registros Públicos Comentada*. 18ª. Edição. São Paulo: Editora Saraiva. 2007, p. 137.

35.2012.8.26.0007 – Comarca da Capital, SP – Relator: Desembargador João Batista Vilhena – 10/09/2013 – 10ª Câmara de Direito Privado do TJSP.

7. Retificação de gênero e prenome do transgênero

As questões relativas à sexualidade humana, a despeito de estarmos em pleno século XXI, ainda são complexas, vez que impregnadas de tabus, dogmas religiosos e convenções sociais que, indubitavelmente, interferem e limitam a liberdade de ser e sentir em sua plenitude. Evidente que o convívio em sociedade exige regramento e contenção, mas nada justifica obscurantismo, preconceito e intolerância.

O conflito vivido pela pessoa cuja percepção psicológica de si mesma colide com seu sexo morfológico é imperscrutável para aquele que nunca vivenciou tal circunstância. Mas, se é difícil sentir o que nunca se experienciou, por outro lado, é fácil entender que a incompatibilidade entre a realidade física e a mental deve ser tormento diuturno.

Hodiernamente, em visão elementar, tem-se que aquela pessoa cujo sexo morfológico não corresponde à sua identidade de gênero é o denominado *transgênero*. Seria uma pessoa que se sente como pertencendo ao sexo oposto àquele que possui fisicamente. Daí inúmeros problemas, como sentir-se dissociada do próprio corpo.

Sob enfoque jurídico, imprescindível que o tema seja avaliado pelo prisma civil e constitucional simultaneamente, já que a Carta Magna de 1988 cuidou de dispor acerca dos direitos fundamentais da pessoa humana.

Flavio Tartuce[16]ressalta que a Constituição Federal vigente, no título relativo aos direitos e garantias fundamentais, "traça as prerrogativas para garantir uma convivência digna, com liberdade e com igualdade para todas as pessoas, sem distinção de raça, credo ou origem."

O princípio da dignidade da pessoa humana, o art. 58 da Lei n. 6.015/1973, interpretado pelo Supremo Tribunal Federal no julgamento da ADI n. 4.275, Provimento CGJ/SP 16/2018, Provimento CNJ nº 73/2018, bem como o Provimento 01/2021 respaldam o procedimento de alteração de nome e gênero mediante requerimento do interessado diretamente no ofício de registro civil.

[16] TARTUCE, Flávio. Manual de Direito Civil – Volume Único. 8ª ed. ver. atual. e ampl.. São Paulo: Editora Método – Rio de Janeiro: Editora Forense. 2018. p. 100.

A evolução jurídica do tema é notável e consentânea com os direitos fundamentais da pessoa humana, indo ao encontro dos ditames da Lei Magna brasileira.

O autor deste artigo, no fim da década de setenta, atuava na única vara de registros públicos então existente na Capital de São Paulo. Foi pioneiro na concessão judicial de alteração de prenome e gênero. Examinado o requerente, àquela época por intermédio de perícia médica da lavra do Professor Catedrático da Faculdade de Medicina da USP, Professor Hilário Veiga de Carvalho, constatou-se a cirurgia de redesignação de gênero feita no Marrocos. Àquele tempo soava requisito inafastável. Tal circunstância, associada à figura totalmente feminina que se apresentava diante do juiz, fez com que se entendesse por bem prolatar sentença em que coadunava-se a realidade daquela pessoa à sua própria documentação.

Foi um alvoroço. Repercussão tão negativa que redundou na remoção do magistrado sentenciante para a Vara Distrital de Santana. O Tribunal de Justiça do Estado de São Paulo, conservador, anulou a sentença alegando tratar-se de assunto da vara de família.

Fato é que por alegadas razões processuais, os julgadores dos tribunais superiores esquivaram-se do mérito e o interessado, a despeito de apresentar-se como e sentir-se mulher, permaneceu com "sexo masculino" e "nome masculino" em sua documentação.

É, portanto, com grande contentamento que vemos a evolução do tema no ordenamento jurídico pátrio. A sociedade prosperou.

Felizmente, hoje, é possível alterar prenome e gênero extrajudicialmente. Basta que o requerente seja maior e capaz. Apresente a documentação exigida pelo Provimento CNJ 73/2018 e sua pretensão será atendida. Independentemente de prévia cirurgia de redesignação de gênero, sendo inclusive, facultativa a apresentação de laudos médicos e psicológicos. Vedada, ainda, qualquer menção, em certidão, à origem do ato[17].

[17] Item 47.11.1. do Capítulo XVII das NSCGJ/SP: "A alteração decorrente de legitimação, legitimação adotiva, proteção à testemunha, adoção, reconhecimento de paternidade e alteração de nome e/ou de sexo de pessoa transgênero deverá ser incluída na própria certidão, mas neste caso proibido o uso da inscrição de que "a presente certidão envolve elementos de averbação à margem do termo", e, igualmente, proibida a menção sobre a origem do ato."

Nem sequer os recém-nascidos acometidos por anomalias genéticas que interferem na definição de gênero, foram abandonados pelo extrajudicial. Estatui o item 37.1.2 do Capítulo XVII das NSCGJ/SP, *verbis*:

> Enquanto o registrado for menor, qualquer um dos representantes legais poderá requerer ao registrador a averbação do sexo que predominou, apresentando para tanto laudo firmado por médico com a indicação da inscrição no Conselho Regional de Medicina. Nesta averbação poderá também ser alterado o prenome, para adequá-lo ao sexo do registrado.

Imperativo, por fim, reproduzir a ementa do acórdão, divisor de águas, cuja redação coube ao Ministro Edson Fachin, na ADI 4275/2018:

> DIREITO CONSTITUCIONAL E REGISTRAL. PESSOA TRANSGÊNERO. ALTERAÇÃO DO PRENOME E DO SEXO NO REGISTRO CIVIL. POSSIBILIDADE. DIREITO AO NOME, AO RECONHECIMENTO DA PERSONALIDADE JURÍDICA, À LIBERDADE PESSOAL, À HONRA E À DIGNIDADE. INEXIGIBILIDADE DE CIRURGIA DE TRANSGENITALIZAÇÃO OU DA REALIZAÇÃO DE TRATAMENTOS HORMONAIS OU PATOLOGIZANTES. 1. O direito à igualdade sem discriminações abrange a identidade ou expressão de gênero. 2. A identidade de gênero é manifestação da própria personalidade da pessoa humana e, como tal, cabe ao Estado apenas o papel de reconhecê-la, nunca de constituí-la. 3. A pessoa transgênero que comprove sua identidade de gênero dissonante daquela que lhe foi designada ao nascer por auto identificação firmada em declaração escrita desta sua vontade dispõe do direito fundamental subjetivo à alteração do prenome e da classificação de gênero no registro civil pela via administrativa ou judicial, independentemente de procedimento cirúrgico e laudos de terceiros, por se tratar de tema relativo ao direito fundamental ao livre desenvolvimento da personalidade. 4. Ação direta julgada procedente.

As certidões de registro civil são públicas e podem ser requeridas por terceiros, tal publicidade "como finalidade do Direito Registral, traduz a ideia de divulgação do que foi assentado, isto é, visa a tornar conhecidas as situações jurídicas das pessoas, tendo por fim a defesa e a garantia de quem dele se utiliza."[18]

No entanto, há alguns temas que requerem maiores cuidados[19], dentre os quais as certidões que envolvam alteração de nome e/ou sexo de pessoa transgênero. Neste caso, em se tratando de certidão em inteiro teor, somente o próprio registrado ou procurador por ele constituído com poderes específicos para esse fim, poderá requerê-la. Caso contrário, o interessado deverá obter prévia autorização do Juiz Corregedor Permanente.

Conclusões

As serventias extrajudiciais, nos termos dispostos pelo art. 236[20] da Constituição da República, são titularizadas por profissionais rigorosamente selecionados por concurso público, os quais, por delegação estatal, exercem serviço público em caráter privado, por sua conta e risco. Vale dizer, o Estado não arca com qualquer despesa, tampouco faz qualquer investimento atinente à consecução dos serviços notariais e de registro.

Dentre as especialidades relativas a tais serviços, estão os ofícios de registro civil de pessoas naturais, conhecidos também como *ofícios da cidadania*, cuja capilaridade e eficiência permitem informações precisas e

[18] TIZIANE, Marcelo Gonçalves. *Noções Elementares de Direito Notarial e Registral III*. 1ª. edição. São Paulo: Editora YK. 2017. p. 69.

[19] Item 47.9. do Capítulo XVII das NSCGJ/SP: "As certidões de registro civil em geral, requeridas por terceiros, serão expedidas independentemente de autorização do Juiz Corregedor Permanente. Em se tratando, contudo, de certidão de inteiro teor, a autorização se fará necessária nos casos previstos nos artigos 45, 57, §7º e 95 da Lei nº 6.015/73, art. 6º da Lei nº 8.560/92, reconhecimento de paternidade e alteração de nome e/ou sexo de pessoa transgênero."

[20] **Art. 236.** Os serviços notariais e de registro são exercidos em caráter privado, por delegação do Poder Público. (Regulamento)

§ **1º** Lei regulará as atividades, disciplinará a responsabilidade civil e criminal dos notários, dos oficiais de registro e de seus prepostos, e definirá a fiscalização de seus atos pelo Poder Judiciário.

§ **2º** Lei federal estabelecerá normas gerais para fixação de emolumentos relativos aos atos praticados pelos serviços notariais e de registro. (Regulamento)

§ **3º** O ingresso na atividade notarial e de registro depende de concurso público de provas e títulos, não se permitindo que qualquer serventia fique vaga, sem abertura de concurso de provimento ou de remoção, por mais de seis meses.

atualizadas acerca do estado individual da pessoa, dentre suas várias atribuições, também efetivam as retificações de nome oriundas de circunstâncias excepcionais.

Faz parte dos relevantes serviços prestados pelos registros civis os relacionados com as hipóteses jurídicas que admitem alteração do nome, vez que paralelamente à regra de imutabilidade do nome existem situações em que, extraordinariamente, o nome pode ser modificado a requerimento do interessado.

Quando se tratar de erro evidente, alteração solicitada entre dezoito e dezenove anos, bem como, adequação de gênero e nome de pessoa transgênero, tudo é resolvido unicamente na serventia extrajudicial, sem envolvimento do Judiciário. Não há necessidade de parecer do Ministério Público, tampouco autorização do Juiz competente. A serventia extrajudicial orienta o usuário quanto à documentação necessária e requerimentos a serem preenchidos. Após a retificação do nome, o Registro Civil comunica referida alteração, oficialmente, a todos os órgãos expedidores de documentação identificadora. Também haverá esse dever de comunicação quando houver processos ou procedimentos em trâmite no antigo nome. Nesta hipótese, a comunicação será dirigida diretamente à autoridade responsável pelo caso.

Já as hipóteses de nome que expõe seu portador ao ridículo, participação em programa de proteção à testemunha e, também, aquela em que se pretende inserção ou alteração de nome por força de apelido notório, devem ser requeridas perante o Judiciário. Somente após a autorização judicial o registro civil realizará a alteração do nome.

O usuário pode valer-se, para tais serviços, tanto do Registro Civil em que foi lavrado seu assento de nascimento, quanto do Registro Civil mais próximo de seu endereço, conforme sua conveniência. Neste último caso, o Registro Civil valer-se-á do procedimento eletrônico, via CRC-Central de Informações Compartilhadas do Registro Civil, o qual permite que, com conforto e agilidade, tais serviços sejam prestados.

Referências

BOSELLI, Karine; RIBEIRO, Isolda Andrea e MRÓZ, Daniela. *In* GENTIL, Alberto – Coordenador. *Registros Públicos – Capítulo 3 – Registro Civil das Pessoas Naturais*. São Paulo: Editora Método. 2020.

CENEVIVA, Walter. *Lei dos Registros Públicos Comentada.* 18ª. Edição. São Paulo: Editora Saraiva. 2007.

COELHO, Fábio Ulhôa. *Curso de Direito Civil – Parte Geral.* 4ª edição. São Paulo: Editora Saraiva. 2010.

DEL GUÉRCIO NETO, Arthur; DEL GUÉRCIO, Lucas Barelli. Coordenação. *O Direito Notarial e Registral em Artigos.* 1ª. edição. São Paulo: Editora YK. 2016

DIP, Ricardo e JACOMINO, Sérgio. *Registros Públicos e Legislação Correlada.* 4ª. edição. São Paulo: Revista dos Tribunais. 2015.

LENZA, Pedro. *Direito Constitucional Esquematizado.* 17ª edição. São Paulo: Editora Saraiva. 2013.

LOUREIRO FILHO, Lair da Silva e LOUREIRO, Cláudia Regina Magalhães. Notas e Registros Públicos. 4ª. edição. São Paulo: Editora Saraiva. 2012.

NALINI, José Renato. Entrevista concedida à ARPEN – Associação dos Registradores de Pessoas Naturais – Disponível em 11/11/21 às 10h30 no endereço eletrônico https://arpen-sp.jusbrasil.com.br/noticias/100662184/jose-renato-nalini-o-extrajudicial-descobriu-o-caminho-da-eficiencia

NERY JUNIOR, Nelson; NERY, Rosa Maria de Andrade. *Código Civil Comentado.* 6ª edição. São Paulo: Editora Revista dos Tribunais. 2008.

NSCGJ/SP – Normas de Serviço da Corregedoria Geral de Justiça do Estado de São Paulo – Tomo II – Atualizada até 21/10/21. Disponível em https://www.tjsp.jus.br/Corregedoria/Comunicados/NormasExtrajudiciais, às 12hs17 de 11 de novembro de 2021.

PEREIRA, Caio Mário da Silva. *Instituições de direito civil – direito de família – Vol. V.* 19ª edição – Revista e atualizada por Tânia da Silva Pereira. Rio de Janeiro: Editora Forense. 2011.

TARTUCE, Flávio. Manual de Direito Civil – Volume Único. 8ª ed. ver. atual. e ampl.. São Paulo: Editora Método – Rio de Janeiro: Editora Forense. 2018.

TIZIANE, Marcelo Gonçalves. *Noções Elementares de Direito Notarial e Registral III.* 1ª. edição. São Paulo: Editora YK. 2017.

PARTE 10

DIREITO CIVIL

17. O PAPEL DA TRANSEXUALIDADE NA EVOLUÇÃO DOS DIREITOS DA PERSONALIDADE

Teresa Ancona Lopez
Tiago Pavinatto

As interações pessoais travadas no ciberespaço da atual sociedade em redes de indignação, muitas vezes anonimizadas e sempre frias, têm sido marcadas, lamentavelmente, pela falta da solidariedade e do respeito e, por tal motivo, podem representar todos os tipos de violência. Acentua-se, assim, a necessidade de uma efetiva proteção aos direitos humanos, dentro dos quais se colocam os direitos da personalidade como direitos sobre a própria pessoa e suas emanações – de tamanha importância, o nosso Direito os elevou à categoria de direitos constitucionais, sacramentando a reparação por danos morais e patrimoniais. Contudo, para que sejam protegidos de forma satisfatória, tais direitos precisam, antes, ser bem compreendidos.

Uma das dimensões da personalidade humana é a aparência externa de cada um, isto é, o modo como cada qual surge perante os seus semelhantes e que faz com que ele seja único e inconfundível. É através dessa imagem que os indivíduos existem para si e para os outros e que faz nascer o que chamaríamos de amor-próprio pela identidade. Essa imagem externa aparece em várias dimensões: intelectual, profissional, social, emocional, física... mas todas elas formam um só e indivisível conjunto que é a pessoa humana. Por isso, se uma só dessas partes for afetada, ou seja, se sofrer um dano, ocorrerá o desequilíbrio da integridade da personalidade, que não será mais a mesma.

Decerto, o pensamento de Hannah Arendt, em seu último trabalho[1], é definitivo: *ser e aparência coincidem*[2]. A partir da mencionada máxima, a inigualável Filósofa demonstra que a pluralidade é a lei da Terra[3]; afinal, na natureza, todas as formas externas são variadas e altamente diferenciadas, porque a aparência tem como objetivo e fim mostrar o máximo poder de expressão individual[4] – em contraste com os órgãos internos que, além de não serem agradáveis à vista, têm a mesma aparência[5]. Diz, em outras palavras, que não se conhecem os indivíduos, por exemplo, pelo exame de seus intestinos, pois os órgãos internos têm funções de ordem primitiva e mais constante; a identidade repousa, assim, na riqueza e na variedade externa individualizada e individual de cada pessoa humana.

Portanto, sendo uma das dimensões mais importantes da pessoa humana, na lesão da aparência se fundamentam, filosoficamente, a necessidade da reparação de todos os tipos de dano: material, moral e, principalmente, estético. Apesar da forma estética sempre ter sido, historicamente, uma das maiores preocupações da humanidade – e, conforme Gaudí, *a beleza é o esplendor da verdade* –, hoje, em decorrência do apelo incessante das redes sociais e seus "filtros" de imagem, ela se apresenta de forma ainda mais nítida. A boa aparência é quase uma obrigação e qualquer dano à estética pessoal terá influência direta na *vida de relação*, podendo, inclusive, levar alguém ao fracasso. Todo dano à integridade física, é certo, promove, em algum grau, um sentimento pessoal de rejeição no meio social, fato que provoca grandes sofrimentos existenciais para a vítima desse dano.

Por outro lado, o constante e cada vez mais veloz processo de ruptura dos paradigmas tradicionais tem impactado, significativamente, o estudo dos direitos da personalidade: É o caso das cirurgias de *transgenitalização* (redesignação ou adequação sexual) que, tecnicamente

[1] *The life of the mind* está em dois volumes: o volume 1, *Thinking*, e o 2, *Willing*. É o último trabalho de Hannah Arendt e foi publicado postumamente. Editado por Harcourt Brace Jovanovich, New York, 1978.

[2] Op. cit., p. 19, e Celso Lafer em *Hannah Arendt*: pensamento, persuasão e poder. Rio de Janeiro: Ed. Paz e Terra, 1979, p. 85.

[3] Hannah Arendt, op. cit., p. 29, e Celso Lafer, op. cit., p. 85.

[4] Idem, ibidem, p. 30.

[5] Idem, ibidem, p. 29.

encaradas, resultam (porque assim deve ser) na mutilação de partes do corpo para que possam, efetivamente, satisfazer a *vida de relação* e a própria dignidade existencial das pessoas transexuais. Em razão da fatídica mutilação, tais procedimentos eram encarados apenas sob o prisma da lesão corporal e, por esse motivo, proibidos e condenados diante do comando legal da indisponibilidade sobre o próprio corpo. Hoje, superado esse obstáculo doutrinal acerca dos direitos da personalidade, as únicas condenações juridicamente subjacentes a esse processo médico serão aquelas decorrentes de falhas no acompanhamento psiquiátrico preparatório, na chamada *hormonioterapia* ou mesmo no ato da operação, uma vez que podem resultar em gravíssimo dano estético.

1. Os direitos da personalidade no direito brasileiro vigente

A regra fundamental que garante o respeito aos direitos da personalidade é a do art. 1º, III, da Constituição Federal, que determina ser um dos fundamentos da República do Brasil a *dignidade da pessoa humana*, ou seja, que a pessoa deve ser respeitada pelo simples fato de existir. Portanto, o respeito às pessoas e aos seus direitos está em primeiro lugar positivado no ordenamento jurídico brasileiro por meio de norma constitucional, que, nesse sentido, é autoaplicável.

Entretanto, de maneira específica, os direitos da personalidade encontram-se consagrados na Constituição Federal de 1988, no seu art. 5º, incisos V e X, lendo-se, neste último inciso, que "são invioláveis a intimidade, a vida privada, a honra e a imagem das pessoas, assegurado o direito à indenização pelo dano material ou moral decorrente da sua violação". No inciso XII do mesmo art. 5º, protege-se o sigilo de correspondência, inclusive o sigilo nas comunicações telefônicas. É o direito ao próprio segredo, que faz parte do direito à privacidade e que, hoje, se estende para as modernas formas de comunicação que vão, por exemplo, do *e-mail* às mensagens privadas trocadas em redes sociais ou aplicativos com essa finalidade.

O Código Civil em vigor contém capítulo especial que trata de sistematizar os direitos da personalidade (Parte Geral, Livro I, Título I, Capítulo II), porém não o faz de maneira completa e exaustiva, deixando ao julgador a tarefa de enquadrar dentro dessas regras básicas todas as hipóteses que se definirem como direitos da personalidade.

Assim, está expressamente prevista, em primeiro lugar, uma cláusula geral limitativa de seu exercício, pois tais direitos são irrenunciáveis e intransmissíveis (art. 11) e têm como complemento a regra do art. 12, que trata da tutela desses direitos, prevendo a cessação de atos que lhes ameacem ou a reparação com perdas e danos no caso de lesão a algum deles. Aqui está reafirmado o seu caráter de direito absoluto, *erga omnes*. São, portanto, direitos *excludendi alios*.

Interessante notar que o artigo 11 proíbe também a limitação voluntária do exercício de qualquer direito da personalidade, salvo os casos previstos por lei (exemplo: imagem, direito de autor, doação de órgãos etc.), o que vem, mais uma vez, destacar a indisponibilidade de tais direitos, ou mesmo, seu comércio. Além disso, veda o argumento do causador do dano de que havia obtido o consentimento da vítima para praticar atos que acabaram por deformá-la, incapacitá-la ou até chegar ao óbito. Aqui vale o brocardo *volenti non fit injuria*. E mais, como é óbvio, o artigo 11 é norma de ordem pública.

Em seguida, trata a lei do direito ao próprio corpo, vivo ou morto, e também de sua disposição no todo ou em partes. É o que vemos nos artigos 13, 14 e 15, que, na verdade, protegem a integridade física como um conceito mais abrangente, no qual podemos incluir a proteção à vida.

O art. 13 dispõe que, "salvo por exigência médica, é defeso o ato de disposição do próprio corpo, quando importar diminuição permanente da integridade física, ou contrariar os bons costumes". O parágrafo único deste artigo afirma que "(o) ato previsto neste artigo será admitido para fins de transplante, na forma estabelecida em lei especial". O dispositivo em tela visa proibir, por exemplo, a amputação de membros ou doação de órgãos quando não for por *estrita* exigência médica, como no caso de gangrena ou câncer nos ossos da perna. O parágrafo único desse mesmo preceito admite a disposição do próprio corpo vivo na forma estabelecida por lei especial, ou seja, a *Lei de Transplantes* (Lei 9.434, de 04.02.1997, modificada pela Lei 10.211, de 23.11.2001), a qual prevê a disposição somente *gratuita* de tecidos, órgãos e partes do corpo humano, em vida ou *post mortem*, exceto a doação de sangue, esperma e óvulo (conforme art. 1º e parágrafo único). Trata esse estatuto também do consentimento das partes interessadas, inclusive do consentimento expresso do *receptor* do transplante, respeitando sua liberdade, seu direito ao próprio corpo, pois há riscos em tal procedimento (conforme art. 10).

Antes com viés absolutamente objetivo, a regra da integridade física é flexibilizada no caso da transgenitalização (*adequação de gênero*), cirurgia que, nas suas diversas técnicas, passou a ser permitida no Brasil em 1997, mas em caráter experimental. Foi somente em 2010 que todas as modalidades de transgenitalização perderem esse caráter.

De fato, apesar das mutilações, física e objetivamente consideradas, e da intransponível afronta à literalidade normativa que exige a preservação da integridade física a qualquer custo, a transgenitalização não pode ser considerada, na essência, como deformação, pois tais mutilações operadas tratam, nesses casos específicos, de uma adequação do corpo à realidade psíquica da pessoa transexual. Não devem ser, portanto, física e objetivamente encaradas; essas mutilações devem ser consideradas, assim, psíquica e subjetivamente.

Quando o Direito se abre a essa possibilidade, ao invés de permitir qualquer afronta aos direitos da personalidade, ele, na realidade, efetiva uma verdadeira e satisfatória proteção da dignidade da pessoa humana (inclusive do direito à integridade corporal), uma vez que, antes da regulamentação da transgenitalização, a única realidade que se impunha, principalmente aos transexuais de média, baixa e baixíssima renda, colocava em risco a vida dessas pessoas que, para satisfazerem o mínimo da sua realidade psíquica e atenderem um pouco da sua dignidade existencial, recorriam às chamadas *bombadeiras*, ou seja, transexuais que, sem nenhuma supervisão médica e nenhum rigor sanitário, "esculpiam" corpos femininos injetando litros de silicone líquido industrial (SLI) nos corpos de suas "clientes". A título de ilustração da tragédia vivida por essas pessoas, vale mencionar o amplo estudo transversal realizado em sete municípios do Estado de São Paulo entre 2014 e 2015: Em 576 pessoas, o SLI ainda era utilizado por metade delas, sendo que a média de idade para a primeira aplicação de SLI era de 22 anos. Aproximadamente 43% informaram problemas de saúde decorrentes desse uso. No modelo múltiplo, essas pessoas estavam muito distantes de sonhar com qualquer curso no ensino superior, identificavam-se como travestis e exerciam, predominantemente, a prostituição. Apesar da alta prevalência de problemas relacionados ao uso do SLI, o estudo informa que menos da metade dessas pessoas procurou por atendimento em serviços de saúde, comportamento relacionável a fatores diversos, como, por exemplo, o preconceito sofrido pelas travestis e mulheres transexuais nas experiências anteriores nos serviços de saúde, bem como a falta de protocolos para o atendimento desse público, além do desconhecimento dos profissionais de saúde acerca de suas demandas específicas[6].

2. A transgenitalização

Tecnicamente encarada, a transgenitalização resulta (porque é seu objetivo estético) em mutilação de partes do corpo para que possam, efetivamente, satisfazer a chamada vida de relação dos transexuais. É procedimento cirúrgico dos mais delicados e, principalmente, irreversível, motivo pela qual, até a década anterior, nossos juristas ainda tratavam do tema com muitas ressalvas – aliás, estávamos longe de um denominador comum na questão da própria transexualidade.

Se a homossexualidade foi banida do rol da Classificação Estatística Internacional de Doenças e Problemas de Saúde (CID) em 1990, o mesmo só ocorreu com a transexualidade em maio de 2019, na 11ª versão do documento – embora a informação já tivesse sido divulgada em 2018 e, antes mesmo dessa normativa, o Conselho Federal de Psicologia (CFP) brasileiro já tivesse publicado a Resolução CFP 01/2018 orientando a atuação profissional de psicólogas e psicólogos no Brasil para que *travestilidades* e *transexualidades* não fossem mais consideradas patologias. Cada país tem até 1º.01.2022 para se adaptar à nova CID.

Portanto, foi somente em 2019 que a transexualidade deixou a categoria de transtornos mentais para integrar a de "condições relacionadas à saúde sexual", passando a ser classificada como "incongruência de gênero".

Quanto ao procedimento operatório da transgenitalização, ele passou a ser permitido, no Brasil, em 1997, mas em caráter experimental (Resolução CFM 1.482/1997). As técnicas de transgenitalização previstas na resolução que as permitiu são as seguintes: *neocolpovulvoplastia* (do sexo masculino para o feminino, ou *constituição de vagina*), *neofaloplastia* (do sexo feminino para o masculino, ou *constituição de pênis*) e *procedimentos complementares sobre gônadas e caracteres secundários*. As operações do

[6] Cadernos de Saúde Pública, 2017; 33(7):e00113316; disponível em <https://www.scielo.br/j/csp/a/CqPcZNpvnzwvsRfHbtLj4fM/?lang=pt&format=pdf>, acesso em 8 jul. 2021.

primeiro tipo deixaram de ser experimentais em 2002 e, somente em 2010, todas as transgenitalizações perderem esse caráter. Por fim, a partir de 2013, o Ministério da Saúde autorizou o Sistema Único de Saúde (SUS) a realizar o procedimento.

Apesar das mutilações objetivas e incontornáveis (física e objetivamente consideradas, portanto, afrontam à integridade do corpo humano), a transgenitalização não deve ser considerada, na sua essência, como deformação, pois essas mutilações operadas tratam de adequação do corpo à realidade psíquica do transexual, ou, para nos valermos da terminologia da CID, somente a extirpação é capaz de resolver a incongruência de gênero dessas pessoas (elas devem ser, portanto, psíquica e subjetivamente consideradas).

Desse modo, a transgenitalização, diferentemente das tradicionais cirurgias médicas, deve, do ponto de vista jurídico, ser encarada sob o prisma subjetivo. Ao passo que, nas operações médicas tradicionais, a mutilação é vedada, uma vez que afronta os direitos da personalidade (sendo permitida em hipóteses objetivas para a sobrevida do paciente), na transgenitalização, a negativa dessa mutilação é que viola os direitos da personalidade e, portanto, a dignidade da pessoa (quer dizer, a mutilação tem justificação subjetiva).

Todavia, isso não significa que, por envolver uma mutilação, a transgenitalização não se submeta à matéria da responsabilidade civil, especialmente no que concerne ao dano estético. Muito pelo contrário.

Questão multidisciplinar, no Brasil, o assunto está normatizado pela Portaria 2.803, de 19.11.2013, do Ministério da Saúde, que divide o processo em três fases: ambulatorial pré-operatória, hospitalar e ambulatorial pós-operatória.

A primeira etapa consiste no acompanhamento mensal do transexual durante, no mínimo, dois anos. Nessa etapa, anterior à transgenitalização, o transexual deve ser acompanhado por psiquiatra, endocrinologista, clínico geral, psicólogo, enfermeiro e assistente social, e, nela, deve iniciar tratamento de *hormonioterapia* (terapia medicamentosa hormonal de estrógeno ou testosterona disponibilizada, mensalmente, e que deve ser iniciada após o diagnóstico no chamado "Processo Transexualizador").

A segunda etapa é a etapa cirúrgica e só poderá ocorrer com o aval de todos os profissionais envolvidos na primeira (além, é claro, do consentimento do transexual). Nessa fase hospitalar, indivíduos de sexo biológico masculino serão assistidos por ginecologista obstetra, cirurgião plástico, psiquiatra, endocrinologista, urologista, enfermeiro, assistente social e deverão passar pelos seguintes procedimentos: (*i*) orquiectomia bilateral com amputação do pênis e neocolpoplastia (construção de neovagina); (*ii*) tireoplastia (cirurgia de redução do Pomo de Adão com vistas à feminilização da voz e/ou alongamento das cordas vocais); e (*iii*) plástica mamária reconstrutiva bilateral incluindo prótese mamária de silicone. Por sua vez, indivíduos de sexo biológico feminino – atendidos por ginecologista obstetra, cirurgião plástico, psiquiatra, endocrinologista, urologista, enfermeiro e assistente social –, passarão pelos procedimentos que seguem: (*i*) mastectomia simples bilateral; (*ii*) histerectomia com anexectomia bilateral e colpectomia (ressecção do útero e ovários, com colpectomia); e (*iii*) cirurgias complementares tais como: reconstrução da neovagina realizada, meatotomia, meatoplastia, cirurgia estética para correções complementares dos grandes lábios, pequenos lábios e clitóris e tratamento de deiscências e fístulectomia.

Nesta altura, mencionamos a enorme responsabilidade daqueles profissionais envolvidos na primeira fase, pois, caso a transgenitalização seja rejeitada pelo transexual depois de concluída e forem constatadas falhas no diagnóstico ou em qualquer outro procedimento prévio, eles é que deverão responder por dano existencial e estético.

Por fim, deverão contar com acompanhamento por mais um ano a contar da última intervenção cirúrgica.

Apesar das operações plásticas envolvidas, não se trata a transgenitalização, em absoluto, de uma cirurgia plástica convencional, pois, apesar do resultado estético, não tem finalidade embelezadora. Portanto, todos os profissionais envolvidos, especialmente nas duas primeiras etapas, têm, todos eles, obrigação de meio e não de resultado e, a depender de falhas em suas respectivas responsabilidades dentro do processo prévio ou no ato da operação, poderão responder, conforme adiantamos, por dano existencial e estético; no mínimo.

Dos poucos julgados que existem a ferir o tema, trazemos algumas decisões que corroboram o nosso entendimento:

> "No mérito, insta, de plano, consignar que a cirurgia de transgenitalização não tem caráter estético, mas, sim, reparador, pois visa vincular o corpo

humano à identidade de gênero da pessoa. Negar sua realização e, também, deixar de prestar o tratamento médico adequado, principalmente quando o interessado já retificou o próprio nome civil, faltando apenas a adequação corpórea, exporia o indivíduo a situação de refinada crueldade, com abalos psicológicos, psíquicos e fisiológicos, transtornando o seu relacionamento interpessoal." **(TJRJ, 14ª Câmara Cível, Apelação Cível 0002033-95.2018.8.19.0205, trecho do voto do Des. Rel. Gilberto Campista Guarino, j. 28.04.2021)**

"Erro médico – (...) Transgenitalização – Neovagina com dimensões diminutas e disfuncional – Perícia atestou relação entre operações e estenose – Ausência de prova de que comportamento da paciente (ganho de peso e descontinuidade de uso de molde vaginal e tratamento hormonal) tenha contribuído para resultado negativo – Médico deverá indenizar despesas com tratamento futuro – Princípio da reparação integral (CC 944 e 949) – Não caracterização de "bis in idem" relativamente a ressarcimento de honorários médicos – Paciente submetida a três cirurgias e neovagina disfuncional – Valor adequado de reparação por dano moral (R$100.000,00) – Juros sobre reparação por dano moral devidos a partir da citação – Paciente vitoriosa em todos seus pleitos – Ônus sucumbencial atribuído exclusivamente ao médico – Recurso do médico improvido – Recurso da paciente parcialmente provido." **(TJSP, 7ª Câmara de Direito Privado, Apelação Cível 10193459020148260309 SP 1019345-90.2014.8.26.0309, Rel. Des. Luiz Antonio Costa, j. 08.04.2020)**

Conclusões

A humanidade vive, porque evolui, num constante interregno de incertezas e transições caracterizado pela ininterrupta ruptura de paradigmas culturais, sociais e políticos. Essas transformações, cada vez mais céleres – e, talvez, vertiginosas atualmente –, alcançam os direitos da personalidade e, consequentemente, a responsabilidade civil, que passa a orbitar especialmente em torno da proteção da pessoa, inclusive, como não poderia deixar de ser, naquilo que toca à sua identidade de gênero.

Tal proteção, assim, transformou, irreversivelmente, a compreensão do significado, até então repetido como dogma, de direitos da personalidade, em especial naquilo que toca à disposição do próprio corpo. Aliás, o artigo 27 da Declaração Universal dos Direito Humanos – um documento de 1948 – esclarece que *toda pessoa, sem exceção de nenhuma, tem o direito de, livremente, participar do progresso científico e dos seus benefícios.* Pois bem: O progresso científico deve beneficiar a todos e, a depender dos seus resultados, especialmente àqueles que nele encontram a solução que faltava para a efetivação da própria dignidade existencial, como no caso da evolução tecnológica dos métodos e instrumentos para a transgenitalização.

Se, por um um lado, não vemos aquilo que sentimos, sentimos, por outro, aquilo que vemos. Portanto, incapazes que somos de julgar o sentimento do outro – porque não o vemos –, devemos ser capazes de compreender a decisão do outro pela transgenitalização: a pessoa transexual sofre com a sua imagem no espelho e, sofrendo, carece da dignidade, que é direito fundamental de toda pessoa humana.

18. UNIÃO HOMOAFETIVA

Álvaro Villaça Azevedo

1. Constituição da união homoafetiva

União homoafetiva ou homossexual é a convivência pública, contínua e duradoura entre duas pessoas de mesmo sexo, com o intuito de constituição de família.

O relacionamento homossexual vem existindo em diversas civilizações, desde os primórdios da sociedade.

Esses relacionamentos homoafetivos foram frequentes nas sociedades grega e romana. Existiram na Ásia e em tribos africanas, como também nas Américas, principalmente em comunidades norte-americanas.

Na sociedade grega, lembre-se da obra de Platão, em que se discute sobre o Deus Eros (do amor) onde se refere o grotesco da forma esférica do homem primitivo (antes de os deuses o terem dividido em dois, com medo de que a sua força titânica pudesse assaltar o céu, e quando ainda possuía quatro pernas e quatro braços sobre os quais se deslocava a grande velocidade, como sobre pás giratórias), vemos expressa, com a profundidade da fantasia cômica de Aristóteles, a ideia que até agora buscamos em vão nos discursos dos outros. O *Eros* nasce do anseio metafísico de homem por uma totalidade de ser, incessível para sempre à natureza do indivíduo. Este anseio inato faz dele um mero fragmento que, durante todo o tempo em que leva uma existência separada e desamparada, suspira por se tornar a unir com a metade correspondente.

Vêse nítida a ideia de uma metade buscando a outra metade de um mesmo e único ser. Aí patenteada, a meu ver, a essência da união homossexual.

Contudo, não descobri em minhas pesquisas que, nessa época, ou na Antiguidade, além da prática homossexual, houvesse casamento entre o mesmo sexo, constituindo família, situação bem recente, no século XX, como mostrarei adiante.

2. União homossexual na legislação estrangeira

Informo, nesse passo, que, desde 15 de dezembro de 1973, por decisão da *American Psychiatric Association* e, depois, de outras organizações internacionais, a homossexualidade foi excluída do rol das doenças mentais, também nas publicações da Classificação Internacional de Doenças.

Houve, então, verdadeira reação, no âmbito internacional contra o repúdio à homossexualidade.

Desde 1991, a Anistia Internacional considera violação dos direitos humanos a proibição da homossexualidade.

Muitos países admitem, mais recentemente, o casamento entre o mesmo sexo[1].

Informa Federico R. Aznar Gil[2] que alguns países europeus, como a Dinamarca, Noruega e Suécia, aprovaram leis que equipararam, praticamente, as uniões homossexuais ao casamento heterossexual, com algumas restrições, como é o caso da proibição das adoções.

Na Dinamarca, desde 1984, essa matéria vem sendo estudada por comissões, e, a partir de 1986, foram concedidos alguns direitos patrimoniais às uniões civis homossexuais, que foram legalizadas em 1989, reconhecendo-se, assim, os "casamentos entre pessoas do mesmo sexo".

[1] *Le Contrat d'Union Civile et Sociale, Rapport de Législation Comparée*, Divisão de Estudos de Legislação Comparada do Serviço dos Negócios Europeus do Senado francês, publicação do Senado francês, outubro de 1997, com 16 páginas; VIEIRA, Tereza Rodrigues. O casamento entre pessoas do mesmo sexo, no direito brasileiro e no direito comparado. *Repertório IOB de Jurisprudência*, n. 14/96, 3/12240, jul. 1996, p. 250-55, especialmente p. 252; GIL, Federico R. Aznar. Las uniones homosexuales ante la legislacion eclesiástica – Legislación europea. *Revista Española de Derecho Canonico*, Universidad Pontificia de Salamanca, n. 138, v. 52, jan.-jun. 1995; publicações de revistas e de jornais, em geral.

[2] GIL, Federico R. Aznar. Las uniones homosexuales ante la legislacion eclesiástica cit., p. 161-162.

A Lei dinamarquesa n. 372, de 1º de junho de 1989, da parceria homossexual registrada, que teve início de vigência em 1º de outubro do mesmo ano, prescreve, em seu item 1, que "duas pessoas do mesmo sexo podem ter sua parceria registrada". Cuidando desse registro, no item 2, estabelece que "a parte 1, seções 12 e 13 (1), e cláusula 1 da seção 13 (2) da Lei sobre Formação e Dissolução de Casamento devem ser aplicadas, igualmente, para o registro de parceiros", que só será possível se ambos ou um dos parceiros tiverem residência permanente na Dinamarca e nacionalidade dinamarquesa.

Essa lei foi de iniciativa do Parlamento dinamarquês, que colocou a Dinamarca como primeiro país a adotar essa espécie de legislação.

Esclareça-se que a mesma lei, em seu item 2 (3), deixou o procedimento desse registro a ser regulamentado pelo Ministério da Justiça, o que, parece, não ocorreu, até o presente.

Quanto aos efeitos legais desse registro, assenta-se, em destaque, que a parceria registrada deve produzir os mesmos efeitos legais que o contrato de casamento, devendo ser aplicadas aos parceiros as mesmas disposições que se aplicam aos esposos, com exceção da Lei de Adoção, que não se aplica aos parceiros; também não se aplica a estes a cláusula 3 das seções 13 e 15 da Lei de Incapacidade e Guarda; bem como as disposições de outras leis dinamarquesas que se refiram a um dos cônjuges e de tratados internacionais, a não ser que concordem os outros países participantes.

Quanto à dissolução da parceria, aplicam-se similarmente as disposições, ali indicadas, da Lei sobre Formação e Dissolução do Casamento e da Lei de Administração da Justiça.

A Lei sobre Formação e Dissolução do Casamento, a Lei de Herança, o Código Penal e a Lei de Tributos Hereditários foram emendadas, com a introdução da parceria registrada, pela Lei n. 372, de 1º de junho de 1989, com início de vigência em 1º de outubro de 1989.

Destaque-se, nesse passo, a emenda às seções 9 e 10 da citada Lei do Casamento. Na seção 9, para constar que "uma pessoa que tenha contratado, anteriormente, casamento ou que participe de uma parceria registrada, não pode contrair casamento enquanto o casamento ou a parceria anterior existir". Na seção 10, cuida-se de questão patrimonial, que proíbe a contratação de casamento, por quem tenha sido casado ou parceiro, antes da divisão, ou do início dela, perante a Corte, da propriedade conjunta. Só não se aplica tal disposição se os interessados se uniram sob regime da separação total de bens ou quando uma isenção de divisão for concedida, em casos especiais, pelo Ministro da Justiça.

Preceito semelhante é o da Lei de Herança, que determina a divisão dos bens comuns antes de novo casamento ou registro de parceria (item 2).

No tocante ao Código Penal dinamarquês, emendou-se sua seção 208, para constar como crime a contratação de parceria registrada por quem já for casado ou parceiro (prisão até três anos), entre outras especificações com alterações de penalidades.

A Noruega acompanhou a Dinamarca, aderindo a essa situação em 1993, quase em posição idêntica, pela Lei n. 40, de 30 de abril, que teve início de vigência em 1º de outubro desse mesmo ano. A lei norueguesa, entretanto, permite que os parceiros possam partilhar da "autoridade parental" (poder familiar ou pátrio poder), o que a lei dinamarquesa proíbe.

O Parlamento sueco, por seu turno, reconheceu o *partenariat* desde 1º de janeiro de 1995, quando teve início de vigência a Lei de 23 de junho de 1994, oficializando as uniões entre o mesmo sexo. A responsável pela Lei de Parceria, na Suécia, foi Barbro Westerholm e, em 1995, já estavam oficializadas quase mil uniões. Destaque-se, entretanto, que o Consulado da Suécia, em Paris, não está autorizando uniões homossexuais. Registre-se, entretanto, que, na França, em 1993, concedeu-se a homossexual o direito de se beneficiar do seguro social de seu parceiro.

Essa lei sueca baseou-se em trabalhos da comissão parlamentar, constituída em 1991, contendo quase os mesmos dispositivos da lei dinamarquesa; entretanto, a lei sueca possibilita a intervenção do juiz, para o registro da união, facultativamente, mas exige, obrigatoriamente, essa intervenção em caso de ruptura da mesma união.

De mencionar-se que, dos países escandinavos, só a Finlândia não aderiu à legislação da união registrada de pessoas do mesmo sexo. Houve um projeto de lei, no Parlamento finlandês, em maio de 1996, que foi rejeitado em setembro de 1997.

Prossegue o mesmo doutrinador, mencionando que, na Holanda, em 1991, foram criados registros em alguns municípios, possibilitando que fossem registradas uniões homossexuais, como acontecera em algumas cidades norte-americanas, como São Francisco[3], sendo certo que, em 16 de abril de 1996, elaborou-se projeto de uniões entre o mesmo sexo, com 70% da opinião pública a favor.

Dános conta o Cfemea[4] de que, na Holanda, houve o "casamento" oficial de dois casais de lésbicas, tornando-se, em fevereiro de 1998, "os primeiros casos de casamento civil legal entre parceiros do mesmo sexo" nesse país, cuja lei que permite a união civil entre homossexuais teve início de vigência em 1º de janeiro de 1998.

E explica, ainda, Federico R. Aznar Gil[5] que "Um dos casamentos foi da cantora Sugar Lee Hoper e a companheira dela. A união legal entre *gays* na Holanda não é exatamente o mesmo que um casamento. Os parceiros não podem adotar crianças, nem as lésbicas podem ser artificialmente inseminadas".

Essa lei encontra suas origens no projeto de lei do Ministro da Justiça, adotado pelo Parlamento Holandês em julho de 1997, que permite aos casais homossexuais, que não podem se casar, bem como aos casais heterossexuais, que não querem casar-se, registrar sua união.

A lei holandesa, diferentemente das escandinavas, não apresenta qualquer registro obrigatório no tocante à nacionalidade dos parceiros.

Em 12 de setembro de 2000 o Parlamento holandês, por sua Câmara Baixa, aprovou projeto que possibilita que pessoas do mesmo sexo contraiam matrimônio. A lei, Bill n. 26672 ingressou na Câmara Alta, para ser promulgada a partir de janeiro de 2001. E o foi.

Na Islândia, o Parlamento adotou um projeto do Governo, em 4 de junho de 1996, possibilitando a duas pessoas do mesmo sexo registrar sua união, tendo tido a lei início de vigência em 27 desse mês e ano.

Essa lei islandesa guarda as mesmas disposições da lei dinamarquesa, possibilitando, também, que os parceiros possam partilhar a "autoridade parental".

Permitem, também, o casamento entre pessoas do mesmo sexo, entre outros, os Países Baixos, em 2001, sendo legal na Bélgica, no Canadá, na

[3] GIL, Federico R. Aznar. Las uniones homosexuales ante la legislacion eclesiástica cit., p. 161-162.

[4] *Jornal do Centro Feminista de Estudos e Assessoria*, Brasília: Cfemea, ano 6, n. 61, p. 2, fev. 1998.

[5] GIL, Federico R. Aznar. Las uniones homosexuales ante la legislacion eclesiástica cit., p. 161-162.

África do Sul, na Espanha, e nos estados americanos de Massachusetts e Connecticut, Iowa, Vermont, Maine, New Hamphire.

Em 1998, a Alemanha ampliou os direitos aos casais que vivem juntos e em 2002 registrou o primeiro divórcio legal de homossexuais, no tribunal de instância de Oldenbourg, no norte do país.

Destaque-se que, no estado americano da Califórnia, a Suprema Corte, em 27 de fevereiro de 2004, negou pedido do procurador-geral Billy Lockyer para anulação de mais de 3.500 casamentos gay e suspensão de outros.

No Reino Unido, a Lei de Associação Civil, que permite o casamento entre pessoas do mesmo sexo, teve início de vigência em 5 de dezembro de 2005, com 1.200 cerimônias marcadas nas Prefeituras, na Irlanda do Norte, na Escócia, na Inglaterra e em Gales.

Destaco, nesse passo, que, em 11 de fevereiro de 2010, Portugal aprovou a lei que permite o casamento civil entre pessoas do mesmo sexo (Decreto n. 9/XI), na Assembleia da República, sem direito a adoção, segundo amplamente divulgado. Essa lei motivou convite, para que eu realizasse, logo depois de sua promulgação, palestras nas Faculdades de Direito de Coimbra e de Braga, o que foi realizado.

Antes de promulgar a lei, em 17de maio de 2010, o Presidente da República Anibal Cavaco Silva enviou o diploma para o Tribunal Constitucional de modo cauteloso, para análise da constitucionalidade de seus artigos. O acórdão desse Tribunal, pela constitucionalidade dessa Lei, foi publicado em 28 de abril de 2010.

Essa lei alterou a redação do art. 1.577º do Código Civil, definindo o casamento como "o contrato celebrado entre duas pessoas que pretendem constituir família mediante uma plena comunhão de vida".

Em 15 de julho de 2010, por seu turno, a Argentina transformou-se no primeiro país da América Latina a autorizar o casamento entre homossexuais.

A aprovação da Lei pelo Senado, após 14 horas de duros debates, deu-se por 33 votos a favor, 27 contra, com 3 abstenções. Os demais senadores ausentaram-se, entre eles o ex-presidente Carlos Menem. Essa Lei fora aprovada na Câmara dos Deputados em maio de 2010.

A votação provocou divisões no governo e na oposição, sendo certo que muitos Senadores governistas se opuseram à posição da Presidente da República, Cristina Kirchner, favorável à lei, que segundo ela foi "um marco"[6].

Ressalte-se, ainda, que, na América Latina, o Uruguai conta com lei de união civil, mas não engloba todos os direitos, podendo os uruguaios adotar filhos, mas não se casar.

Com a nova lei argentina conferiu-se o direito de herança entre os homossexuais como também o direito de adotar filhos, registrados em nome de ambos, o de pagar impostos como casal, de pedir crédito utilizando a renda dos dois, podendo ser incluídos no plano de saúde do outro.

3. Evolução no direito brasileiro

Do mesmo modo, ainda que se cogite de mera convivência, no plano fático, entre pessoas do mesmo sexo, não se configura a união estável e sim a união homoafetiva autônoma.

Realmente, desde que foram conferidos efeitos ao concubinato, até o advento da Súmula 380 do Supremo Tribunal Federal, sempre a jurisprudência brasileira teve em mira o par andrógino, o homem e a mulher.

Com a Constituição Federal, de 5 de outubro de 1988, ficou bem claro esse posicionamento, de só reconhecer, como entidade familiar, a união estável entre o homem e a mulher, conforme o claríssimo enunciado do § 3º do seu art. 226[7].

Entretanto o art. 226 não é taxativo em relacionar os modos de constituição de família, sendo mais fácil admitir que, atualmente, a união homoafetiva foi reconhecida no âmbito do Direito de Família, sendo perfeitamente viável incluí-la no rol do art. 226, citado, como uma cate-

[6] PALACIOS, Ariel. Casamento gay é aprovado na Argentina. *O Estado de S. Paulo*. Disponível em: <http://www.estadao.com.br/noticia_imp.php?req=not_imp582050,0.php>. Acesso em: 2 ago. 2010.

[7] Com entendimento contrário, Maria Berenice Dias (*União homossexual*: o preconceito e a justiça. Porto Alegre: Livraria do Advogado, 2000. n. 8, p. 147) conclui: "Um Estado Democrático de Direito, que valoriza a dignidade da pessoa humana, não pode chancelar distinções baseadas em características individuais. Injustificável a discriminação constante do § 3º do art. 226 da Constituição Federal, bem como inconstitucional a restrição das Leis n. 8.971/94 e 9.278/96, que regulamentam a união estável, ao se referirem somente ao relacionamento entre um homem e uma mulher". Cita a autora, lastreando seu entendimento, decisões da Justiça gaúcha (*União homossexual* cit., principalmente p. 131-36).

goria autônoma. Já disse que o Estado não pode mencionar na Constituição de modo taxativo, como o povo deve constituir sua família. Por essa razão essa relação do art. 226 da Constituição Federal é meramente enunciativa[8].

Muito citada foi a decisão do Juiz José Bahadian, da 28ª Vara Cível da Comarca do Rio de Janeiro, na ação promovida contra o espólio de um pintor e iniciada em 17 de maio de 1988. Nesse processo, reconheceu-se direito do companheiro sobrevivo, em razão do falecimento do outro, após dezessete anos de convivência, à metade do patrimônio por eles amealhado. Patenteou-se, então, a existência de sociedade de fato entre os conviventes e de um patrimônio criado por seu esforço comum. Esta é a decisão de primeiro grau.

Ponderese, nesse caso, que esse direito à metade do patrimônio do companheiro falecido estava assegurado por testamento deste, assinado em 1985, revogado por outro testamento, firmado pelo testador quando já estava internado, em estado grave, no Memorial Hospital de New York, conforme atestaram algumas testemunhas, e que não estaria ele na plena capacidade de entendimento dos fatos; tudo segundo ampla divulgação, à época, pela mídia.

Em grau de apelação, no Tribunal de Justiça do Estado do Rio de Janeiro, em 8 de agosto de 1989, unanimemente, por sua 5ª Câmara Cível, sendo relator o Desembargador Narcizo A. Teixeira Pinto[9], decidiu-se esse caso, como demonstra a ementa oficial:

> Ação objetivando o reconhecimento de sociedade de fato e divisão dos bens em partes iguais. Comprovada a conjugação de esforços para formação do patrimônio que se quer partilhar, reconhece-se a existência de uma sociedade de fato e determina-se a partilha. Isto, porém, não implica, necessariamente, em atribuir ao postulante 50% dos bens que se encontram em nome do réu. A divisão há de ser proporcional à contribuição de cada um. Assim, se os fatos e circunstâncias da causa evidenciam uma participação societária menor de um dos ex-sócios, deve ser atribuído a ele um percentual condizente com a sua contribuição.

[8] AZEVEDO, Álvaro Villaça. *Estatuto da família de fato* cit., 3. ed., p. 240.

[9] Jurisprudência brasileira cível e comercial. *União Livre*, Curitiba: Juruá, n. 173, 1994, p. 206-209.

Como visto, nesse julgado reconheceu-se, tão somente, a sociedade de fato, entre sócios, e não união livre como entidade familiar. Deixou evidenciado esse acórdão que a mesma Câmara, em outra decisão, em que foi relator o Desembargador José Carlos Barbosa Moreira, evidenciou que:

"'o benefício econômico não se configura apenas quando alguém aufere rendimentos, senão igualmente quando deixa de fazer despesas que, de outra maneira, teria de efetuar' (Apelação Cível 38.956/85). E assim deve ser, porque o esforço comum, que caracteriza a sociedade de fato, pode ser representado por qualquer forma de contribuição: pecuniária ou através da doação de bens materiais, ou ainda por meio de prestação de serviços. Este, sem dúvida, o sentido que o Código Civil brasileiro, ao definir o contrato de sociedade, empresta à locução 'combinar esforços ou recursos para lograr fins comuns' (art. 1.363). Como é de primeira evidência, a expressão 'esforços ou recursos' abrange todas as formas ou modalidades de contribuições para um fim comum". O citado art. 1.363 do Código Civil de 1916 corresponde atualmente ao art. 981 do Código Civil.

E se conclui nesse mesmo decisório que:

por maior que tenha sido a contribuição do apelado à obra do pintor, não se pode conceber que tenha sido equivalente à que deu o próprio criador dos quadros. E, não tendo sido iguais as cotas de contribuição, não podem ser iguais, como pretende o recorrido, os quinhões na partilha. A participação na divisão deve ser proporcional à contribuição para criação ou aquisição dos bens.

Daí a redução do percentual estabelecido na sentença, de 50% para 25% do patrimônio adquirido pelo esforço comum.

Também o Tribunal de Justiça do Estado de Minas Gerais, por sua 2ª Câmara, em 3 de dezembro de 1996, sendo relator o Juiz Carreira Machado[10] decidiu que "a união de duas pessoas do mesmo sexo, por si só, não gera direito algum para qualquer delas, independentemente do período de coabitação".

[10] *RT* 742/393.

Nesse caso, ainda, foi negada indenização por dano moral, reivindicada pelo companheiro sobrevivo, ao pai do falecido, vítima de Aids, malgrado tivesse esse sobrevivente "assumido assistência ao doente, expondo-se publicamente, em face da omissão" desse genitor, "a quem não pode ser atribuída culpa pela enfermidade" contraída por seu filho.

Lembra, por seu turno, Rainer Czajkowski[11] que existe, em torno do tema uniões homossexuais, "uma forte carga negativa, de ordem moral e mesmo religiosa na sua avaliação"; por esse motivo, para que isso seja evitado, e "na medida em que o relacionamento íntimo entre duas pessoas do mesmo sexo pode ter efeitos jurídicos relevantes, é mais razoável que se faça uma abordagem jurídica e técnica da questão, e não uma análise moral, porque esta última, além de ser excessivamente subjetiva, concluirá pela negativa de qualquer efeito útil"[12].

Pondere-se, nesse ponto, que, provada a sociedade de fato, entre os conviventes do mesmo sexo, com aquisição de bens pelo esforço comum dos sócios, está presente o contrato de sociedade, reconhecido pelo art. 1.363 do Código Civil de 1916 (atual art. 981), independentemente de casamento ou de união estável, pois celebram contrato de sociedade as pessoas que se obrigam, mutuamente, a combinar seus esforços pessoais e/ou recursos materiais, para a obtenção de fins comuns.

Registre-se, nesse ponto, a celeuma em torno de uma decisão unânime do Superior Tribunal de Justiça, de sua 4ª Turma, sendo relator o Ministro Ruy Rosado de Aguiar[13] que, na verdade, não atribuiu direito de herança a homossexual, mas reconheceu direito à partilha de bens adquiridos, pelos parceiros, em decorrência de sua colaboração comum.

Do mesmo modo, foi normal a decisão unânime da Câmara Especial do Tribunal de Justiça do Estado de São Paulo, sendo relator o Desembargador Dirceu de Mello[14] de 31 de julho de 1997, quando se entendeu deferir a guarda de criança a homossexual, constatando-se que essa circunstância, naquele momento, não era obstáculo à medida, dada a provisoriedade da natureza da guarda, que pode ser revogada a qualquer

[11] Reflexos jurídicos das uniões homossexuais. Jurisprudência Brasileira, Juruá, 1995, Separação e Divórcio II, 176, p. 95-107, especialmente p. 107.

[12] AZEVEDO, Álvaro Villaça. União homoafetiva. *Revista FAAP-Juris*, n. 5.

[13] Apud OLIVEIRA, Euclides Benedito de. Direito de herança entre homossexuais causa equívoco. *Jornal Tribuna do Direito*, abr. 1998.

[14] *JTJ-Lex* 198/121.

momento, ante qualquer desvirtuamento na formação psicológica da criança. Entendeu-se que era dificultoso, à época, colocar a criança sob cuidados de uma família substituta.

Registre-se, finalmente, decisão de 20 de agosto de 1998, da 3ª Turma do Tribunal Regional Federal da 4ª Região/RS, por unanimidade, sendo relatora a Juíza Marga Inge Barth Tessler[15], que não reconheceu união estável entre pessoas do mesmo sexo, ante a vedação do § 3º do art. 226 da Constituição Federal; todavia, admitindo a inclusão de parceiro como dependente de outro, em plano de saúde. E isto, ante os princípios constitucionais da liberdade, da igualdade e da dignidade humana. Acentua-se, nesse julgamento, que estão preenchidos os requisitos exigidos pela lei para a percepção do benefício pretendido:

> vida em comum, laços afetivos, divisão de despesas. Ademais, não há que se alegar a ausência de previsão legislativa, pois antes mesmo de serem regulamentadas as relações concubinárias, já eram concedidos alguns direitos à companheira, nas relações heterossexuais. Trata-se da evolução do Direito, que, passo a passo, valorizou a afetividade humana abrandando os preconceitos e as formalidades sociais e legais.

Até, então, quando a união homossexual não era reconhecida como apta à constituição de família, os parceiros deviam acautelar-se com realização de contratos escritos, que esclarecessem a respeito de seu patrimônio, principalmente demonstrando os bens que existiam ou que viessem a existir, em regime de condomínio, com os percentuais estabelecidos ou não. Se for o caso, para que não esbarrem suas convenções no direito sucessório de seus herdeiros, devem realizar testamentos esclarecedores de suas verdadeiras intenções. Podem, ainda, os parceiros adquirir bens em nome de ambos, o que importa condomínio, em partes iguais, ou com menção dos respectivos percentuais.

Todos esses julgados dos nossos Tribunais não reconheceram a união homoafetiva porque se basearam, estritamente no dispositivo constitucional da união estável, quando poderiam ter considerado a união homoafetiva, como modo autônomo de constituição de família como

[15] *DJU* de 20-11-1998, p. 585.

considerado recentemente pelo Superior Tribunal de Justiça, albergado no art. 226 da Constituição Federal, como dispositivo genérico.

4. Projeto marta suplicy e seu substitutivo na câmara dos deputados

4.1. Generalidades

A então Deputada Federal Marta Suplicy apresentou o Projeto de Lei n. 1.151, de 1995, que objetiva a disciplinar a "união civil entre pessoas do mesmo sexo".

Como bem pondera a autora desse Projeto[16], não se pode mais negar a existência de relações homossexuais e as diferentes formas de expressão da sexualidade, no Brasil e em outros países, sendo necessário "garantir direitos de cidadania sem discriminar as pessoas devido à sua orientação sexual".

E continua dizendo que seu projeto:

> não se refere ao casamento, nem propõe a adoção de crianças ou a constituição de família. Simplesmente possibilita às pessoas homossexuais que vivem juntas o direito a herança, previdência, declaração comum de imposto de renda e nacionalidade. Basicamente, direitos jurídicos para pessoas que pagam impostos e hoje são ignoradas pela sociedade. [...] A sociedade nos educa para a heterossexualidade como sendo esta a única forma correta e aceita de viver a sexualidade.

Instalou-se uma Comissão Especial na Câmara dos Deputados, para apreciar esse projeto, presidida pela Deputada Maria Elvira, tendo como relator o Deputado Roberto Jefferson.

Prestando depoimento nessa Comissão, Luiz Edson Fachin[17] sugeriu a substituição do termo *união* por outro mais adequado. O relator dessa Comissão entendeu correta essa sugestão, substituindo a palavra "união" por "parceria".

Esse jurista paranaense escrevendo sobre a convivência de pessoas do mesmo sexo, em outubro de 1996, conclui seu artigo, ponderando que:

[16] O sol e a peneira. *Manchete*. Rio de Janeiro: Bloch, p. 98, 6 jul. 1996.

[17] FACHIN, Luiz Edson. Aspectos jurídicos da união de pessoas do mesmo sexo. *RT* 732, p. 47-54, especialmente p. 52-53.

> humanismo e solidariedade constituem, quando menos, duas ferramentas para compreender esse desafio que bate às portas do terceiro milênio com mais intensidade. Reaprender o significado de projeto de vida em comum é uma tarefa que incumbe a todos, num processo sacudido pelos fatos e pela velocidade das transformações. Em momento algum pode o Direito fechar-se feito fortaleza para repudiar ou discriminar. O medievo jurídico deve sucumbir à visão mais abrangente da realidade, examinando e debatendo os diversos aspectos jurídicos que emergem das parcerias de convívio e de afeto. Esse é um ponto de partida para desatar alguns "nós" que ignoram os fatos e desconhecem o sentido de refúgio qualificado prioritariamente pelo compromisso socioafetivo.

O relator desse projeto, Deputado Roberto Jefferson, votando por sua constitucionalidade e o aprovando, no mérito, nos termos do substitutivo pelo mesmo relator oferecido e, adiante, por nós analisado, entende que "negar aos homossexuais os direitos básicos surgidos" de sua "parceria equivale a repudiar os princípios constitucionais", a saber, "a dignidade da pessoa humana; a justiça e a solidariedade entre os homens; a não discriminação de qualquer espécie; e o respeito aos direitos humanos".

O Parecer da Comissão Especial[18] não foi unânime, mas entendeu pela constitucionalidade e pela aprovação do projeto, com as alterações do Substitutivo e da mesma Comissão.

[18] A Comissão Especial destinada a apreciar e proferir parecer sobre o Projeto de Lei n. 1.151, de 1995, que "disciplina a união civil entre pessoas do mesmo sexo e dá outras providências", em reunião, opinou contra os votos dos Deputados Jorge Wilson, Philemon Rodrigues, Wagner Salustiano, e, em separado, dos Deputados Salvador Zimbaldi e Severino Cavalcanti, pela constitucionalidade, juridicidade e técnica legislativa e, no mérito, pela aprovação, deste, com substitutivo, com complementação de voto, nos termos do parecer do relator. Participaram da votação nominal os Deputados Marilu Guimarães, Roberto Jefferson, Lindberg Farias, Maria Elvira, Jorge Wilson, Severino Cavalcanti, Salvador Zimbaldi, Tuga Angerami, Jair Meneguelli, Sérgio Carneiro, Fernando Lyra, Fernando Gonçalves, Fernando Gabeira, Wagner Salustiano, Philemon Rodrigues e Marta Suplicy. A documentação relativa ao projeto encontra-se reproduzida no apenso de meu livro *Estatuto da família de fato* cit., 3. ed., p. 574-602.

Cumpre destacar, neste passo, primeiramente, o entendimento contrário do Deputado Salvador Zimbaldi:

> A desmoralização que se quer legalizar; o desmantelamento da família, com a instituição desta aberração contrária à Natureza, que criou cada espécie com dois sexos, afronta os mais comezinhos princípios éticos da sociedade brasileira. Ao regulamentar tão estapafúrdia situação, sem mesmo fazer-se uma pesquisa, consultando a população sobre a viabilidade desta legalização, o legislador está indo abalroar a consciência coletiva de nossos cidadãos. Com a criação deste novo estado civil de "emparceirados registrados" estar-se-á lançando a balbúrdia nos meios jurídicos, além da imoralidade atentatória aos nobres princípios da comunidade, e isto tão somente para beneficiar uma minoria. A lei assim como o Estado brasileiro são laicos, bem o sabemos, entretanto não podemos violentar o nosso povo, impingindo-lhe algo que repudia.

Por seu turno, com seu voto também contrário ao Projeto, manifestou-se o Deputado Severino Cavalcanti, sendo, adiante, destacados alguns trechos de seus comentários.

Primeiramente, quanto aos "direitos dos homossexuais", declara ambígua a palavra "direito", no Projeto, comentando:

> O que existe, por pior que seja, não pode ser negado que exista, mas isto não lhe confere automaticamente um direito a essa existência. O fato de existir o crime não lhe outorga direito de existência. Assim, uma situação que existe de fato, não pode passar, por esta simples razão, a uma situação de direito. Este só lhe é conferido em razão de atributos próprios que se conformem com a lei natural e a lei positiva.

Depois, no tocante à referida "segurança na prática da homossexualidade", anota:

> O projeto quer eliminar assim uma certa vergonha, um salutar sentimento de culpa, que poderiam levar a uma mudança de vida, a uma continência sexual sustentada pela graça, mesmo conservando a tendência desviada. Pois Deus nunca falta àqueles que sinceramente desejam cumprir sua lei e pedem o seu auxílio. O projeto, pelo contrário, leva os culpados a uma certa tranquilidade dentro do pecado, eliminando assim, quase completamente, a possibilidade de conversão.

Acrescenta ainda o Deputado que o "caráter profundamente rejeitável do projeto" é o de albergar "um tríplice atentado contra a lei moral" (nos campos individual, social e institucional) e o de "atrair a cólera divina sobre o Brasil", mostrando a posição da Igreja Católica, concluindo: "Uma lei que promove, favorece e estimula a prática de atos contra a natureza está em contraste total com a lei natural. Portanto, não deve ser considerada como lei, mas sim como corrupção da lei. E, enquanto tal, ser repudiada e combatida; e jamais apoiada, acatada ou tolerada".

Ressalte-se, nesse estágio, que a votação desse projeto, sobre a união civil de pessoas do mesmo sexo, não ocorreu na sessão da Câmara do dia 4 de dezembro de 1997, por falta de quórum. A autora do projeto pedira para que fosse esse retirado de pauta, temendo a forte oposição existente à época. Todavia, insistiam, os contrários a esse projeto, em que ocorresse sua votação.

Em 1998 deveria ter sido votado esse projeto, em sessão extraordinária da Câmara, mas não foi, ante ameaça muito forte, principalmente por Deputados católicos e evangélicos, de que seria boicotado o projeto de ajuste fiscal.

O projeto sob estudo ficou sem andamento, ante esses fatos de acirrada oposição a ele. Existe atualmente no Senado Projeto de Lei n. 612, de 2011, da autoria da mesma Marta Suplicy, agora no Senado, procurando alterar os arts. 1.723 e 1.726 do Código Civil, para admitir o reconhecimento legal da união estável entre pessoas do mesmo sexo.

Espero que esse atual Projeto do Senado seja convertido em lei.

4.2. Análise do projeto de Lei n. 1.151/95 e de seu substitutivo

Nessa trilha, passaremos à análise dos artigos do Projeto de Lei n. 1.151/95, da Câmara dos Deputados, e de seu Substitutivo, adotado pela Comissão Especial, datado de 10 de dezembro de 1996.

Partirei dos artigos do aludido Substitutivo, que melhorou a redação do Projeto originário, acrescentando alguns dispositivos de real importância.

Assim, no art. 1º assegura-se a duas pessoas do mesmo sexo o reconhecimento de sua "parceria civil registrada", objetivando, principalmente, a salvaguarda de seus direitos de propriedade e de sucessão hereditária.

Essa parceria constitui-se mediante registro em livro próprio nos Cartórios de Registro Civil de Pessoas Naturais (art. 2º) com a apresentação dos documentos dos interessados enumerados no § 1º: declaração de serem solteiros, viúvos ou divorciados; prova de capacidade civil absoluta, por meio de certidão de idade ou prova equivalente; e escritura pública de contrato de parceria civil. O § 2º incluído no Substitutivo repete a necessidade de que se registre a parceria, conforme *caput* do mesmo artigo. O § 3º estabelece a impossibilidade de alteração do estado civil dos contraentes, na vigência do contrato de parceria.

Esse § 3º é de extremo rigor, porque corrobora que o pretendido registro, em livro próprio, no Cartório de Registro Civil, mencionado no *caput* do artigo, não é só para valer contra terceiros, mas cria, perigosamente, um novo estado civil, que não pode ser alterado sem a extinção do contrato de parceria civil registrada. Esse estado civil nem os conviventes possuem, na união estável, que é reconhecida constitucionalmente como forma de constituição de família.

Vê-se, claramente, que, existindo constituição desse estado civil de parceiro ou de parceria, sua desconstituição judicial pode levar muito tempo, sobrecarregando o Poder Judiciário de ações e de processos dessa ordem. Mesmo em caso de morte do parceiro, deverá existir processo judicial para que, seguramente, constate-se esse fato, para que possa ser, por decisão do juiz, desconstituído o estado civil, no competente Registro.

Os ônus que se vão criar, com isso, e os sérios danos à comunidade podem ser antevistos; principalmente se os parceiros se separarem de fato, sem qualquer providência judicial, constituindo novas parcerias de fato.

Entendo a preocupação do prélegislador em amparar, de certo modo, as parcerias homossexuais; entretanto, essa situação de fato, como é a união estável entre homem e mulher, ficará assoberbada com esses excessos de formalismo, a que o povo brasileiro não está acostumado.

Admito que o registro desses contratos, como defendi a ideia na união estável, é salutar e de alta relevância na salvaguarda de direito de terceiros; mesmo criando novo estado civil, de parceiro civil ao lado do estado civil de solteiro, de casado e de divorciado. Nesse caso, deve também admitir-se o estado de separado judicialmente (hoje modificação do estado de casamento) e o estado de convivente ou companheiro, em relação à união estável entre homem e mulher.

A criação de estado civil novo criará muitos problemas jurídicos à sua desconstituição, mormente com relação às situações de fato, com regulamentação legal dos efeitos jurídicos da convivência, seja na união estável, seja na parceria civil.

Sugiro, pois, ao legislador que leve em conta essas observações, para admitir o registro do contrato de parceria entre o mesmo sexo, como também propus à união estável em meu projeto, vetado, nesse ponto, pelo Presidente da República, mas tão somente para valer contra terceiros.

Cria-se, assim, no clima de liberdade da convivência homossexual, como pretende a então Deputada Marta Suplicy, também um clima de responsabilidade e de justiça, relativamente a essa união, ainda que sem a criação de um novo estado civil, só alterável com a intervenção do Poder Judiciário.

O registro será feito, então, só para valer contra terceiros. Aliás, nesse ponto, chego à conclusão de que o registro mais eficaz é o que se realiza na Circunscrição Imobiliária, em que a averbação das situações jurídicas convivenciais é mais importante, enquanto não houver um cadastramento geral das pessoas, que esteja informado em todo o sistema registral. Tudo, para que se evitem alienações de imóveis, por um dos parceiros, em detrimento do outro ou de terceiros, malgrado exista registro do contrato de parceria, no Cartório de Registro Civil de Pessoas Naturais.

Por seu turno, o art. 3º do Substitutivo e do Projeto dá caráter solene ao contrato de parceria registrada, o qual deverá ser lavrado em Ofício de Notas, pactuado livremente, mas devendo versar sobre "disposições patrimoniais, deveres, impedimentos e obrigações mútuas".

Se houver disposição expressa no contrato, suas regras podem operar retroativamente para contemplar patrimônio comum, formado anteriormente à união (§ 1º, no Substitutivo; parágrafo único, no Projeto).

Inseriu-se no Substitutivo o § 2º desse mesmo art. 3º, pelo qual ficam proibidas disposições sobre adoção, tutela ou guarda de crianças ou de adolescentes, em conjunto, mesmo que sejam filhos de um dos parceiros. Tal providência foi importante para que se evitem traumas de caráter psíquico, principalmente para que não surjam na sociedade filhos, ou crianças, ou adolescentes que se mostrem só com pais ou só com mães. Sim, porque a autora do projeto de lei, embora tenha manifestado posição contrária à adoção pelos parceiros, a proibição da utilização desse instituto jurídico não se fez, expressamente, em seu texto de pré-legislação.

Anotese que o Projeto originário previa, nos incisos I e II de seu art. 4º, a extinção desse contrato de parceria pela morte de um dos parceiros ou por decreto judicial. Essa decisão, certamente, ocorrerá em caso de rescisão desse contrato, com descumprimento culposo de qualquer de suas cláusulas ou de dispositivos legais, atinentes a essa união, que é a infração contratual, prevista no inciso I do art. 5º do Substitutivo e do Projeto, ou, ainda, em caso de denúncia (resilição unilateral), quando a um dos parceiros não mais convier a convivência. Neste último caso, quando houver alegação, por um dos parceiros, de desinteresse na continuidade da união, conforme previsto no inciso II do art. 5º do Substitutivo e do Projeto.

Nesse ponto, o Substitutivo, mantendo, em seu art. 4º, esses dois incisos, do art. 4º do Projeto, inclui, ainda, um terceiro, para possibilitar, também, essa extinção contratual, por consentimento das partes, desde que homologado pelo juiz. Aqui, então, prevista a figura da resilição bilateral ou distrato, em que os parceiros manifestam o desejo de se separarem, perante o juiz, que homologará esse acordo escrito, verificando se foram cumpridos os requisitos legais e contratuais. Aliás, o Projeto já previa, no § 1º de seu art. 5º, a possibilidade de requererem, de comum acordo, consensualmente, as partes a homologação judicial da extinção de sua união civil.

Mesmo incluindo o aludido inciso III em seu art. 4º, o Substitutivo mantém o mencionado § 1º, agora como parágrafo único de seu art. 5º, que, de modo repetitivo, assegura esse requerimento das partes, consensualmente, amigavelmente, pleiteando a homologação judicial da extinção de sua parceria registrada.

Desse modo, atualmente, esse Substitutivo possibilita a referida extinção contratual por morte ou por via judicial, litigiosa ou amigável.

Ocorrendo a mencionada extinção contratual, a sentença que declarar extinta a parceria deverá conter a partilha dos bens dos parceiros, nos moldes do contrato dos interessados (art. 6º do Projeto e do Substitutivo).

Assinale-se que o art. 7º do Projeto foi eliminado, e exigia a averbação do registro da constituição ou da extinção da união civil, nos assentos de nascimento e de casamento das partes.

O art. 8º do Projeto, ainda, instituía como crime de ação pública, condicionada à representação, "manter o contrato de união civil", referido no aludido Projeto, "com mais de uma pessoa, ou infringir o § 2º do art. 2º", punível com pena de detenção de seis meses a dois anos.

Essa proibição de parceria civil com mais de uma pessoa, do art. 8º, foi reformulada, no Substitutivo, em seu art. 7º, sendo nulo de pleno direito o contrato que se fizer nesses moldes, ou, ainda, quando houver infração ao § 2º do art. 2º do mesmo Substitutivo (falta de registro desse contrato no Registro Civil de Pessoas Naturais).

Estabelece-se, ainda, no parágrafo único desse art. 7º que a infração mencionada em seu *caput* implica cometimento de crime de falsidade ideológica, sujeitando o infrator às penas previstas no art. 299 do Código Penal.

O intuito do prélegislador foi, em verdade, o de proibir a existência de dois ou mais contratos simultâneos de parceria civil; não, propriamente, o de proibir a existência dessas várias uniões, o que seria impossível.

Desse modo, pode alguém, na prática, ter vários parceiros, o que é impossível de proibir, como acontece com o casamento e o concubinato impuro, ou seja, adulterino ou incestuoso; como pode ocorrer o mesmo com a união estável (concubinato puro) e o concubinato desleal (em concorrência com o primeiro).

Essas situações ocorrem na sociedade independentemente do que queira, ou não, o legislador. O que este pode coibir é o duplo registro civil.

Todavia, para tentar impedir um registro, ante eventual existência de uma parceria civil, com escritura não registrada, é que o Substitutivo, sob cogitação, instituiu o crime de falsidade ideológica para os parceiros que venham a registrar uma parceria, tendo omitido a existência de parceria civil ou de registro de escritura anterior. O crime, portanto, consiste nessa omissão e não na manutenção de duas ou mais parcerias.

Tenha-se presente, ainda, que, existindo registro de uma parceria anterior, o próprio Cartório Civil impedirá o registro de outra escritura. O difícil será, eventualmente, acusar registro anterior, se não houver cadastramento do registro das parcerias.

No art. 8º do Substitutivo (9º do Projeto) alteram-se os arts. 29, 33 e 167 da Lei n. 6.015/73 (Lei de Registros Públicos).

O art. 29, no qual constam os atos que se fazem registrar no Registro Civil de Pessoas Naturais, fica acrescido do inciso IX, que autoriza, também, o registro dos "contratos de parceria civil registrada entre as pessoas do mesmo sexo". No § 1º desse artigo, que cuida das averbações, fica autorizada a averbação da "sentença que declarar a extinção da parceria civil registrada entre pessoas do mesmo sexo".

No art. 33, referido, inclui-se em seu inciso III o livro E, para "registro de contratos de parceria civil registrada entre pessoas do mesmo sexo".

Finalmente, no art. 167, que menciona as atribuições relativas ao Registro de Imóveis, fica acrescido o item 35 (deverá ser item 37, porque, atualmente, já existe o item 35, que foi inserido pela Lei n. 9.514/97, bem como o item 36, acrescentado pela Lei n. 9.785/99; o item 35 atual refere-se ao registro da alienação fiduciária em garantia de coisa imóvel e o item 36 cogita da imissão provisória na posse do Poder Público ou de entidades delegadas, para a execução de parcelamento popular em favor das classes de menor renda), de seu inciso I, pelo qual, além da matrícula, será feito o registro "dos contratos de parceria civil registrada entre pessoas do mesmo sexo que versem sobre comunicação patrimonial, nos registros referentes a imóveis ou a direitos reais pertencentes a qualquer das partes, inclusive os adquiridos posteriormente à celebração do contrato".

Acrescenta-se, ainda, no inciso II desse art. 167, em seu item 14, a averbação, também, das sentenças de extinção de parceria civil registrada entre pessoas do mesmo sexo ao lado das "sentenças de separação judicial, de divórcio, de nulidade ou anulação do casamento", sempre que, em qualquer delas, "nas respectivas partilhas existirem imóveis ou direitos reais sujeitos a registro".

O art. 9º do Substitutivo (art. 10 do Projeto) institui, como bem de família, o imóvel próprio e comum dos contratantes de parceria civil registrada, tornando-o impenhorável, nos moldes da Lei n. 8.009/90.

Essa Lei n. 8.009/90, que regulamenta o bem de família, só considera como tal o "imóvel residencial próprio do casal ou da entidade familiar". Comentando esse dispositivo legal, já ponderei[19] que:

[19] AZEVEDO, Álvaro Villaça. *Bem de família* cit., p. 191.

> um dos requisitos a que se constitua, em bem de família, esse mesmo imóvel é que deva ser de propriedade do casal, ou da entidade familiar. [...] Todavia, nada impede que esse imóvel seja de propriedade de um dos cônjuges, se, por exemplo, não forem casados pelo regime de comunhão de bens. O mesmo pode acontecer com um casal de conviventes, na união estável, ou com os integrantes de outra entidade familiar, sendo um só deles proprietário do imóvel residencial, em que vivem. Basta, assim, que um dos integrantes do lar seja proprietário do imóvel residencial, a constituir-se em bem de família.

Como resta evidente, tal dispositivo de pré legislação desvirtuaria, à época, a lei analisada; pois na parceria civil registrada não existia intuito de constituição de família, não existindo lar, o que impediria a existência do bem de família. Entretanto, se tal dispositivo vingasse, teríamos, aí, uma exceção, em completa dissonância com a Lei n. 8.009/90. Sim, porque o bem de família só pode existir no âmbito desta.

Atualmente, não haverá qualquer óbice, ante tal dispositivo, pois o Supremo Tribunal Federal já reconheceu a união homoafetiva como uma das formas de constituição de família e o Superior Tribunal de Justiça já reconheceu o casamento homoafetivo entre duas lésbicas.

Por seu turno, os arts. 10 e 11 do Substitutivo simplificam os textos dos arts. 11 e 12 do Projeto.

Assim, o art. 10 inscreve o parceiro como beneficiário do Regime Geral de Previdência Social, como dependente de seu parceiro segurado, desde que esteja registrado o contrato de parceria civil; extinto este, cancela-se, automaticamente, essa inscrição de beneficiário.

Melhor o texto do Substitutivo, porque prescinde da inclusão, nos §§ 3º e 2º, respectivamente, dos arts. 16 e 17 da Lei n. 8.213/91, de matéria relativa à parceria civil, com a da união estável; também no tocante ao cancelamento dessas uniões e parcerias, com o da inscrição do cônjuge, na situação prevista no mencionado § 2º do art. 17 da citada lei.

Do mesmo modo, no art. 11 do Substitutivo (art. 12 do Projeto), desde que comprovada a parceria civil, o parceiro será considerado beneficiário da pensão prevista no inciso I do art. 217 da Lei n. 8.112/90, que disciplina o regime jurídico dos servidores públicos civis da União, das autarquias e das fundações públicas federais.

O art. 12 do Substitutivo (art. 13 do Projeto) prevê a necessidade de a Administração Pública, estadual, municipal e do Distrito Federal disciplinar, por legislação própria, os benefícios previdenciários de seus servidores que tenham relacionamento de parceria civil registrada com pessoa do mesmo sexo.

Por sua vez, o art. 13 do Substitutivo, como o art. 14 do Projeto, concede direitos sucessórios aos contratantes de parceria civil registrada, nos moldes da Lei n. 8.971/94, relativa à união estável. Todavia, o aludido art. 13 do Substitutivo adapta, em quatro incisos, os casos de sucessão dos conviventes aos dos parceiros.

Assim, o parceiro sobrevivente, desde que não firme novo contrato de parceria civil registrado, terá direito ao usufruto da quarta parte dos bens de seu parceiro falecido, se este tiver filhos; bem como ao usufruto da metade desses bens se não houver filhos, ainda que sobrevivam os ascendentes do mesmo falecido (incs. I e II). Entretanto, se o parceiro falecido não deixar descendentes e ascendentes, terá o sobrevivente direito à totalidade da herança (inc. III). Ressalte-se, nesse ponto, que esses três incisos são adaptações dos três primeiros incisos do art. 2º da Lei n. 8.971/94, já citada.

Como acontecia, à época, presentemente, em matéria de união estável, quanto ao aludido inciso III, se editado esse, continuará a existir o absurdo de estarem alijados da herança os colaterais do falecido, relativamente aos bens adquiridos pelo parceiro, morto, antes de constituir a parceria civil registrada e os adquiridos, a título gratuito, durante a união.

O inciso IV desse art. 13 do Substitutivo, sob exame, é a adaptação do art. 3º da mencionada Lei n. 8.971/94 (relativa à união estável). Por ele, se os bens deixados pelo parceiro falecido tiverem resultado de atividade com a colaboração comum do sobrevivente, terá este direito à metade desse patrimônio. Nesse passo, está presente a regra de condomínio na aquisição de bens comuns, sem menção de cota condominial; pois, se essa for estipulada em contrato escrito ou no documento, mesmo, de aquisição, deverá ser respeitada.

O art. 14 do Substitutivo, tratando da matéria cogitada no art. 15 do Projeto, modifica a situação, nesse prevista, para pior. Realmente, pois esse art. 14 procura incluir novo inciso, no art. 454 do Código Civil, que trata, exclusivamente de curatela de cônjuge interdito, não separado judicialmente; nesse caso, o curador será o outro cônjuge. Na falta deste, os três parágrafos, que seguem, escalonam os pais do interdito; na falta desses, o descendente maior, mais próximo, precedendo ao mais remoto; na falta dessas pessoas, o curador escolhido pelo juiz.

Resta evidente que, não sendo a parceria civil registrada considerada casamento entre o mesmo sexo, não há como misturar seu tratamento legislativo com matéria matrimonial. Por isso que, relativamente a essa modificação, melhor seria que permanecesse indene o art. 15 do Projeto Marta Suplicy, que assentava que, em caso de "perda da capacidade civil" de qualquer um dos parceiros, teria o outro a "preferência para exercer a curatela".

O art. 15 do Substitutivo refere-se ao conteúdo do art. 16 do Projeto, objetivando nova redação ao art. 113 da Lei n. 6.815/80, que cuida da situação jurídica do estrangeiro no Brasil. Nesse artigo da apontada lei, no capítulo que trata das condições da naturalização, menciona-se que o prazo mínimo de residência, para concessão da naturalização, ou seja, quatro anos imediatamente anteriores a esse pedido, fixado no art. 112, III, pode ser reduzido, se o parceiro estrangeiro tiver contrato de parceria civil registrada com pessoa de nacionalidade brasileira. A posição do Projeto é a de incluir a matéria no inciso I do referido art. 113 ("ter filho ou cônjuge brasileiro" e "companheira de união civil entre pessoas do mesmo sexo, brasileiro ou brasileira". Essa redação, além de não ser boa, implica, mais uma vez, a mistura de matéria matrimonial com parceria civil registrada, que não é casamento. Melhor, portanto, a posição do Substitutivo, que acrescenta o inciso VI, nesse art. 113, do seguinte teor: "ter contrato de parceria civil registrada com pessoa de nacionalidade brasileira").

O Substitutivo incluiu dois artigos, 16 e 17, estes, sim, de grande utilidade e alcance social.

O art. 16 reconhece aos parceiros o "direito de composição de rendas para aquisição de casa própria", bem como todos os direitos relacionados com "planos de saúde e seguro de grupo".

Como resta evidente, os parceiros podem somar suas economias, para possibilitar, esse somatório, a aquisição de sua moradia, que ficará garantida, como visto, como bem de família, caso essa exceção exista na futura lei. Também, o plano de saúde e de seguro de grupo, feito por um, beneficiará o outro.

Finalmente, o art. 17 do Substitutivo admite aos parceiros a inscrição, um do outro, como dependentes para efeitos de legislação tributária, já que vivem em sociedade de fato, com ganhos e gastos comuns. Aplicam-se, assim, a eles as deduções tributárias.

Os dois últimos artigos do Substitutivo, 18 e 19 (arts. 17 e 18 do Projeto), cuidam, respectivamente, do início de vigência, na data em que for publicada a lei, e da revogação de disposições em contrário.

Todos esses direitos, previstos nesses Projeto e Substitutivo, estão atualmente admitidos por julgados de nossos Tribunais ou na esfera Administrativa, com o selo de reconhecimento das decisões do Supremo Tribunal Federal e do Superior Tribunal de Justiça, a final, comentadas.

5. Evolução da situação atual no brasil

Importante notar, inicialmente, que a Instrução Normativa do INSS/DC n. 25, de 7 de junho de 2000, estabelece, por força de decisão judicial, procedimentos a serem adotados para a concessão de benefícios previdenciários ao companheiro ou companheira homossexual[20].

Desse modo, por essa Instrução, a pensão por morte e o auxílio reclusão podem ser requeridos por companheiro ou companheira homossexual, com fundamento nas rotinas disciplinadas no Capítulo XII da Instrução Normativa INSS/DC n. 20/2000 (art. 2º).

A comprovação da "união estável e dependência econômica" deverá ser feita mediante os seguintes documentos:

> I – declaração de Imposto de Renda do segurado, em que conste o interessado como seu dependente; II – disposições testamentárias; III – declaração especial feita perante tabelião (escritura pública declaratória de dependência econômica); IV – prova do mesmo domicílio; V – prova de encargos domésticos evidentes e existência de sociedade ou comunhão nos atos da vida civil; VI – procuração ou fiança reciprocamente outorgada; VII – conta bancária conjunta; VIII – registro em associação de classe, onde conste o interessado como dependente do segurado; IX – anotação constante de ficha ou livro de registro de empregados; X – apólice de seguro da qual conste o segurado como instituidor do seguro e a pessoa interessada como sua beneficiária; XI – ficha de tratamento em instituição de assistência médica da qual conste o segurado como responsável; XII – escritura de

[20] Publicada no *DOU* 110-E, de 8-6-2000, p. 4 (em que se cogitava só de pensão por morte), e republicada no *DOU* 111-E, de 9-6-2000, p. 88 (em que se inclui, também, auxílio reclusão), fundamentada na Ação Civil Pública 2000.71.00.009347-0.

compra e venda de imóvel pelo segurado em nome do dependente; XIII – quaisquer outros documentos que possam levar à convicção do fato a comprovar (art. 3º).

E completa o art. 4º:

> Para a referida comprovação, os documentos enumerados nos incisos I, II, III e IX do artigo anterior, constituem, por si só, prova bastante e suficiente, devendo os demais ser considerados em conjunto de no mínimo três, corroborados, quando necessário, mediante Justificação Administrativa – JA.

Resta evidente que a enumeração do art. 3º não é taxativa, sendo também clara a importância aos documentos referidos nos incisos I, II, III e IX desse mesmo artigo. As outras provas ali mencionadas são muito fracas, ainda que em grupo de três, como a prova do mesmo domicílio, da procuração ou fiança reciprocamente outorgada ou conta bancária conjunta (dois estudantes de uma república podem apresentar dita documentação, sem serem homossexuais). O que se deve ter em conta é a convivência e a dependência econômica.

Estudando a situação atual da matéria relativamente à união homoafetiva no Brasil, Flávio Tartuce e José Fernando Simão[21] mostram a existência de duas correntes.

Pela primeira, a união homossexual não constitui entidade familiar, configurando uma sociedade de fato, aplicando-se a ela o Direito das Obrigações, para a solução dos seus problemas. O parceiro é sócio devendo aplicar-se quanto ao prisma patrimonial a regra do esforço comum, com aplicação da Súmula 380 do Supremo Tribunal Federal.

Os parceiros, nessa situação, não podem adotar, a não ser individualmente, não podendo se valer, um do outro, de seguro saúde e de alimentos.

Só haveria afeto e não um núcleo familiar.

Citavam esses autores, como integrantes dessa primeira corrente, Maria Helena Diniz, Sílvio de Salvo Venosa, Inácio de Carvalho Neto e Álvaro Villaça Azevedo. Os mesmos autores, já em 2011[22], ressalvam

[21] *Direito civil*: direito de família. 7. ed. São Paulo: Método, 2012. v. 5, p. 302-315.

[22] *Direito civil*: direito de família. 6. ed. São Paulo: Método, 2011. v. 5, p. 320.

que Álvaro Villaça Azevedo, filiado a essa primeira corrente, "conforme apontado em palestras e exposições, o Mestre das Arcadas mudou de posição, filiando-se agora à segunda corrente", o que é certamente correto.

Ressalte-se, nesse ponto, o posicionamento jurisprudencial quanto a esse primeiro entendimento, em inúmeros casos[23].

Destaquem-se, mais, julgados que admitem partilha de bens entre companheiros homossexuais, desde que comprovado o esforço comum na aquisição patrimonial[24].

Concedeu-se, ainda, a condição de herdeiro ao companheiro sobrevivo, na ausência de herdeiros sucessíveis, sendo nomeado inventariante[25].

Por outro lado, fundado em precedentes jurisprudenciais, o Tribunal de Justiça do Rio Grande do Sul aplicou, por analogia, à união homoafetiva os princípios constitucionais da dignidade da pessoa humana e da igualdade e os do Código Civil atinentes à união estável[26].

Decisão que merece destaque, do Tribunal de Justiça de São Paulo[27], fundada em precedente do STJ[28], assentou que o Tribunal de Justiça reconhecendo "um relacionamento levado a sério por mulheres resolvidas", "impede que o falso moralismo bloqueie práticas afirmativas de

[23] STJ, REsp 502.995/RN, 4ª T., rel. Min Fernando Gonçalves, j. 26-4-2005, *REVJUR* v. 332, p. 113; STJ, REsp 148.897/MG, *RSTJ* 110/313; *RT* 756/117; *Lex STJ*, v. 108, ago. 1998, p. 235; STJ, REsp 773.136/RJ, 3ª T., rel. Min. Nancy Andrighi, j. 10-10-2006, *DJ* de 13-11-2006, p. 259 (esforço comum); TJMG, Processo 1.0024.04.537121-8/002, 12ª Câm. Cív., rel. Des. Domingos Coelho, j. 24-5-2006; TJGO, CNC 994-3/194 (200701327426)-Goiânia, 2ª Seção Cív., rel. Des. Carlos Escher, *DJE* de 29-10-2007; casos citados por TARTUCE, Flávio; SIMÃO, José Fernando. *Direito civil* cit., 7. ed., p. 302-304.

[24] *RT* 849/379

[25] TJSP, AI 6.337.424.100/SP, 4ª Câm. de Dir. Priv., rel. Des. Teixeira Leite, j. 25-6-2009.

[26] TJRS, Apel. Cív. 70.005.488.812, rel. Des. José Carlos Teixeira Giorgis, j. 25-6-2003, *RBD* Fam 31/92.

[27] TJSP, Apel. Cív. 478.576-4/4, rel. Des. Ênio Santarelli Zuliani, j. 1º-2-2007; em sentido contrário, TJSP, Apel. Cív. 994.093.422.625-Americana, 7ª Câm. de Dir. Priv., rel. Des. Luiz Antônio Costa, j. 16-12-2009; TJRS, Apel. Cív. 70.026.584.698, 7ª Câm. Cív., rel. Des. José Conrado de Souza Júnior, *DO* de 5-6-2009, *RBDF*10/167, Milton Paulo de Carvalho Filho, Código Civil, cit., p. 1.984.

[28] STJ, REsp 395.904/RS, rel. Min. Hélio Quaglia Barbosa, j. 13-12-2005, *DJ* de 6-2-2006.

inclusão dos parceiros ao regime dos benefícios das relações heterossexuais, como os proventos de aposentadoria".

Esclareço, de minha parte, que tenho entendido possível, ante a prova da parceria homoafetiva, poderem os parceiros usufruir, um do outro, dos benefícios previdenciários: seguro saúde e pensão junto ao INSS *post mortem*.

Sempre tenho dito a meus clientes homossexuais para lançarem-se como companheiros na carteira de trabalho, declaração que tem fé pública, até prova em contrário, para fazerem jus aos mencionados benefícios previdenciários.

Aconselhoos, também, a fazerem contratos escritos e/ou testamentos, para regularem o regime condominial de seu patrimônio.

Lembre-se, ainda, de Jurisprudência que não admite que o parceiro figure como dependente em plano de saúde[29] ou possa pleitear alimentos[30].

Também não se admitiu habilitação de herdeiro e meeiro em inventário de companheiro homossexual, sendo o direito sucessório restrito a união de homem e mulher[31].

Pela segunda corrente mencionada, a união homoafetiva é entidade familiar, devendo-se aplicar, por analogia, a ela, as regras da união estável, considerando-se a proteção que se deve à pessoa, em face do princípio constitucional da dignidade da pessoa humana.

Defende esse entendimento Maria Berenice Dias, que considera meramente exemplificativa a enumeração dos parágrafos do art. 226 da Constituição Federal de 1988.

Em abono a essa segunda corrente, decidiu o Tribunal de Justiça do Rio Grande do Sul, sendo relatora a Des. Maria Berenice Dias[32], enten-

[29] TJRJ, Apel. Cív. 2005.001.44730, 2ª Câm. Cív., rel. Des. Jessé Torres, j. 23-11-2005, TARTUCE, Flávio; SIMÃO, José Fernando. *Direito civil* cit., 7. ed., p. 304.

[30] TJRJ, Apel. cív. 2007.001.04634, rel. Des. Marcos Alcino A. Torres. 16ª Câm. Cív., j. 24-4-2007, TARTUCE, Flávio; SIMÃO, José Fernando. *Direito civil* cit., 7. ed., p. 304-305.

[31] *RT* 812/220 (TJSP, AgIn 266.853.4/8, 4ª Câm, rel. Des. Rebello Pinho, j. 28-11-2002, v.u.); no mesmo sentido: TJRJ, Apel. 10.704/2000, 3ª Câm., rel. Des. Antonio Eduardo F. Duarte, j. 7-11-2000, *DORJ* de 3-5-2001.

[32] TJRS, Apel. Cív. 70009550070, 7ª Câm. Cív., j. 17-11-2004, *Boletim IBDFAM* nov.-dez. 2008, Jurisprudência e Nota, p. 11, com voto vencido do Des. Sérgio Fernando de Vasconcellos Chaves.

dendo que a ausência de lei específica sobre o tema não implica ausência de direito.

Destaque-se que a Corregedoria-Geral da Justiça do Rio Grande do Sul, considerando o Parecer n. 006/2004 do Conselho da Magistratura, promoveu a inclusão de um parágrafo único no art. 215 da CNNR-CGJ (Consolidação Normativa Notarial Registral), para possibilitar aos que vivem em comunhão afetiva o registro de documentos que digam respeito a tal relação. A Medida foi publicada no *Diário da Justiça* de 3 de março de 2004.

De registrar-se, nesse passo, que o Tribunal Superior Eleitoral, por seu pleno, reconheceu o relacionamento homossexual de candidata à Prefeitura da cidade de Viseu, no estado do Pará, com a atual prefeita dessa localidade, para declará-la inelegível em face do art. 14 da Constituição Federal de 1988, cassando o registro dessa candidata[33].

Principalmente o Tribunal de Justiça do Rio Grande do Sul vem admitindo a união homoafetiva com os mesmos elementos da união estável, constituindo uma célula familiar, para ser reconhecida[34]. Havendo outros Tribunais que, também, admitem essa união, como o de Minas Gerais e do Rio de Janeiro[35], com aplicação analógica das regras da união estável e sob fundamento do princípio constitucional da dignidade da pessoa humana.

[33] Eleições 2004. Disponível em: <http://noticias.terra.com.br/eleições2004/interna/0,OI394809-EI 2542,00.html>, de 1º-10-2004. "Art. 14. [...] § 7º São inelegíveis, no território de jurisdição do titular, o cônjuge e os parentes consanguíneos ou afins, até o segundo grau ou por adoção, do Presidente da República, de Governador de Estado ou Território, do Distrito Federal, de Prefeito ou de quem os haja substituído dentro dos seis meses anteriores ao pleito, salvo se já titular de mandato eletivo e candidato à reeleição".

[34] TJRS, Apel. Cív. 70012836755, 7ª Câm. Cív., rel. Des. Maria Berenice Dias, j. 21-12-2005; TJRS, Emb. Infr. 70006984348, 4º Grupo de Câm. Cív., rel. Des. Maria Berenice, j. 14-11-2003; TJRS, Apel. Cív. 70005345418, 7ª Câm. Cív., rel. Des. José Carlos Teixeira Giorgis, j. 17-12-2003; *in* Tartuce e Simão, o.c., p. 306 e 307, 7. ed..

[35] TJMG, ACi com ReeNec 1.0024.06.930324-6/001-Belo Horizonte, 7ª Câm. Cív., rel. Des. Heloisa Combat, j. 22-5-2007, v.u.; TJRJ, Apel. cív. 2005.001.34933, 8ª Câm. Cív., rel. Des. Letícia Sardas, j. 21-3-2006; TARTUCE, Flávio; SIMÃO, José Fernando. *Direito civil* cit., 7. ed., p. 307.

Sob os mesmos fundamentos, julgou o Tribunal de Justiça de São Paulo, reconhecendo a união homoafetiva, para fins previdenciários[36].

Caso muito importante e citado é o do Superior Tribunal de Justiça[37] que admite que a lei ao possibilitar a união estável entre homem e mulher, não proibiu a união entre dois homens ou duas mulheres, desde que tenha os mesmos requisitos daquela união.

A união homoafetiva, gerando direitos analógicos à união estável permite seja incluído o companheiro dependente em plano de assistência médica do outro[38], devendo haver partilha de bens adquiridos pelos parceiros, com direito recíproco a alimentos, sendo o feito julgado em varas de família[39].

Registre-se, ainda, a proposição do Governador do Estado do Rio de Janeiro, em fevereiro de 2008, junto ao Supremo Tribunal Federal, de uma Ação de Arguição de Descumprimento de Preceito Fundamental (ADPF 132-RJ)[40], no sentido de aplicar-se às uniões homoafetivas o regime das uniões estáveis. Nesse pedido, alegou-se a violação de preceitos fundamentais constitucionais, como o direito à igualdade (art. 5º, *caput*), o direito à liberdade, do qual resulta a autonomia da vontade (art. 5º, II), o princípio da dignidade da pessoa humana (art. 1º, III) e o princípio da segurança jurídica (art. 5º, *caput*). Em seu pedido o Governador relata as dificuldades do Estado na concessão administrativa a homossexuais de licenças em razão de doenças de pessoa da família e de auxílio doença e assistência médico hospitalar, entre outros posicionamentos. Tudo com parecer favorável da Advocacia-Geral da União, para anulação das decisões do TJRJ, à época de lavra de José Antonio Dias Tofolli, hoje Ministro do Supremo Tribunal. Em 2009, a Procuradoria-Geral da República ajuizou outra ADPF (178/DF)[41], com o mesmo objetivo,

36 TJSP, CC 170.046.0/6, Ac. 3571525-SP, Câm. Especial, rel. Des. Maria Olívia Alves, j. 16-3-2009, *DJESP* de 30-6-2009.

37 REsp 820.475/RJ, 4ª T., rel. Min. Antônio de Pádua Ribeiro, rel. p/ acórdão Min. Luis Felipe Salomão, j. 2-9-2008; no mesmo sentido: TJRS, Apel. Cív. 70.023.812.423, 8ª Câm. Cív., rel. Des. Rui Portanova, j. 2-10-2008.

38 STJ, Ag. Reg. no Ag. 971.466/SP, 3ª T., rel. Min. Ari Pargendler, j. 2-9-2008.

39 TJRS, Apel. Cív. 70.021.908.587, 7ª Câm. Cív., rel. Des. Ricardo Raupp Ruschel, j. 5-12-2007

40 TARTUCE, Flávio; SIMÃO, José Fernando. *Direito civil* cit., 7. ed., p. 309 e 310.

41 Idem.

convertida na ADI 4.277/DF, que foram julgadas procedentes recentemente pelo Supremo Tribunal Federal e que são adiante analisadas.

Restava, então, evidente a tendência de nossos Tribunais à consideração da união homoafetiva como instituto do Direito de Família, admitindo-se por analogia o preceituado nos arts. 1.725 e 1.790 do Código Civil, com a admissão em tese do regime patrimonial da comunhão parcial de bens, salvo contrato escrito, e do recebimento de herança pelo companheiro supérstite, quanto aos bens adquiridos onerosamente durante a união.

Daí a possibilidade de adoção pelo casal homossexual, como admitido pelo Tribunal de Justiça do Rio Grande do Sul por decisão pioneira de 5 de abril de 2006[42].

Em 2 de setembro de 2008, admitiu o Superior Tribunal de Justiça a possibilidade jurídica do pedido de reconhecimento de união homoafetiva.

A Quarta Turma desse Tribunal determinou que a Justiça Fluminense retomasse o julgamento de ação requerida por homossexuais, que tinha sido julgada sem análise do mérito. O julgamento foi de 3 votos a 2, com o voto de desempate do Ministro Luís Felipe Salomão. Os Ministros Pádua Ribeiro (relator) e Massami Uyeda votaram a favor do pedido, que fora também negado pelo Tribunal de Justiça do Rio de Janeiro, e os Ministros Fernando Gonçalves e Aldir Passarinho Júnior que entenderam que a Constituição Federal só permite união estável entre homem e mulher como entidade familiar[43], conforme noticiado.

Essa citada notícia destaca, ainda, que o direito patrimonial de casais do mesmo sexo não é novidade no STJ, mencionando-se jurisprudência sobre várias situações: direito do parceiro receber metade do patrimônio obtido pelo esforço comum[44]; direito de receber pensão previdenci-

[42] TJRS, Apel. Cív. 70013801592-Bagé, 7ª Câm. Cív., rel. Des. Luiz Felipe Brasil Santos, com a participação dos Desembargadores Maria Berenice Dias (Presidente) e Ricardo Raupp Ruschel.

[43] Disponível em: <http://www.ibdfam.org.br/?noticias&noticia=2636>, em 4-9-2008.

[44] STJ, REsp 148.897, rel. Min. Ruy Rosado de Aguiar, de 1998.

ária por morte do companheiro falecido[45]; colocação de dependente em plano de saúde[46].

Havia toda uma tendência de nossos Tribunais, a considerar a união homoafetiva no âmbito do Direito de Família, com os benefícios de união estável.

Ressalte-se, atualmente, no âmbito da segunda corrente analisada, o projeto de lei apresentado pelo Deputado Sérgio Barradas Carneiro, elaborado pelo IBDFAM, conhecido como Estatuto das Famílias (Projeto de Lei n. 2.285, de 2007). Esse Projeto de Lei n. 2.285, de 2007, foi apensado ao PL 674, de 2007, paralisado desde 2011, infelizmente.

Esse projeto mostra uma tentativa válida de criar o Estatuto próprio do Direito de Família, destacando-o dos livros, que compõem o Código Civil.

Todavia, no que se refere à matéria relativa às uniões homossexuais, foi ela vetada em todo projeto, pois considerada não integrante do Direito de Família. Tudo para que o projeto fosse aprovado.

O art. 68 desse projeto reconhece a união homoafetiva entre duas pessoas do mesmo sexo, que mantenham convivência pública, contínua, duradoura e com o objetivo de constituição de família, como entidade familiar, aplicando-se, no que couber, as regras relativas à união estável, incluindo-se a guarda e convivência com os filhos, adoção de filhos, direito previdenciário e o direito à herança.

Notase, assim, a tendência negativa do Poder Legislativo, que reluta em não admitir a entidade familiar composta de convivência de pessoas do mesmo sexo.

Essa resistência vem sendo sentida, principalmente a partir do projeto de lei apresentado pela então Deputada Marta Suplicy (PL n. 1.151, de 1995), atrás analisado.

Desse modo, já pelas decisões mencionadas do Poder Judiciário, a respeito desse relacionamento homoafetivo, percebe-se que o Poder

[45] STJ, REsp 395.904, 6ª T., rel. Min. Hélio Quaglia Barbosa, j. 13-12-2005; ver, ainda, decisão do STF, deferindo direitos previdenciários ao parceiro homossexual, Origem Pet 1.984/RS, rel. Min. Marco Aurélio, j. 10-2-2003, *DJ* de 20-2-2003; recentemente o STJ estendeu esses direitos previdenciários à previdência privada, REsp 1.026.981/RJ, rel. Min. Nancy Andrighi, j. 4-2-2010.

[46] STJ, REsp 773.136, rel. Min. Humberto Gomes de Barros.

Judiciário passou além do Poder Legislativo, admitindo, amplamente, a consideração dessa união familiar entre o mesmo sexo.

Os ministros do Supremo Tribunal Federal vinham mostrando entendimento a favor do reconhecimento dessa união homoafetiva, com todos os direitos que dela decorrem como o relativo à adoção de crianças e à concessão de pensionamento, conforme noticiado[47].

Ressalta essa notícia, ainda, que há falta de sintonia nas decisões dos tribunais estaduais e de juízes dos 26 Estados e do Distrito Federal, apresentando divergências sobre o tema. Daí a possibilidade de unificação do assunto mediante súmula editada por essa Suprema Corte.

Tenha-se presente, também, que a Procuradoria-Geral da Fazenda Nacional (PGFN) deu parecer favorável à consulta de uma servidora pública, solicitando a inclusão de sua companheira como dependente para efeito de dedução do Imposto de Renda de Pessoa Física (IRPF). Esse parecer foi aprovado pelo Ministro da Fazenda, Guido Mantega, tendo força normativa por toda a administração federal. Desse modo, a partir do dia 2 de agosto de 2010, o (a) contribuinte que tiver relação estável homossexual de mais de cinco anos poderá incluir seu parceiro ou sua parceira como dependente na declaração do Imposto sobre a Renda da Pessoa Física, podendo fazer as retificações nas declarações apresentadas nos últimos cinco anos (desde 2006)[48].

Por seu turno, o Ministro da Defesa, Nelson Jobim, informou, no dia 6 de maio, seguinte a esse julgamento, que os direitos dos militares que convivem em parceria do mesmo sexo, serão garantidos pelas Forças Armadas, como no caso de pensão em caso de morte[49].

Como visto, até este ponto, foram ressaltados importantes julgamentos a favor do reconhecimento da união entre homossexuais como entidade familiar.

Já, então, dizia eu[50], não havia como fugir-se à realidade aderindo desde então à mencionada 2ª corrente, atrás citada, em face do que real-

[47] Notícia de *O Estado de S. Paulo*, por Mariangela Gallucci, na edição de 22 de agosto de 2009 (sábado), A28, no item Vida & Sociedade.

[48] Notícia por Adriana Fernandes, da Agência de *O Estado de S. Paulo*, Economia & Negócios. Disponível em: <http://economia.estadao.com.br/noticias/not_29873.htm>, em 3-8-2010.

[49] Conforme *Boletim IBDFAM*, maio-jun. 2011, p. 6.

[50] AZEVEDO, Álvaro Villaça. *Estatuto da família de fato* cit., 3. ed., p. 455.

mente acontece no Brasil, necessitando a união homoafetiva autônoma de proteção e de tratamento jurídico, como mais uma forma de constituição de família, incluída no rol dos parágrafos do art. 226 da Constituição Federal.

6. Posição atual do supremo tribunal federal

Em 5 de maio de 2011, o Plenário do Supremo Tribunal Federal, em ocasião histórica, julgou duas ações diretas de inconstitucionalidade (Arguição de descumprimento de preceito fundamental – ADPF 132/RJ e outra conexa – ADin 4.277), relativas à apreciação de uniões homoafetivas, em que se discutiu a interpretação legitimadora do art. 1.723 do Código Civil, em face da Constituição Federal, permitindo a declaração de sua incidência também sobre a união de pessoas do mesmo sexo, com convivência pública, contínua e duradoura, com o intuito de constituição de família. Ações já anteriormente mencionadas, respectivamente ajuizadas pela Procuradoria-Geral da República e pelo Governador do Rio de Janeiro, Sérgio Cabral.

O julgamento foi pela procedência das ações, admitindo a união de pessoas do mesmo sexo como entidade familiar, nos termos do acórdão, que está para ser publicado.

Por essa procedência votaram a favor dez Ministros: o Relator Carlos Ayres Britto, Ricardo Lewandowski, Carmen Lúcia, Marco Aurélio, Celso de Mello, Luiz Fux, Joaquim Barbosa, Gilmar Mendes, Ellen Gracie e Cezar Peluso; isso porque o Ministro José Antonio Dias Toffoli não votou em razão de impedimento, por ter dado parecer favorável à anulação das decisões do TJRJ, à época, pela Advocacia-Geral da União.

Embora não tendo sido disponibilizados todos os votos, o que pude observar é que eles reconhecem a união homoafetiva como entidade familiar, vendo o art. 226 da Constituição Federal não em *numerus clausus*, mas com texto dispositivo (não taxativo), admitindo direitos à pensão alimentícia e previdência, à herança de bens adquiridos em comum e à adoção conjunta.

Aplicam-se à união homoafetiva como entidade familiar "as regras do instituto que lhe é mais próximo, qual seja, a união estável heterossexual, mas apenas nos aspectos em que são assemelhados, descartando-se aqueles que são próprios da relação entre pessoas de sexo distinto, segundo a vetusta máxima *ubi eadem ratio ibi idem jus*, que fundamenta o emprego da analogia no âmbito jurídico" (voto do Ministro Ricardo Lewandowski).

O Ministro relator Carlos Ayres Britto fundamentou seu voto no art. 3º, IV, da Constituição Federal, que proíbe toda discriminação em virtude de sexo, raça, cor, idade, ou por quaisquer outras formas.

7. Posição atual do superior tribunal de justiça

Por sua vez, o Superior Tribunal de Justiça admitiu o casamento homossexual, ao julgar, por sua 4ª Turma, em 25 de outubro de 2011, o recurso de duas mulheres lésbicas do Rio Grande do Sul, que cassara autorização para a realização de casamento civil[51].

Esse julgamento foi acolhido por 4 votos contra 1, o do Ministro Raul Araújo, que entendeu ser a matéria de competência do Supremo Tribunal Federal.

Como visto, o Superior Tribunal de Justiça, ao autorizar o casamento civil entre mulheres[52], facilitou a vida dos "casais" homossexuais, que não mais necessitam de união estável reconhecida.

Assim, de simples proteção de união de família que tinham esses "casais", com aplicação analógica da legislação da união estável, passaram a existir autonomamente como casados (casamento civil), enquadrada a união nas normas sobre esse casamento, no Código Civil.

Em seu voto, o Ministro Relator Luis Felipe Salomão afirmou "que não é possível vetar aos casais homoafetivos os direitos garantidos aos heterossexuais. Impedir que se casassem... seria violar princípios expressos na Constituição".

Entendo que a competência do Superior Tribunal de Justiça foi admitida corretamente, pois julgou matéria de Direito de Família e não exclusivamente de Direito Constitucional, embora estivessem presentes no julgamento vários princípios constitucionais. Aliás, atualmente, esses princípios integram as relações jurídicas, principalmente quando está presente a preservação da dignidade humana.

O casamento civil é instituto jurídico do Direito Civil da Família, que sempre teve proteção, maior ou menor, nos textos constitucionais.

[51] *Tribuna do Direito*, Direito de Família 1º-11-2011, p. 18; REsp 1.183.378.

[52] *O Estado de S. Paulo*, reportagem de Felipe Recondo, em 26 de outubro de 2011, Vida, p. A19.

Pontifica-se, assim, o Poder Judiciário a resolver os problemas dos cidadãos, mesmo sem o apoio da legislação específica. Principalmente porque o Poder Legislativo tem sido expresso em negar a união homoafetiva, por ele celeremente reprovada, com duros termos dos segmentos religiosos que o integram, desde o projeto da Deputada Marta Suplicy, que era mais suave do que a atual decisão do Superior Tribunal de Justiça, pois não considerava a parceria homossexual como casamento.

Com essas decisões judiciais ainda não vinculativas, cada interessado, para a defesa de seus direitos homoafetivos tem que recorrer ao Poder Judiciário, alegando os precedentes existentes, para que seus direitos sejam reconhecidos.

8. Minha atual posição

Com todas as decisões que se originaram de nossos Tribunais a culminar com esses julgamentos recentes de nossos Tribunais Superiores, reconhecendo a união homoafetiva como entidade de direito de família ora equiparando-a em certas regras, analogicamente, com a união estável, ora como casamento civil, admitiu-se uma realidade social brasileira e mundial, que vem acontecendo e da qual não podemos fugir.

Assim, também o meu enfoque sobre a matéria que sofreu alterações e que merece ser, nessa feita, esclarecido.

A proteção que sempre dediquei à união homoafetiva como sociedade de fato sofre uma transformação a considerá-la atualmente como união de caráter familiar. Assim aconteceu, também, porque o posicionamento social mudou, colocando em ostentação a convivência de pessoas do mesmo sexo que existia em verdadeiro anonimato.

Não pode o jurista fugir à realidade.

O mero comportamento homossexual que sempre existiu na humanidade, mostram-se, atualmente, como núcleos familiares, que merecem o respeito da sociedade, que, em princípio, mostra-se hostil a essa convivência, como em outras situações mostrou-se no passado.

Assim aconteceu, com o repúdio à ideia do divórcio e com a convivência concubinária pura (não incestuosa e não adulterina), em que viviam pessoas desquitadas aos olhos críticos da sociedade, principalmente as mulheres que sofriam discriminações sociais pela sua condição de serem desquitadas e mal vistas como se de mau comportamento.

Restos de um machismo que agoniza atualmente, depois do reconhecimento paulatino dos direitos da mulher, principalmente a partir da Lei n. 4.121/62, conhecida como Estatuto da Mulher Casada.

No tocante ao concubinato puro, muito lutei pela sua defesa, que culminou com a publicação de minha tese intitulada do Concubinato ao Casamento de Fato, publicada um ano e meio antes da Constituição Federal de 1988.

Com meu[53] esforço muito grande junto ao Relator da Constituinte, então Senador Bernardo Cabral, foi incluído o concubinato puro (como era por mim chamado) no texto da mesma Constituição, no § 3º de seu art. 226, com o nome de união estável.

O anteprojeto de lei que elaborei na aludida tese foi utilizado como Projeto de Lei (PL n. 1.888/91), pela Deputada Beth Azize, com o apoio constante do grupo CFEMEA, de Brasília, e que se transformou na Lei n. 9.278/96.

Depois, a matéria foi incorporada ao Código Civil, tendo a união estável recebido o respeito e a aprovação de nossa sociedade, que reprovara, antes, a união concubinária pura.

Atualmente, a grande defesa da união homoafetiva é sua quase equiparação à união estável de um lado e o reconhecimento como casamento, de outro lado, que acolhe especificamente a convivência heterossexual.

A consideração atual de que as regras da união estável devem ser aplicadas analogicamente à união homoafetiva foi o entendimento do Supremo Tribunal Federal ao interpretar o art. 1.723 do Código Civil, diante dos casos concretos que foram apresentados à decisão, como mais recentemente o enquadramento dessa união homoafetiva como casamento, no Código Civil.

Todavia, além dessa interpretação da Corte Suprema e do Superior Tribunal de Justiça, é melhor encarar a união homoafetiva como um instituto jurídico autônomo dentro do contexto enunciativo do art. 226 da Constituição Federal, já que o Tribunal Supremo considerou essa convivência como entidade de Direito de Família.

[53] AZEVEDO, Álvaro Villaça. *Estatuto da família de fato* cit., p. 240.

Bem apreendeu esse espírito o Ministro Ricardo Lewandowski quando referiu em seu cuidadoso e profundo voto, meu entendimento[54]:

> Nesse sentido, aliás, observa o Professor Álvaro Villaça Azevedo que: '[...] a Constituição de 1988, mencionando em seu *caput* que a família é a 'base da sociedade', tendo 'especial proteção do Estado', nada mais necessitava o art. 226 de dizer no tocante à formação familiar, podendo o legislador constituinte ter deixado de discriminar as formas de constituição da família. Sim porque ao legislador, ainda que constituinte, não cabe dizer ao povo como deve ele constituir sua família. O importante é proteger todas as formas de constituição familiar, sem dizer o que é melhor'.

Desse modo, enquanto não for a matéria objeto da legislação própria, a união homoafetiva irá recebendo a proteção como se fosse união estável, por analogia, com os beneplácitos dos arts. 1.723 a 1.725, ou como casamento civil, em cada caso específico, seja respectivamente julgamento do Supremo Tribunal Federal ou do Superior Tribunal de Justiça.

Não poderiam, entretanto, os companheiros homoafetivos, em tese, converter sua união em casamento, nos moldes do art. 1.726 do Código Civil; todavia, ante o julgamento do Superior Tribunal de Justiça, o reconhecimento da união homoafetiva é como casamento, autônomo, como o entendimento do Supremo Tribunal Federal.

Muitos juízes vinham já, sob interpretação do primeiro julgado do Supremo Tribunal Federal, admitindo a conversão de uniões homoafetivas em casamento, com aplicação analógica do art. 1.726 do Código Civil, como uma decisão em São Paulo e outra em Brasília. Lembre-se de que a Resolução n. 175, do CNJ, de 14 de maio de 2013, ante o reconhecimento pelo Supremo Tribunal Federal, em acórdãos prolatados no julgamento da ADPF 132/RJ e da ADI 4.277/DF, e inconstitucionalidade da distinção de tratamento legal às uniões estáveis de pessoas do mesmo sexo, resolveu que as autoridades competentes não podem recusar a habilitação, celebração de casamento civil ou de conversão de união estável em casamento entre pessoas de mesmo sexo.

[54] AZEVEDO, Álvaro Villaça. *Estatuto da família de fato* cit., p. 240.

Aliás, o que consolida minha posição de que a união homoafetiva é casamento autônomo, podendo enquadrar-se no art. 226 da Constituição Federal.

Se, de futuro, o Poder Legislativo for levado a admitir no Brasil o casamento entre pessoas do mesmo sexo, aí minha sugestão é de que se siga o exemplo português, alternando-se os textos do Código Civil na parte relativa ao casamento civil, acrescentando-se ao lado da palavra "cônjuge" o vocábulo "companheiro"; ao lado da locução "homem e mulher" a expressão "cônjuges e companheiros", esta última palavra também após a expressão "marido e mulher".

Como exemplo, o art. 1.511, ficaria assim redigido: "O casamento 'Civil' estabelece comunhão plena de vida, com base na igualdade de direitos e deveres dos cônjuges 'e dos companheiros'"; o art. 1.514, seria redigido: "O casamento civil realiza-se no momento em que 'duas pessoas' manifestam, perante o juiz, a sua vontade de estabelecer vínculo conjugal, e o juiz 'as' declara 'casadas'"; o art. 1.517, teria o seguinte texto: "As pessoas com 16 (dezesseis) anos podem casar-se exigindo-se autorização de ambos os pais ou de seus representantes legais, enquanto não atingida a maioridade civil"; e assim por diante.

Isso, se não preferir o legislador admitir no atual Estatuto das Famílias, o restabelecimento de seu art. 68 (que foi retirado do Projeto de Lei n. 2.285/2007, criado pelo IBDFAM, e apresentado pelo Dep. Sérgio Barradas Carneiro (PT/BA). Esse Projeto de Lei n. 2.285/2007 foi apensado ao PL 674, de 2007, sem andamento desde 2011, infelizmente.

Eis a íntegra do art. 68 desse Estatuto:

> É reconhecida como entidade familiar a união entre duas pessoas do mesmo sexo, que mantenham convivência pública, contínua, duradoura, com o objetivo de constituição de família, aplicando-se, no que couber, as regras concernentes à união estável. Parágrafo único. Entre os direitos assegurados, incluem-se: I – guarda e convivência com os filhos; II – a adoção de filhos; III – direito previdenciário; IV – direito à herança.

Esse artigo poderia atualizar-se, referindo-se diretamente ao reconhecimento como casamento civil, evitando-se a conversão.

Como o Direito de Família é dinâmico e muda rapidamente com o progresso e com o comportamento da sociedade, é viável que ele se destaque do Código Civil, para ser continuamente adaptado segundo as necessidades sociais. Um Estatuto, fora do Código Civil, este com normas mais duradouras, como o Estatuto da Criança e do Adolescente, o Estatuto da disposição do próprio corpo, o Estatuto do Idoso, o Estatuto do Consumidor, do Deficiente e outros.

O futuro da união homoafetiva parece, assim, que deve ser encarada como casamento civil, como instituto jurídico autônomo, incluído como uma das espécies mencionadas no art. 226 Federal (casamento civil atípico).

PARTE 11
DIREITO INTERNACIONAL

19. UNIÕES HOMOSSEXUAIS NA ÓTICA DO DIREITO INTERNACIONAL PRIVADO: CONSTITUIÇÃO, FRUIÇÃO DOS DIREITOS E RECONHECIMENTO

Gustavo Ferraz de Campos Monaco

É triste constatar. Os manuais e cursos de Direito Internacional Privado mais recentemente lançados no Brasil não dão o destaque devido às relações familiares mantidas por pessoas de mesmo sexo sequer em tópicos autônomos dos capítulos acerca da lei aplicável aos casamentos ou às uniões estáveis.

Num primeiro momento ocorreu-me pensar: sim, está correto; não convém distinguir, pois se trata de entidade familiar como as demais. A leitura dos capítulos, todavia, demonstra o contrário: predomina o não tratamento, a não menção. Há, é verdade, honrosas exceções[1].

Em que pese parecer-me mesmo desnecessário o tratamento apartado da questão em obras didáticas, há, todavia, e sobretudo em razão do preconceito e da discriminação que ainda grassam (infelizmente), a necessidade de um tratamento específico que aponte as dificuldades atinentes ao deslocamento de relações homossexuais constituídas no ordenamento "A", que a admite, para o espaço territorial do Estado "B", cujo ordenamento jurídico desconhece ou até reprime este modo de constituição de unidades familiares, esteadas no afeto e na intenção de constituição da família.

[1] MAZZUOLI, Valério de Oliveira. *Curso de Direito Internacional Privado*. 2. ed. Rio de Janeiro: Forense, 2017, p. 292; RAMOS, André de Carvalho. *Curso de Direito Internacional Privado*. 2. ed. São Paulo: Saraiva, 2021, p. 402.

Daí porque no livro didático que estou escrevendo, tenha acrescentado, no item 31.3.2., com destaque, uma análise das relações homossexuais[2]. Tais especificidades são abordadas, com outro enfoque e mais ampla discussão, no presente artigo, destinado a compor a obra coletiva sob responsabilidade de Tiago Pavinatto que a editora Almedina em boa hora traz a público.

Pretende-se discutir tanto a qualificação da relação familiar de pessoas do mesmo sexo, para esclarecer as razões pelas quais, ante as decisões judiciais e de administração do sistema de justiça adotadas no Brasil, mostra-se desnecessária a alteração da Lei de Introdução às Normas do Direito Brasileiro (LINDB) para prever qual a lei aplicável à relação familiar nestes moldes constituída.

Em seguida, serão abordados aspectos atinentes à forma de constituição da família homossexual, quer tenha havido uma opção pela união estável eminentemente fática, pela união estável formalizada e demarcada temporalmente por um contrato de convivência ou pelo casamento, discutindo-se qual a lei aplicável às formalidades de sua constituição (quando pertinente), aos direitos eminentemente pessoais entre os membros do casal, aos direitos patrimoniais dela decorrentes, bem como às questões relacionadas à prole eventualmente havida no curso desta relação.

Por fim, aborda-se o reconhecimento desta relação, constituída em um ordenamento jurídico "A", em outros ordenamentos jurídicos "não-A". Tal análise é essencial para que os interessados possam compreender os cuidados que devem ter no que tange à constituição e ao deslocamento de tais relações, haja vista a enorme diversidade de tratamento entre as legislações nacionais nesta temática.

1. Qualificação da relação homossexual à luz das regras de conflito brasileiras: a elasticidade do conceito-quadro

Na metódica típica ao Direito Internacional Privado, a qualificação da situação fática assume função essencial. Dada a diversidade de tratamento das diversas situações da vida pela cultura de cada um dos povos

[2] MONACO, Gustavo Ferraz de Campos. *Direito Internacional Privado: diferença, coerência, completude*, com lançamento previsto para 2022.

constituídos em nações, o tratamento legislativo interno pode produzir três fenômenos distintos.

No primeiro deles, ambas as legislações consideradas dão aos fatos analisados o mesmo enquadramento jurídico, o que não impede que haja divergências no estabelecimento das consequências jurídicas deles esperadas, embora a qualificação seja desde logo a mesma. Assim, por exemplo, o enquadramento das relações jurídicas entre membros de um casal homossexual no âmbito do direito de família, ainda que em alguns destes ordenamentos apenas a união civil (registrada ou não) seja o caminho disponível, ao passo que, em outro ordenamento, possam as partes optar entre a união estável e o casamento. Em ambos, todavia, a qualificação é atinente ao direito de família.

No segundo dos fenômenos, pode haver uma divergência de enquadramento dos fatos juridicamente relevantes em ambos os ordenamentos. Assim, por exemplo, no ordenamento "A" a questão pode ser enfrentada como uma relação de sociedade (de fato), ao passo que no ordenamento "B" a mesma circunstância encontra guarida na instituição de um núcleo familiar, quando, então, os enquadramentos distintos levam a qualificações claramente diferentes.

No terceiro, por fim, pode ocorrer de as circunstâncias fáticas terem merecido, num ordenamento, um enquadramento jurídico qualquer, ao passo que no outro as circunstâncias não tenham merecido uma consideração especial do ordenamento jurídico, caracterizando-se, assim, como situações indiferentes para o direito, situações que se enquadram no chamado espaço ajurídico[3], sendo, portanto, para aquele ordenamento normativo, uma instituição completamente desconhecida[4]. Não se trata apenas de ser desconhecida como forma de constituição de família, mas, sim, de um completo desconhecimento jurídico, de uma situação fática que resta alijada de qualquer forma de proteção jurídico-normativa. Seu cerne axiológico pode ser até considerado um bem a

[3] ENGISCH, Karl. *Introdução ao pensamento jurídico* [Einführung in das Juristische Denken]. Trad. João Baptista Machado. 8. ed. Lisboa: Fundação Calouste Gulbenkian, 2001, p. 278-279 e 282 e seguintes; BAPTISTA MACHADO, João. *Introdução ao Direito e ao discurso legitimador.* 12. reimp. Coimbra: Almedina, 2000, p. 200-202.

[4] MONACO, Gustavo Ferraz de Campos. *Conflitos de Leis no Espaço e Lacunas (inter)sistêmicas.* São Paulo: Quartier Latin, 2019, p. 95-119.

proteger, mas não um bem-jurídico, não um bem que merecesse proteção normativa.

Daí a relevância da qualificação para o deslinde das questões plurilocalizadas. Com efeito, pode-se observar entre os ordenamentos jurídicos presentes um conflito de qualificações representado quer pela segunda, quer pela terceira das hipóteses acima mencionadas. Não é o caso de se discutir, aqui, a dogmática das qualificações no direito dos conflitos[5]. Basta dizer que, a princípio, a autoridade pública do foro em que a decisão acerca da lei a ser aplicada será tomada deverá enquadrar os fatos no instituto jurídico ou ajurídico de seu próprio ordenamento, procedendo, assim, a uma qualificação segundo os critérios vigentes no foro (qualificação segundo os critérios vigentes na *lex fori*).

Assim, no Brasil, o registrador civil e o magistrado que estejam diante de alguma questão que mereça decisão jurídica deverão considerar os critérios vigente no Brasil para analisar a relação homossexual que apresente elementos estrangeiros, dando-lhe a ela um certo enquadramento jurídico para fins de qualificação.

Este passo é relevantíssimo para se encontrar a regra de conflitos que indicará qual o elemento de conexão relevante (normativo), com o que o intérprete poderá preenchê-lo com o elemento (fático) da relação respectivo, remetendo-o para o ordenamento indicado e que foi considerado como o mais próximo pelo legislador e, por isso, aquele no qual se vão encontrar as normas materiais que – finalmente – regerão a situação da vida sob análise.

E isso se passa desta forma porquanto as regras de conflito se caracterizem como normas remissivas, indiretas, que não estatuem consequências, mas que, tão-somente, indicam o ordenamento em cujo arcabouço são encontradas as normas de regência substantiva da situação da vida. Com efeito, a estrutura dual das normas de conflito não contempla uma

[5] Para tanto, remete-se os interessados para o primeiro capítulo da obra indicada na nota anterior.

hipótese e uma consequência, mas, antes, um conceito-quadro[6] e um elemento de conexão[7].

Os conceitos-quadro são indicações de categorias jurídicas ou grandes disciplinas do direito. Sua principal característica é a plasticidade (elasticidade) de seu alcance, posto possam ser comprimidos ou dilatados a depender das circunstâncias. Há compressão quando o legislador decide recortar o alcance de um conceito-quadro para estabelecer uma conexão específica para certa situação, desenhando outro conceito-quadro, mais limitado[8]. Há dilatação do conceito-quadro quando as circunstâncias sociais exigem a ampliação do alcance de um certo instituto jurídico, o que pode decorrer da aprovação de uma nova norma material ou de sua ressignificação por meio de uma decisão judicial relevante e com eficácia *erga omnes*.

Exemplo da primeira circunstância dilatória pode ser encontrada na promulgação da Constituição Federal de 1988, quando o legislador constituinte originário estabeleceu que as uniões estáveis possuíam dignidade para o estabelecimento de uma relação familiar. Tal decisão procedeu a uma ampliação do conceito de família, comparativamente ao direito antigo, com o que o conceito-quadro 'direitos de família' da norma de conflitos viu-se ampliado para abarcar as uniões de fato.

Exemplo da segunda circunstância configurou-se por ocasião dos julgamentos havidos no Supremo Tribunal Federal tanto da ADI n. 4.277 quando da ADPF n. 132, em 5 de maio de 2011. Tais julgados reconheceram que as uniões de pessoas do mesmo sexo qualificadas pela intenção de constituir família conseguiam alcançar referido patamar, com o que mais uma vez alargou-se o conceito de família, obrigando que, no âmbito do direito internacional privado, nova dilatação do conceito-

[6] "O conceito que na Regra de Conflitos designa a matéria, questão jurídica ou sector normativo relativamente ao qual é decisivo o elemento de conexão por essa mesma regra escolhido chama-se *conceito-quadro*" BAPTISTA MACHADO, João. *Lições de Direito Internacional Privado*. 3. ed. (reimp.). Coimbra: Almedina, 2006, p. 58.

[7] Para mim, os elementos de conexão são continentes sem conteúdo dados *a priori*, mas dependentes da situação concreta e de sua relevância jurídica (possibilidade de se amoldar ao conceito jurídico elástico da norma de conflito).

[8] É o que ocorre no art. 8º, *caput*, da LINDB, que define a conexão dos direitos reais (relações concernentes aos bens) e seu § 2º, que estabelece uma conexão específica para o penhor, um direito real de garantia, com o que comprime o alcance do *caput*.

-quadro 'direitos de família' previsto no *caput* do art. 7º da LINDB, fosse reconhecido.

Quer isto significar que a não alteração da norma de conflitos não pode jamais excluir a consideração dos casos plurilocalizados de união de duas pessoas do mesmo sexo. Tenham estas pessoas optado livremente pela união fática, pela união pactuada e formalizada ou, ainda, pelo casamento, na esteira da regulamentação estabelecida pelo Conselho Nacional de Justiça[9], terão seus direitos e deveres daí decorrentes qualificados como direitos de natureza familiar, com todas as especificidades daí decorrentes[10].

Isso significa que a constituição de uma relação homossexual ou a averiguação dos direitos e deveres estabelecidos entre as pessoas que deste modo se relacionam serão regidos pela lei de seu domicílio, por ser este o elemento de conexão previsto pelo legislador brasileiro de conflitos para as relações familiares.

Não obstante, a complexidade das relações familiares exige perquirir a qual domicílio o legislador se refere, consoante se esteja diante de situações pessoais, patrimoniais ou parento-filiais. É o que se analisará no tópico subsequente.

2. A constituição da relação homossexual e a fruição dos direitos dela decorrentes à luz do direito internacional privado brasileiro: casamento e união estável

Verificada a pertinência qualificadora das relações homossexuais no conceito de família como decorrência das decisões judiciais havidas no foro

[9] O Conselho Nacional de Justiça (CNJ) editou a Resolução n. 175/2013, determinando às autoridades competentes que analisassem os pedidos de habilitação para o casamento, procedendo-se à consequente celebração do matrimônio ou à conversão de união estável em casamento entre pessoas de mesmo sexo.

[10] Veja-se, em contexto histórico antecedente às deliberações do CNJ, o raciocínio interessante, porém diverso do aqui exposto, desenvolvido por ALMEIDA, Bruno Rodrigues de. *O reconhecimento dos casamentos e parcerias entre pessoas do mesmo sexo no direito transnacional: pluralismo, dignidade e cosmopolitismo nas famílias contemporâneas.* Tese (Doutorado). Orientadora: Carmen Tiburcio – Faculdade de Direito da Universidade do Estado do Rio de Janeiro, Rio de Janeiro, 2012, p. 167-172. Disponível em https://www.bdtd.uerj.br:8443/bitstream/1/9257/1/Bruno%20Almeida%20-%20TESE%20DOUTORADO.pdf. Acesso em: setembro de 2021.

brasileiro com eficácia vinculante e *erga omnes*, resulta consequente afirmar que tudo o que constará do presente item a respeito da constituição, no Brasil, e da fruição, em solo nacional, de direitos e deveres entre os membros do casal homossexual que apresente algum elemento de estraneidade vale, em igualdade de condições e intensidade, para relações heterossexuais com dignidade para constituir família.

Além disso, excluindo-se as questões atinentes à formalização do vínculo, por casamento ou contrato de convivência, os demais aspectos aplicam-se seja aos matrimônios, como também às uniões estáveis (formalizadas ou meramente fáticas). Fixadas estas premissas, passa-se à abordagem da lei aplicável à formalização do vínculo e seus pressupostos, dos direitos de cunho pessoal advindos da constituição da família, do regime de bens patrimoniais adotado pelos cônjuges ou conviventes, bem como das relações parento-filiais eventualmente estabelecidas no contexto familiar analisado.

2.1. Lei aplicável à constituição formal do vínculo e a seus pressupostos

Para a formalização do núcleo familiar, o sistema brasileiro admite dois caminhos: o casamento (aqui incluída a conversão da união estável em casamento) e a união estável registrada. A opção por uma destas formas para se estabelecer a união familiar coloca questões atinentes à lei que regerá as formalidades de celebração ou constituição.

Tradicionalmente, o Direito Internacional Privado convive com a determinação de que se aplique a lei do local da formalização das relações jurídicas para que se afiram as exigências eventuais para sua constituição[11]. Pode, assim, se constatar que o ordenamento jurídico do local onde se visa constituir a relação jurídica pode tanto estabelecer uma forma específica, prescrita em lei, pode proibir que tal relação se formalize de uma ou de algumas maneiras, reservando-lhes outras possibilidades de formalização que não aquelas ou, simplesmente, omitir-se quanto a este aspecto, situação em que a relação será informal.

Assim, constituindo-se no Brasil o contrato de união estável ou celebrando-se no Brasil o matrimônio, serão as exigências formais da lei bra-

[11] Assim, dentre outros, ARAUJO, Nadia de. *Direito Internacional Privado: teoria e prática brasileira*. 7. ed. São Paulo: RT, 2018, p. 286.

sileira as que deverão ser observadas, consoante determina o § 1º do art. 7º da LINDB, não se colocando, quanto à formalização do vínculo familiar maiores dificuldades.

Não obstante, é pressuposto da celebração do matrimônio a habilitação – aspecto que também se aplica à capacidade para celebração do contrato de união estável – dos ou das nubentes. A habilitação visa estabelecer a capacidade matrimonial dos noivos ou das noivas, que ainda não são membros da mesma família, mas que pretendem ser após a formalização do ato matrimonial ou da celebração do contrato de união estável.

Nestes termos, a capacidade matrimonial é pessoal, devendo ser regida, nos termos de outro dos conceitos-quadro descritos no *caput* do mesmo art. 7º da LINDB, pela lei do domicílio da pessoa. Pode muito bem acontecer de ambos os ou ambas as nubentes possuírem domicílios no mesmo Estado soberano, situação em que, coincidentemente, as capacidades pessoais de cada qual serão analisadas pela incidência dos critérios descritos na mesma lei. É o que muito possivelmente se passaria numa circunstância de conversão de união estável em casamento. É o que se passaria se os ou as nubentes fossem domiciliados, antes da formalização do casamento ou da união estável, no mesmo território.

Não obstante, pode ocorrer de os noivos ou as noivas possuírem domicílios pessoais em Estados diversos. Nestes casos, a capacidade de cada qual será averiguada pela incidência de sua lei pessoal (domiciliar). Consequentemente, é possível se configurar combinações de leis incidentes que (i) autorizem, ambas, que aquelas pessoas formalizem, no Brasil, a relação homossexual pretendida, (ii) não autorizem, nenhuma delas, que as pessoas formalizem a relação homossexual que lhes interessa, ainda que tal formalização fosse obtida no Brasil – o que não representa, a princípio, um contrassenso, na medida em que a averiguação da capacidade é pressuposto da formalização e está submetida a outra lei – e, por fim, (iii) que uma autorize e outra não, a celebração pretendida por aquelas pessoas, no Brasil[12].

[12] Veja-se, sobre estas hipóteses, no contexto espanhol, em que a lei pessoal é a da nacionalidade das pessoas, CALVO CARAVACA, Alfonso-Luis; CARRASCOSA GONZÁLEZ, Javier. Derecho internacional privado y matrimonios entre personas del mismo sexo. *Anales de Derecho, Universidad de Murcia*, n. 23, p. 11-70, 2005. Disponível em: https://digitum.um.es/xmlui/bitstream/10201/11397/1/AD23%202005%20p%201170.pdf. Acesso em: setembro de 2021.

A circunstância de uma ou ambas as leis de regência da capacidade matrimonial vetarem a constituição de relação homossexual como unidade familiar, excluindo a capacidade matrimonial em casos de união homossexual, poderia, em princípio, autorizar o manejo do princípio da ordem pública[13]. Trata-se de uma das exceções à aplicação da lei estrangeira mandada aplicar pelas regras de conflito, porquanto o conteúdo material da lei estrangeira violaria os valores fundamentais do foro.

Pessoalmente não tenho a menor dúvida de que leis estrangeiras que vetem a união homossexual a pessoas vinculadas a estes ordenamentos sejam violadoras dos valores fundamentais do sistema brasileiro, devendo ser afastadas.

Não obstante, há um ponto a considerar: nem sempre os casais se unem no local em que pretendem viver. Se, eventualmente, os membros do casal são brasileiros que vivem ambos em país(es) estrangeiro(s) que não reconhecem família nas uniões homossexuais (hipóteses ii ou iii, supra) ou se apenas um deles vive no exterior (em Estado que restringe o conceito de família) e o outro no Brasil (hipótese iii, supra) e pretendem viver, como casal, justamente no espaço territorial de um Estado que não admite essa forma de família, coloca-se o problema do reconhecimento dessa união, formalizada aqui, no futuro local de domicílio do casal[14].

Ao afastar a lei estrangeira que restringe a formalização do relacionamento familiar, a autoridade brasileira deverá aplicar o conjunto de normas vigente no ordenamento brasileiro, que, como se sabe, concede capacidade aos interessados para convolarem suas núpcias ou formalizarem contratos de união estável. Trata-se, a fuga para a lei do foro, medida que visa impedir o *non liquet.*

Entretanto, é importante deixar claro aos nubentes ou às nubentes, que a relação aqui formalizada poderá não ser reconhecida alhures, se o núcleo familiar decidir se deslocar, fixando domicílio em um Estado que não aceita essa forma de relacionamento. Penso que esta postura é mais

[13] Sobre ordem pública, remeto o leitor para MONACO, Gustavo Ferraz de Campos. A Exceção de Ordem Pública Internacional, *Revista da Faculdade de Direito da Universidade de São Paulo.* São Paulo, v. 114, jan /dez 2019, p. 231-249.

[14] Veja-se, *infra,* o item 3.2.

adequada do que simplesmente não celebrar o matrimônio ou não autorizar a celebração do contrato de união estável.

As consequências de eventual não reconhecimento no exterior devem ser assumidas como possíveis pelos casais, ante a diversidade de sistemas normativos materiais existentes, precavendo-se relativamente ao risco – real – de não reconhecimento alhures.

2.2. Lei aplicável aos direitos e deveres de natureza pessoal

Uma vez convoladas as núpcias ou estabelecida a união estável (contratual ou fática), começam a viger direitos e deveres recíprocos entre os homens ou mulheres que compõem o casal homossexual.

Os direitos e deveres de natureza pessoal, num ordenamento jurídico como o brasileiro, em que se determina incidência da lei do domicílio da família, configura-se como uma relação em que os conflitos de leis são potencialmente móveis[15].

Quer isto significar que a mudança do domicílio da família altera a lei de regência, porquanto passe a ser outro o domicílio do núcleo familiar, com o que outro será o conteúdo atribuído, a partir da movimentação da família no globo terrestre, ao elemento de conexão.

Esta situação pode, também, colocar problemas atinentes ao reconhecimento da relação homossexual constituída no Brasil, como pode, também, atribuir gama eventualmente maior de direitos e deveres aos membros do casal.

2.3. Lei aplicável aos direitos e deveres de natureza patrimonial

Diferentemente, os direitos e deveres de cunho patrimonial, que têm potencial de afetar interesses de terceiros que com os membros do casal negociem, não se constituem como conflitos móveis. É preciso dar-lhes estabilidade.

São, por isso, regidos pelas regras estabelecidas por ocasião do matrimônio ou do início da união estável. Havendo pacto antenupcial, no caso dos casamentos, ou contratos com cláusula que determinem os efeitos patrimoniais da união estável, valerá, em princípio o quanto pactuado pelos ou pelas nubentes. Obviamente, o conteúdo da avença patrimonial

[15] RIGAUX, François. Le conflit mobile en Droit International Privé. *Recueil des Cours*. Leyde: A. W. Sijthoff, v. 117, p. 333-437, 1964, p. 345-346.

poderá sofrer limitações decorrentes da ordem pública, sobretudo nas circunstâncias em que as ou os membros do casal adquiram patrimônio em Estados outros que não aquele que rege sua vida patrimonial.

Na ausência de pacto antenupcial ou de contrato que determine o regime de bens da união estável, aplicam-se, sucessivamente, o regime de bens supletivo legal determinado pela lei do domicílio comum dos ou das nubentes, quando houver, ou pela lei do primeiro domicílio do casal (art. 7º, § 4º, da LINDB).

A opção pela lei do domicílio comum dos noivos ou das noivas é temporalmente condizente com o momento no qual as pessoas que optam pelo casamento como forma de constituição da família podem definir seu regime de bens, pela celebração de um pacto antenupcial. Com efeito, ao recusarem a possibilidade de celebrar tal pacto, estabelece-se uma presunção por parte do legislador, que entende que o casal não fez o pacto por estar satisfeito com o regime supletivo legal do local em que ambas ou ambos eram domiciliados naquele momento[16]. E considerando a possibilidade de tais domicílios serem diversos, o legislador presume que o regime supletivo legal considerado tenha sido o do domicílio comum planejado pelo casal para depois da formalização de sua união.

As dificuldades aqui, dizem respeito à aquisição de patrimônio pelas ou pelos membros do casal que esteja situado em Estados que não reconheçam seu vínculo como familiar. Nestes casos, nada impede que as ou os membros do casal adquiram tais bens em condomínio ou estabeleçam alguma forma de direito real sobre coisa alheia ou de garantia entre si como forma de garantir seus direitos e interesses de natureza patrimonial.

2.4. Lei aplicável às relações parento-filiais estabelecidas no contexto de uma união homossexual

A Lei de Introdução de 1942 não menciona uma única regra específica para as relações parento-filiais. Este posicionamento é condizente com o momento. Vigiam, então, exclusivamente, as presunções *mater semper*

[16] ARAUJO, Nadia de. *Direito Internacional Privado: teoria e prática brasileira*. 7. ed. São Paulo: RT, 2018, p. 300, afirma que a presunção é outra: a de que o casal manterá seu domicílio comum após o matrimônio, com o que me parece desnecessária a regra: bastaria a regra do primeiro domicílio conjugal.

certa est e *pater is est quem nuptiae demonstrant, segundo as quais a mãe sempre era certa, demonstrada pelo parto, e pai era aquele que o matrimônio indicava. A primeira, absoluta, não admitia prova em contrário. A segunda, relativa, com prazo decadencial exíguo para se contestar a paternidade, admitia eventual desconstituição do vínculo parental.*

De lá para cá, tecnologia[17] e valores sociais[18] se modificaram. Grassam, nessa temática, múltiplas possibilidades. Ante a incerteza gerada por tais mudanças, sobrelevam o afeto e o desvelo. Registram-se casos de multiparentalidade com múltiplos pressupostos e circunstâncias. Não se trata, todavia, de uma babel caótica, mas de uma ambiência organizada a partir do interesse da criança[19]. Não obstante, no que tange ao Direito Internacional Privado, uma multiplicidade de problemas se coloca.

No que concerne aos casais formados por pessoas de mesmo sexo, o advento de prole é biologicamente possível apenas com o recurso a doação de gametas e, por vezes, também, à gestação por substituição. Do ponto de vista jurídico-normativo, as adoções são outro caminho viável para a ampliação do núcleo familiar.

No direito brasileiro antigo, as adoções unipessoais eram o caminho para aqueles ou aquelas que, vivenciando uma união de afetividade homossexual, desejassem ser pais ou mães. Isso lançava

> a criança adotada no núcleo familiar vivenciado pela adotante ou pelo adotante, (...) num modelo familiar que é, em si, potencialmente disfuncional. Não porque haja ali algum aspecto de homossexualidade, mas, sim, porque insere a criança num ambiente familiar em que ela é filha de uma de suas mães ou de um de seus pais, mas não é reconhecida como tal relativamente

[17] A respeito, GRAMMATICAKI-ALEXIOU, Anastasia. Artificial reproduction technologies and conflict of laws: an initial approach. *Louisiana Law Review*, v. 60, No. 4, *Conflict of laws, comparative law and civil law: a tribute to Symeon C. Symeonides*, p. 1112-1121, Summer 2000. Disponível em https://digitalcommons.law.lsu.edu/cgi/viewcontent.cgi?article=5843&context=lalrev. Acesso em: setembro de 2021.

[18] A respeito, CHAMBERLAND, Line; JOUVIN, Émilie; JULIEN, Danielle. Les familles recomposées homoparentales et hétéroparentales. *Nouvelles Pratiques Sociales*, v. 16, n. 1, p. 94–112, 2003. Disponível em: https://www.erudit.org/en/journals/nps/2003-v16-n1-nps742/009629ar.pdf. Acesso em: setembro de 2021.

[19] Veja-se AMRAM, Denise. Pursuing the best interest of children in non-traditional families: a comparative overview. *European Journal of Law Reform*, v. 17, n. 2, p. 247-256, 2015.

à outra ou ao outro, que lhe tratam como filho na mesma e idêntica extensão que aquele indivíduo que consta de seu registro de nascimento[20].

Daí porque tenha defendido, já em 2002, a possibilidade de adoções conjuntas para casais formados por pessoas de mesmo sexo[21].

No que concerne ao recurso a técnicas de reprodução assistida[22], com fecundação heteróloga, ou seja, com a utilização de gametas doados por pessoas que não componham o entorno próximo ao casal é medida que se observa segundo as disposições deontológicas que regulam a atividade profissional de médicos e biólogos.

Já no que tange ao recurso a pessoa terceira, de sexo feminino, com aptidão e maturidade gestacional, também as regras deontológicas dos profissionais da área de saúde limitam o rol de possibilidades a que os membros do casal que estabeleceu o projeto de parentalidade possam se socorrer. Além disso, exige-se a graciosidade na cessão do útero – donde a doutrina se refira, comumente, à cessão solidária do útero –, o que coloca certas dificuldades no âmbito do deslocamento, no espaço, da relação parento-filial.

Com efeito, quando os membros do projeto de parentalidade decidem se valer da cessão onerosa do útero, devem fazê-lo, forçosamente, mediante a atuação de clínicas e profissionais de reprodução assistida situados e atuantes no exterior, onde as normas deontológicas brasileiras não os alcança.

[20] MONACO, Gustavo Ferraz de Campos. *Direitos da criança e adoção internacional.* 2.ed. São Paulo: RT, 2021, p. 99.

[21] MONACO, Gustavo Ferraz de Campos. Motivação interna da decisão de adotar: adoção por casais e por pessoas singulares. Revista Brasileira de Direito de Família, v. 4, n. 14, p. 43-50, jul./set. 2002.

[22] A respeito: ARAUJO, Débora Medeiros Teixeira de. *O contrato internacional de gestação por substituição e sua eficácia no Brasil:* um estudo sobre o reconhecimento do vínculo parento-filial da criança gerada e executabilidade de aspectos patrimoniais do contrato. Rio de Janeiro: Lumen Juris, 2019; FULCHIRON, Hugues. Du tourisme procréatif. *Archives de philosophie du droit.* Paris. t. 57, 2014, p. 331-347; MONACO, Gustavo Ferraz de Campos. *Direitos da criança e adoção internacional.* 2.ed. São Paulo: RT, 2021, p. 131-140; MOTA, Helena. A Gestação de Substituição no Direito Internacional Privado Português. In: *Debatendo a Procriação Medicamente Assistida.* Porto, Centro de Investigação Jurídico-Económica, p. 63-81, 2017; MOURA VICENTE, Dario. Maternidade de substituição e reconhecimento internacional. *Direito Internacional Privado – Ensaios,* v. IV. Coimbra: Almedina, p. 43-62, 2018.

Nestes casos, deve-se perguntar: a utilização de contratação onerosa invalida ou dificulta o reconhecimento da paternidade? Sabe-se que alguns Estados soberanos, apegados ainda à ideia de que *mater semper certa est* exigem que a mãe de intenção, nos projetos heterossexuais de parentalidade, adote o filho gestado por mulher terceira no exterior, ainda que se tenha utilizado o material genético da mãe de intenção (e biológica). "Apenas" o gestar e o trazer à luz terão sido realizados pela gestante substituta. Mas a visão tradicional da presunção de maternidade tem obrigado a esse subterfúgio jurídico, que não deixa de ser estranho e até mesmo folclórico. *Quid*, então, se o projeto de parentalidade for entabulado por um casal homossexual.

Bem por isso, o desenvolvimento da ideia de paternidade e maternidade socioafetivas contribui para o estabelecimento da relação de parentalidade em favor de quem planejou, se envolveu e vivenciou efetiva e afetivamente tal realização.

Não me parece que a circunstância eventual de a relação contratual ter previsto contrapartida financeira em favor da gestante por substituição (além das despesas comuns como exames e acompanhamento clínico pré-natal, alimentação, parto etc.), a título de remuneração, em que pese vedada na realidade brasileira – a despeito do absoluto silencia normativo específico... – possa significar qualquer modo de empecilho ao reconhecimento da relação parento-filial assim estabelecida relativamente à criança e aos pais ou mães de intenção[23].

3. O reconhecimento das relações homossexuais constituídas no exterior

Por fim, insta abordar o reconhecimento destas relações, constituídas em algum ordenamento jurídico nacional, quando seus membros se deslocam para outros ordenamentos jurídicos nacionais. Tal análise é essencial para que se possa compreender os cuidados que devem ser observados por ocasião da constituição e da tomada de decisão sobre o deslocamento eventual de tais relações para outros Estados soberanos, haja vista a enorme diversidade de tratamento que as legislações nacionais apresentam quanto a esta temática.

[23] Especificamente, MRÓZ, Daniela Silva. *O registro civil das pessoas naturais: filiação e socioafetividade.* São Paulo: Quartier Latin, 2021.

Importante consignar que casamentos e uniões estáveis são atos que corriqueiramente independem da intervenção do poder judiciário das nações. Exceção, todavia, podem ser encontradas nos Estados que, como o Brasil, admitem o estabelecimento exclusivamente fático das uniões estáveis, nos quais a intervenção do Judiciário, *a posteriori*, pode ser essencial para o reconhecimento e a demarcação temporal da convivência assim compartida.

O reconhecimento de fatos, atos e negócios jurídicos aperfeiçoados num sistema em outro dependerá da intervenção judicial, para fins de homologação, sempre que naquele ordenamento jurídico, o reconhecimento material depender da intervenção, com exclusividade, do Poder Judiciário local.

Nesse sentido, por exemplo, a determinação contida no art. 961, § 5º, do CPC/2015, que dispensa a intervenção do STJ para fins de homologação de sentença estrangeira concessiva de divórcio, sempre que o mesmo tenha sido alcançado por consenso entre as ou os membros do casal.

Nesse sentido, casamentos e uniões estáveis registradas ou de natureza contratual enquadram-se na categoria de situações juridicamente relevantes que se aperfeiçoam independentemente da intervenção do Poder Judiciário, motivo pelo qual o reconhecimento aqui tratado não deva ser confundido com a homologação, perante o STJ, das situações constituídas alhures.

3.1. No Brasil, quando constituídas alhures

Dificilmente se colocarão dificuldades para o reconhecimento de relações homossexuais constituídas alhures pelo ordenamento jurídico brasileiro.

A circunstância de as decisões judiciais com eficácia *erga omnes* terem definido um enquadramento normativo a partir de interpretação conforme à Constituição e terem sido secundadas no tempo pela importantíssima decisão do Conselho Nacional de Justiça no sentido de operacionalizar a habilitação de casais homossexuais para o matrimônio, admitindo-se a remessa de posições isoladas e contrárias aos juízes corregedores da atividade registral acarretaram a equiparação integral do casamento ou da união estável entre pessoas de mesmo sexo àquelas entidades formadas entre um homem e uma mulher.

Nesse sentido, o que pode suceder é que a relação homossexual constituída no exterior, ao se deslocar para o território brasileiro, submetendo-se à nossa legislação por fixação domiciliar no território brasileiro venha a receber uma mais ampla gama protetiva em termos de direitos e deveres reconhecidos aqui em maior intensidade que alhures.

3.2. Alhures, quando constituídas no Brasil

Em direção inversa, a circunstância de uma união estável ou um casamento terem se constituído no Brasil entre pessoas do mesmo sexo podem colocar diversas dificuldades de reconhecimento quando as ou os membros do casal mudem seu domicílio para uma nação estrangeira, sobretudo em razão da divergência normativa entre as nações[24].

As divergências, como ficou implícito nas passagens anteriores deste artigo podem se referir desde uma divergência que contemple mais direitos aos membros do casal que aquelas definidas e determinadas pelo direito civil brasileiro, quando poucas dificuldades se entabulam, passa pela circunstância de a gama de direitos e deveres recíprocas ser mais restrita e pode culminar com o não reconhecimento da situação vivida pelas ou pelos membros do casal, fulminando sua relação de nulidade ou mesmo de inexistência jurídica naquele ordenamento.

A primeira hipótese, como já se adiantou, desencadeia mais benefícios ao casal, com o que a modificação do domicílio lhes amplia o rol de direitos e deveres.

Já a segunda hipótese coloca um problema acerca de eventuais direitos por eles adquiridos no Brasil e que, ante a incidência imediata da lei estrangeira – da modificação do domicílio em diante – possam significar uma afronta a estes direitos. Assim, uma discussão judicial no Brasil, com supedâneo na competência estabelecida no art. 21, inc. III, do CPC/2015 afigura-se como a estratégia mais adequada. Uma vez reconhecido o direito no Judiciário brasileiro, o traslado da decisão para fins de homologação pode acarretar seu reconhecimento, porquanto, no ter-

[24] Para uma análise das dificuldades que, no âmbito europeu, se colocam, veja-se GRAHAM-SIEGENTHALER, Barbara E. Principles of marriage recognition applied to same-sex marriage recognition in Switzerland and Europe. *Creighton Law Review*, v. 32, n. 1, p. 121-146, 1999. Disponível em: https://dspace2.creighton.edu/xmlui/bitstream/handle/10504/40268/15_32CreightonLRev121%281998-1999%29.pdf?sequence=1&isAllowed=y Acesso em: setembro de 2021.

ceiro nível, o princípio da ordem pública seja mais tolerante com as diferenças para se reconhecer direitos constituídos alhures.

A terceira hipótese, todavia, coloca em xeque o próprio vínculo estabelecido no Brasil. Trata-se de circunstância a respeito da qual pouco ou nada pode ser feito, cabendo aos casais formados por pessoas do mesmo sexo, se inevitável o deslocamento do núcleo familiar para aquele Estado, lutarem pelo reconhecimento de seus direitos com base, sobretudo, na dignidade humana e nos direitos humanos. É verdade que em tais circunstâncias o preconceito e as formas de perseguição podem, por vezes, colocar em risco a integridade física e mesmo a vida das ou dos membros do casal. Insta, por isso, não esmorecer na luta pelo reconhecimento dos direitos dos homossexuais em constituir núcleo familiar, mas sobretudo vigiar os riscos a que estejam submetidos ante a intolerância e o preconceito de múltiplas raízes.

Conclusões

Apesar de não ser dotado do dom da premonição, creio não correr o risco de errar ao afirmar que nenhuma legislação, de nenhuma nação, jamais obrigará as pessoas a viverem relações homossexuais. De onde se extrai a possibilidade de perguntar: e acaso pode uma legislação qualquer obrigar à manutenção de relações heterossexuais? A resposta, mantidas a coerência e a lisura intelectuais, será claramente negativa à luz do princípio da igualdade.

Mas a negativa aqui poderá representar três caminhos aos homossexuais: o celibato (não é obrigatório manter relações heterossexuais, por isso a pessoa homossexual deveria manter-se casta), a clandestinidade (não é obrigatório manter relações heterossexuais, por isso a pessoa homossexual não poderá ter seu relacionamento reconhecido como entidade familiar) ou a integração (não é obrigatório manter relações heterossexuais, tanto que o sistema reconhece as famílias homossexuais), mediante reconhecimento da unidade afetiva como familiar.

Não cabe ao Direito Internacional impor aos Estados e a suas legislações materiais uma destas formas de se pensar e legislar a questão. Mas cabe, certamente, tratar – de maneira técnica – das dificuldades possíveis para sua constituição e reconhecimento. Algo que, acredito, este artigo conseguiu esquadrinhar.

Referências

ALMEIDA, Bruno Rodrigues de. *O reconhecimento dos casamentos e parcerias entre pessoas do mesmo sexo no direito transnacional: pluralismo, dignidade e cosmopolitismo nas famílias contemporâneas.* Tese (Doutorado). Orientadora: Carmen Tiburcio – Faculdade de Direito da Universidade do Estado do Rio de Janeiro, Rio de Janeiro, 2012. Disponível em https://www.bdtd.uerj.br:8443/bitstream/1/9257/1/Bruno%20Almeida%20-%20TESE%20DOUTORADO.pdf. Acesso em: setembro de 2021.

AMRAM, Denise. Pursuing the best interest of children in non-traditional families: a comparative overview. *European Journal of Law Reform*, v. 17, n. 2, p. 247--256, 2015.

ARAUJO, Débora Medeiros Teixeira de. *O contrato internacional de gestação por substituição e sua eficácia no Brasil:* um estudo sobre o reconhecimento do vínculo parento-filial da criança gerada e executabilidade de aspectos patrimoniais do contrato. Rio de Janeiro: Lumen Juris, 2019.

ARAUJO, Nadia de. *Direito Internacional Privado: teoria e prática brasileira.* 7. ed. São Paulo: RT, 2018.

BAPTISTA MACHADO, João. *Lições de Direito Internacional Privado.* 3. ed. (reimp.). Coimbra: Almedina, 2006.

BAPTISTA MACHADO, João. *Introdução ao Direito e ao discurso legitimador.* 12. reimp. Coimbra: Almedina, 2000.

CALVO CARAVACA, Alfonso-Luis; CARRASCOSA GONZÁLEZ, Javier. Derecho internacional privado y matrimonios entre personas del mismo sexo. *Anales de Derecho, Universidad de Murcia*, n. 23, p. 11-70, 2005. Disponível em: https://digitum.um.es/xmlui/bitstream/10201/11397/1/AD23%202005%20p%201170.pdf. Acesso em: setembro de 2021.

CHAMBERLAND, Line; JOUVIN, Émilie; JULIEN, Danielle. Les familles recomposées homoparentales et hétéroparentales. *Nouvelles Pratiques Sociales*, v. 16, n. 1, p. 94–112, 2003. Disponível em: https://www.erudit.org/en/journals/nps/2003-v16-n1-nps742/009629ar.pdf. Acesso em: setembro de 2021.

ENGISCH, Karl. *Introdução ao pensamento jurídico* [Einführung in das Juristische Denken]. Trad. João Baptista Machado. 8. ed. Lisboa: Fundação Calouste Gulbenkian, 2001.

FULCHIRON, Hugues. Du tourisme procréatif. *Archives de philosophie du droit.* Paris. t. 57, 2014, p. 331-347.

GRAHAM-SIEGENTHALER, Barbara E. Principles of marriage recognition applied to same-sex marriage recognition in Switzerland and Europe. *Creighton Law Review*, v. 32, n. 1, p. 121-146, 1999. Disponível em: https://dspace2.creighton.edu/xmlui/bitstream/handle/10504/40268/15_32CreightonLRev121%281998-1999%29.pdf?sequence=1&isAllowed=y. Acesso em: setembro de 2021.

GRAMMATICAKI-ALEXIOU, Anastasia. Artificial reproduction technologies and conflict of laws: an initial approach. Louisiana Law Review, v. 60, No. 4, Conflict of laws, comparative law and civil law: a tribute to Symeon C. Symeonides, p. 1.112-1.121, Summer 2000. Disponível em https://digitalcommons.law.lsu.edu/cgi/viewcontent.cgi?article=5843&context=lalrev. Acesso em: setembro de 2021.

MONACO, Gustavo Ferraz de Campos. *Direitos da criança e adoção internacional.* 2.ed. São Paulo: RT, 2021.

MONACO, Gustavo Ferraz de Campos. *Conflitos de Leis no Espaço e Lacunas (inter) sistêmicas.* São Paulo: Quartier Latin, 2019.

MONACO, Gustavo Ferraz de Campos. A Exceção de Ordem Pública Internacional, *Revista da Faculdade de Direito da Universidade de São Paulo.* São Paulo, v. 114, jan /dez 2019, p. 231-249.

MONACO, Gustavo Ferraz de Campos. Motivação interna da decisão de adotar: adoção por casais e por pessoas singulares. Revista Brasileira de Direito de Família, v. 4, n. 14, p. 43-50, jul./set. 2002.

MORAES, José Luiz Souza de. Uniões entre pessoas do mesmo gênero no direito internacional privado. Dissertação (Mestrado). Orientador: Gustavo Ferraz de Campos Monaco – Faculdade de Direito da Universidade de São Paulo, São Paulo, 2016.

MOTA, Helena. A Gestação de Substituição no Direito Internacional Privado Português. In: *Debatendo a Procriação Medicamente Assistida.* Porto, Centro de Investigação Jurídico-Económica, p. 63-81, 2017.

MOURA VICENTE, Dario. Maternidade de substituição e reconhecimento internacional. *Direito Internacional Privado – Ensaios,* v. IV. Coimbra: Almedina, p. 43-62, 2018.

MRÓZ, Daniela Silva. *O registro civil das pessoas naturais: filiação e socioafetividade.* São Paulo: Quartier Latin, 2021.

RIGAUX, François. Le conflit mobile en Droit International Privé. *Recueil des Cours.* Leyde: A. W. Sijthoff, v. 117, p. 333-437, 1964.

20. A PROTEÇÃO INTERNACIONAL DOS DIREITOS DAS MINORIAS POR ORIENTAÇÃO SEXUAL E IDENTIDADE DE GÊNERO E O ATIVISMO JUDICIAL BRASILEIRO

Alex Silva Oliveira
Paulo Borba Casella

Nacionalistas, a proteção das minorias conserva seguramente toda a sua razão de ser. Esta infelizmente não mais encontra aquele mínimo de tolerância e de cooperação sem os quais não existe garantia para qualquer regime internacional.

Charles DE VISSCHER[1]

A evolução do sistema de tratamento da proteção internacional dos direitos das minorias vai do mais restrito ao mais abrangente. Como, ademais, se deu em relação ao conjunto da proteção internacional dos direitos humanos.

A passagem se deu da dimensão religiosa, na era moderna, para a dimensão étnica, após a primeira guerra mundial, até se chegar a um novo patamar: a proteção das minorias por orientação sexual e identidade de gênero. Ainda há muito a fazer[2].

[1] DE VISSCHER, Charles. **Théories et réalités en droit international public**. Paris: Pedone, 1953, p. 230. Cf. «la protection internationale des minorités, les échanges et transferts internationaux des populations», p. 228-232.

[2] A respeito do tema: ACCIOLY, H; NASCIMENTO E SILVA, G. E.; CASELLA, P. B. **Fundamentos do direito internacional pós-moderno**. *São Paulo: Quartier Latin, 2008;* CASELLA, P. B. *Proteção internacional das minorias no direito internacional pós-moderno In: ACCIOLY, E. (coord.).* **Direito no século XXI – em homenagem ao prof. Werter FARIA**. Curitiba: Juruá, 2008, pp. 541-595. Para situar a perspectiva de conjunto da evolução do sistema institucional e normativo internacional, cf. CASELLA, P. B. **Direito internacional**

Como já advertia Charles De Visscher, na passagem referida em epígrafe, ao regime jurídico internacional, é preciso somar "aquele mínimo de tolerância e de cooperação"[3].

Enquanto isso, as minorias por orientação sexual e identidade de gênero ainda são perseguidas e a conduta pessoal de seus integrantes pode ser criminalmente enquadrada, e chegar até mesmo à aplicação de pena capital ou de prisão e maus-tratos, em dezenas de países[4]. Em outras sociedades, supostamente tolerantes, e na verdade violentas, como a nossa, essa minoria é sujeita a alguns dos mais altos índices de agressão e de violência em todo o planeta[5].

De modo distorcido e desumano, as religiões monoteístas – judaísmo, cristianismo e islamismo – sobretudo em seus matizes extremistas, não por culpa de Deus, mas pela intransigência dos homens, que se servem de Seu santo Nome, e de modo hediondo e criminoso, execram e condenam as minorias por orientação sexual e identidade de gênero. Deveria haver responsabilização criminal e punição àqueles que incitam ao ódio contra minoria por orientação sexual e identidade de gênero, para aqueles que se servem do púlpito e da pregação religiosa para estigmatizar

no tempo antigo. São Paulo: Atlas, 2012 e **Direito internacional no tempo medieval e moderno até VITORIA**. São Paulo: Atlas, 2012.

[3] De VISSCHER, C. Op. cit.

[4] Até junho de 2021, 69 países ainda criminalizavam a relação sexual consensual entre adultos do mesmo sexo: Afeganistão, Arábia Saudita, Argélia, Antigua e Barbuda, Bangladesh, Barbados, Butão, Brunei, Burundi, Camarões, Catar, Chade, Cingapura, Comores, Dominica, Egito, Eritreia, Etiópia, Gâmbia, Gana, Granada, Guiné, Guiana, Iêmen, Ilhas Cook, Ilhas Salomão, Irã, Jamaica, Kiribati, Kuwait, Líbano, Libéria, Líbia, Maláui, Malásia, Maldivas, Mauritânia, Ilhas Maurício, Marrocos, Mianmar, Namíbia, Nigéria, Território Palestino Ocupado (Faixa de Gaza), Omã, Paquistão, Papua Nova Guiné, Quênia, São Cristóvão e Neves, Santa Lúcia, São Vicente e Granadinas, Samoa, Senegal, Serra Leoa, Síria, Somália, Sri Lanka, Suazilândia, Sudão, Sudão do Sul, Tanzânia, Togo, Tonga, Tunísia, Turcomenistão, Tuvalu, Uganda, Uzbequistão, Zâmbia, Zimbábue. Disponível em: https://www.bbc.com/portuguese/internacional-57641679, acessado em 25 de agosto de 2021. Cf. ILGA World: Lucas Ramon Mendos, Kellyn Botha, Rafael Carrano Lelis, Enrique López de la Peña, Ilia Savelev and Daron Tan, State-Sponsored *Homophobia 2020: Global Legislation Overview Update* (Geneva: ILGA, dezembro 2020).

[5] HUMAN RIGHTS WATCH. **Together, Apart – Organizing around Sexual Orientation and Gender Identity Worldwide.** Nova Iorque: Human Rights Watch, 2009. Disponível em: https://www.hrw.org/report/2009/06/11/together-apart/organizing-around-sexual-orientation-and-gender-identity-worldwide, acessado em 25 de agosto de 2021.

socialmente e destruir a vida daqueles que se enquadram nessa condição minoritária – não por escolha, mas por nascimento.

A execração pública, sobretudo quando respaldada por discurso de cunho confessional – "Deus não gosta" e outras perniciosas banalidades do mesmo estilo – em nada facilitam o trabalho de construção progressiva – em nada facilitam o trabalho de construção progressiva da mentalidade favorável à aceitação no plano pessoal e à inserção no plano coletivo. Algum progresso ocorreu, no Brasil, nos últimos vinte anos[6].

Mesmo se os progressos podem ser apontados, ainda existe longo caminho a percorrer, até que a proteção das minorias por orientação sexual e identidade de gênero possa ter um patamar mínimo de proteção dos direitos fundamentais assegurado em todo o planeta. E, no Brasil, os projetos de regulação de direitos civis patinam, e as tentativas de tipificar criminalmente a homofobia são deixadas de lado, por força dos *lobbies* fundamentalistas no Congresso Nacional: enquanto isso, multiplicam-se as agressões aos homossexuais, mesmo em vias públicas e estações de metrô da cidade de São Paulo[7]...

No passado, minorias, principalmente religiosas, estiveram sujeitas a regimes opressivos. A situação melhorou consideravelmente, mas é ilusório pensar que a discriminação desapareceu, e os países que depois da Segunda Guerra Mundial mais defenderam os direitos humanos têm

[6] Dentre as políticas de inclusão instituídas pelo Estado Brasileiro, destaca-se o programa Brasil Sem Homofobia, do Conselho Nacional de Combate à Discriminação (cf. CONSELHO NACIONAL DE COMBATE A DISCRIMINAÇÃO. **Brasil sem homofobia: programa de combate à violência e à discriminação contra GLTB e promoção da cidadania homossexual.** Brasília: Ministério da Saúde, 2004). Mais recentemente, o Supremo Tribunal Federal afirmou o caráter de união homoafetiva. Cf. SUPREMO TRIBUNAL FEDERAL. Acordão da ADI 4277 e ADFF 132. Brasília, 2011. Recentemente, a Suíça se tornou o 30º país a reconhecer o casamento homoafetivo e a adoção de criança por casais homoafetivos (ÉPOCA NEGÓCIOS. **Suíços aprovam casamento gay e adoção de crianças por homossexuais.** Disponível em: https://epocanegocios.globo.com/Um-So-Planeta/noticia/2021/09/suicos-aprovam-casamento-gay-e-adocao-de-criancas-por-homossexuais.html, acessado em 29 de setembro de 2021). Sobre o tema, ver: GOMES, Acir de Matos. **União homoafetiva: análise retórica e jurídica.** Franca: Lemos & Cruz, 2019.

[7] UOL. **Celular no bolso ajudou vítima de homofobia na av. Paulista**, s.1,2010. Disponível em: https://noticias.uol.com.br/cotidiano/ultimas-noticias/2010/11/23/celular-em--bolso-de-rapaz-desmaiado-salvou-vitima-de-homofobia-na-av-paulista-diz-policia.htm, acessado em 25 de agosto de 2021.

dado demonstrações de seu desconhecimento ao negarem alguns direitos básicos, como o da nacionalidade para as crianças nascidas no país ou o direito de residência, não obstante neles vividos[8]. Acresce a isso a proibição de imigração, ou mesmo de simples entrada, baseada em considerações raciais ou até de nacionalidade.

É indissociável a perspectiva de humanização do direito internacional com a maior penetração normativa de normas de direitos humanos e direitos fundamentais, nas legislações dos Estados, com relação à proteção das minorias. Contrariamente à uma posição sob o enfoque estatal do direito internacional clássico, observa-se um maior zelo do ordenamento jurídico para as necessidades e garantias essenciais do ser humano[9].

Serão, assim, consideradas neste estudo: a proteção das minorias religiosas (item 1); a proteção de minorias étnicas (item 2); e a proteção de minorias por orientação sexual e identidade de gênero, desenvolvimento recente, na temática de proteção das minorias, sob a égide dos Princípios de Yoyakarta (2007) e dos Princípios de Yogyakarta +10 (2017) serão, ainda, referidos (item 3). A mesma dignidade e a necessidade de uniformidade de interpretação e de aplicação do parâmetro de proteção dos direitos humanos se colocam também em relação às minorias por orientação sexual e identidade de gênero.

1. Proteção das minorias religiosas

O Tratado de Paz de Augsburgo (1555)[10] e o Tratado de Osnabruque, concluído por ocasião da paz de Vestfália (1648)[11], já consignavam cláu-

[8] Importante notar que o Conselho de Direitos Humanos da ONU afirmou que os direitos de minorias são diferentes do direito à autodeterminação, e seu gozo não deve prejudicar a soberania dos Estados e tampouco a integridade territorial (CCPR, Comentário Geral 23: Art. 27 (1994) HRI/GEN/1/Ver.7, 158. Disponível em: https://www.refworld.org/docid/453883fc0.html, acessado em 26 de agosto de 2021).

[9] Sobre o tema, ver: CASELLA, P. B. **Droit international, Histoire et culture**. Curso de inverno Academia de Direito Internacional da Haia, em janeiro de 2020.

[10] KÖPF, U. H. von. **Deutsche Geschichte in Quellen und Darstellung** Band 3; Reformationszeit. 1495–1555. Stuttgart: Philipp Reclam, 2001; Der Reichstag von Augsburg, p. 471-487, exp., arts. 15 a 17.

[11] KÖPF, U. H. von. **Deutsche Geschichte in Quellen und Darstellung** Band 4: Gegenreformation und Dreissigjähriger Krieg 1555-1648. Stuttgart: Philipp Reclam, 1996. Impr.

sulas que talvez pela primeira vez, asseguraram, nas relações internacionais, o respeito à liberdade de cultos de minoria religiosa (no caso, a minoria protestante em terras católicas, e a minoria católica, em terras protestantes). Neste, como em tratados posteriores, cuidava-se de garantir apenas a igualdade entre confissões cristãs.

A filosofia resultante da Declaração dos Direitos do Homem e do Cidadão e da Revolução Francesa exerceu influência no sentido da melhoria das condições das minorias. Foi só no começo do século XIX que esse conceito se alargou, e a liberdade de consciência foi reconhecida em toda a sua amplitude.

Esse reconhecimento consta do Tratado de Viena, de 31 de maio de 1815, entre a Áustria, a Grã-Bretanha, a Prússia, a Rússia e os Países-Baixos, a propósito da reunião da Bélgica à Holanda, e no qual se afirmou a necessidade "de assegurar a todos os cultos proteção e favor iguais e de garantir a admissão de todos os cidadãos, qualquer que seja a sua crença religiosa, nos empregos e ofícios públicos".

Garantias mais ou menos idênticas figuraram nos protocolos da Conferência de Londres de 1830, por ocasião da Constituição do reino da Grécia.

Importante a esse respeito, foi o Tratado de Paris, de 30 de março de 1856, pelo qual se pôs fim à Guerra da Crimeia. Já então, não se tratava apenas da liberdade de cultos. Com efeito, o art. 9º desse Tratado declarava que se não devia reconhecer, em um país, classe de súditos inferiores aos outros em razão de seu culto e de sua raça.

Em atos internacionais ulteriores, como, por exemplo, os que resultaram do Congresso de Berlim, de 1878, e da Conferência de Berlim, de 1885, os princípios da liberdade de consciência e da tolerância religiosa foram novamente proclamados. Em todo caso, até a Primeira Guerra Mundial, eram antes a essas liberdades de ordem religiosa que se limitavam as garantias fornecidas pelos tratados internacionais.

Ainda no âmbito internacional, em setembro de 2016, o Tribunal Penal Internacional teve a oportunidade histórica de condenar Ahmad Al Faqi Al Mahdi como culpado pelos crimes de destruição de mausoléus considerados, cultural e religiosamente, relevantes, no Mali. Foram

2002; *Id*, Band 5: Band 5: Zeitalter des Absolutismus 1648-1789. Stuttgart: Philipp Reclam, 1997. Impr. 2006.

cerca de nove edifícios que foram especificamente identificados e escolhidos como alvos precisamente devido ao caráter histórico e religioso[12]. É um avanço no marco da criminalização de atos que atentam contra o patrimônio comum da humanidade e que têm, como pano de fundo, o extermínio ou a aniquilação de uma religião ou de um grupo religioso minoritário em uma determinada região.

No Brasil, por sua vez, além da proteção oriunda dos diplomas internacionais de direitos humanos, a proteção à liberdade religiosa é sedimentada na redação do artigo 5º, VIII da Constituição Federal de 1988. Na ocasião do Recurso Extraordinário 611874/DF[13], o Supremo Tribunal Federal (STF) se pronunciou a respeito do constrangimento, pela figura do Estado, de pessoa de modo a levá-la à renúncia de sua fé, o qual representa desrespeito à diversidade de ideias e à própria diversidade espiritual. No caso em tela, debateu-se a possibilidade de fixação de horários alternativos em certame público para o candidato em razão de sua liberdade religiosa.

É entendimento do STF que o Estado deve proteger a diversidade, em sua mais ampla dimensão, nesta inclusos o direito de culto e a liberdade religiosa. Para esse fim, o Estado brasileiro deve promover obrigações alternativas ou alterações dos atos administrativos, dentro de limites de adaptação do razoável, desde que haja manifestação prévia e fundamentada de objeção por motivos religiosos.

Curioso notar que, aparte do direito à liberdade religiosa – um pressuposto para existência e proteção das minorias religiosas –, ainda é incipiente e bastante recente a discussão a respeito da proteção de minorias religiosas *per se*, em sua especificidade, complexidade e profundidade, nas duas maiores cortes brasileiras, o STF e o Superior Tribunal de Justiça.

No STF, apenas há uma menção ao termo "minorias religiosas" em um agravo a recurso extraordinário, que tinha como pleito a solicita-

[12] ONU NEWS. **Nove anos de prisão para autor de ataque contra o patrimônio de Timbuktu,** 27 de setembro de 2016. Disponível em: https://news.un.org/pt/story/2016/09/1564441-nove-anos-de-prisao-para-autor-de-ataque-contra-o-patrimonio-de-timbuktu, acessado em 30 de agosto de 2021.

[13] SUPREMO TRIBUNAL FEDERAL. **Recurso Extraordinário 611874/DF – Distrito Federal**, Min. Rel. Dias Toffoli, Tribunal Pleno, Repercussão Geral, DJe 12/04/2021. Disponível em: https://redir.stf.jus.br/paginadorpub/paginador.jsp?docTP=TP&docID=755555145, acessado em 29 de agosto de 2021.

ção de ingresso em *amici curiae* por diversas entidades da sociedade civil. Dentre elas, o Centro Brasileiro de Estudos em Direito e Religião – CEDIRE utiliza, em seu pleito, o argumento de que promove a investigação das relações entre maiorias e minorias religiosas[14]. De forma, muitas vezes, transversa, indireta e esparsa, é possível encontrar referências ao assunto em apenas dez acórdãos[15] e quatorze decisões monocráticas[16] do STF.

No banco de dados de jurisprudência do STJ, com o uso do termo "minoria religiosa", é encontrado apenas uma decisão monocrática[17] que tangencia o assunto da proteção de minoria religiosa, sem adentrá-la

[14] SUPREMO TRIBUNAL FEDERAL. **ARE 1249095/SP – SÃO PAULO**, Min. Rel. Ricardo Lewandowski, DJe 05/04/2021. Disponível em: portal.stf.jus.br/processos/downloadPeca.asp?id=15346064197&ext=.pdf, acessado em 29 de agosto de 2021.

[15] SUPREMO TRIBUNAL FEDERAL. **ADI 4277/DF – Distrito Federal** (DJe 13.10.2011); **ADPF 132/RJ – Rio de Janeiro** (DJe 13.10.2011); **ADPF 54 QO/DF – Distrito Federal** (DJe (31.08.2007); **ADPF 460/PR – Paraná** (DJe 13.08.2020); **ADPF 187/DF – Distrito Federal** (DJe 29.05.2014); **ADPF 54/DF – Distrito Federal** (DJe 30.04.2013); **ADI 3478/RJ – Rio de Janeiro** (DJe 19.02.2020); **ADO 26/DF – Distrito Federal** (DJe 06.10.2020); **ADI 4439/DF – Distrito Federal** (DJe 21.06.2018); **ADI 3478/RJ – Rio de Janeiro** (DJe 19.02.2020); **RE 494601/RS – Rio Grande do Sul** (DJe 19.11.2019). O método de pesquisa empregado na base de dados da jurisprudência do STF foi o uso dos seguintes termos e da seguinte forma: "minoria" E "religiosa". Preferiu-se o uso da conjunção "E" como filtro mais adequado para refinar a busca por casos em que houvesse a discussão dos termos em análise na jurisprudência do STF.

[16] SUPREMO TRIBUNAL FEDERAL. **RE 609039/RS – Rio Grande do Sul** (DJe11.02.2015); **RE 591048/MG – Minas Gerais** (DJe 04.02.2013); **RE 605191/RS – Rio Grande do Sul** (DJe 15.06.2012); **MS 32262/DF-Distrito Federal** (DJe 24.09.2013); **RE 1017365/SC – Santa Catarina** (DJe 21.05.2020); **Rcl 36742 MC/RJ – Rio de Janeiro** (DJe 12.09.2019); **Rcl 39093 MC/RJ – Rio de Janeiro** (DJe 26.02.2020); **AI 843707/RJ – Rio de Janeiro** (DJe 01.06.2011); **Rcl 39093/RJ – Rio de Janeiro** (DJe 28.04.2020); **RE 659051/RJ – Rio de Janeiro** (DJe 23.09.2013); **ADPF 186 MC/DF – Distrito Federal** (DJe 07.08.2009); **ADI 5356 MC/MS – Mato Grosso do Sul** (DJe 20.11.2015); **STP 165 MC/RJ – Rio de Janeiro** (DJe 04.02.2020); **ARE 1249095 / SP – São Paulo** (DJe 06.04.2021).

[17] SUPERIOR TRIBUNAL DE JUSTIÇA. **AREsp 1527037-RJ**, Min. Rel. João Otávio de Noronha, DJe 14.08.2019. Disponível em: https://processo.stj.jus.br/processo/revista/documento/mediado/?componente=MON&sequencial=98751404&tipo_documento=documento&num_registro=201901776200&data=20190814&formato=PDF, acessado em 30 de agosto de 2021.

como argumento central da tese do agravo interposto[18]. Não há ocorrência de nenhuma decisão colegiada (acórdãos) sobre o tema.

Esses dados jurisprudenciais das cortes mais importantes no cenário brasileiro corroboram questionamentos sobre os motivos pelos quais existe essa inércia da jurisdição brasileira sobre o tema de proteção de direitos de minorias religiosas. Elas reforçam igualmente o caráter recente do debate sobre o tema, pois, por mais que a Carta Magna já houvesse estabelecido a norma de proteção, em 1988, os debates, na esfera judicial, apenas ocorrem no começo do século XXI.

Dentre as possibilidades aventadas que explicariam essa inatividade judiciária, descarta-se, aqui, a ideia da ausência, ou pouca incidência, no plano fático, de eventos que são de interesse do poder judiciário, pois eles acontecem e invocam sua tutela, proteção e reparação[19]. Cada vez mais, percebe-se, no Brasil, um movimento de intolerância à diversidade religiosa, especialmente quando se observa a perseguição de religiões de matrizes africanas, fato esse que não deve estar alheio da atuação preventiva e reparativa do Estado brasileiro e de todos que prestam serviço, direta ou indiretamente, à boa distribuição da justiça.

[18] Quando se utiliza a expressão de busca ["Minoria" E "religiosa"], tem-se a contabilização de cento e seis decisões monocráticas, das quais apenas seis não são habeas corpus (STJ. **REsp 1231460-SC**, DJe 11.10.2017; **RHC 069835**, DJe 14.04.2016; **AgRg no REsp 1475582**, DJe 24.04.2015; **REsp 1428849**, DJe 27.03.2015; **REsp 1195862**, DJe 16.11.2012; **REsp 1252407**, DJe 09.10.2012).

[19] BRASIL DE FATO. **Terreiro de Umbanda é atacado pela segunda vez na Região Metropolitana de BH**, Belo Horizonte, 30 de janeiro de 2018. Disponível em: https://www.brasildefato.com.br/2018/01/30/terreiro-de-umbanda-e-atacado-pela-segunda-vez-na-regiao-metropolitana-de-bh, acessado em 30 de agosto de 2021; EXTRA, O GLOBO. **Terreiro de candomblé, em Madureira, é atacado pela segunda vez em quatro meses**, 01 de junho de 2019. Disponível em: https://extra.globo.com/casos-de-policia/terreiro-de-candomble-em-madureira-atacado-pela-segunda-vez-em-quatro-meses-23712034.html, acessado em 30 de agosto de 2021; BANDNEWS. **Terreiro de umbanda é atacado em Nova Iguaçu**, por Gustavo Sleman, 08 de setembro de 2019. Disponível em: https://www.bandnewsfmrio.com.br/editorias-detalhes/terreiro-de-umbanda-e-atacado-em-nova-iguacu, acessado em 30 de agosto de 2021; ESTADO DE MINAS GERAIS. **Polícia prende 'Bonde de Jesus' que atacava terreiros de umbanda e candomblé**, 18 de agosto de 2019. Disponível em: https://www.em.com.br/app/noticia/nacional/2019/08/18/interna_nacional,1078089/policia-prende-bonde-de-jesus-que-atacava-terreiros-de-umbanda-e-can.shtml, acessado em 30 de agosto de 2021.

2. Proteção das minorias étnicas

Com os tratados que põem termo à Primeira Guerra Mundial, surge novo sistema internacional de proteção das minorias, cujas principais características são as seguintes:

i) A proteção do Estado não se deve limitar às minorias de religião: deve cobrir também as minorias de raça e de línguas;
ii) Essa proteção não é concedida apenas aos indivíduos, tomados isoladamente, mas também ao conjunto de cada minoria, considerada como entidade coletiva;
iii) A garantia dos compromissos internacionais assumidos nessa matéria era confiada à Sociedade das Nações.

Esses princípios foram consignados nos aludidos tratados de paz e em vários outros atos internacionais, especialmente dedicados à proteção de minorias, bem como em algumas declarações feitas perante o Conselho da Sociedade das Nações (ou Liga das Nações).

Os direitos reconhecidos às minorias, pelos mencionados tratados e declarações, foram postos sob a garantia da Sociedade das Nações[20]. As controvérsias que pudessem surgir a respeito deles deveriam ser submetidas à Corte Permanente de Justiça Internacional[21].

Muito se discutiu, ao tempo da Sociedade das Nações, sobre o alcance ou o sentido da palavra 'minorias', no sistema estabelecido sob a garantia daquela Organização. Em fins de 1925, o representante do Brasil no Conselho da Liga, Afrânio de Melo Franco, em declaração escrita que se tornou bastante conhecida, sustentou a ideia de que o termo, tal como o entendiam os acordos ou tratados vigentes, sobre a matéria, não se aplicaria a mero agrupamento étnico incrustrado no corpo de estado cuja maioria fosse constituída por população de raça diferente. A seu ver, a característica essencial das minorias era atributo resultante de fatores psicológicos, sociais e históricos. No sentido dos referidos acordos – acentuou o representante brasileiro –, a minoria era o produto de lutas mais ou menos remotas, entre certas nacionalidades, e da transfe-

[20] LIGA DAS NAÇÕES. **O Pacto da Sociedade das nações**. Art. 24. *In*: PRAZERES, Otto. *A Liga das Nações*. Rio de Janeiro: Imprensa Nacional, 1922.

[21] LIGA DAS NAÇÕES. **O Pacto da Sociedade das nações**. Art. 13. *In*: PRAZERES, Otto. *A Liga das Nações*. Rio de Janeiro: Imprensa Nacional, 1922.

rência de determinados territórios, de certa soberania a outra, por meio de fases ou períodos históricos sucessivos.

Esse ponto de vista foi aceito por uns e combatido por outros, no seio da própria Liga. Entretanto, parece que se pode considerar como certo que, em face daquele sistema, a palavra minoria não se deveria aplicar a simples imigrantes. Esses são considerados estrangeiros, até o momento em que forem incorporados à nacionalidade do Estado, e, depois, não terão qualidade para reivindicar os direitos das minorias. Charles de Visscher acentuou de certa forma esta ideia, dizendo que "minoria, no sentido próprio do termo, é constituída por grupo, fixado historicamente em um território determinado, que se opõe tradicional e conscientemente, por certos traços distintivos, à massa dos cidadãos do Estado ao qual está incorporado"[22].

O que se teve em vista, em tais tratados, firmados após a Primeira Guerra Mundial, foram realmente grupos fixados historicamente nos países em causa, grupos que, por meio dos séculos, conseguiram manter, entre gente estranha, características próprias das respectivas nacionalidades de origem.

Durante a Primeira Guerra Mundial, deu-se especial importância à questão das minorias com o objetivo de enfraquecer os Impérios Alemão, Austro-húngaro e Otomano, e, em consequência, o Pacto da Sociedade das Nações[23] deu-lhe a correspondente importância[24]. Após a Primeira Guerra Mundial, buscou-se construir modelo de "organização jurídica de vida em comum, pacífica e ordenada, dos diferentes elementos étnicos da população de um Estado", como avaliava Marc S. Korowicz[25].

A Carta das Nações Unidas, ao contrário, silenciou a respeito, mas a Organização das Nações Unidas (ONU) passou a dar enfoque distinto à questão das minorias. Este passa a ser integrado à questão da proteção dos direitos fundamentais, como direito humano, não como direito

[22] De VISSCHER, C. Op. cit. pp. 228-232, esp. p. 229.

[23] CASELLA, P. B. **Tratado de Versalhes na história do direito internacional**. São Paulo: Quartier Latin, 2007.

[24] LIGA DAS NAÇÕES. **O Pacto da Sociedade das nações.** Art. 23. *In*: PRAZERES, Otto. *A Liga das Nações*. Rio de Janeiro: Imprensa Nacional, 1922.

[25] KOROWICZ, M. S. **Une expérience de droit international: la protection des minorités de Haute-Silésie.** Paris: Pedone, 1946, «introduction», p. 7.

(político) de determinada minoria (étnica), em relação à respectiva maioria.

Mencionada no art. 1º da Carta da ONU[26] a proteção dos direitos humanos, o problema das minorias deixou de ser encarado sob o aspecto político e passou a ser visto a partir de um prisma humanitário, mais amplo, isto é, sem a conotação territorial. Em segundo lugar, o princípio da não discriminação, formulado claramente no art. 1 (3) da Carta da ONU, e posteriormente confirmado pela Declaração Universal dos Direitos Humanos (DUDH)[27] de 1948, veio dar solução positiva ao problema básico das minorias, ou seja, a garantia da igualdade de tratamento a todas as pessoas independentemente do grupo étnico, religioso ou linguístico[28].

[26] ORGANIZAÇÃO DAS NAÇÕES UNIDAS. **Carta das Nações Unidas**. 1945. Disponível em:
https://www.un.org/en/about-us/un-charter/full-text, acesso 26 de agosto de 2021.

[27] ASSEMBLEIA GERAL DAS NAÇÕES UNIDAS. **Declaração Universal dos Direitos Humanos**. Resolução 217 A III, adotada em 10 de dezembro de 1948. Art. 2º, 1.: "1. Todo ser humano tem capacidade para gozar os direitos e as liberdades estabelecidos nesta Declaração, sem distinção de qualquer espécie, seja de raça, cor, sexo, língua, religião, opinião política ou de outra natureza, origem nacional ou social, riqueza, nascimento, ou qualquer outra condição". Disponível em: https://www.unicef.org/brazil/declaracao-universal-dos-direitos-humanos, acessado em 26 de agosto de 2021.

[28] Dentro do campo concreto, o caso do genocídio armênico não pode ser esquecido e a recusa de seu reconhecimento agrava ainda mais o crime. Sobre o tema: BOZARSLAN, Hamit; DUCLERT, Vincent e KÉVORKIAN, Raymond H. **Comprendre le génocide des arméniens – 1915 à nos jours** (Paris: Tallandier, 2015); DINK, Hrant. **Deux peuples proches – deux voisins lointains: Arménie – Turquie** (trad. do turco por Emre ÜLKER et Dominique EDDÉ, pref. de Jean KÉHAYAN, abertura de Etyen MAHÇUPYAN, Arles: Actes Sud, 2009); CASELLA, P. B., *Genocídio Armênio* (*in* **100 anos do Genocídio armênio – negacionismo, silêncio e direitos humanos**, sob dir. de M. L. Tucci CARNEIRO, C. A. Abreu BOUCAULT e H. de A. C. LOUREIRO, São Paulo: Humanitas, 2019, p. 51-112); ___, *O genocídio armênio* (in **Direito internacional na Constituição – estudos em homenagem a Francisco REZEK**, sob a direção de Alceu J. CICCO Filho, Ana Flávia P. VELLOSO e Maria Elizabeth G. T. ROCHA, São Paulo: Saraiva, 2014, p. 565-606); CASELLA, P. B.; ALAMINO, Felipe Nicolau Pimentel. **Estudos sobre a proteção internacional de minorias** – Grupo de estudos sobre a proteção internacional de minorias da Faculdade de Direito da Universidade de São Paulo – GEPIM – USP (*Revista da Faculdade de Direito da USP*, São Paulo, 2018, vol. 113, p. 563-736).

Embora suscitado à época da elaboração da DUDH, considerou-se aconselhável silenciar a respeito, dados os aspectos distintos que o problema tem nos diversos países. Nos anos 1990, a questão volta a ser tópico central do cenário internacional, sobretudo em função dos seguintes eventos:

i) Queda do muro de Berlim e consequente reunificação da Alemanha, com garantias quanto à linha Oder-Neisse ser mantida como fronteira desta com a Polônia;
ii) O desmembramento da URSS veio demonstrar quantas minorias, na verdade inteiros grupos nacionais, com características étnicas, culturais e linguísticas, fizeram sentir o seu peso no ressurgimento de antigos países;
iii) O mesmo fenômeno ocorre na Tchecoslováquia, com divisão pacífica entre a maioria tcheca (cerca de 2/3) da população e a "minoria" eslovaca;
iv) Igualmente na Iugoslávia, país criado artificialmente e cuja unidade fora mantida graças ao regime imposto pelo Marechal J. B. Tito; desde sua morte, em 1980, os vínculos de união se enfraqueceram e acabaram por desaparecer, trazendo em seu rastro guerra civil entre minorias religiosas e étnicas.

Em dezembro de 1938, por iniciativa da delegação brasileira, na 8ª Conferência Internacional Americana, reunida em Lima, adotou-se Resolução, na qual se declarou que o sistema de proteção das minorias não podia ter a aplicação na América, "onde não existem as condições que caracterizam os agrupamentos humanos aos quais tal denominação é conferida", e acrescentou: "os residentes considerados como estrangeiros pela lei local não podem invocar coletivamente a condição de minorias". Declaração análoga foi feita na Reunião de Consulta do Rio de Janeiro (1942) e na Conferência Interamericana de 1945, na Cidade do México.

Importante destacar o papel fundamental de outro instrumento internacional de direitos humanos que, em termos de legitimidade global, ou seja, com o compromisso de mais Estados e com uma maior legitimidade transnacional e transcivilizacional se comparado com a Declaração Universal e os dois Pactos Internacionais (de Direitos Civis e Políticos e de Direitos Econômicos, Sociais e Culturais ambos de 1966), a saber a Declaração e Programa de Ação de Viena de 1993. Ela foi aprovada por unanimidade por 171 países, que representam mais de noventa porcento da humanidade, enquanto a Declaração Universal foi aprovada por 40 nações com oito nações se abstendo, em um momento em que grande parte da humanidade ainda estava sob domínio colonial[29].

Obviamente, o status de legalidade da Declaração e Programa de Ação de Viena de 1993 não é o mesmo que os Pactos Internacionais de 1966. Contudo, embora não tenha a mesma força vinculante *per se*, a Declaração guarda uma legitimidade internacional superior. Ela foi adotada em um contexto em que cerca de 1500 ONGs atuaram de forma intensa no seu processo de elaboração e com a inserção da participação da sociedade civil.

A Declaração e Programa de Ação de Viena de 1993 entende a importância da promoção e proteção de direitos de pessoas que pertencem às minorias, bem como a importância da reafirmação da obrigação dos Estados em assegurar que essas pessoas possam exercer plena e efetivamente todos os direitos humanos e liberdades fundamentais sem discriminação e em igualdade. Ademais, à pessoa pertencente às minorias é garantido o direito de gozar sua própria cultura, de professar e praticar sua própria religião e de usar sua própria linguagem em contexto privado e público, livremente (art. 19)[30].

É, igualmente, uma preocupação da Declaração e Programa de Ação de Viena de 1993 a proteção dos direitos de pessoas que pertençam a minorias nacionais ou étnicas, religiosas e linguísticas[31], de acordo com a Declaração sobre Direitos das Pessoas Pertencentes a Minorias Nacionais ou Étnicas, Religiosas e Linguísticas. Esta última foi delineada para reforçar a implementação de direitos humanos relativos a minorias,

[29] YASUAKI, Onuma. **Direito Interncional em Perspectiva Transcivilizacional: questionamento da estrutura cognitiva predominante no emergente mundo multipolar e multicivilizacional do século XXI**. Organizadores da Tradução: NINOMIYA, Masato; CASELLA, P. B. Editora Arraes, Belo Horizonte, 2017, pp. 282-283.

[30] CONFERÊNCIA MUNDIAL SOBRE DIREITOS HUMANOS. **Declaração e Programa de Ação de Viena**, 25 de junho de 1993. Disponível em: https://www.ohchr.org/en/professionalinterest/pages/vienna.aspx, acessado em 26 de agosto de 2021.

[31] CONFERÊNCIA MUNDIAL SOBRE DIREITOS HUMANOS. **Declaração e Programa de Ação de Viena**, 25 de junho de 1993. Artigos 25-27. Disponível em: https://www.ohchr.org/en/professionalinterest/pages/vienna.aspx, acessado em 26 de agosto de 2021.

baseados em princípios de não-exclusão, não-assimilação, e não-discriminação[32] e ela é elaborada sob a égide do princípio de proteção da identidade preconizado no artigo 27 do Pacto Internacional de Direitos Civis e Políticos de 1966[33].

A matéria da proteção das minorias étnicas, no contexto interamericano, não mais se pode pautar por um enfoque simplista, porquanto violações e discriminações ocorreram e continuam a ocorrer. Em relação aos direitos dos ameríndios e dos afrodescendentes, parece hoje menos cristalinamente clara do que se pretenderia.

A necessária proteção dos direitos humanos em uma determinada nação deve decorrer da própria inserção dos direitos humanos na religião, na cultura e na sociedade de tal modo que "as pessoas daquela nação vejam a proteção dos direitos humanos como uma parte natural das suas vidas"[34]. Essa proteção advém justamente do pressuposto de que os Estados aderentes aos instrumentos normativos de direitos humanos apliquem as previsões normativas, recomendações e diretivas contidas nos diplomas internacionais sobre direitos humanos[35].

Na seara jurisprudencial brasileira, a mesma escassez de discussões sobre a proteção de minorias religiosas é encontrada sobre as minorias

[32] Aprovada pela resolução 47/135 da Assembleia Geral da ONU de 18 de dezembro de 1992.

[33] CRAWFORD, James; BROWNLIE, Ian, **Brownlie's principles of public international law**, Eighth edition. Oxford, United Kingdom: Oxford University Press, 2012, p. 649.

[34] YASUAKI, Onuma, **International Law in a Transcivilizational World** (Cambridge: Cambridge University Press, 2017); ___, A Transcivilizational Perspective on International Law (RCADI, 2009, vol. 342 – publicado em Pocketbooks of the Hague Academy of International Law, 2010; _____. **Direito Internacional em Perspectiva Transcivilizacional: questionamento da estrutura cognitiva predominante no emergente mundo multipolar e multicivilizacional do século XXI**. Organizadores da Tradução: NINOMIYA, Masato; CASELLA, P. B. Editora Arraes, Belo Horizonte, 2017, p. 297. Segundo o autor, há parâmetros mínimos universais de proteção, para assegurar a proteção dos direitos fundamentais. Sobre o tema dos valores universais, ver: BENNOUNA, Mohammed. **Le droit international entre la lettre et l'esprit** (RCADI, 2017, t. 383, Livres de poche de l'Académie de droit international de La Haye, 2017, *Avant-propos – De la lettre à l'esprit*, p. 15-19, cit. p. 18-19, § 11)

[35] CRAWFORD; BROWNLIE, **Brownlie's principles of public international law**, p. 668.

étnicas. No STF, com o uso do termo "minoria étnica"[36], encontra-se apenas onze decisões monocráticas[37] sobre o tema, dentre as quais apenas duas apresentam um debate mais aprofundado sobre essa questão no país[38], uma ligada à questão da defesa da comunidade quilombola[39] e outra à questão de demarcação de terras indígenas[40].

Com relação ao tópico da demarcação de terras[41] dos povos indígenas, o debate ocorre, atualmente, no STF, a respeito da inconstitucionalidade ou não do uso do marco temporal como critério para demarcação, por meio de um recurso da Fundação Nacional do Índio (Funai). Neste recurso, questionou-se o critério temporal, utilizado no acórdão, em 2013, prolatado pelo Tribunal Regional Federal da 4ª Região. Nesta decisão, o TRF-4 aceitou a tese do marco temporal:

> "ao conceder ao Instituto do Meio Ambiente de Santa Catarina a reintegração de posse de uma área que é parte da Reserva Biológica do Sassafrás, onde fica a Terra Indígena Ibirama LaKlãnõ. Na região, vivem os povos xokleng, guarani e Kaingang"[42].

[36] Quando se utiliza a expressão ["minoria" E "étnica"] na base de dados, tem-se a presença de apenas um acórdão relativo ao caso da demarcação de terras indígenas da Raposa Serra do Sol e mais dezesseis decisões monocráticas.

[37] **RE 497858 AgR/DF – Distrito Federal**, DJe 19.12.2013; **RE 497858/DF – Distrito Federal**, DJe 07.10.2010; **RE 497858/DF – Distrito Federal**, DJe 02.07.2020; **RE 1126247/RJ – Rio de Janeiro**, DJe 01.02.2019; **RE 1017365/SC – Santa Catarina**, DJe 21.05.2020; **ARE 914104/RJ – Rio de Janeiro**, DJe 05.02.2018; **HC 95009 MC / SP – São Paulo**, DJe 05.08.2008; **RE 584825/MG – Minas Gerais**, DJe 09.08.2011; **RE 1224396/DF – Distrito Federal**, DJe 07.04.2020; **MS 32262 MC / DF – Distrito Federal**, DJe 24.09.2013; **Rcl 22614 / PB – Paraíba**, DJe 20.09.2018.

[38] No que se refere a um debate "mais aprofundado", refere-se a não simples menção do termo "minoria étnica" ou de dispositivo normativo que contenha a expressão referida.

[39] STF. **Rcl 22614 / PB – Paraíba**, DJe 20.09.2018.

[40] STF. **MS 32262 MC / DF – Distrito Federal**, DJe 24.09.2013

[41] Adota-se o termo "terras" ao invés de "território", pois o primeiro termo assume em essência um sentido sociocultural, enquanto o segundo termo incorpora a noção jurídico-política em que uma determinada ordem jurídica soberana tem incidência espacial (STF. **Pet 3388**, Min. Rel. Carlos Britto, DJe 01.07.2010, p. 233. Disponível em: https://redir.stf.jus.br/paginadorpub/paginador.jsp?docTP=AC&docID=630133, acessado em 31 de agosto de 2021).

[42] G1, GLOBO. **O que é o marco temporal sobre terras indígenas: entenda o que está em jogo no julgamento do STF**, 27.08.2021. Disponível em: https://g1.globo.com/poli-

O pressuposto para haver a proteção da minoria étnica é justamente a proteção das terras que ela ocupa, onde existe uma ligação cultural, religiosa e afetiva com aquele espaço. É nesse âmbito que é possível haver a promoção da preservação das práticas culturais, dos usos, das tradições, dos costumes e da diversidade étnica em si. Observa-se que é um tema atualíssimo e está na pauta judiciária brasileira desde muito antes da promulgação da Constituição Federal de 1988[43].

Contudo, a ameaça à proteção jurídica da minoria étnica no Brasil, por meio do xadrez político, reforça, mais uma vez, o importante papel orientador do STF e dos operadores do direito, em especial, da literatura jurídica brasileira cujo papel crítico é reclamado.

No que diz respeito ao STJ, com a aplicação da mesma expressão de pesquisa ("minoria étnica")[44], são encontradas apenas três decisões monocráticas sobre minoria étnica, das quais duas tem relação com os quilombolas[45] e a outra em relação ao grupo de ciganos[46]. Nota-se que os casos, no STJ, além de escassos e com possibilidade de maior debate sobre o tema, são bastante recentes, o que reforçam os questionamentos realizados na sessão anterior a respeito da proteção das minorias religiosas.

tica/noticia/2021/08/27/o-que-e-o-marco-temporal-sobre-terras-indigenas-entenda-o--que-esta-em-jogo-no-julgamento-do-stf.ghtml, acessado em 31 de agosto de 2021.

[43] Sobre esse tema, ver, em especial, o voto do Ministro Menezes Direito no caso da demarcação de terras da área indígena Raposa Serra do Sol (STF. **Pet 3388**, Min. Rel. Carlos Britto, DJe 01.07.2010, p. 359-418. Disponível em: https://redir.stf.jus.br/paginadorpub/paginador.jsp?docTP=AC&docID=630133, acessado em 31 de agosto de 2021).

[44] Quando se utiliza a expressão ["minoria" E "étnica"] na base de dados, têm-se os mesmos resultados quando utilizada a expressão sem o operador de adição ("minoria étnica").

[45] **AREsp 1357319**, DJe 18.06.2021; **REsp 1231460**, DJe 11.10.2017.

[46] **REsp 1840341**, DJe 18.02.2020.

3. Princípios de Yogyakarta (2007) e proteção das minorias por orientação sexual[47] e identidade de gênero[48]

Foi preciso esperar quase noventa anos, desde o momento em que se enceta a instauração de proteção internacional das minorias étnicas, para começar, finalmente, a estruturar-se, no âmbito do direito internacional, parâmetro de proteção das minorias não étnicas. Essa matéria, todavia, é tida como conjunto de princípios, cuja implementação, mesmo deixando de lado as pretensões de questionamentos de ordem pretensamente científica, como 'moral' ou 'confessional', inexoravelmente suscitarão questionamentos de ordem política.

A ideia basilar é muito simples: os direitos fundamentais não admitem exceções. E se aplicam a todos os seres humanos, em decorrência de sua condição de humanidade, inclusive em relação à orientação sexual e a identidade de gênero.

[47] "orientação sexual" como estando referida à capacidade de cada pessoa de experimentar uma profunda atração emocional, afetiva ou sexual por indivíduos de gênero diferente, do mesmo gênero ou de mais de um gênero, assim como de ter relações íntimas e sexuais com essas pessoas (COMISSÃO INTERNACIONAL DE JURISTAS. Yogyakarta, Indonésia, 6-9 de novembro, 2006. **Princípios de Yogyakarta: Princípios sobre a aplicação da legislação de direitos humanos em relação a orientação sexual e a identidade de gênero**, Preâmbulo, março de 2007. Disponível em: http://www.clam.org.br/uploads/conteudo/principios_de_yogyakarta.pdf, acessado em 6 de setembro de 2021. Para uma crítica a respeito do conceito, pois não haveria inclusão da categoria de assexuais, ver: DREYFUS, Tom. **'The Half-Invention of Gender Identity in International Human Rights Law: From Cedaw to the Yogyakarta Principles'**. *Australian Feminist Law Journal 37* (2012): 33-50.

[48] "identidade de gênero" como estando referida à experiência interna, individual e profundamente sentida que cada pessoa tem em relação ao gênero, que pode, ou não, corresponder ao sexo atribuído no nascimento, incluindo-se aí o sentimento pessoal do corpo (que pode envolver, por livre escolha, modificação da aparência ou função corporal por meios médicos, cirúrgicos ou outros) e outras expressões de gênero, inclusive o modo de vestir-se, o modo de falar e maneirismos (COMISSÃO INTERNACIONAL DE JURISTAS. Yogyakarta, Indonésia, 6-9 de novembro, 2006. **Princípios de Yogyakarta: Princípios sobre a aplicação da legislação de direitos humanos em relação a orientação sexual e a identidade de gênero**, Preâmbulo, março de 2007. Disponível em: http://www.clam.org.br/uploads/conteudo/principios_de_yogyakarta.pdf, acessado em 6 de setembro de 2021.

A proteção de minorias por orientação sexual e identidade de gênero[49], embora incipiente na ordem internacional, teve marco representativo por meio da adoção, em 26 de março de 2007, dos Princípios de Yogyakarta[50], cidade da Indonésia, na qual se reuniu, de 6 a 9 de novembro de 2006, o "Grupo Internacional de Especialistas em Direito Internacional dos Direitos Humanos, Orientação Sexual e Identidade de Gênero", que preparou e apresentou um texto, adotado pelo Conselho de Direitos Humanos da ONU, propondo normas para aperfeiçoar a proteção de todos, em matéria de orientação sexual de identidade de gênero. Em 10 de novembro de 2017, os Princípios de Yogyakarta sofreram uma revisão e foram-lhe adicionados mais dez princípios e obrigações estatais ("Yogyakarta Principles Plus 10")[51].

Nos anos de 1980, quando os ativistas começaram a buscar a proteção do direito internacional dos direitos humanos em casos de discriminação por orientação sexual, as cortes e outras instituições eram universalmente avessas a essa tese[52]. Esses mesmos órgãos têm hoje opiniões contrárias, devido, principalmente, a um entendimento do direito internacional dos direitos humanos como proibindo a discriminação arbitrá-

[49] Para mais informações contextuais da evolução do direito internacional aplicado a orientação sexual e identidade de gênero, ver: LAU, Holning. **Sexual Orientation: Testing the Universality of International Human Rights Law**, *71 U. CHI. L. REV. 1689* (2004); O'FLAHERTY, Michael; FISHER, John. **Sexual Orientation, Gender Identity and International Human Rights Law: Contextualising the Yogyakarta Principles** *8 HUM. RTS. L. REV. 207*, 214-31 (2008); e TAHMINDJIS, Phillip. **Sexuality and International Human Rights Law**, *48 J. OF HOMOSEXUALITY 9* (2005).

[50] COMISSÃO INTERNACIONAL DE JURISTAS. Yogyakarta, Indonésia, 6-9 de novembro, 2006. **Princípios de Yogyakarta: Princípios sobre a aplicação da legislação de direitos humanos em relação a orientação sexual e a identidade de gênero**, março de 2007. Disponível em: http://www.clam.org.br/uploads/conteudo/principios_de_yogyakarta.pdf, acessado em 26 de agosto de 2021.

[51] Disponível em: https://yogyakartaprinciples.org/wp-content/uploads/2017/11/A5_yogyakartaWEB-2.pdf, acessado em 2 de setembro de 2021.

[52] Por exemplo, **Handyside v. United Kingdom**, 1 Eur. Ct. H.R. 737, 755-57 (1976) (permitir a censura de um livro cujo tratamento favorável da orientação sexual poderia "depravar e corromper" menores); **Hertzberg v. Finland**, ICCPR Communication No. 61/1979, CCPR/C/15/D/61/1979, T 10.3-10.4 (1979) (entendo que a censura de programas de televisão sobre homossexualidade estaria dentro da margem de discricionariedade da Finlândia para proteger a moral pública)

ria em todos os sentidos, inclusive no que se refere a orientação sexual e a identidade de gênero[53].

Os Princípios (2007) são uma série de vinte e nove "princípios", numerados de 1 a 29, precedidos por uma introdução e um preâmbulo, e sucedido por recomendações adicionais, visando a melhorar a proteção dos direitos de todos, e lembram que "todos os seres humanos nascem livres e iguais em dignidade e direitos", assim como "todos os direitos humanos são universais, interdependentes, indivisíveis e inter-relacionados".

O Pacto Internacional de Direitos Civis e Políticos[54] é a fonte de grande número dos Princípios. Quinze princípios parafraseiam direitos civis e políticos que os Estados-parte do PIDCP "se obrigaram a cumprir"[55]. Na maioria dos casos, os redatores simplesmente importaram o direito protegido no PIDCP e acrescentaram a redação, segundo a qual, explicitamente, aplica-se tal direito independentemente da orientação sexual ou identidade de gênero[56].

O Pacto Internacional de Direitos Econômicos, Sociais e Culturais[57] é inspiração para a segunda maior parte do número de Princípios. Sete Princípios de Yogyakarta correspondem em parte ou em todo com

[53] BROWN, David. **Making Room for Sexual Orientation and Gender Identity in International Human Rights Law: An Introduction to the Yogyakarta Principles**. Michigan Journal of International Law, vol. 31, no. 4, Summer 2010, p. 823. Sobre o desenvolvimento do conceito de princípios antidiscriminatórios no direito internacional dos direitos humanos, ver: ZULOAGA, Patricia Palacios. **LA NO DISCRIMINACION: ESTUDIO DE LA JURISPRUDENCIA DEL COMITE DE DERECHOS HUMANOS SOBRE LA CLAUSULA AUTONOMA DE NO DISCRIMINACION [NON-DISCRIMINATION: STUDY OF THE JURISPRUDENCE OF THE HUMAN RIGHTS COMMITTEE ON THE AUTONOMOUS NON-DISCRIMINATION CLAUSE]** 30-34 (2006), disponível em: https://libros.uchile.cl/396, acessado em 7 de setembro de 2021; BAYEFSKY, Anne F. **The Principle of Equality or Non-Discrimination in International Law**, 11 HuM. RTS. L. J. 1 (1990).

[54] ASSEMBLEIA GERAL DAS NAÇÕES UNIDAS. **Pacto Internacional de Direitos Civis e Políticos**. Aberto para assinatura em 19 dezembro de 1966, S. EXEC. Doc. E, 95-2 (1978), 999 U.N.T.S. 171 [descrito aqui pela sigla PIDCP];

[55] Ver os Princípios de Yogyakarta 3-11, 18-22, 24.

[56] Por exemplo, o artigo 6 do PIDCP e o Princípio 4 de Yogyakarta.

[57] ASSEMBLEIA GERAL DAS NAÇÕES UNIDAS. **Pacto Internacional de Direitos Econômicos, Sociais e Culturais**. Aberto para assinatura em 16 de dezembro de 1966, 993 U.N.T.S. 3 [descrito aqui pela sigla PIDESC].

os artigos do PIDESC que versam sobre trabalho, seguridade social, um padrão de vida adequado, habitação adequada, educação, o maior alcance de padrão de saúde, e participação na vida cultural[58]. Assim como nos direitos civis e políticos, esses direitos foram em grande parte modificados apenas com a adição de frases pertinentes à orientação sexual e identidade de gênero.

Uma grande diferença entre os Princípios de Yogyakarta e o PIDESC é que o primeiro não reflete em lugar algum o mandato de "realização progressiva" do segundo. Um Estado-parte do PIDESC é obrigado apenas a "tomar medidas ... até o máximo de seus recursos disponíveis, com vistas a alcançar progressivamente a plena realização dos direitos [do tratado] (...)". Em contraste, os Princípios de Yogyakarta exigem não só que os Estados se abstenham da discriminação em relação a esses direitos, mas também que os Estados os garantam no presente, sem limitações como a obrigação descrita no PIDESC a respeito de realização progressiva ou os recursos disponíveis dos Estados.

Os sete Princípios de Yogyakarta que não se baseiam nem no PIDCP nem no PIDESC foram extraídos de várias fontes[59]. Os Princípios de Yogyakarta 1 e 2 são declarações de princípio amplas, que afirmam a primazia da não-discriminação no direito internacional dos direitos huma-

[58] Para uma análise comparativa: Princípios de Yogyakarta 12-17, 26 e Artigos 6(1), 7, 9, 11(1), 12(1), 13(1), 15(1)(a) da PIDESC.

[59] O Princípio 23, o direito de procura e gozo de asilo devido a perseguição, inclusive perseguição relativa à orientação sexual ou identidade de gênero, é baseado no direito basilar da Convenção das Nações Unidas relativa ao Estatuto dos Refugiados (art. 1º, 28 de julho de 1951, 189 U.N.T.S 150); O Princípio 25, o direito de participar na vida pública, é engendrada a partir de normas de diversos tratados que protegem o direito de candidatura a um posto público e a um posto no governo, bem como a partir de decisões da Corte Europeia de Direitos Humanos no que se refere ao serviço militar; o Princípio 27, o direito de promover os direitos humanos, é retirado da Declaração dos Defensores de Direitos Humanos das Nações Unidas; o direito à responsabilização, incorporado no Princípio 28, tem sua fonte no *Updated Set of Principles for the Protection and Promotion of Human Rights Through Action to Combat Impunity* (ECOSOC, Comm'n on Human Rights, Updated Set of Principles for the Protection and Promotion of Human Rights Through Action to Combat Impunity, princs. 31-34, U.N. Doc. E/CN.4/2005/102/Add.1 (8 de fevereiro de 2005) (BROWN, David. **Making Room for Sexual Orientation and Gender Identity in International Human Rights Law: An Introduction to the Yogyakarta Principles**. Michigan Journal of International Law, vol. 31, no. 4, Summer 2010, p. 836).

nos e a "universalidade, inter-relação, interdependência e indivisibilidade de todos os direitos humanos (...)".

É igualmente curioso notar que, contrariamente ao que é possível encontrar em outros instrumentos normativos internacionais, nos Princípios de Yogyakarta não há notas ou comentários dos redatores explicando ou precisando juridicamente cada princípio. Os detalhes da redação dos Princípios são limitados ao lugar e tempo em que o encontro para a redação aconteceu, com breve descrições dos redatores e organizações não-governamentais[60] envolvidas.

Ademais, com a intenção de assegurar a aceitação global dos Princípios de Yogyakarta, os redatores tiveram o cuidado de evitar o uso de palavras que contivessem o potencial para alguma especificidade cultural. Como é o caso das palavras 'gay', lésbica' e 'transgênero', que aparecem apenas uma vez no preâmbulo e não nos princípios especificamente. Identicamente, os princípios também não usam a sigla 'LGBTQIA+'. Há uma preferência pelo uso das expressões 'orientação sexual' e 'identidade de gênero'. Isso possibilita a aplicabilidade dos princípios sobre objeções potenciais a respeito de que a diversidade na orientação sexual e identidade de gênero é importada ou associada com estrangeirismo[61]. Como a diversidade de identidade de gênero e de orientação sexual sempre existiu em todas as culturas[62], evitar o uso de rótulos ajudou em propagar a universalidade dos princípios.

Em sua revisão (2017), muitos avanços foram relatados para permitir que indivíduos de todas as orientações sexuais e identidades de gênero vivam com a mesma dignidade e respeito a que todas as pessoas têm

[60] A Comissão Internacional de Juristas (disponível em: https://www.icj.org/history/, acessado em 8 de setembro de 2021) e o Serviço Internacional de Direitos Humanos (disponível em: https://ishr.ch/about-us/, acessado em 8 de setembro de 2021). Seis dos vinte e nove redatores ocuparam ou estão ocupando cargos de Comissários na Comissão Internacional de Juristas.

[61] GOLDMAN, Russell Goldman. **Ahmadinejad: No Gays, No Oppression of Women in Iran**, ABC NEWS, 24 de setembro de 2007. Disponível em: https://abcnews.go.com/.%20S/story?id=3642673&page=1, acessado em 9 de setembro de 2021 (President Mahmoud Ahmedinejad of Iran that "[ifn Iran, we don't have homosexuals (...)". Tradução livre: "No Irã, nós não temos homossexuais (...)").

[62] Sobre a discussão da existência da diversidade sexual através das culturas e da história, ver: MONDIMORE, Francis Mark. **A NATURAL HISTORY OF HOMOSEXUALITY**, The Johns Hopkins University Press, Baltimore, 1996.

direito. Ao mesmo tempo, muitos Estados adotaram leis e constituições que garantem direitos à igualdade e à não discriminação, independentemente do sexo, orientação sexual e identidade de gênero.

A todas as pessoas são garantidos plenos direitos humanos, independentemente de raça, cor, sexo, língua, religião, opinião política ou outra, origem nacional ou social, propriedade, nascimento ou outro status, ao mesmo tempo em que há motivos de preocupação – na frase, "uma verdadeira fonte de profunda preocupação em todo o mundo" – com assassinatos extrajudiciais, tortura e maus-tratos, agressão sexual e estupro, invasão de privacidade, detenção arbitrária, negação de emprego e oportunidades educacionais, e discriminação severa que impede o gozo de outros direitos humanos, muitas vezes agravada por outros atos de violência, ódio, discriminação e exclusão, reforçam o estigma e o preconceito dirigido contra pessoas em todas as regiões do mundo por causa de sua orientação sexual e identidade de gênero[63].

Tais experiências são frequentemente combinadas com discriminação por motivos que incluem sexo, raça, idade, religião, deficiência ou condições econômicas ou de saúde. Toda essa violência e esse preconceito compromete a integridade e a dignidade daqueles que sofrem tais abusos, de forma a enfraquecer seu senso de autoestima e inclusão social, e pode levar muitas pessoas a esconderem sua identidade e viverem vidas de medo e em busca da invisibilidade.

Os Princípios, já em sua versão original (2007), afirmam que há "um valor significativo na articulação, de forma sistemática, da legislação internacional de direitos humanos como aplicável às vidas e experiências de pessoas de diversas orientações sexuais e identidades de gênero" e que "esta articulação deve ser baseada no estado atual da proteção internacional dos direitos humanos", e exigirá revisão, em base regular, de modo a levar em conta os desenvolvimentos neste ramo do direito inter-

[63] Violações dos direitos humanos por motivo de orientação sexual e gênero identidade não se limitam à prisão arbitrária, tortura, violência e perda de vida. Os Estados frequentemente restringem as liberdades de expressão, de reunião, e associação por motivo de orientação sexual e identidade de gênero, argumentando que simplesmente permitir a discussão pública de tais questões seria uma ameaça à saúde pública, à ordem e à moral". Ver: UNHRC, **Report of the Special Representative of the Secretary-General on the Situation of Human Rights Defenders**, T 559, U.N. Doc. A/HRC/4/37/Add.1 (27 de março de 2007).

nacional", especificamente em sua "aplicação à vida privada e às experiências de pessoas de orientação sexual e identidade de gênero diversas, ao longo do tempo, em diferentes regiões e países. "

O desafio agora é garantir que esses princípios sejam adotados e implementados. Os Princípios (2007, revisados em 2017) afirmam a universalidade da validade dos direitos humanos, aplicáveis a todas as pessoas, independentemente de sua orientação sexual e identidade de gênero, porém, ao mesmo tempo, reconhecem que muitos "Estados e sociedades impõem normas de gênero e orientação sexual aos indivíduos através de costumes, leis e violência, e procuram controlar como os indivíduos experimentam seus relacionamentos pessoais e se identificam a si mesmos".

A proteção dos direitos humanos fundamentais das minorias com base na orientação sexual e identidade de gênero, em grande medida, ainda está limitada às proteções nacionais[64], muitas vezes ineficazes, dependendo das flutuações políticas dos sistemas nacionais, tanto em termos da existência de legislação de proteção quanto da eficácia da aplicação dessa legislação, para assegurar a proteção e a não-discriminação dessas importantes minorias, que são escandalosamente perseguidas e discriminadas por fanáticos ou fundamentalistas de diferentes credos religiosos. Ademais, essas práticas perniciosas de discriminação, perseguição e culpabilização são feitas sob a alegação de sua legitimação para fazer o mesmo – falando em nome de Deus – apesar da legitimação puramente formal de tais alegações.

Não há justificativa possível para as violações cometidas contra os direitos humanos fundamentais por tais práticas discriminatórias. Os Princípios (2007) também afirmam:

> "O direito internacional dos direitos humanos exige a proibição absoluta da discriminação contra todos os seres humanos com respeito aos direitos

[64] Um passo positivo no Brasil é a adoção da Resolução nº 845, de 26 de fevereiro de 2018, referente às "Entidades de fiscalização do exercício das profissões liberais/Conselho federal de serviço social" com referência direta aos Princípios de Yogyakarta (2007) e as obrigações que surgem de sua adoção pelo Brasil, "referentes à aplicação internacional da legislação de direitos humanos, que compreende a identidade de gênero". Uma vez aceitos como "princípios", eles devem ser aplicados!

civis, culturais, econômicos, políticos e sociais. Os direitos relativos à orientação sexual e identidade de gênero fazem parte deste conjunto".

Os Princípios de Yogyakarta são importantes como "declaração" de "princípios", mesmo que, estritamente, não haja "direitos", visto que se trata de uma "declaração". Contudo, esta circunstância formal na gênese desta "declaração" não deve nos desencorajar de entender o papel de um documento desta natureza no processo de consolidação de um núcleo de direitos, que posteriormente se beneficiará da "consolidação" de regras jurídicas... como sinaliza a revisão dos "princípios", dez anos depois, no "Yogyakarta + 10". É relevante frisar que não se trata de um processo finalizado de expressão de direitos. Na verdade, o sistema normativo internacional, de alguma forma, exorcizou-se daquela perspectiva estritamente estatal[65] para enxergar e aceitar a condição humana na sua mais variada diversidade – como é possível perceber pela denominação LGBTQIA+.

Os Princípios de Yogyakarta são a expressão de uma mudança, em curso, institucional e conceitual sobre a temática de identidade de gênero e orientação sexual[66]. Pode-se afirmar que um novo domínio jurídico de proteção internacional de direitos fundamentais é integrado a partir dos Princípios de Yogyakarta. É imperativo ainda, no âmbito desse sistema protetivo, buscar meios para colocá-lo em prática e para controlar a sua efetividade[67].

65 "A afirmação dos direitos das minorias e dos povos indígenas, assim como a noção de "cidadania europeia" (distinta da nacionalidade) prevista pelo Tratado de Maastricht, ostentam a marca de novas tendências que poderiam limitar a onipotência e a onipresença do Estado na esfera internacional" (NGUYEN Quoc Dinh – P. DAILLIER – A. PELLET, **Droit international public** (Paris: LGDJ, 5ª ed., 1994, §§ 29, 131, 282, 342, 370-371, 438, 581, cit., p. 63).

66 O Relator do encontro de Yogyakarta, Michael O'Flaherty, explicou que "embora inicialmente alguns dos participantes visionaram a uma declaração muito concisa de princípios legais, expresso em termos gerais, o seminário acabou por chegar à opinião de que a complexidade das circunstâncias das vítimas de violações dos direitos humanos exigia uma abordagem altamente elaborada" (O'FLAHERTY, Michael; FISHER, John. **Sexual Orientation, Gender Identity and International Human Rights Law: Contextualising the Yogyakarta Principles** *8 HUM. RTS. L. REV. 207*, p. 234 (2008)).

67 "O termo "efetividade" é utilizado como campo de aplicação da norma e ela consiste essencialmente a destacar e depois explicar a diversidade e as diferenças" entre os múl-

Pode-se esperar um processo equivalente ao processo de consolidação de normais gerais de direito internacional, como aconteceu como a Declaração Universal desde 1948: uma "declaração" que, após sua adoção, o conteúdo jurídico específico e seu progressivo reconhecimento foram reconhecidos no tempo, até o momento de se tornarem normas gerais de direito internacional.

No Brasil, observa-se, como se verá pela análise jurisprudencial adiante, múltiplos atentados contra esse núcleo de direitos humanos. A chamada intolerância religiosa se concentra no que é chamado de "identidade de gênero" como um desvio que, aos seus olhos, expressa uma "ideologia de gênero" e insiste na recusa da aceitação e assunção pelo sistema jurídico – nacional e internacional – da proteção da diversidade humana[68].

Os Princípios de Yogyakarta ainda são chamados de "princípios", mas são princípios cujo cumprimento e implementação não devem sofrer dilações temporais. Não é aceitável argumentar que ainda estamos no processo de consolidação de "princípios": isto deixa claro que, nesta área, ainda não estamos lidando com "regras jurídicas", na devida forma, cuja aplicação imediata possa ser assegurada. A mesma dignidade humana[69] e a mesma necessidade de uniformidade de interpretação e

tiplos efeitos da aplicação de uma lei (GUIBENTIF, Pierre Henri. **Les effets du droit comme objet de la sociologie juridique: réflexions méthodologiques et perspectives de recherche**. Genève: Faculté de droit, Université de Genève, 1979, p. 48).

[68] Como apontado em: CASELLA, P. B. **Importância da proteção internacional dos direitos fundamentais – Reflexões pelos 70 anos da Declaração Universal**. Revista da Defensoria Pública, Brasília, vol. 12, jan.-dez. 2019, p. 21-26.

[69] Sobre o tema: 'A dignidade humana enquanto parte integrante e princípio formador do direito internacional pós-moderno se faz no plano internacional, ou melhor, nos vários planos internacionais, sejam estes: bilaterais ou multilaterais, de vocação universal ou regional, no âmbito de organizações de caráter político, técnico ou científico, nas relações entre países desenvolvidos, entre países subdesenvolvidos, como também, ao mesmo tempo, entre uns e outros, quer, mais uma vez, em contextos bilaterais ou multilaterais (...) Está em curso a construção da dignidade humana enquanto parte integrante e princípio formador do direito internacional. Não por acaso, mas por imperativos categóricos, no sentido kantiano do termo, decorrentes do tempo (histórico) e contexto (cultural), nos quais se inscrevem os sujeitos (e demais agentes) do plano internacional, no mundo pós-moderno: estamos em meio à recapitulação, do que veio de outros tempos, onde podemos destacar, o que permanece válido e pode ser mantido em condições conceitual e operacionalmente válidas'

aplicação, para a proteção dos direitos humanos, também se aplica às minorias por orientação sexual e por identidade de gênero – ou melhor, a todas as minorias LGBTQIA+.

Os Princípios de Yogyakarta constituem série de normas, destinada a melhorar a proteção dos direitos de todos, e lembram:

> "nasceram todos os seres humanos livres e iguais em dignidade e em direitos, e que a todos está assegurado o direito de pleno gozo dos direitos humanos, sem distinção de qualquer natureza, tais como raça, cor, sexo, língua, religião, convicção política ou outra, origem nacional ou social, patrimônio, nascimento, ou outro status"[70].

E constituem:

> "motivo de apreensão que a violência, o assédio, a discriminação, a exclusão, a estigmatização e o preconceito sejam dirigidos contra pessoas de todas as regiões do mundo, em razão de sua orientação sexual e identidade de gênero, que tais experiências se conjugam com a discriminação por razões que incluem gênero, raça, idade, religião, deficiência física, condições econômicas e de higidez, e que tal violência, assédio, discriminação, exclusão, estigmatização e preconceito comprometem a integridade e a dignidade daqueles sujeitos a tais abusos, de modo a enfraquecer seu sentido de autoestima e de inserção social, e podem levar muitos a esconder ou suprimir sua identidade e a viver vidas de medo e de invisibilidade"[71].

Formulam os Princípios o reconhecimento de haver "valor significativo na articulação, de maneira sistemática, do direito internacional dos

(CASELLA, P. B. **Importância da proteção internacional dos direitos fundamentais – Reflexões pelos 70 anos da Declaração Universal**. Revista da Defensoria Pública, Brasília, vol. 12, jan.-dez. 2019, p. 23).

[70] COMISSÃO INTERNACIONAL DE JURISTAS. Yogyakarta, Indonésia, 6-9 de novembro, 2006. **Princípios de Yogyakarta: Princípios sobre a aplicação da legislação de direitos humanos em relação a orientação sexual e a identidade de gênero**, março de 2007. Preâmbulo. Disponível em: http://www.clam.org.br/uploads/conteudo/principios_de_yogyakarta.pdf, acessado em 26 de agosto de 2021.

[71] *Id. Ibid.*

direitos humanos, como aplicável às vidas e às experiências das pessoas de diversa orientação sexual e identidade de gênero"[72] e que

> "tal articulação deve basear-se no estado atual da proteção internacional dos direitos humanos, e exigirá revisão, em bases regulares, de modo a levar em conta os desenvolvimentos desse direito, e a sua aplicação às vidas particulares e experiências de pessoas de diversa orientação sexual e identidade de gênero, ao longo do tempo, em diversas regiões e países"[73].

Cabe, doravante, assegurar sejam tais princípios adotados e aplicados. Os Princípios afirmam:

> "ser o direito internacional dos direitos humanos aplicável a todas as pessoas, independentemente de orientação sexual e de identidade de gênero, como titulares do pleno gozo de todos os direitos humanos, que a aplicação das prerrogativas existentes dos direitos humanos deve levar em consideração situações específicas e experiências de gente de diversas orientações sexuais e identidade de gênero".

Permanece a proteção dos direitos fundamentais das minorias não étnicas, em boa medida, restrita ao âmbito, muitas vezes pouco eficaz e sujeito às flutuações políticas, dos sistemas internos, tanto em relação à existência de legislação como à efetividade da implementação desta, no sentido de ser assegurada a proteção e não discriminação de importantes minorias, ominosamente perseguidas e discriminadas por fundamentalistas de diferentes confissões. E estas se afirmam legitimadas para o fazer – embora seja puramente formal tal pretensão de legitimação!

Violam-se direitos fundamentais do ser humano, por meio de tais práticas discriminatórias. Os Princípios igualmente estipulam:

> "O direito internacional dos direitos humanos obriga a proibição absoluta de toda a discriminação com relação ao pleno gozo, por todos os seres, dos direitos humanos, civis, culturais, econômicos, políticos e sociais, e o respeito de direitos sexuais, orientação sexual e identidade de gênero são parte integral da realização da igualdade entre homens e mulheres, onde todos os estados têm de tomar medidas para tentar eliminar preconceitos

[72] *Id. Ibid.*

[73] *Id. Ibid.*

e costumes baseados na presunção de inferioridade ou de superioridade de um sexo em relação ao outro, ou com base em papeis estereotipados, atribuídos a homens e mulheres, onde cumpre, ainda, notar ter a comunidade internacional reconhecido o direito das pessoas de decidir livremente e de maneira responsável, a respeito de questões relacionadas com a sua sexualidade, incluindo a saúde sexual e a reprodução, livre de coerção, discriminação e violência."[74]

Ainda em relação à proteção de minoria por identidade de gênero e orientação sexual, embora ainda o Brasil não tenha ratificado a Convenção sobre Violência e Assédio de 2019 (n. 190) da Organização Internacional do Trabalho (OIT)[75], que entrou em vigor dia 25 de junho de 2021, ela, por sua vez, reflete o ânimo internacional ao combate do assédio e da violência baseada em gênero no âmbito do trabalho. A Convenção estabelece o conceito de violência e assédio baseado em gênero no art. 1º (b) ao afirmar que esta expressão significa "violência e assédio dirigido a pessoas por causa de seu sexo ou gênero, ou afetando pessoas de um determinado sexo ou gênero de forma desproporcional, e inclui o assédio sexual"[76].

Nos artigos da Convenção nº 190 da OIT, há o interesse de coibir e prevenir que esse tipo de violência aconteça, principalmente, com o uso de mecanismos efetivos e seguros de reclamações, de resolução de disputas, de suporte, de serviços e de remediações[77]. Ademais, como meio

[74] COMISSÃO INTERNACIONAL DE JURISTAS. Yogyakarta, Indonésia, 6-9 de novembro, 2006. **Princípios de Yogyakarta: Princípios sobre a aplicação da legislação de direitos humanos em relação a orientação sexual e a identidade de gênero**, março de 2007. Preâmbulo. Disponível em: http://www.clam.org.br/uploads/conteudo/principios_de_yogyakarta.pdf, acessado em 26 de agosto de 2021.

[75] OIT. **Violence and Harassement Convention**, 2019, nº 190. Disponível em: https://www.ilo.org/dyn/normlex/en/f?p=NORMLEXPUB:12100:0::NO::P12100_ILO_CODE:C190, acessado em 04 de setembro de 2021. Até o momento, apenas sete Estados ratificaram a referida Convenção: Argentina, Equador, Fiji, Maurício, Namíbia, Somália, Uruguai.

[76] *Id.* Art. 1º (b). Tradução livre: "violence and harassment directed at persons because of their sex or gender, or affecting persons of a particular sex or gender disproportionately, and includes sexual harassment".

[77] OIT. **Violence and Harassement Convention**, 2019, nº 190, art. 10, (e). Disponível em: https://www.ilo.org/dyn/normlex/en/f?p=NORMLEXPUB:12100:0::NO::P12100_ILO_CODE:C190, acessado em 04 de setemebro de 2021.

preventivo, os empregadores e os empregados, e autoridades pertinentes devem ser orientados por guias, recursos, treinamentos ou outros instrumentos adequados para serem informados a respeito de violência e assédio no trabalho, incluindo a violência e o assédio baseado em gênero[78].

No âmbito da jurisprudência do STF, em comparação às outras categorias analisadas neste estudo, são encontradas maior incidência de decisões, tanto colegiadas quanto monocráticas[79]. Dentre elas, importantes decisões avançaram o entendimento protetivo e não discriminatório às minorias por orientação sexual e identidade de gênero, como a decisão do plenário do STF sobre a inconstitucionalidade do art. 64, IV, da Portaria nº 158/2016 do Ministério da Saúde e do art. 25, XXX, "D", da Resolução da Diretoria Colegiada – RDC nº 34/2014 da ANVISA que se referiam à restrição de doação de sangue a determinados grupos devido, apenas, a sua orientação sexual (especialmente, homens homossexuais ou bissexuais)[80].

[78] *Id.* Art. 11, (b).

[79] Com a expressão de pesquisa ["minoria" E "identidade de gênero" OU "orientação sexual"], foram encontradas, em 1º de setembro de 2021, cerca de cento e catorze acórdãos, dos quais treze são de repercussão geral, e quinhentos e quarenta e três decisões monocráticas. Um número de resultados bem superior às decisões referentes à proteção de minorias étnicas e religiosas.

[80] STF. **ADI 5543 – DF – Distrito Federal**. Min. Rel. Edson Fachin, Plenário, DJe 26.08.2020. Disponível em: https://redir.stf.jus.br/paginadorpub/paginador.jsp?docTP=TP&docID=753608126, acessado em 1º de setembro de 2021. Neste caso, o entendimento é que houve violação à dignidade da pessoa humana e ao direito à igualdade. Importante ressaltar que, neste acórdão, há uma importante discussão sobre a interpretação do art. 5º, §2º da Constituição Federal de 1988, que permite a interpretação daqueles tratados de direitos humanos que não seguiram o rito do art. 5º, §3º da Carta Magna, recepcionados pelo Brasil, como detentores do status materialmente constitucional (há uma adoção da tese do bloco de constitucionalidade). Sobre o tema de bloco de constitucionalidade, ver: CANÇADO TRINDADE, A. A. **A proteção dos direitos humanos nos planos nacional e internacional: perspectivas brasileiras**, San José de Costa Rica/Brasília, Instituto Interamericano de Derechos Humanos, 1992; PIOVESAN, Flávia. **Temas de direitos humanos.** 3. ed. São Paulo: Saraiva, 2009; DE CARVALHO RAMOS, André. **Pluralidade das ordens jurídicas: uma nova Perspectiva na relação entre o direito internacional e o direito constitucional**. R. Fac. Dir. Univ. São Paulo v. 106/107 p. 497-524 jan./dez. 2011/2012.

Outro caso concreto que merece ser ressaltado como ponto evolutivo sobre o entendimento da matéria é aquele relativo ao direito da pessoa transgênero em alterar seu prenome e sua classificação de gênero no registro civil, pela via administrativa ou judicial, desde que comprove sua identidade de gênero dissonante daquela que lhe foi designada ao nascer. Entendeu o STF que a pessoa transgênero não precisa se submeter a cirurgias ou tratamentos hormonais para ter direito à substituição de prenome e de classificação de gênero no registro civil, pois se trata de um direito fundamental ao livre desenvolvimento da personalidade do indivíduo[81]. Cabe a observação de que, neste caso, os Princípios de Yogyakarta são reconhecidos e invocados pela Corte, como fundamento jurídico de legislação internacional de direitos humanos.

Ainda sobre o assunto de registro civil e gênero, o Conselho Nacional de Justiça – CNJ estabeleceu, em 14 maio de 2013, por meio da Resolução 175, a obrigatoriedade da celebração do casamento civil e a conversão em união estável em casamento entre pessoas de mesmo sexo de modo a pôr em prática o reconhecimento dessas famílias pelo STF[82]. De acordo com a Associação dos Notários e Registradores do Brasil – ANOREG, desde 2013 até abril de 2020, foram registrados mais de 52 mil casamentos homoafetivos[83].

Outra medida de avanço recente sobre a pauta de gênero diz respeito ao CNJ que aprovou o Provimento nº 122/21, o qual permite que crianças sejam registradas na condição de sexo ignorado. A medida vale para casos de nascimentos com a chamada anomalia de diferenciação de sexo, uma malformação na genitália, o que torna difícil a diferenciação entre o

[81] STF. **ADI 4275 – DF – Distrito Federal**. Min. Rel. Marco Aurélio, Plenário, DJe 07.03.2019. Disponível em: https://redir.stf.jus.br/paginadorpub/paginador.jsp?docTP=TP&docID=749297200, acessado em 1º de setembro de 2021.

[82] STF. **ADI 4277-DF – Distrito Federal**. Min. Rel. Ayres Britto, Pleno, DJe 14.10.2011; e **ADPF 132-RJ – Rio de Janeiro**, Min. Rel. Ayres Britto, Pleno, DJe 14.10.2011.

[83] Em 2020, o Instituto Brasileiro de Geografia e Estatística – IBGE constatou um aumento de 61,7% no número de casamentos homoafetivos entre 2017 e 2018. O crescimento se manteve nos anos seguintes, segundo a ANOREG: em 2018, foram 9,9 mil casamentos homoafetivos no Brasil; 2019 registrou 12,4 mil e, entre janeiro e abril de 2020, 2,6 mil (ASSESSORIA DE COMUNICAÇÃO IBDFAM. Norma do CNJ que permite casamento civil homoafetivo completa 8 anos, 14.05.2021. Disponível em: https://ibdfam.org.br/noticias/8487/Norma+do+CNJ+que+permite+casamento+civil+homoafetivo+completa+8+anos, acessado em 2 de setembro de 2021.

sexo masculino e feminino. Essa norma entrou em vigor a partir de 12 de setembro de 2021 e, antes dela, os cartórios de registro civil não podiam emitir certidões de nascimento sem a definição de sexo. Nesses casos, era imprescindível o recurso à via judicial. Até a resolução da controvérsia, o indivíduo ficava sem documentação, o que causava impedimentos de acesso à fruição de serviços públicos e privados, como escolas ou saúde[84].

Quanto à jurisprudência do STJ sobre o tema de proteção de minoria por identidade de gênero e orientação sexual, há também uma maior incidência de casos em comparação com as outras categorias analisadas nesse estudo[85]. Importante notar, como ponto evolutivo e interdisciplinar, a discussão de gênero no âmbito do direito penal por meio da aplicação da Lei Maria da Penha. Fixou-se a tese de que "a Lei Maria da Penha atribuiu às uniões homoafetivas o caráter de entidade familiar, ao prever, no seu artigo 5º, parágrafo único, que as relações pessoais mencionadas naquele dispositivo independem de orientação sexual"[86].

Notório é o caráter vanguardista da discussão de gênero nas pautas das instituições judiciárias do Brasil e o contorno interdisciplinar intersistêmico dela no Direito brasileiro. Avanços significativos no âmbito burocrático do registro civil e da interconexão entre desenvolvimento livre do direito da personalidade com a livre manifestação de identidade de gênero e orientação sexual são incontestáveis. O alcance desse debate, que tem pano de fundo no direito internacional dos direitos humanos, não se restringe somente a uma discussão no âmbito de direi-

[84] CNJ. **Provimento nº 122**, 13.08.2021. Disponível em: https://www.migalhas.com.br/arquivos/2021/8/2F242577DB6D02_provimento-cnj.pdf, acessado em 2 de setembro de 2021.

[85] Com a expressão de pesquisa ["minoria" E "identidade de gênero" OU "orientação sexual"] na base de dados de jurisprudência do STJ, foram encontradas, em 2 de setembro de 2021, cerca de catorze acórdãos e duzentos e noventa e dois decisões monocráticas.

[86] Disponível em: https://scon.stj.jus.br/SCON/jt/toc.jsp?tipo=JT&livre=%22MINORIA%22+E+%22IDENTIDADE+DE+G%CANERO%22+OU+%22ORIENTA%C7%C3O+SEXUAL%22&tipo_visualizacao=RESUMO&b=TEMA, acessado em 2 de setembro de 2021. Ver: **REsp 1183378/RS**, Rel. Ministro LUIS FELIPE SALOMÃO, QUARTA TURMA, julgado em 25/10/2011, DJE 01/02/2012; **REsp 827962/RS**, Rel. Ministro JOÃO OTÁVIO DE NORONHA, QUARTA TURMA, julgado em 21/06/2011, DJE 08/08/2011; **REsp 1026981/RJ**, Rel. Ministra NANCY ANDRIGHI, TERCEIRA TURMA, Julgado em 04/02/2010, DJE 23/02/2010.

tos fundamentais ou direitos constitucionais, mas, como evidenciado, ele atinge a outros ramos do Direito, como, por exemplo, o direito do trabalho, o direito civil[87] e o direito penal.

Importante registrar que a reprodução do modelo de discriminação e violência por identidade de gênero tem íntima ligação com a educação, desde o período infantil. Segundo estudo realizado com crianças de 4 e 5 anos, que estiveram em escolas de educação na primeira infância; de 6 a 8 anos, que estiveram no ensino primário; de escolas do Brasil, Peru e Colômbia, publicado em 2014, é observável, nos relatos dessas crianças, uma segregação de gênero com relação às brincadeiras entre elas de modo que existiriam, na opinião delas, determinados esportes que são apenas para meninos, enquanto existiriam outros apenas para meninas[88]. Mais recentemente, no Brasil, ministros de Estado reforçam essa falácia[89], o que causa um retrocesso no processo de observância da proteção de minorias por identidade de gênero e da própria liberdade do indivíduo em manifestar seu direito de personalidade[90].

[87] Pode ser citado ainda o caso de direito a alimentos no âmbito de casais homoafetivos, ver: STJ. **REsp 1302467/SP**, Rel. Min. Luiz Felipe Salomão, Quarta Turma, Julgado em 03.03.2015, DJe 25.03.2015.

[88] CAMPANHA LATINO-AMERICANA PELO DIREITO À EDUCAÇÃO (CLADE). **Consulta sobre Discriminação na Educação na Primeira Infância. Um estudo na perspectiva da comunidade educativa a partir de escolas no Brasil, Peru e Colômbia**, 2014, pp. 55-59. Disponível em: https://redclade.org/wp-content/uploads/clade_consultadiscreducinfantil_port_baixa.pdf, acessado em 6 de setembro de 2021.

[89] Paradoxalmente e não tão incomum, foi uma mulher quem reforçou essa separação por gênero, ver: G1. **Em vídeo, Damares diz que 'nova era' começou: 'meninos vestem azul e meninas vestem rosa'**, Brasília, 03.01.2019. Disponível em: https://g1.globo.com/politica/noticia/2019/01/03/em-video-damares-alves-diz-que-nova-era-comecou-no-brasil-meninos-vestem-azul-e-meninas-vestem-rosa.ghtml, acessado em 06 de setembro de 2021. O próprio presidente da República é acusado por declarações homofóbicas: CONJUR. **STJ manda ao STF recurso de Bolsonaro contra danos morais por homofobia,** 14 de setembro de 2021. Disponível em: https://www.conjur.com.br/2021-set-14/stj-manda-condenacao-bolsonaro-danos-morais-stf, acessado em 16 de setembro de 2021.

[90] Estudantes que falham em se conformar com estereótipos de gênero tem muitas vezes seu direito à educação negado, seja pela bullying e assédio tolerado pelos administradores da escola, seja por causa de expulsão. Ver: ECOSOC, **Comm'n on Human Rights, Girls' Right to Education, Report Submitted by the Special Rapporteur on the Right to Education,** [64, 113, U.N. Doc. E/CN.4/2006/45 (Feb. 8, 2006) (redigido por Mr. V. Mufioz Villalobos); ECOSOC, **Comm'n on Human Rights, Annual report of the Spe-**

Fato é que a educação não deve estar dissociada de qualquer busca de mudança social significativa. Do contrário, sem a devida atenção à ela, apenas estar-se-á a reproduzir modelos que ferem uma gama incontável de direitos humanos e fundamentais, consciente ou inconscientemente, pois a violência por identidade de gênero e por orientação sexual já está presente no inconsciente coletivo no que diz respeito àquilo que é o 'outro'; aquele que é diferente de uma aludida 'normalidade' ou 'padrão'. A diversidade é um desafio para o consciente coletivo ocidental binário.

Somado a isso, existe a ignorância que provoca a inabilidade de lidar com aquilo que é considerado "incomum" ou "diferente". Com a ignorância, existe a separação e, muitas vezes, a aniquilação, ao invés do diálogo e da troca. Por estas razões, a educação é o único meio real eficaz de mudança social[91]. Por mais que a norma jurídica tenha seu papel pedagógico, é na educação, desde a fase mais tenra do indivíduo, é que estaremos a frente de uma visão esclarecida sobre os temas abordados e que nos permitirá vivenciar uma transformação social de fato[92] e uma

cial Rapporteur on the Right to Education, submetido de acordo com a Resolução da Comissão de Direitos Humanos 2000/9, 75, U.N. Doc. E/CN.4/2001/52 (11 de janeiro de 2001) (redigido por Katarina Tomagevski). Ver também: JOSEPH G. Kosciw ET AL., **THE 2007 NATIONAL SCHOOL CLIMATE SURVEY, THE EXPERIENCES OF LESBIAN, GAY, BISEXUAL AND TRANSGENDER YOUTH IN OUR NATION'S SCHOOLS (2007)**. Disponível em: http://www.glsen.org/binary-data/GLSENATTACHMENTS/file/000/001/1290-1.pdf, acessado em 7 de setembro de 2021 (há a descrição do bullying nas escolas americanas); LA NACIÓN. **Movilh denunció 13 casos de discriminación ante Consejo Asesor**, (Chile), 26 de julho de 2006.

91 Um bom exemplo é a Coreia do Sul que, entre os anos de 1960 e 1996, teve políticas públicas de investimento no desenvolvimento educacional e, como consequência, experimentou um crescimento econômico notável. Ver: SHIN, Jung Cheol. **Higher education development in Korea: western university ideas, Confucian tradition, and economic development.** *Higher education* 64.1 (2012): 59-72. DOI 10.1007/s10734-011-9480-5.

92 Sobre o tema da educação como instrumento de libertação humana: "a pedagogia do oprimido, como pedagogia humanista e libertadora, terá, dois momentos distintos. O primeiro, em que os oprimidos vão desvelando o mundo da opressão e vão comprometendo-se na práxis, com a sua transformação; o segundo, em que, transformada a realidade opressora, esta pedagogia deixa de ser do oprimido e passa a ser a pedagogia dos homens em processo de permanente libertação" (FREIRE, Paulo. **Pedagogia do Oprimido.** 17ª Edição, Editora Paz e Terra, Rio de Janeiro, 1987, p. 22. Disponível em: https://cpers.com.br/

observância social consciente dessa matriz normativa protetiva analisada neste estudo.

Conclusões

A autoria do verso, segundo alguns, atribuída a Fernando Pessoa, e por outros contestada, não exclui a validade da mensagem: "o amor é essencial / o sexo é acidente / pode ser igual / pode ser diferente". É preciso respeitar a diversidade humana. Esta se exprime em complexa gama de escolhas e caminhos, dentre os quais a questão de orientação sexual e da identidade de gênero – termos, aliás, que deveriam ser utilizados no plural, para refletir a pluralidade de situações: "orientações sexuais e identidades de gêneros".

A percepção da proteção dos direitos fundamentais como todo indivisível nos obriga a pensar a necessidade da proteção dos direitos fundamentais de todos os seres humanos. Mas a proteção da minoria por orientação sexual e identidade de gênero ainda se mostra organizada de modo incipiente.

Não se deve, contudo, deixar de assinalar o papel simbólico de duas vertentes: uma, no plano internacional, decorrente da adoção dos Princípios de Yogyakarta (2007), e, outra, no plano interno, enquanto não atua o Congresso Nacional, fez avanços significativos o Judiciário brasileiro, especialmente, o trabalho realizado pelo STF e pelo STJ.

Como destacado, no STF, foi mencionada a aceitação pelo Brasil dos Princípios de Yogyakarta (2007). Foi assim considerada a necessidade de adaptar o direito interno ante a obrigação de lhes assegurar a implementação efetiva no ordenamento jurídico brasileiro[93]. Na análise jurisprudencial realizada, fica claro que há muito trabalho a ser feito, especialmente com relação às minorias étnicas e religiosas, com

wp-content/uploads/2019/10/Pedagogia-do-Oprimido-Paulo-Freire.pdf, acessado em 6 de setembro de 2021).

[93] Não esqueçamos ter o Brasil ratificado, em 2009, a Convenção de Viena sobre Direito dos Tratados, de 1969. Cf. n. 7.030, de 14 de dezembro de 2009. A respeito do impacto dessa ratificação sobre o conjunto do direito brasileiro, ver: ACCIOLY, H.; NASCIMENTO E SILVA. G. E.; CASELLA, P. B. Op. Cit.; para exame da situação anterior, e das relações entre direito interno e direito internacional, veja-se CASELLA, P. B. **Direito Internacional e direito interno na CF (1988).** *In*: VIEIRA, J. R. *20 anos da Constituição cidadã: efetivação ou impasse institucional?*, Rio de Janeiro: Forense, 2008, pp. 483-508.

questões pertinentes com relação a sua inserção nas discussões dos tribunais. No que se refere às minorias por identidade de gênero e orientação sexual, a jurisprudência e as instituições públicas avançam seu entendimento jurídico protetivo dentro da linha de entendimento do livre exercício e manifestação do direito à personalidade e da dignidade humana.

São pequenos passos. Mas não por isso menos relevantes.

Referências

Documentos oficiais

ASSEMBLEIA GERAL DAS NAÇÕES UNIDAS. **Declaração Universal dos Direitos Humanos.** Resolução 217 A III, adotada em 10 de dezembro de 1948. Disponível em: https://www.unicef.org/brazil/declaracao-universal-dos-direitos-humanos, acessado em 26 de agosto de 2021;

_______. **Pacto Internacional de Direitos Civis e Políticos.** Aberto para assinatura em 19 dezembro de 1966, S. EXEC. Doc. E, 95-2 (1978), 999 U.N.T.S. 171;

_______. **Pacto Internacional de Direitos Econômicos, Sociais e Culturais.** Aberto para assinatura em 16 de dezembro de 1966, 993 U.N.T.S. 3;

CAMPANHA LATINO-AMERICANA PELO DIREITO À EDUCAÇÃO (CLADE). **Consulta sobre Discriminação na Educação na Primeira Infância. Um estudo na perspectiva da comunidade educativa a partir de escolas no Brasil, Peru e Colômbia**, 2014. Disponível em: https://redclade.org/wp-content/uploads/clade_consultadiscreducinfantil_port_baixa.pdf, acessado em 6 de setembro de 2021;

CCPR, **Comentário Geral 23: Art. 27** (1994) HRI/GEN/1/Ver.7, 158. Disponível em: https://www.refworld.org/docid/453883fc0.html, acessado em 26 de agosto de 2021;

CNJ. **Provimento nº 122**, 13.08.2021. Disponível em: https://www.migalhas.com.br/arquivos/2021/8/2F242577DB6D02_provimento-cnj.pdf, acessado em 2 de setembro de 2021;

COMISSÃO INTERNACIONAL DE JURISTAS. Yogyakarta, Indonésia, 10 de novembro de 2017. **Yogyakarta plus 10**. Disponível em: https://yogyakartaprinciples.org/wp-content/uploads/2017/11/A5_yogyakartaWEB-2.pdf, acessado em 2 de setembro de 2021;

_______. Yogyakarta, Indonésia, 6-9 de novembro, 2006. **Princípios de Yogyakarta: Princípios sobre a aplicação da legislação de direitos humanos em relação a orientação sexual e a identidade de gênero**, Preâmbulo, março de 2007. Disponível em: http://www.clam.org.br/uploads/conteudo/principios_de_yogyakarta.pdf, acessado em 6 de setembro de 2021;

CONFERÊNCIA MUNDIAL SOBRE DIREITOS HUMANOS. **Declaração e Programa de Ação de Viena,** 25 de junho de 1993. Disponível em: https://www.ohchr.org/en/professionalinterest/pages/vienna.aspx, acessado em 26 de agosto de 2021;

CONSELHO NACIONAL DE COMBATE A DISCRIMINAÇÃO. **Brasil sem homofobia: programa de combate à violência e à discriminação contra GLTB e promoção da cidadania homossexual.** Brasília: Ministério da Saúde, 2004;

ECOSOC, **Comm'n on Human Rights, Annual report of the Special Rapporteur on the Right to Education**, submetido de acordo com a Resolução da Comissão de Direitos Humanos 2000/9, 75, U.N. Doc. E/CN.4/2001/52 (11 de janeiro de 2001) (redigido por Katarina Tomagevski).

_______, **Comm'n on Human Rights, Girls' Right to Education, Report Submitted by the Special Rapporteur on the Right to Education**, [64, 113, U.N. Doc. E/CN.4/2006/45 (Feb. 8, 2006) (redigido por Mr. V. Mufioz Villalobos);

LIGA DAS NAÇÕES. **O Pacto da Sociedade das nações.** Art. 24. *In*: PRAZERES, Otto. *A Liga das Nações.* Rio de Janeiro: Imprensa Nacional, 1922;

OIT. **Violence and Harassement Convention**, 2019, nº 190. Disponível em: https://www.ilo.org/dyn/normlex/en/f?p=NORMLEXPUB:12100:0::NO::P12100_ILO_CODE:C190, acessado em 04 de setembro de 2021;

ORGANIZAÇÃO DAS NAÇÕES UNIDAS. **Carta das Nações Unidas**. 1945. Disponível em: https://www.un.org/en/about-us/un-charter/full-text, acesso 26 de agosto de 2021;

UNHRC, **Report of the Special Representative of the Secretary-General on the Situation of Human Rights Defenders**, T 559, U.N. Doc. A/HRC/4/37/Add.1 (27 de março de 2007);

Obras monográficas

ACCIOLY, H; NASCIMENTO E SILVA, G. E.; CASELLA, P. B. **Fundamentos do direito internacional pós-moderno.** São Paulo: Quartier Latin, 2008;

BENNOUNA, Mohammed. **Le droit international entre la lettre et l'esprit** (RCADI, 2017, t. 383, Livres de poche de l'Académie de droit international de La Haye, 2017;

BOZARSLAN, Hamit; DUCLERT, Vincent e KÉVORKIAN, Raymond H., **Comprendre le génocide des arméniens – 1915 à nos jours**, Paris: Tallandier, 2015;

CANÇADO TRINDADE, A. A. **A proteção dos direitos humanos nos planos nacional e internacional: perspectivas brasileiras**, San José de Costa Rica/Brasília, Instituto Interamericano de Derechos Humanos, 1992;

CASELLA, P. B. **Direito internacional no tempo antigo.** São Paulo: Atlas, 2012;

_______. **Direito internacional no tempo medieval e moderno até VITORIA.** São Paulo: Atlas, 2012;

_______. **Droit international, Histoire et culture.** Curso de inverno Academia de Direito Internacional da Haia, em janeiro de 2020;

_______. **Tratado de Versalhes na história do direito internacional.** São Paulo: Quartier Latin, 2007;

CRAWFORD, James; BROWNLIE, Ian, **Brownlie's principles of public international law**, Eighth edition. Oxford, United Kingdom: Oxford University Press, 2012;

DE VISSCHER, Charles. **Théories et réalités en droit international public.** Paris: Pedone, 1953;

DINK, Hrant. **Deux peuples proches – deux voisins lointains: Arménie – Turquie** (trad. do turco por Emre ÜLKER et Dominique EDDÉ, pref. de Jean KÉHAYAN, abertura de Etyen MAHÇUPYAN, Arles: Actes Sud, 2009;

FREIRE, Paulo. **Pedagogia do Oprimido.** 17ª Edição, Editora Paz e Terra, Rio de Janeiro, 1987, p. 22. Disponível em: https://cpers.com.br/wp-content/uploads/2019/10/Pedagogia-do-Oprimido-Paulo-Freire.pdf, acessado em 6 de setembro de 2021).

GOMES, Acir de Matos. **União homoafetiva: análise retórica e jurídica.** Franca: Lemos & Cruz, 2019.

GUIBENTIF, Pierre Henri. **Les effets du droit comme objet de la sociologie juridique: réflexions méthodologiques et perspectives de recherche.** Genève: Faculté de droit, Université de Genève, 1979;

JOSEPH G. Kosciw ET AL., **THE 2007 NATIONAL SCHOOL CLIMATE SURVEY, THE EXPERIENCES OF LESBIAN, GAY, BISEXUAL AND TRANSGENDER YOUTH IN OUR NATION'S SCHOOLS (2007).** Disponível em: http://www.glsen.org/binary-data/GLSENATTACHMENTS/file/000/001/1290-1 .pdf, acessado em 7 de setembro de 2021;

KÖPF, U. H. von. **Deutsche Geschichte in Quellen und Darstellung** Band 3; Reformationszeit. 1495–1555. Stuttgart: Philipp Reclam, 2001; Der Reichstag von Augsburg;

_______. **Deutsche Geschichte in Quellen und Darstellung** Band 4: Gegenreformation und Dreissigjähriger Krieg 1555-1648. Stuttgart: Philipp Reclam, 1996. Impr. 2002;

_______. **Deutsche Geschichte in Quellen und Darstellung**, Band 5: Band 5: Zeitalter des Absolutismus 1648-1789. Stuttgart: Philipp Reclam, 1997. Impr. 2006;

KOROWICZ, M. S. **Une expérience de droit international: la protection des minorités de Haute-Silésie.** Paris: Pedone, 1946;

MONDIMORE, Francis Mark. **A NATURAL HISTORY OF HOMOSEXUALITY**, The Johns Hopkins University Press, Baltimore, 1996;

NGUYEN Quoc Dinh – P. DAILLIER – A. PELLET, **Droit international public** (Paris: LGDJ, 5ª ed., 1994;

PIOVESAN, Flávia. **Temas de direitos humanos.** 3. ed. São Paulo: Saraiva, 2009;

QUINALHA, Renan. **Contra a Moral e os Bons Costumes. A ditatura e a repressão à comunidade LGBT**. Companhia das Letras, São Paulo, 2021.

ONUMA, Yasuaki. **Direito Interncional em Perspectiva Transcivilizacional: questionamento da estrutura cognitiva predominante no emergente mundo multipolar e multicivilizacional do século XXI**. Organizadores da Tradução: NINOMIYA, Masato; CASELLA, P. B. Editora Arraes, Belo Horizonte, 2017;

ZULOAGA, Patricia Palacios. **LA NO DISCRIMINACION: ESTUDIO DE LA JURISPRUDENCIA DEL COMITE DE DERECHOS HUMANOS SOBRE LA CLAUSULA AUTONOMA DE NO DISCRIMINACION [NON-DISCRIMINATION: STUDY OF THE JURISPRUDENCE OF THE HUMAN RIGHTS COMMITTEE ON THE AUTONOMOUS NON-DISCRIMINATION CLAUSE]** 30-34 (2006), disponível em: https://libros.uchile.cl/396, acessado em 7 de setembro de 2021;

Capítulos de livro

CASELLA, P. B. *Proteção internacional das minorias no direito internacional pós-moderno In: ACCIOLY, E. (coord.)*. **Direito no século XXI – em homenagem ao prof. Werter FARIA**. Curitiba: Juruá, 2008, pp. 541-595;

______. **Direito Internacional e direito interno na CF (1988).** *In*: VIEIRA, J. R. *20 anos da Constituição cidadã: efetivação ou impasse institucional?*, Rio de Janeiro: Forense, 2008, pp. 483-508;

______. *O genocídio armênio* (in **Direito internacional na Constituição – estudos em homenagem a Francisco REZEK**, sob a direção de Alceu J. CICCO Filho, Ana Flávia P. VELLOSO e Maria Elizabeth G. T. ROCHA, São Paulo: Saraiva, 2014, p. 565-606;

______. *Genocídio Armênio* (*in* **100 anos do Genocídio armênio – negacionismo, silêncio e direitos humanos**, sob dir. de M. L. Tucci CARNEIRO, C. A. Abreu BOUCAULT e H. de A. C. LOUREIRO, São Paulo: Humanitas, 2019, p. 51-112).

Artigos Científicos de Revistas

BAYEFSKY, Anne F. **The Principle of Equality or Non-Discrimination in International Law**, 11 HuM. RTS. L. J. 1 (1990);

BROWN, David. **Making Room for Sexual Orientation and Gender Identity in International Human Rights Law: An Introduction to the Yogyakarta Principles.** Michigan Journal of International Law, vol. 31, no. 4, Summer 2010, pp. 821-880;

CASELLA, P. B. **Importância da proteção internacional dos direitos fundamentais – Reflexões pelos 70 anos da Declaração Universal**. Revista da Defensoria Pública, Brasília, vol. 12, jan.-dez. 2019, p. 21-26;

______; ALAMINO, Felipe Nicolau Pimentel. **Estudos sobre a proteção internacional de minorias** – Grupo de estudos sobre a proteção internacional de minorias da Faculdade de Direito da Universidade de São Paulo – GEPIM – USP (*Revista da Faculdade de Direito da USP*, São Paulo, 2018, vol. 113, p. 563-736);

DE CARVALHO RAMOS, André. **Pluralidade das ordens jurídicas: uma nova Perspectiva na relação entre o direito internacional e o direito constitucional**. R. Fac. Dir. Univ. São Paulo v. 106/107 p. 497-524 jan./dez. 2011/2012;

DREYFUS, Tom. **'The Half-Invention of Gender Identity in International Human Rights Law: From Cedaw to the Yogyakarta Principles'**. *Australian Feminist Law Journal 37* (2012): 33-50;

FISHER, John. **Sexual Orientation, Gender Identity and International Human Rights Law: Contextualising the Yogyakarta Principles** *8 HUM. RTS. L. REV. 207*, p. 234 (2008);

LAU, Holning. **Sexual Orientation: Testing the Universality of International Human Rights Law**, *71 U. CHI. L. REV. 1689* (2004);

O'FLAHERTY, Michael; FISHER, John. **Sexual Orientation, Gender Identity and International Human Rights Law: Contextualising the Yogyakarta Principles** *8 HUM. RTS. L. REV. 207*, 207-248 (2008);

SHIN, Jung Cheol. **Higher education development in Korea: western university ideas, Confucian tradition, and economic development**. *Higher education* 64.1 (2012): 59-72. DOI 10.1007/s10734-011-9480-5;

TAHMINDJIS, Phillip. **Sexuality and International Human Rights Law**, *48 J. OF HOMOSEXUALITY 9* (2005).

Jurisprudência

COMISSÃO DE DIREITOS HUMANOS. **Hertzberg v. Finland**, HRC Dec 61/1979, UNHCR, 15th Sess, Supp No 40, UN Doc A/37/40 (1982).

CORTE EUROPEIA DE DIREITOS HUMANOS. **Handyside v. United Kingdom**, 1 Eur. Ct. H.R. 737, 755-57 (1976).

SUPERIOR TRIBUNAL DE JUSTIÇA. **AgRg no REsp 1475582**, 2015;

______. **AREsp 1357319**, 2021;

______. **AREsp 1527037-RJ**, 2019. Disponível em: https://processo.stj.jus.br/processo/revista/documento/mediado/?componente=MON&sequencial=98751404&tipo_documento=documento&num_registro=201901776200&data=20190814&formato=PDF, acessado em 30 de agosto de 2021;

______. **REsp 1026981/RJ**, 2010.

______. **REsp 1183378/RS**, 2012;

______. **REsp 1195862**, 2012;

______. **REsp 1231460**, 2017;

______. **REsp 1231460-SC**, 2017;

______________. **REsp 1252407**, 2012;
______________. **REsp 1302467/SP**, 2015.
______________. **REsp 1428849**, 2015;
______________. **REsp 1840341**, 2020;
______________. **REsp 827962/RS**, 2011;
______________. **RHC 069835,** 2016;
SUPREMO TRIBUNAL FEDERAL. **ADPF 132-RJ – Rio de Janeiro**, 2011;
______________. ADFF 132, Brasília, 2011.
______________. **ADI 3478/RJ – Rio de Janeiro,** Brasília, 2020;
______________. **ADI 3478/RJ – Rio de Janeiro,** Brasília, 2020;
______________. **ADI 4275 – DF – Distrito Federal,** 2019. Disponível em: https://redir.stf.jus.br/paginadorpub/paginador.jsp?docTP=TP&docID=749297200, acessado em 1º de setembro de 2021.
______________. ADI 4277, Brasília, 2011.
______________. **ADI 4277/DF – Distrito Federal**, Brasília, 2011;
______________. **ADI 4277-DF – Distrito Federal**, 2011;
______________. **ADI 4439/DF – Distrito Federal,** Brasília, 2018;
______________. **ADI 5356 MC/MS – Mato Grosso do Sul,** Brasília, 2015;
______________. **ADI 5543 – DF – Distrito Federal,** 2020. Disponível em: https://redir.stf.jus.br/paginadorpub/paginador.jsp?docTP=TP&docID=753608126, acessado em 1º de setembro de 2021.
______________. **ADO 26/DF – Distrito Federal,** Brasília, 2020;
______________. **ADPF 132/RJ – Rio de Janeiro,** Brasília, 2011;
______________. **ADPF 186 MC/DF – Distrito Federal**, Brasília, 2009
______________. **ADPF 187/DF – Distrito Federal,** Brasília, 2014;
______________. **ADPF 460/PR – Paraná,** Brasília, 2020;
______________. **ADPF 54 QO/DF – Distrito Federal,** Brasília, 2007;
______________. **ADPF 54/DF – Distrito Federal,** Brasília, 2013;
______________. **AI 843707/RJ – Rio de Janeiro**, Brasília, 2011;
______________. **ARE 1249095 / SP – São Paulo**, Brasília, 2021.
______________. **ARE 1249095/SP – SÃO PAULO,** Brasília, 2021. Disponível em: portal.stf.jus.br/processos/downloadPeca.asp?id=15346064197&ext=.pdf, acessado em 29 de agosto de 2021.
______________. **ARE 914104/RJ – Rio de Janeiro**, 2018;

___________________________. **HC 95009 MC / SP – São Paulo**, 2008;

___________________________. **MS 32262 MC / DF – Distrito Federal**, 2013;

___________________________. **MS 32262/DF-Distrito Federal**, Brasília,2013;

___________________________. **Pet 3388**, 2010. Disponível em: https://redir.stf.jus.br/paginadorpub/paginador.jsp?docTP=AC&docID=630133, acessado em 31 de agosto de 2021.

___________________________. **Rcl 22614 / PB – Paraíba**, 2018;

___________________________. **Rcl 36742 MC/RJ – Rio de Janeiro**, Brasília, 2019;

___________________________. **Rcl 39093 MC/RJ – Rio de Janeiro**, Brasília, 2020;

___________________________. **Rcl 39093/RJ – Rio de Janeiro**, Brasília, 2020;

___________________________. **RE 1017365/SC – Santa Catarina**, 2020;

___________________________. **RE 1017365/SC – Santa Catarina**, Brasília, 2020;

___________________________. **RE 1126247/RJ – Rio de Janeiro**, 2019;

___________________________. **RE 1224396/DF – Distrito Federal**, 2020;

___________________________. **RE 494601/RS – Rio Grande do Sul**, Brasília, 2019;

___________________________. **RE 497858 AgR/DF – Distrito Federal**, 2013;

___________________________. **RE 497858/DF – Distrito Federal**, 2010;

___________________________. **RE 497858/DF – Distrito Federal**, 2020;

___________________________. **RE 584825/MG – Minas Gerais**, 2011;

___________________________. **RE 591048/MG – Minas Gerais**, Brasília, 2013;

___________________________. **RE 605191/RS – Rio Grande do Sul**, Brasília, 2012;

___________________________. **RE 609039/RS – Rio Grande do Sul**, Brasília, 2015;

___________________________. **RE 659051/RJ – Rio de Janeiro**, Brasília, 2013;

___________________________. **Recurso Extraordinário 611874/DF – Distrito Federal,** Brasília, 2021. Disponível em: https://redir.stf.jus.br/paginadorpub/paginador.jsp?docTP=TP&docID=755555145, acessado em 29 de agosto de 2021.

___________________________. **STP 165 MC/RJ – Rio de Janeiro**, Brasília, 2020;

Sites de internet

ASSESSORIA DE COMUNICAÇÃO IBDFAM. Norma do CNJ que permite casamento civil homoafetivo completa 8 anos, 14.05.2021. Disponível em: https://ibdfam.org.br/noticias/8487/Norma+do+CNJ+que+permite+casamento+civil+homoafetivo+completa+8+anos, acessado em 2 de setembro de 2021.

BANDNEWS. **Terreiro de umbanda é atacado em Nova Iguaçu**, por Gustavo Sleman, 08 de setembro de 2019. Disponível em: https://www.bandnewsfmrio.com.br/editorias-detalhes/terreiro-de-umbanda-e-atacado-em-nova-iguacu, acessado em 30 de agosto de 2021;

BRASIL DE FATO. **Terreiro de Umbanda é atacado pela segunda vez na Região Metropolitana de BH**, Belo Horizonte, 30 de janeiro de 2018. Disponível em: https://www.brasildefato.com.br/2018/01/30/terreiro-de-umbanda-e-atacado-pela-segunda-vez-na-regiao-metropolitana-de-bh, acessado em 30 de agosto de 2021;

CONJUR. **STJ manda ao STF recurso de Bolsonaro contra danos morais por homofobia**, 14 de setembro de 2021. Disponível em: https://www.conjur.com.br/2021-set-14/stj-manda-condenacao-bolsonaro-danos-morais-stf, acessado em 16 de setembro de 2021;

ÉPOCA NEGÓCIOS. **Suíços aprovam casamento gay e adoção de crianças por homossexuais**. Disponível em: https://epocanegocios.globo.com/Um-So-Planeta/noticia/2021/09/suicos-aprovam-casamento-gay-e-adocao-de-criancas-por-homossexuais.html, acessado em 29 de setembro de 2021.

ESTADO DE MINAS GERAIS. **Polícia prende 'Bonde de Jesus' que atacava terreiros de umbanda e candomblé**, 18 de agosto de 2019. Disponível em: https://www.em.com.br/app/noticia/nacional/2019/08/18/interna_nacional,1078089/policia-prende-bonde-de-jesus-que-atacava-terreiros-de-umbanda-e-can.shtml, acessado em 30 de agosto de 2021;

EXTRA, O GLOBO. **Terreiro de candomblé, em Madureira, é atacado pela segunda vez em quatro meses**, 01 de junho de 2019. Disponível em: https://extra.globo.com/casos-de-policia/terreiro-de-candomble-em-madureira-atacado-pela-segunda-vez-em-quatro-meses-23712034.html, acessado em 30 de agosto de 2021;

G1, GLOBO. **O que é o marco temporal sobre terras indígenas: entenda o que está em jogo no julgamento do STF**, 27.08.2021. Disponível em: https://g1.globo.com/politica/noticia/2021/08/27/o-que-e-o-marco-temporal-sobre-terras-indigenas-entenda-o-que-esta-em-jogo-no-julgamento-do-stf.ghtml, acessado em 31 de agosto de 2021;

_______. **Em vídeo, Damares diz que 'nova era' começou: 'meninos vestem azul e meninas vestem rosa'**, Brasília, 03.01.2019. Disponível em: https://g1.globo.com/politica/noticia/2019/01/03/em-video-damares-alves-diz-que-nova-era-comecou-no-brasil-meninos-vestem-azul-e-meninas-vestem-rosa.ghtml, acessado em 06 de setembro de 2021;

GOLDMAN, Russell Goldman. **Ahmadinejad: No Gays, No Oppression of Women in Iran**, ABC NEWS, 24 de setembro de 2007. Disponível em: https://abcnews.go.com/.%20S/story?id=3642673&page=1, acessado em 9 de setembro de 2021;

HUMAN RIGHTS WATCH. **Together, Apart – Organizing around Sexual Orientation and Gender Identity Worldwide**. Nova Iorque: Human Rights Watch, 2009. Disponível em: https://www.hrw.org/report/2009/06/11/together-apart/organizing-around-sexual-orientation-and-gender-identity-worldwide, acessado em 25 de agosto de 2021;

LA NACIÓN. **Movilh denunció 13 casos de discriminación ante Consejo Asesor**, (Chile), 26 de julho de 2006;

ONU NEWS. **Nove anos de prisão para autor de ataque contra o patrimônio de Timbuktu,** 27 de setembro de 2016. Disponível em: https://news.un.org/pt/story/2016/09/1564441-nove-anos-de-prisao-para-autor-de-ataque-contra-o-patrimonio-de-timbuktu, acessado em 30 de agosto de 2021;

UOL. **Celular no bolso ajudou vítima de homofobia na av. Paulista**, s.1,2010. Disponível em: https://noticias.uol.com.br/cotidiano/ultimas-noticias/2010/11/23/celular-em-bolso-de-rapaz-desmaiado-salvou-vitima-de-homofobia-na-av-paulista-diz-policia.htm, acessado em 25 de agosto de 2021.

PARTE 12

ANÁLISE HISTÓRICA

21. A LITERATURA COMO TESTEMUNHA DA HISTÓRIA: O CASO REINALDO ARENAS COMO PARADIGMA DA PERSEGUIÇÃO AOS HOMOSSEXUAIS DURANTE A REVOLUÇÃO CUBANA

Manuella Santos de Castro

Em Cuba, eu tinha suportado inúmeros sofrimentos, pois a esperança de fuga e a possibilidade de salvar meus manuscritos sempre me deram um grande estímulo.

Reinaldo Arenas

Introdução

Em meio ao emaranhado de contradições que permeiam a História, há momentos em que somos confrontados com o amargo sabor da injustiça, que se manifesta de forma inimaginável. Como uma ferida aberta, esses tristes episódios são capazes de arrancar as páginas mais obscuras do passado e nos deixar em estado de perplexidade e reflexão.

Nas entrelinhas da História humana há muitos relatos de perseguições e intolerância. Entre os alvos destas injustiças encontram-se figuras emblemáticas como Oscar Wilde que, na Inglaterra do século XIX, espraiava sua genialidade literária pelo mundo. Suas palavras, como pássaros livres, voavam sobre o conservadorismo e a moralidade rígida da época. Contudo, o mesmo talento que o tornou imortal o conduziu a um triste destino.

Em 1865, acusado de crimes de natureza sexual, Oscar Wilde desafiou a elite britânica julgando-se senhor da razão e do momento. Estava enganado. Processado pela família do jovem aristocrata Alfred Douglas, por quem se apaixonara e com quem compartilhava um excêntrico estilo de vida, o escritor foi condenado a dois anos de prisão com trabalhos forçados[1].

Praticamente um século depois, em terras caribenhas, Reinaldo Arenas, escritor cubano, encontrou-se em meio à revolução que prometia liberdade e igualdade. Porém, as contradições mais uma vez emergiram das sombras, lançando seu olhar nefasto sobre aqueles que não se encaixavam no modelo imposto.

Nascido em 1943 na província de Holguín, Reinaldo Arenas, por meio de sua obra "Antes que anoiteça", e de diversas outras, evidencia a grande exclusão social e a violência sofrida pelos homossexuais em Cuba. Através de seus escritos, ele constrói uma contramemória do processo revolucionário.

De origem humilde, o escritor passou a infância na aldeia de Perronales, onde frequentou uma escola rural. Nesse ambiente teve contato com outros estudantes do sexo masculino, pelos quais, segundo ele, já sentia atração. Em 1952, após o golpe militar de Fulgencio Batista, agrava-se a situação econômica de sua família, composta por seus avós maternos, tias e mãe. Eles vendem o sítio em que moravam e se mudam para Holguín. Segundo Reinaldo Arenas, ali se respirava um ambiente machista, caracterizado por valores que sua família compartilhava, e no qual havia sido educado.

A literatura intensa e rebelde de Reinaldo Arenas personificou a coragem e a resistência de ser quem era. No entanto, as marés revolucionárias calaram seu grito de liberdade, submetendo-o a trabalhos forçados, humilhações e maus-tratos, além da constante ameaça de ser apagado da memória coletiva.

Tratar deste tema é uma forma de contribuir para uma compreensão mais abrangente da história latino-americana do século XX, identificando encontros e dissonâncias que compõem a construção do pensamento e do caráter plural da expressão latino-americana, da qual fazemos parte.

O objetivo deste ensaio é analisar os testemunhos do escritor cubano Reinaldo Arenas, evidenciando suas experiências entre os anos de 1959

[1] WILDE, Oscar. **A alma do homem sob o socialismo**. Tradução de Heitor Ferreira da Costa. Porto Alegre: L&PM Pocket, 2003, p. 4.

e 1990, período que contempla vivências em sua terra natal e seu exílio nos Estados Unidos. A autobiografia do escritor é um relato impactante sobre a opressão e a perseguição política. Reinado Arenas acaba por suicidar-se em Nova York, dias depois da conclusão da sua autobiografia.

A pertinência desta análise consiste na articulação de entendimentos sobre a Revolução Cubana, de modo a trazer o olhar do historiador e contribuir com as discussões referentes à sexualidade e gênero na historiografia.

Cabe lembrar o conceito de História de Walter Benjamin. Segundo ele, o passado tem influência no presente, e apenas sua iluminação, no presente, é capaz de transformá-lo. A rememoração do passado não deve salientar o que já está presente na historiografia tradicional mas, sim, mostrar outro olhar da História, visando à transformação do presente[2].

Assim, no meu entender, mais do que o apego à cronologia da História tradicional, a relação entre passado e presente tem um propósito, qual seja, apresentar uma nova visão de mundo, capaz de formar uma nova consciência e de fornecer um melhor entendimento dos fatos históricos e da realidade do homem.

1. Breve contexto histórico

O século XIX foi marcado pelas revoluções liberais. O século XX, pelas revoluções socialistas. O que nos reserva o século XXI? Ainda há espaço para revoluções nos dias de hoje? Até mesmo entre os partidários da esquerda, que têm sido os defensores das ideias revolucionárias, há o entendimento segundo o qual os movimentos sociais vieram para substituir as revoluções[3].

Diante do monopólio da violência pelos governos e do custo crescente dos armamentos bélicos, parece ser improvável repetir a era das barricadas. De todo modo, é preciso conhecer o passado, pois, como se tem dito e repetido, quem não aprende com os erros do passado está fadado a repeti-los.

[2] BENJAMIN, Walter. **Sobre o conceito de história**. Tradução de Adalberto Müller. São Paulo: Alameda Editorial, 2020. Edicão Kindle.

[3] AYERBE, Luís Fernando. **A Revolução Cubana**. São Paulo: Editora Unesp, 2004, Edição Kindle.

Para entender a perseguição aos homossexuais em Cuba durante o regime de Fidel Castro, é importante compreender o contexto histórico da época. Após a Revolução Cubana de 1959, o país passou por uma transformação radical decorrente do estabelecimento do regime socialista e da imposição da visão política de forma autoritária. A revolução prometia igualdade e justiça social, mas, paradoxalmente, grupos minoritários, como os homossexuais, foram marginalizados.

Sob o manto da ideologia, a humanidade costuma sucumbir à intolerância e à opressão daqueles que não se encaixam nos padrões desejáveis. E não foi diferente com a Revolução Cubana.

Como bem relata o historiador James Green, nos primeiros anos da Revolução Cubana o Partido Comunista Cubano não estava muito longe da política soviética a respeito da homossexualidade. Combinando o moralismo católico tradicional com as correntes que ligavam o homoerotismo ao desvio social e ao turismo sexual, os líderes cubanos associavam o comportamento "não normativo" dos homens cubanos à fraqueza moral e à falta de fervor revolucionário[4].

Fidel Castro e o governo cubano estigmatizaram abertamente a homossexualidade, considerando-a um desvio burguês e uma ameaça à "moral revolucionária". Homossexuais foram rotulados de "desviados" e "contrarrevolucionários" e, consequentemente, se tornaram alvos de perseguição implacável.

Durante a década de 1960, o regime de Fidel criou as UMAP - Unidades Militares de Ajuda à Produção, que eram campos de trabalho forçado destinados a "reeducar" indivíduos considerados indesejáveis pelo governo. Homossexuais foram enviados para esses campos, onde enfrentaram trabalhos forçados, abusos físicos, psicológicos e condições degradantes.

Além das medidas oficiais, a população era incentivada a denunciar e marginalizar os homossexuais. Vizinhos, colegas de trabalho e até mesmo familiares eram encorajados a reportar comportamentos suspeitos.

[4] GREEN, James. A luta pela igualdade: desejos, homossexualidade e a esquerda na América Latina. In. GREEN, James; MALUF, Sônia (orgs.). **Cadernos AEL: homossexualidade, sociedade, movimento e lutas**. IFCH/AEL, v.10, n. 18/19. Campinas, SP: EDUNICAMP, 2003, p. 33.

A perseguição sistemática, a repressão implacável, o estigma social e a constante ameaça de violência levaram a consequências devastadoras para a saúde mental e emocional dessas pessoas, com muitos sofrendo de ansiedade, depressão e até mesmo suicídio.

Apesar do ambiente hostil, alguns ativistas ousaram se manifestar, um destes foi o Reinaldo Arenas. Ao denunciar as atrocidades do regime de Fidel, sua obra nos possibilita compreender um pouco deste capítulo sombrio da história cubana.

Enquanto refletimos sobre essa história do escritor cubano, precisamos lembrar que a luta pelos direitos humanos e pela igualdade é uma batalha constante em todo o mundo. É nosso dever buscar uma sociedade justa e inclusiva, onde todas as pessoas sejam respeitadas, independentemente de sua orientação sexual.

A história dos homossexuais perseguidos sob o regime de Fidel Castro deve servir como um alerta em prol dos direitos humanos "de todos os humanos", e não somente daqueles que se encaixam em determinadas categorias tidas como "normais" ou "certas". Toda a sociedade precisa atuar para que alcancemos um momento onde todos sejam livres para ser quem são, sem medo de perseguição ou discriminação.

2. A literatura como narrativa de testemunho e de espaço de liberdade

Como sabemos, o historiador estuda os vestígios deixados pelo passado a fim de reconstruí-lo e interpretá-lo. Para tanto, usa fontes históricas como textos (cartas, ofícios, leis, livros), vestígios arqueológicos, fontes visuais e audiovisuais (fotos, pinturas, filmes, documentários), dentre outras.

A autobiografia é uma espécie do gênero da "escrita do eu", em que se encontram, por exemplo, diários e escritos diversos de memória. É um tipo de escrita em que o autor é simultaneamente testemunha e protagonista dos fatos históricos. Por meio da narrativa ele se percebe capaz de atestar a sua presença no mundo e na temporalidade.

De modo geral, os diários, os relatos íntimos e as autobiografias não têm narrativas felizes. Geralmente são histórias de sofrimento e resistência. O que me leva a pensar que a motivação dos autores de "escrita do eu" é aliviar a sua dor e deixar um legado. O indivíduo que faz o retrospecto de sua vida procura compreender os caminhos que o trouxeram ao momento do relato e qual foi o sentido de sua vida.

Todo historiador logo aprende que "não há texto sem contexto", por isso que a autobiografia é um tipo de escrita especialmente rica para historiadores. Conseguimos extrair o contexto histórico em meio às agruras vividas pelo autor.

Segundo Walter Benjamin, a narrativa de testemunho vem da necessidade de se contar uma nova história. A história que não é contada, tanto por não ser considerada pela história tradicional, como por ser considerada inarrável, é o choque não processado transformado em trauma, presente apenas no subconsciente do narrador[5].

O sujeito que escreve a autobiografia, portanto, é um indivíduo consciente de si mesmo e do ambiente em que vive. Para Georges Gusdorf, a intenção do autor ao escrever sobre si mesmo e sobre os eventos que vivenciou, é a construção de um mundo pessoal a partir de suas experiências, no qual a realidade vivenciada é transfigurada para a verdade representada no mundo próprio do sujeito[6].

Além disso, a presença da morte iminente do sujeito autobiográfico proporciona à sua escrita a qualidade de legado de uma existência que se quer necessária para a compreensão de acontecimentos e fatos históricos de sua época. Isso se dá de modo marcante com Reinaldo Arenas, uma vez que ele se suicidou dias após a conclusão do livro.

É muito fácil ao leitor deduzir que escrever o livro foi a maneira encontrada pelo autor para contar a sua história pessoal, tendo como pano de fundo sua desilusão com a Revolução Cubana. Então, a vida do autor, ao lado da História de Cuba, são os protagonistas do livro. O que faz da autobiografia uma testemunha da História.

Reinaldo Arenas precisava deixar registrado o seu testemunho da Revolução Cubana e os horrores produzidos por ela, que além de acabar com suas ilusões de juventude, ainda mudou o curso da sua vida. Como ele mesmo disse ao chegar a Miami: "*a diferença entre o sistema comunista e o capitalista é que, embora os dois nos deem um chute na bunda, no sistema comunista a gente leva o chute e tem que bater palmas, enquanto no capitalista, a gente*

[5] BENJAMIN, Walter. **Sobre o conceito de história**. Tradução de Adalberto Müller. São Paulo: Alameda Editorial, 2020. Edição Kindle.

[6] GUSDORF, Georges. **Lignes de vie tome 1: les ecritures du moi**. Paris: Odile Jacob, 1991, p. 170.

também leva, mas pode gritar". E ele gritou muito por meio de cada palavra que deixou escrita.

Em um mundo onde a liberdade era tolhida, gerando no autor o sentimento de encarceramento, escrever foi a maneira encontrada por ele para ser livre, ainda que, na realidade, isso se resumisse às páginas do livro. A literatura, portanto, além de testemunha da História de Cuba, passa a ser também um espaço de liberdade.

Como era homossexual assumido e já havia publicado livros fora de Cuba, esses fatos o tornaram *persona non grata* para o regime de Fidel. E isso ia de encontro com seus ideais de juventude, uma vez que a princípio apoiou a Revolução. O resultado, a meu ver, é que o autor se coloca como um sobrevivente e, como ele narra na Introdução, "*considerava um ato miserável mendigar a vida como um favor*". Ou seja, está em estado de plena infelicidade.

Os homossexuais eram vistos como indignos da Revolução. Permeava no imaginário da população a ideia de que, se um homossexual poderia trair algo tão orgânico quanto o próprio sexo, então eles não eram merecedores de confiança. O relato de Reinaldo Arenas inverte a acusação, afirmando que, ao propor justiça social a todos os cubanos, mas, ao mesmo tempo, perseguir os homossexuais, os revolucionários é que eram traidores.

A narrativa do autor sobre a adoção do socialismo em Cuba revela um paradoxo quanto à liberdade. Explico: ao romper com os Estados Unidos os cubanos gozariam de liberdade econômica e política. No entanto, parcela da população, especialmente homossexuais e dissidentes, viu sua liberdade ser arrancada. Os programas "voluntários" em campos agrários (nas UMAPS - Unidades Militares de Auxílio à Produção) eram, na verdade, trabalhos forçados. Bem sabemos que controle e liberdade não podem conviver, posto que são incompatíveis.

Desse modo, a Revolução Cubana não atingiu apenas os ideais políticos e econômicos de Reinaldo Arenas, o impediu de ser quem quisesse. Com isso, tirou-lhe a mais genuína liberdade: a liberdade de ser.

O autor narra também o que é, a meu ver, uma das maiores perdas da essência de uma pessoa: o exílio. O exilado perde seus costumes, suas tradições, o cenário da sua história pessoal. É perda de parte de sua essência, de suas raízes e do sentimento de pertencimento. Como bem expressa o próprio Reinaldo Arenas, "*o exilado não passa de um fantasma*".

Não por acaso muitos exilados encontram na literatura e na narrativa de suas trajetórias pessoais um espaço de alento e de liberdade, de poder voltar a ser quem era.

Assim, a literatura revela-se uma maneira de reconstruir seu mundo anterior e nele viver. A perda da liberdade e a lembrança da violência são amenizadas com o desabafo da sua história, funcionando como se fosse uma denúncia para o mundo, uma *noticia criminis*.

Tristemente, no entanto, nem mesmo no exílio o autor encontrou liberdade e paz, pois se deparou com intelectuais e escritores que eram simpáticos à Revolução Cubana, sem saber de fato o que ocorria na ilha. A pretensa liberdade que o exílio traria foi substituída por desapontamento. Segundo ele, quando estava preso e confinado em Cuba tinha mais oportunidades editoriais.

Por fim, a triste história de Reinaldo Arenas nos revela como a escrita serviu como um grito de denúncia e de anseio por liberdade para alguém que, pelo simples fato de ter uma orientação sexual diversa da esperada, foi humilhado, maltratado, preso e exilado. Suas palavras e seus ideais transcenderam o tempo, lançando luz sobre as sombras que tentavam dominá-lo. Escrever era a maneira de encontrar a "sua" liberdade, não apenas a liberdade de ir e vir, de pensar, mas a liberdade plena: a liberdade de ser.

Conclusões

Sob o manto da ideologia a humanidade costuma sucumbir à intolerância e à opressão daqueles que não se encaixam nos padrões desejáveis. E não foi diferente com a Revolução Cubana, que prometia igualdade, justiça social e liberdade.

A perseguição aos homossexuais durante o regime de Fidel Castro foi um capítulo sombrio e doloroso da história cubana. A opressão sistemática e a violação dos direitos humanos desses indivíduos deixaram cicatrizes profundas naquela sociedade.

Ao refletir sobre essas contradições, somos convocados a enfrentar as cicatrizes do passado e olhar para o futuro com a consciência de que é necessário denunciar e garantir o dever de respeito à diversidade sexual, justamente para que episódios vergonhosos de outrora não voltem a ocorrer.

Referências

ARENAS, Reinaldo. **Antes que anoiteça**. 2. ed. Rio de Janeiro: Record, 1995.

AYERBE, Luís Fernando. **A Revolução Cubana**. São Paulo: Editora Unesp, 2004.

Belluzzo, Ana Maria de Moraes (org.). **Modernidade: vanguardas artísticas na América Latina**. São Paulo: Unesp/Memorial, 1990.

BENJAMIN, Walter. **Sobre o conceito de história**. Tradução de Adalberto Müller. São Paulo: Alameda Editorial, 2020. Edicão Kindle.

COGGIOLA, Osvaldo. **Governos militares na América Latina**. São Paulo: Contexto, 2001.

GREEN, James. A luta pela igualdade: desejos, homossexualidade e a esquerda na América Latina. In. GREEN, James; MALUF, Sônia (orgs.). **Cadernos AEL: homossexualidade, sociedade, movimento e lutas**. IFCH/AEL, v.10, n. 18/19. Campinas, SP: EDUNICAMP, 2003.

GUSDORF, Georges. **Lignes de vie tome 1: les ecritures du moi**. Paris: Odile Jacob, 1991.

SANTIAGO, Silviano. **As raízes e o labirinto da América Latina**. Rio de Janeiro: Rocco, 2006.

SCHWARTZ, Jorge. **Vanguardas latino-americanas: polêmicas, manifestos e textos críticos.** São Paulo: Edusp/Iluminuras, 1995

WILDE, Oscar. **A alma do homem sob o socialismo**. Tradução de Heitor Ferreira da Costa. Porto Alegre: L&PM Pocket, 2003.